Winfried Frey · Walter Raitz ·
Einführung in die deutsche Li

Band 2: Patriziat und Landesh

C000157996

überreicht von
W. Frey
7. 3. 85

Grundkurs Literaturgeschichte

Westdeutscher Verlag

Winfried Frey · Walter Raitz · Dieter Seitz
zusammen mit Wolfgang Dittmann, Hartmut Kokott,
Hartmut Kugler, Maria E. Müller, Hans-Herbert Räkel,
Paul-Gerhard Völker

Einführung in die deutsche Literatur des 12. bis 16. Jahrhunderts

Band 2: Patriziat und
Landesherrschaft –
13.–15. Jahrhundert

Westdeutscher Verlag

CIP-Kurztitelaufnahme der Deutschen Bibliothek

Frey, Winfried:
Einführung in die deutsche Literatur des 12.
[zwölften] bis 16. [sechzehnten] Jahrhunderts/
Winfried Frey; Walter Raitz; Dieter Seitz. —
Opladen: Westdeutscher Verlag
   (Grundkurs Literaturgeschichte)

NE: Raitz, Walter:; Seitz, Dieter:

Bd. 2. Patriziat und Landesherrschaft — 13.–15.
Jahrhundert/zusammen mit Wolfgang Dittmann ...
— 1982.
   ISBN 3-531-11484-0

© 1982 Westdeutscher Verlag GmbH, Opladen
Druck und buchbinderische Verarbeitung: W. Langelüddecke, Braunschweig
Alle Rechte vorbehalten. Auch die fotomechanische Vervielfältigung des
Werkes (Fotokopie, Mikrokopie) oder von Teilen daraus bedarf der vor-
herigen Zustimmung des Verlages.
Printed in Germany

ISBN 3-531-11484-0

Inhalt

Vorbemerkung

Für den Zeitraum, den dieser zweite Band des literaturgeschichtlichen Grundkurses behandelt, gilt, wie für den des abschließenden dritten Bandes, daß sich kein Kanon des Vorbildlichen herausgebildet hat. Literatur wird aus vielerlei ökonomischen, politischen und sozialen Gründen ab der Mitte des 13. Jahrhunderts weiten Kreisen zugänglich, sie wird in größere Lebenszusammenhänge eingebunden, wird daher vielfältiger, verliert alte, gewinnt neue Funktionen, aber natürlich nicht schlagartig, sondern allmählich, oft auch für den Betrachter aus der Distanz vieler Jahrhunderte nur mühsam erkennbar, weil selbst das Neue alte Traditionen und Konventionen bevorzugt.

Diese Situation hat die Literaturwissenschaft bislang sichtlich irritiert, und sie hat dem Ausdruck verliehen durch Vernachlässigung: Wohl keine literaturgeschichtliche Epoche darf als so wenig erforscht gelten wie die beiden Jahrhunderte am Ausgang des Mittelalters. Heute in einer Zeit, in der wir sensibler die Spannungen gesellschaftlicher und kultureller Umbruchsituationen wahrzunehmen vermögen und vorsichtiger geworden sind, vermeintlich ideale Zustände absolut zu setzen, werden uns gerade die unübersehbaren Auflösungserscheinungen des mittelalterlichen Feudalismus, seine allmähliche Transformation in eine letztlich bürgerliche Gesellschaftsordnung, werden uns die Prozesse der literarischen Bewältigung dieser tiefgreifenden strukturellen Wandlungen ein stärkeres Interesse abgewinnen als früheren Generationen, die noch ihre Auffassungen von historischer Genese in Vorstellungen von Blüte- und Verfallszeiten artikulierten.

Die Prozesse des Brüchigwerdens von Traditionen, deren Überwindung oder deren Funktionswandel, die Prozesse der Entstehung neuer Normen, Wertvorstellungen und Formen, die das soziale und politische Leben der Zeit zwischen 1250 und 1450 kennzeichnen, sind noch nicht abrupt, gewaltsam revolutionär — das werden sie erst im darauffolgenden Jahrhundert —, dennoch, die Literatur registriert sie in feinsten Reaktionen. Die einzelnen Beiträge des Bandes versuchen, vor allem dies zu verdeutlichen, indem sie die thematische und stilistische Umakzentuierung bzw. Veränderung übernommener und die Entstehung neuer literarischer Äußerungsformen verfolgen. Davon wird die Auswahl der behandelten Gegenstände bestimmt, die mehr auf die signifikanten Umbrüche als auf die Entfaltung des ganzen Panoramas oder die breite Dokumentation des Vorhandenen abhebt.

Der Untertitel des Bandes, *Patriziat und Landesherrschaft*, will den Blick auf zwei politische Erscheinungen des Zeitraums lenken, die — keineswegs konfliktlos — die Zeit nachhaltig prägten. Die Entwicklung des Patriziats geht in ihren Ursprüngen unserem Zeitraum voraus, aber sie bestimmt seit dem 13. Jahrhundert weitgehend die sich in Gleichklang wie Widerspruch zur Adelsherrschaft entwickelnde städtische Gesellschaft und Kultur, die Vorbild, Ansporn, Ausdruck und Legitimation u. a. in der Literatur von Autoren findet, deren Existenz und Werk oft genug zwischen Hof und Stadt, Adel und Patriziat oszilliert.

Zur gleichen Zeit, und vielfältig verflochten mit der Entwicklung städtischen Lebens und Bewußtseins, wird die feudale (nach unserem heutigen Verständnis prästaatliche) Herrschaftsform in der besonderen Gestalt der Territorialisierung verwandelt zur sich allmählich stabilisierenden Landesherrschaft, die dann — am Ende unseres Zeitraums — übergeht in den Fürstenstaat, der die politische Verfassung Deutschlands bis ins 20. Jahrhundert hinein geprägt hat.

Der vorliegende Band beginnt mit drei Abhandlungen über Lyrik. Die beiden ersten haben ihren Schwerpunkt im 13. Jahrhundert und nehmen die übliche Unterscheidung von *Lyrik* und *Spruchdichtung* auf, die dritte dokumentiert das Ende des behandelten Zeitraums am Beispiel *Oswalds von Wolkenstein*. Es folgen drei Beiträge über epische Texte, die mit *Rudolf von Ems, Konrad von Würzburg* und der eigentlich neuen epischen Form des 13. Jahrhunderts, der *Märendichtung*, die Spannweite der Erzählweisen und Themen andeuten wollen. Die beiden nächsten Beiträge befassen sich mit Texten der *Ständelehre* und *Ständekritik* und der *Weltchronistik*, die ihre signifikante Form und Funktion im 13. Jahrhundert entwickelt haben und dann nur noch modifiziert, aber darum nicht weniger wirksam, tradiert wurden. Den Schluß bilden Arbeiten über Gegenstände, die am Ende der Epoche Neues repräsentieren (*Der Ackermann aus Böhmen*) oder aber nach langer Entwicklungszeit ihre größte Wirkung erst entfalten (*Das geistliche Schauspiel*).

1. Minnesang im späteren 13. Jahrhundert

Slâhen ûf die minnesenger

Das Zitat der Kapitelüberschrift ist einem Gedicht entnommen, das unter dem Namen *Geltar/Gedruts* überliefert ist. Etwas lax übersetzt hieße es: Haut die Minnesänger, wo ihr sie trefft.[1]
Das ganze Lied lautet:

(KLD 13, II) *Man singet minnewîse dâ ze hove und inme schalle:*
so ist mir sô nôt nâch alder wât deich niht von frouwen singe.
mir waern viere kappen lieber danne ein krenzelîn.
mir gaebe ein herre lîhter sînen meidem ûz dem stalle
dann obe ich alse ein waeher Flaeminc für die frouwen dringe.
ich wil bî dem wirte und bî dem ingesinde sîn.
ich fliuse des wirtes hulde niht, bit ich in sîner kleider:
sô waere im umbe ein überigez hübschen michel leider.
gît mir ein herre sîn gewant, diu êre ist unser beider.
slahen ûf die minnesenger die man rûnen siht.
(Jetzt singt man am Hofe lärmend Minnelieder; mir dagegen fehlen so dringend alte, getragene Kleider, daß ich keine Lust habe, von vornehmen Damen zu singen. Vier Mäntel wären mir lieber als ein Kränzchen. Ein Herr gäbe mir eher seinen Hengst aus dem Stall, als daß ich mich wie ein flämischer Galan an die Damen heranmache. Ich will mich lieber bei dem Herrn und bei den Hofleuten aufhalten. Ich verliere das Wohlwollen des Hausherrn nicht, wenn ich ihn um seine (abgetragenen) Kleider bitte; übertriebenes Scharwenzeln dagegen wäre ihm sehr verhaßt. Gibt mir ein Herr seine getragene Kleidung, so ist dies für uns beide ehrenhaft. Haut die Minnesänger, die man jetzt schmeicheln hört).

Daß die dem Minnesang offensichtlich gesellschaftlich abverlangte Funktion, in die Normen höfischer Kultur einzuüben, individuelle Fähigkeiten, Bedürfnisse und Affekte der Ritter zu modellieren und zu konditionieren, und daß das dieser Funktion vorauszusetzende soziale Selbstverständnis der Minnesänger nicht problemloser, nicht widerspruchsfreier Natur war, davon geben *Walthers* Lieder der sog. *niederen minne, Hartmanns Unmutslied*, verschiedene Lieder *Morungens* deutliches Zeugnis. Doch dies bleiben Einzelphänomene, die sich nicht systematisch durchhalten, weder im Werk des betreffenden Autors, noch als Kennzeichen der Gattung (vgl. dazu Grundkurs Bd. 1, S. 88 ff. und S. 262 ff.).

So springt ins Auge, daß im Vergleich zu diesen Liedern der Widerspruch von Minneideal und Sänger/Ritter-Realität im Liede Geltars/Gedruts mit zweifellos größerer Radikalität zum Ausdruck kommt: Er lehnt den Minnesang überhaupt im Hinblick auf die nicht mehr zu verheimlichende Diskrepanz zwischen gesellschaftlicher Realität und lyrischer Norm ab, indem er gegen die offensichtlich noch bestehenden Formen von Minnesang aggressiv polemisiert. Diese Position bezeichnet damit einen Extrempunkt der Entwicklung der Minnelyrik im 13. Jahrhundert und deutet zugleich auf deren historisches Ende hin. Dazwischen aber gibt es eine Vielzahl von Nuancen des Funktions- und Formwandels: Distanzierungen und/oder kritische Adaptionen des höfischen Minnesangs mit Mitteln der Ironie und der Satire (*Neidhart*), Versuche der Rettung des höfischen Minnesangs durch die Einbettung konventioneller Minnelieder in einen die Minnevorstellungen problematisierenden Kontext (*Ulrich von Lichtenstein*), funktionale, zu den Normen des Feudalsystems affirmative Neukonzeptionen mit Hilfe einer manierierten Stilistik (*Neifen, Hohenfels, Winterstetten*), schließlich jene Formen des Widerspruchs im Gegengesang, wie sie in den Liedern *Geltars* oder des *Kol von Niunzen* zu finden sind; einen Höhepunkt bildet zweifellos *Steinmar*, der seine Kritik über die destruktive Form der satirischen Negation hinausbringt, indem er sie konstruktiv wendet durch die Integration des Widerspruchs in einen anderen Liedtypus, das *Herbstlied*. Im Grunde führt die historische Entwicklung sogar über den Extrempunkt der konfrontativen Ablehnung hinaus, da mit *Hadloub* ein gegenüber den manierierten, traditionalistischen Rettungsversuchen der „staufischen“ Autorengruppe verändertes traditionales Funktionsmodell entsteht, das die Möglichkeiten der höfischen Kunstformen zu repräsentativer Selbstdarstellung und Herrschaftslegitimation einer feudalen Machtgruppe zu nutzen sucht im Rahmen eines städtisch-oligarchischen sozialen Zusammenhanges, wie er z.B. von der politischen, ökonomischen und ästhetischen Interessengemeinschaft des Züricher Patrizierkreises um *Heinrich von Klingenberg* und die *Manesse* repräsentiert wird.

Zusammenhänge dieser Art sind bislang nur unzureichend Gegenstand wissenschaftlicher Untersuchungen gewesen, wie überhaupt die Lyrik des späteren 13. Jahrhunderts ein Stiefkind der Literaturwissenschaft geblieben ist, weil man im Grunde nach der sogenannten

Blütezeit der Lyrik um 1200 hier hauptsächlich Epigonalität vermutete. Daß die im folgenden skizzierten Linien der Entwicklung, die vor allem deren Widersprüchlichkeit hervorheben sollen, relativ grob bleiben müssen, ist nicht zuletzt auch diesem unbefriedigenden Zustand der Forschung geschuldet.

Ein lyrischer Paradigmawechsel: Neidhart von Reuental

Am markantesten ausgeprägt ist die Veränderung im Umgang mit der minnelyrischen Tradition und im dichterischen Selbstverständnis schon früh am Beginn des gut 80 bis 90 Jahre andauernden Entwicklungsprozesses bei einem Autor, den die Literaturwissenschaftler als *Neidhart von Reuental* zu bezeichnen pflegen, ohne daß auch nur annähernd Gesichertes über seine historische Existenz oder seine Biographie bekannt wäre.

In dem lyrischen Werk dieses Autors und, allgemeiner, in dem sich darin abzeichnenden einschneidenden Wandel der lyrischen Formen sind wir einem deutlichen lyrischen Paradigmawechsel konfrontiert, dessen Bedeutung für die Entwicklung der höfischen Lyrik und als Indikator grundlegender soziokultureller Veränderungen von der Literaturwissenschaft lange Zeit verkannt wurde. Hilflos paradoxe Bezeichnung wie z. B. die von der „höfischen Dorfpoesie" oder der „ritterlichen Dörperlyrik" sind dafür kennzeichnend. Am ehesten noch haben stilkritische Untersuchungen, die satirische, komische und parodistische Elemente der neuen Lyrik aufdecken konnten, den Bruch mit der Tradition vermerken, aber doch nur unzureichend erklären können.

Den Literaten der Zeit indessen ist klarer gewesen, daß sich, wie in der Realität, so auch in der Literatur, einschneidende Veränderungen anzubahnen begannen.

Ein polemischer Ausfall Walthers von der Vogelweide in seinem Lied *Owê, hovelîchez singen*[2] gegen die „Neutöner" läßt an Härte und Kompromißlosigkeit nichts zu wünschen übrig. Walther klagt darüber, daß das Ansehen der höfischen Dichtung am Hofe stark herabgemindert wird. Ihre Liebhaber könnten das nur aufs äußerste bedauern. *Frau Unfuoge* (die Personifikation unhöfischer Lebensart) habe dort gesiegt und *ungefüege doene* — d. h. nicht den bislang gültigen Normen des höfischen Dichtens mehr entsprechende, also unhöfische Lieder —, hätten am Hofe daher die Oberhand gewonnen. Die Liebhaber der alten, die Normen der Konvention anerkennenden höfischen Lyrik, könnten diese Entwicklung nur beklagen.

Wenn man nur die *Unfuoge* zum Schweigen brächte, wie könnte man dann wieder genußvoll singen. Wenn man sie von den Burgen verjagen würde, wenn ihr die großen Höfe verschlossen blieben, das wäre alles nach des Autors Wunsch. Bei den *gebûren*, den Bauern, könne sie gerne bleiben, dagegen habe er nichts, schließlich sei sie ja auch von dort hergekommen.

Daß Walther auch Neidhart von Reuental im Auge hat, läßt sich unter anderem aus einer korrespondierenden Aussage in Neidharts Winterlied 23[3] ersehen (s. u. S. 16 ff.). Das ist angesichts der Bedeutung Neidharts auch nicht verwunderlich: Er ist der Parodist par excellence im Umgang mit der minnelyrischen Tradition, ohne daß er den letzten Schritt der Kritik, den radikalen Widerspruch als Absage, vollzöge. Eine in der Entwicklung seiner Lyrik zunehmende Verschärfung und Verhärtung seiner kritischen Position läßt sich indessen doch feststellen.

Ihren deutlichsten Ausdruck findet die parodistische Intention Neidharts in der Tatsache, daß er das traditionell höfische Milieu des Minnesangs systematisch mit Elementen aus dem bäuerlichen — also dem unhöfischen — Lebensbereich verbindet. Dabei scheint es so zu sein, das die Art und Intensität dieser Verbindung Ausdruck der Erfahrung des Autors und seiner Einsichten in soziale Zusammenhänge und geschichtliche Entwicklungen sind, die nicht genuin nur das Verhältnis „höfische Welt"-„Dörperwelt" betreffen, sondern daß sich darin stärker auch widersprüchliche Erfahrungen aus dem höfischen Lebensbereich reflektieren. Die Vermutung wurde wiederholt geäußert, daß sich hinter den Charakterisierungen der „Dörper" Macht-, Konkurrenz- und Abhängigkeitsverhältnisse verbergen, die eher Ausdruck der neuen, höfischen Lebensweise sind und eben deshalb nicht direkt attackiert werden können. Sie können aber deswegen so gut im Zusammenhang des Gegenmilieus zur Sprache gebracht werden, weil gesamtgesellschaftliche Veränderungen eine Verschiebung der statisch gedachten ständischen Ordnung mit sich brachten, die in der Tendenz eine Neustrukturierung des Feudalsystems erforderlich machte, das großen Teilen des feudalen Adels und insbesondere des Rittertums Orientierungsumstellungen abverlangte, die von vielen nicht oder nur mühselig bewältigt wurden. In Bayern und vor allem in Österreich erfährt dieser historische Prozeß, den man als Prozeß der Territorialisierung zu bezeichnen pflegt, eine markante, krisenhaft verlaufende Zuspitzung gerade zu Neidharts Zeiten durch den Versuch Herzog Friedrichs II., des Streitbaren, sich zum dominierenden Territorialherrn im südöstlichen Teil des Reiches aufzuschwingen[4].

Es spricht vieles dafür, daß, wie Bertau[5] gezeigt hat, Neidhart in der ersten Hälfte seines Lebens in Bayern lebte und dann nach Österreich kam — aufgrund welcher Umstände wissen wir nicht; doch hat die Auffassung einiges für sich, daß es sich um einen mehr oder weniger unfreiwilligen Wechsel handelte, der durchaus aus sich historisch zuspitzender sozialer Depravierung des niederen Rittertums resultieren kann. Eine solche Annahme könnte die konfliktreiche Beziehung zur Dörperwelt ebenso erklären wie deren zunehmend aggressiver Verlauf.

Die Entwicklung der satirisch-parodistischen Schreibweise des Autors geht von relativ einfachen Umkehrmodellen aus: Das Bauernmädchen begehrt den Ritter, statt daß der Ritter (Minnesänger) die sozial höher gestellte höfische Dame begehrt, der Ritter wiederum läßt immer durchblicken, daß es um ihn, im Gegensatz zu der Dame des Minnesangs, materiell recht düster bestellt ist (Riuwental = Jammertal). Wo es im Minnesang um Verehrung ohne „Lohn" geht, geht es bei Neidhart um sinnliche Erfüllung, wo es im Minnesang zwischen Dame und Sänger eine anonyme *huote* als Instanz sozialer Kontrolle gibt, warnt bei Neidhart konkret die Mutter des Mädchens vor den ebenso konkreten Folgen der „Minne": Das Resultat könnte übers Jahr ein schreiendes Kind in der Wiege sein.

Eine ganze Palette solcher Strukturumkehrungen hat der Autor entwickelt. Sie reichen von Umkehrungen der Grobstrukturen (soziales Milieu: Höfische Welt/Dörperwelt) bis in subtilere Bereiche wie z. B. das satirische Spiel mit der Person der *vrouwe*, der zentralen Repräsentantin höfischer Normen im Minnesang, die jetzt als tanzwütige und liebestolle Alte, als dralle Bauerndirne, als auf die Sinnenfreude des Bauernmädchens neidische „höfische" Gespielin erscheint. Anfänglich entwickelt Neidhart diese Strukturen in burleskem Kontext dörperlichen Milieus (Mutter und Tochter prügeln sich, die dralle Bauernmagd verhaut den zudringlichen Riuwentaler). Doch zunehmend entwickelt der Autor seinen Stil und findet direkter die höfische Welt attackierende Formen der Parodie. So, wenn er Winterlied 5 in der zweiten Strophe im Stile des konventionellen Minneliedes seine *vrouwe* preist und diese dann als kraftvoll arbeitende Bauernmagd entlarvt:

> ...
> *wirt si mir, sô hân ich heil,*
> *diech dâ meine: deist diu wolgetâne,*
> *diu mir mîn gemüete dicke ringet.*
> *wol ir, daz si saelic sî!*

swer si minnet, der belîbet sorgen vrî;
si ist unwandelbaere:
wîten garten tuot si rüeben laere.
(Wird sie, die ich so liebe, die Meine, dann habe ich alles Glück. Sie,
die Vollkommene, sie macht mein Gemüt heiter. Wohl ihr, daß sie
immer glücklich sei! Wer sie liebt, der ist aller Sorgen ledig; sie ist
ohne jeden Fehl und Tadel: einen ganzen Garten voller Rüben
schafft sie beim Ernten).

Die meisten frühen Lieder Neidharts haben dagegen keinerlei direkte
thematische Beziehung zum höfischen Minnesang. Daraus zu schließen, daß sie im dörflichen Lebenszusammenhang vorgetragen wurden, ist indessen höchst problematisch. Das deutliche Produktions-
prinzip der Variation eines Grundtypus scheint eher dafür zu sprechen, daß wir hier beobachten können, wie ein Autor versucht,
einen eigenen lyrischen Typus zu entwickeln, sein Markenzeichen,
angesichts eines „trainierten" Publikums, das die Feinheiten der
Variation ebenso erkennen konnte wie den Traditionsbruch, der mit
dem neuen Gesang intendiert ist. Dennoch ist indirekt der höfische
Minnesang allgegenwärtig im Affront, der ihm widerfährt.

Das Grundprinzip dieser frühen Lyrik, die Strukturumkehr, hat
Neidhart immer beibehalten, doch hat er es verfeinert und als sub-
tiles Instrument vielfältiger gesellschaftlicher Stellungnahme und
Kritik vervollkommnet — und dies zunehmend im Zusammenhang
sich verstärkenden sozialen Zwangs und sozialer Abhängigkeit, die
die Lieder selbst immer wieder zum Thema machen. So ist auffällig,
daß sich das Verhältnis Sänger/Riuwentaler versus Dörper zunehmend zum aggressiven Konkurrenzverhältnis entwickelt, in dem die
Dame sogar die Dörper begünstigt oder doch zumindest nicht, wie es
ihre ständische Pflicht gewesen wäre, abwehrt. Immer häufiger auch
sieht sich der Sänger zu politischen Aussagen veranlaßt, die ihn in
einem doch alles in allem distanzierten Verhältnis zur Politik Herzog
Friedrichs II. zeigen. In seinen späten Sommerliedern macht er diese
Distanz zum allgegenwärtigen höfischen Treiben mit der rüden Kritik
an Frau Welt (z. B. WL 28), die nach aller symbolischen Gepflogen-
heit mittelalterlicher Dichtung immer auch „Hof" heißen kann,
schonungslos klar. Es wird damit deutlich, daß Neidharts satirisch-
parodistischer Umgang mit der Minnesangtradition nicht als inten-
tionale Abkehr von dieser Tradition und vor allem von dem durch
das traditionelle Minnesangsystem repräsentierten System höfischer
Normen zu verstehen ist, sondern eher als Kritik an deren Korrup-
tion, die zumindest am Wiener Hofe schon so weit fortgeschritten zu

sein scheint, daß die Muster der Konventionen dort keine Chance mehr haben und nur noch in der Form der satirischen Kritik eingeklagt werden können. Doch auch dies nur um den Preis zunehmender Komplexität, die immer auch eine potentielle Mehrdeutigkeit offeriert bei gleichzeitig deutlichen Zugeständnissen an vordergründige Direktheit, wie dies offensichtlich den Bedürfnissen des neuhöfischen Publikums entsprach, dabei immer mehrere Sinnebenen und Motive (Obzönität, Bauernunsitte, Sozial- und Hofkritik) mischend. So z. B. Winterlied 28, in dem er beleidigend und maßlos wütend über „seine Dame" herzieht:

> *Verschamtiu umbetrîbe,*
> *sünden schanden reizelklobe,*
> *lôsiu hoverîbe!*
> *dienet man ir immer, sî gelônet nimmer wol*
> (Schamlose Herumtreiberin, Verführerin zu sündigen Schandtaten, freche Hofhure! Auch wenn man ihr beständig dient, belohnt sie einen doch nicht gut),

die sich erst spät in dem langen Gedicht als „Frau Welt" herausstellt und nicht als eine konkrete „Herrin".

Oder wenn er seinen Auseinandersetzungen mit den „Dörpern" eine obszöne Spitze gibt:

Winterlied 20 beschreibt die Auseinandersetzung des Reuentalers mit den anmaßenden Bauern, in deren Verlauf es zu einer unsittlichen Attacke der Bauern auf die „Herrin" kommt:

> III ...
> *owê, daz ich sol*
> *nû mîn selbes laster rüegen!*
> *mîner ougen wünne greif er an den füdenol.*
> ...
> (Ach, daß ich nun meine eigene Schande rügen muß! Meiner Augenwonne griff er an die Scham ...)

Auch die eigene Situation wird mit einbezogen, als subtile Kritik und Forderung zugleich. So lautet die letzte Strophe von Winterlied 28 mit aus dem Lied deutlich hervorgehendem Bezug zur Situation des Sängers:

> X *Swer einen vogel haete,*
> *der mit sange dur daz jâr*
> *sînen willen taete,*
> *der solt underwîlen zuo dem vogelhûse sehen*

und gebe im guote spîse!
sô sung im der selbe vogel
gerne süeze wîse
und müeste er im mit willen guoter meisterschefte jehen.
(Wer einen Vogel hielte, der ihm das Jahr über mit seinem Gesang zu willen wäre, der sollte doch ab und zu auch einmal nach dem Käfig sehen und ihm gutes Futter geben. Dann sänge ihm der Vogel gerne schöne Lieder und er müßte ihm willig großes Können zugestehen)

Wenn man die letzten Strophen von Winterlied 23 dem Liede zurechnet (was aufgrund der Überlieferungslage nicht unproblematisch ist), so ergäbe sich für das Verhältnis Neidharts und seines Publikums zur Minnesangtradition ein zusätzlicher interessanter Aspekt, der die Tendenzen der Neidhart-Lyrik zwar nicht wesentlich modifiziert, aber entschieden verdeutlicht. Da das Lied sehr umfangreich ist, beschränke ich mich auf eine Zusammenfassung und den Abdruck der entscheidenden letzten Passage[6]

Das Lied besteht aus fünf inhaltlich deutlich markierten Strophengruppen: Strophe I folgt dem Modus tradierten Minnesangs (Natureingang; Dienst-Lohn-Thema; *wân* usw.). Die Strohpen II—V kontrastieren das traditionelle Minnesangmodell durch antihöfische Liedelemente, deren satirische Integration in den Minnesang man dem Autor als originäre Leistung anrechnen darf. Die inhaltliche Beziehung zwischen dem Thema der Strophe I und dem Thema des zweiten Strophenblockes besteht darin, daß Thema zwei das Thema eins interpretiert: Daß das Singen nicht *vervât* (ausrichtet), worüber sich der Sänger ja explizit wundert, hat seine Ursache in den ,,Dörpern", in deren zumindest zeitweilig übermächtiger, verdrängender Konkurrenz. Dabei wird das Problem symbolisch auf seinen Ursprung zurückverfolgt: Engelmar ist schuld und das, was er Vriderûn angetan hat.

Die Strophen VI bis IX bilden die dritte thematische Einheit und sind inhaltlich wiederum konträr zur vorangehenden Einheit angelegt. Scheinbar abstrakt geht es nach kurzem subjektiven Bezug um Minnetheorie: *herzeliebe* und *minne* stehen konträr. *Herzeliebe* ist das Ideal früherer Zeiten und bestimmbar als Liebe in gegenseitiger Zuneigung, wobei es sogar so gewesen sein soll, daß die Zuneigung des Mannes hochwertiger gewesen war. Dieser Zustand ist dahin, noch ist nichts endgültig verloren, wenn das neue Minneverhältnis von zwei Faktoren wesentlich bestimmt wird: Die *man* müssen *kiusche* (treu), die Damen müssen *reine* (aufrichtig) *wîb* sein. Dann, aber auch nur dann, kann die *minne*, bzw. das sich in ihr ausdrückende

Abhängigkeitsverhältnis zwischen *man* und *wîb*, das an die Stelle der *herzeliebe* getreten ist, sich nicht schädigend für beide auswirken.

Die Strophen X und XI, die den vierten thematischen Block bilden, bringen eine gewisse subjektive Konkretisierung des vorhergehenden Themas — eine Fallbeschreibung, die die prinzipielle Möglichkeit der neuen idealen Minnebeziehung demonstrieren soll. Denn es gibt diese Möglichkeit, sie wird nur oft deshalb nicht realisiert, weil der *man* zu zaghaft im Aussprechen seiner Wünsche ist. Dazu aber fordert der Sänger nachdrücklich auf — und sei es als *guot geriune* (Schmeicheln):

XI *Mit gedanken wirt erworben niemer wîbes kint;*
    dâ von spreche ein man enzît,
    daz im an dem herzen lît,
    und besuoche, ob ez diu minneclîche danne tuo!
    swes er im gedenket, daz ist ir vil gar ein wint;
    des enmac si wizzen niht:
    dâ von ist ez gar ein wîht.
    dâ gehoeret underwîlen guot geriune zuo;
    êst unmâzen guot,
    swer gein wîben tar gesprechen;
    daz verkêret mangen staeten muot
    und kan vestiu herzen wol zebrechen.
    des volge ein man, daz ist mîn rât, ob er ez gerne tuot!

XII *Milter fürste Friderîch, an triuwen gar ein flins,*
    dû hâst mich behûset wol:
    got dir billîch lônen sol.
    ich enpfienc nie rîcher gâbe mêr von fürsten hant.
    daz waer allez guot, niwan der ungefüege zins.
    ...
    maht dû mir den zins geringen,
    dînes heiles kempfe wil ich sîn
    ...

(Eine junge Frau gewinnt man nicht dadurch, daß man sie sich in Gedanken wünscht. Daher sage ein Mann zur rechten Zeit, was ihm am Herzen liegt und erprobe, ob es die Begehrte dann auch tut! Was er nur so für sich denkt, das ist für sie nichts, denn sie weiß es ja nicht. Daher ist es nichts. Es gehört schon zuweilen ein vorteilbringendes Schmeicheln dazu. Es ist unschätzbar nützlich, wenn einer es wagt, mit den Frauen zu sprechen. Das verwandelt so manchen festen Sinn und kann gut verschlossene Herzen aufbrechen. Ein Mann, der das möchte, folge meinem Rat. Freigiebiger Fürst Friedrich, Fels der Zuverlässigkeit, du hast mir ein Haus gegeben. Das möge dir Gott lohnen. Nie habe ich eine großzügigere Gabe von einem Fürsten erhalten. Das wäre alles in bester Ordnung, wenn nicht der übermäßige Zins darauf läge. ... Wenn du mir den Zins verringerst, dann werde ich ein Vorkämpfer deines Heils sein ...)

Die letzte Strophe bildet Thema 5, und hier läßt sich in der Bitte an den milden Fürsten kein direkter Bezug zur vorhergehenden Thematik erkennen. Doch es gibt ihn: Mit der Bitte an Friedrich macht der Sänger als erster selbst ernst mit seinem zuvor gegebenen Rat: er selbst faßt sich ein Herz und bittet die „Dame" Friedrich um Lohn.

Gerade dieser letzte Umstand, der auf den ersten Blick paradox erscheinen mag, kann nochmals abschließend Situation und Intention des Autors Neidhart verdeutlichen: Was soziologische Minnesangtheorien[7] schon seit geraumer Zeit vermuten, nämlich, daß die „Dame" des höfischen Minnesangs letztlich nur Chiffre ist für „Herr, Herrschaft, gesellschaftliche Macht", wird hier überdeutlich gesagt, indem Neidhart am Ende seines Liedes über den Minnesang, über dessen Verfall, dessen gegenwärtigen Zustand und dessen Funktionsweise den bis dahin sorgsam gehüteten Minnesangcode durch Veröffentlichung bricht und ihn dadurch im Grunde funktionsunfähig macht.

Einen solchen Umgang mit der Tradition scheint der Wiener Hof, sein Herrscher und sein Publikum, nicht nur zu tolerieren sondern auch zu fördern. Seine Politik zeigt Herzog Friedrich II. als den Vertreter eines Herrschertypus, der ohne oder mit nur geringem Bedarf an traditionaler Legitimation versucht, seine politischen Ziele wie z. B. die Festigung der Landesherrschaft, ja sogar die Erringung der Königswürde als geschichtliche Zwangsläufigkeiten (z. B. die notwendige Sicherung der Landesherrschaft als politischer und staatlicher Einheit) oder als subjektive Bedürfnisse (z. B. subjektives Bedürfnis nach Macht, Ansehen, politischer Geltung) direkt und ohne Rücksicht auf Tradition und Legitimation mit Gewalt durchzusetzen. Friedrichs Biographie ist dafür ein beredtes Zeugnis, auch wenn man die zweckpropagandistischen Übertreibungen seiner politischen Gegner in Rechnung stellt[8]. Daß ihm am traditionellen Minnesangmodell und dessen Funktionalität im Rahmen höfischen Kulturanspruchs nicht mehr viel gelegen sein konnte, liegt auf der Hand und bekommt umso mehr Gewicht, als letzten Endes sich Friedrichs politische Aktionen strukturell gegen den traditionellen staufisch-höfischen Herrschaftstypus richten und es sich auch von daher versteht, daß es am Wiener Hofe gerade auch deshalb um die Ausarbeitung eines „gegenhöfischen" Kulturverständnisses gehen mußte.

Am Wiener Hofe Friedrichs II. hat der Minnesang seine allgemeine gesellschaftliche Funktion offensichtlich eingebüßt und ist für den Sänger zu einer problematischen Fähigkeit geworden. Dies ist auch mit ein Grund, weshalb in den Liedern Neidharts so oft über die Rolle und die Situation des Minnesängers reflektiert wird. Die verschiedenen Autorrollen, die Bertau wie Rischer[9] feststellen, sind nichts anderes als der Ausdruck eines überprüfenden Durchspielens von Momenten erfahrener sozialer Realität auf der Suche nach einer kritischen Identität, die unsicher sein muß in Hinblick auf die Gültigkeit von Tradition, die mit heterogenen Publikumswünschen und -interessen und mit einem hohen Maß an Herrscherwillkür rechnen muß.

Neidhart von Reuental hat die Veränderungen der höfischen Kultur wie Walther von der Vogelweide als Vordringen *ungefüeger doene* im literarischen Bereich registriert, er mußte freilich anders als jener darauf reagieren.

Neidharts Lyrik darf was Umfang, Schärfe der satirischen und parodistischen Intention, Vorbild-Wirkung usw. betrifft, eine zweifellos exponierte Position behaupten. Doch gibt es zu gleicher Zeit weitere ähnlich argumentierende Dichtungen im Umkreis des Wiener Hofes unter Herzog Friedrich II., die auf die gravierenden Änderungen im höfischen Selbstverständnis hindeuten. Politik und Individualität dieses Herrschers im Zusammenhang der ohnehin schwerwiegenden sozio-ökonomischen Strukturveränderung des Feudalismus, wie sie mit der Auflösung der Grundherrschaft, der tendentiellen Umwandlung der Grund- in Geldrente und staatlicher Zentralisierung (Territorialisierung) nur grob angedeutet sind, bilden ihren gemeinsamen Erfahrungshintergrund. Wie unterschiedlich im einzelnen die Formen der Verarbeitung auch sein mögen, stets sind sie Zeugnisse tiefgreifender Irritation und Identitätskrise.

Der Tannhäuser[10], der ganz offensichtlich wie Neidhart lebensgeschichtlich hart von den Zeitläufen gebeutelt wurde, ist einer dieser Autoren. Er führte ein notgedrungen bewegtes Leben. So vermutet man ihn 1228/29 beim Kreuzzug Kaiser Friedrichs II., danach findet man ihn im Umkreis des Stauferkönigs Heinrich VII., anschließend am Hofe Herzog Friedrichs II. von Österreich, nach dessen Tod bei Otto II. von Bayern, 1246 bei Stauferkönig Konrad IV., dann verlieren sich die Spuren im Osten des Reiches, in Sachsen, in Thüringen, Meißen. 16 Lieder sind von ihm überliefert, einige darunter sind recht konventionell, andere, wie Lied 3 und 4, die in einem gelehrt-geblümten Stil geschrieben sind, verweisen auf ein Muster affirmativer manieristischer Traditionsaneignung, wie sie von Autoren aus dem Umkreis Heinrichs VII. verfolgt wurde (vgl. S. 21 ff.). Auf das am Wiener Hof sich entwickelnde Modell „gegenhöfischen" Kulturverständnisses und seine positive Einstellung dazu deuten außer dem überschwenglichen Preislied auf Herzog Friedrich II.

(Lied 1) das Lied 10, das ironisch gegen die „Dame" des Minnesangs und deren prinzipiell unerfüllbaren Wünsche polemisiert; oder Lied 11, dessen realistisches Lob der sinnlichen Reize der „Dame" ebenso den klassischen Minnesanggepflogenheiten zuwiderläuft, wie es offensichtlich den Geschmack des Publikums am Wiener Hofe trifft und hierin den erotischen Passagen einiger Neidhartlieder korrespondiert. Daß der Tannhäuser damit am Wiener Hofe nicht schlecht gefahren ist, sagt er selbst in Lied 14, indem er in gleichem Atemzug mit Anspielungen auf politische Zeitereignisse sein durch den Tod Herzog Friedrichs II. beginnendes materielles Elend beklagt.

Daß nicht nur gesellschaftlich niedriger stehende Autoren wie Neidhart oder Tannhäuser auf die Veränderungen im kulturellen Selbstverständnis der „avantgardistischen" Wiener Hofgesellschaft mit Irritation und diese inhaltlich wie formal reflektierenden literarischen Formen reagieren mußten, sondern auch hochgestellte Feudalherrn, wollten sie zu einer literarisch vermittelten kulturellen Identität finden, wird am *Frauendienst Ulrichs von Lichtenstein* evident. Er findet einen anderen Weg der Verarbeitung des gesellschaftlichen Funktionsverlustes des traditionellen höfischen Kulturmusters. Die für die Autoren der Zeit offensichtliche Diskrepanz von höfisch-kulturellem Ideal und historischer Realität, die Neidhart und Tannhäuser durch parodistisch-satirische Lyrikmodelle bewältigen, führt Ulrich zu einem eher artifiziellen Spiel der Gattungsmischung, indem er in einem äußerst grotesk verzerrten epischen Handlungszusammenhang höfischen Minnewerbens Minnelieder von stilisiertem Traditionalismus montiert. Die Diskrepanz ist eklatant, die Skurrilität für uns heute kaum erschöpfend deut- und verstehbar. Vieles spricht für Freys Beobachtung: „Lyrik, nicht mehr strikt gebunden an soziale Gegebenheiten und damit an Gattungen und ihre Zwänge, gewinnt in der sich wandelnden Adelsgesellschaft, deren soziale Schichtung sich zunehmend stabilisiert, eine neue Freiheit des Ausdrucks, die Möglichkeit zu experimentieren, Gattungsgrenzen zu überschreiten, Neuland zu entdecken, als Kunstform zu sich selbst zu finden."[11] Dieser ungewohnte, dem hochgestellten, gesellschaftlich relativ unabhängigen Autor mögliche „autonome" Umgang mit dem traditional sehr funktionalen Medium Literatur ist indessen nicht ohne Gefahr. Der Schritt vom Erhabenen zum Lächerlichen ist auch hier sehr klein.

Zu übersehen ist auch nicht der bange Blick in die Zukunft, der sich aus dem politischen Chaos in Österreich nach dem plötzlichen Tod Herzog Friedrichs II. ergab. Er stimmt auch diesen Vertreter des

20

hohen Adels im Grund resignativ. Wenn Ulrich am Ende seines *Frauendienstes* meint, er gehöre zu jenen Unglücklichen, die nach Gottes Huld, ritterlicher Ehre, gut Gemach und irdischem Besitz gleichzeitig und gleichwertig streben und daher gerade alles verfehlten, so ist dies gewiß ein zwar auf literarische Tradition zurückgreifender, stilisierender, aber ebenso deutlicher Ausdruck ratloser Resignation, wie er, direkter an persönlicher Betroffenheit orientiert, bei Neidhart und Tannhäuser zu sehen war, oder wie ihn der ebenfalls in Österreich lebende Sänger *Rubin* angesichts der von ihm beklagten Zeitverhältnisse in der Form des bittenden Hilferufes an die Dame faßt: *ob allem liebe liebiu frouwe, lêre, wie sol ich der niuwen werlt gebâren* (In Anbetracht all dessen, liebe Herrin, lehre mich, wie ich mich angesichts der neuen Verhältnisse verhalten soll; KLD, 47, VI, 1)

Fröide unde frîheit sind der werlte für geleit — Lyrische Affirmation und Manier

Nicht nur in Österreich und am Wiener Hofe spürt man die Zeichen der Zeit, den tiefgreifenden Strukturwandel der feudalen Ordnung, der im Grunde bereits ihr historisches Ende einzuläuten beginnt. Auch andernorts weiß man im wahrsten Sinne des Wortes ein Lied davon zu singen. Klar, mit scharfer Beobachtungsfähigkeit und rückhaltlos wie sonst vielleicht bei keinem zeigt sich das z. B. bei *Ulrich von Singenberg*, dem Truchsessen von St. Gallen. Wie Ulrich von Lichtenstein entstammt er einem angesehenen und arrivierten Ministerialengeschlecht; er gehört zweifelsohne zur feudalen Oberschicht. Doch anders als bei Lichtenstein oder gar Neidhart finden sich in Ulrich von Singenbergs Werk keine resignativen Züge und davon ausgehend parodistische oder satirische Elemente, die auf eine fundamentale Verunsicherung schließen ließen. Ulrich tritt vielmehr den von ihm konstatierten Mißständen entschlossen in seinen Liedern entgegen, indem er die Zeitverhältnisse kritisiert und Ratschläge zur Abhilfe gibt. So klagt er z. B. im Lied 12 über die *unvuoge* ganz in Walthers Art und benennt klar, was damit gemeint ist.

Er gibt zu, daß es zwar Mißstände gebe, doch dürfe man wegen der einen Dame, die *missetuot* gleich alle Damen verschmähen? Und in der vierten Strophe hält er ganz im Stile traditionellen Minnesangs das Ideal der Minnedame entgegen, um zu zeigen, daß es sich sehr wohl lohne, dem traditionalen Ideal zu folgen[12]:

Sumer unde sumerwünne
wünnent niht ze rehte sich,
noch die vogel in ir künne,
noch die liute, dunket mich.
nû waz sol ich danne singen,
obe ich gerne singen wil,
sît unvuoge wil verdringen
alliu vröidehaften spil?

Höveschlîch tanzen, vroelîch lachen
was bî niuwen zîten wert:
daz wil waetlîch widerswachen,
sô daz mans ze nihte gert.
rouben, brennen, übel râten,
daz ist nû ein gaeber site:
doch die enz dâ gerne tâten
was dô waen ich baz dâ mite.

Waz kan wîbe unt wîbes êren
unde ir güete sin gelîch,
diez ze guote wellen kêren?
dan ist niht sô saelden rîch.
obe daz iender wirt gecrenket,
daz lîht einiu missetuot,
swer dâ crankes zuo gedenket
allen wîben, dast niht guot.

Ich weiz eine in hôhem muote,
diust sô gar ein wîbîn wîp,
unde ir sin stât sô ze guote,
solde eht iemer wîbes lîp
herze vreun, daz sî wol solde
mannes herze machen vrô
erst niht man, der daz niht wolde:
alse ich bin, ich wolte ez sô.

Sun die alten vür die jungen
vreude gern, daz missezimt:
da ist des rehtes reht verdrungen,
swa'z unwaeger für genimt.
doch wirt mit der waegern schanze
manic vil waetlîch spil verorn
unde an trügelîchem glanze
dicke sûr für süeze erkorn

(Sommer und Sommerfreuden, so scheint es mir, können sich nicht so entwickeln, wie es sein müßte, auch die Vögel nicht und auch nicht die Menschen. Was also soll ich singen, wenn ich gerne singen möchte, da nun unhöfisches Benehmen alle höfische Geselligkeit vertreibt? Höfisches Tanzen, höfisches Lachen, das galt bisher noch etwas: es wird wahrscheinlich so an Ansehen verlieren, daß man es keinesfalls mehr begehren wird. Rauben, Brennen, arglistige Ratschläge, das ist jetzt die bevorzugte Sitte. Doch denen, die das andere liebten, denen ging es vermutlich besser dabei. Was könnte schon Frauen, die noch lautere Absichten haben, was könnte ihrem Ansehen und ihrer Güte vergleichbar sein? Es gibt nichts, das so beglückend sein könnte. Wenn das nun dadurch geschändet wird, daß vielleicht einmal eine falsch handelt, wer dann gleich von allen Frauen schlecht denkt, der tut nicht recht. Ich kenne eine Frau von so edler Gesinnung, die ist so ganz das Ideal der Frau und ihr ganzes Trachten ist so auf das Gute gerichtet, daß, sollte nun überhaupt ein Herz durch eine Frau erfreut werden können, sie sehr wohl das Herz eines Mannes froh machen kann. Der ist kein Mann, der das nicht möchte. Ich bin es, ich möchte es. Sollten die Alten mehr Freude begehren als die Jungen, dann ist das nicht recht. Da hat das Recht sein Recht verloren, wo das Unangemessene überhand nimmt. Es wird mit scheinbar vorteilhaftem Würfelwurf so manches schöne Spiel verloren und bei trügerischem Schein oft Saures für Süßes erkoren.)

Auch Lied 13 argumentiert ähnlich gegen die konstatierten Mißstände der Zeit. Es ist an diesen Liedern deutlich zu sehen, daß Ulrich der gesellschaftlichen Funktion des Minnesangs, Muster und Normen der sozialen Selbstdeutung, aber auch der sozialen Kontrolle zu vermitteln, noch traut und er den Minnesang deshalb stark didaktisiert. Überdeutlich wird dies in Lied 14, einem Tagelied, in dem er die dem klassischen Tagelied eigene leidvolle Szene des notwendigen Abschieds dazu nutzt, die Liebenden einsichtsvoll das höfische Ideal der *mâze* propagieren zu lassen.

Daß Ulrich damit so gravierend abweicht in der Verarbeitung der auch von ihm konstatierten Mißstände der Zeit, hat gewiß verschiedene Ursachen. Außer daß wir uns mit Ulrich, der gleich nach 1228 gestorben sein dürfte, noch relativ früh im 13. Jahrhundert bewegen, scheint es mir vor allem der Umstand zu sein, daß Ulrich sich zusammen mit den drei Fürstäbten von St. Gallen, in deren Dienst er stand[13], eng im Umkreis staufischer Herrschaft und staufischer Hofkultur bewegte, die noch stark dem traditionellen Kulturmuster und dessen Legitimationskraft folgte. Wie ungebrochen trotz aller negativer Erfahrung sich dabei feudales Selbstbewußtsein als Ausdruck von Reichtum und Macht noch geltend machen kann, zeigt nicht zuletzt Ulrichs selbstgewisse Replik auf Walther von der Vogelweide.

(SM II, 20)   *Der welte vogt, des himels künic, ich lobe iuch gerne*
daz ir mich hânt erlâzen des daz ich niht lerne,
wie dirre und der an vrömder stat ze mînem sange scherne.
mîn meister claget sô sêre von der Vogelweide,
in twinge daz, in twinge jenz, daz mich noch nie getwanc.
den lânt sî bî sô rîcher kunst an habe ze cranc,

daz ich mich kûme ûf ir genâde von dem mînem scheide.
sus heize ich wirt und rîte hein: da ist mir niht wê.
dâ singe ich von der heide und von dem grüenen klê.
daz staetent ir mir, milter got, daz es mir iht zergê.

(Vogt der Erde, König des Himmels, innig preise ich dich, weil du es mir erspart hast, erfahren zu müssen, wie dieser oder jener irgendwo über meine Lieder spottet. Mein Vorbild und Meister, der von der Vogelweide, klagt so bitter darüber, daß ihn dies und jenes plage, was mich noch nie geplagt hat. Den belassen sie trotz seiner großen Kunst bei so ärmlichem Gut, daß ich mich auf gar keinen Fall im Vertrauen auf Ihre Großzügigkeit von meinem Besitz trennen würde. Ich kann mich (Haus)Herr nennen und habe ein Zuhause, wo ich hinreiten kann. Da kann ich von der Heide und dem grünen Klee singen. Das, gütiger Gott, sollst du mir erhalten, damit es mir nicht verloren gehe.)

Ulrich gehört zu jener Gruppe literarisch gebildeter Traditionalisten, die, wie der *Markgraf von Hohenburg, Otto von Botenlauben, Graf Friedrich von Leiningen* und andere mehr, sich in den 20ger Jahren um den *Schenken Konrad von Winterstetten* am Hofe *König Heinrichs VII.* oder in dessen unmittelbarem Umkreis versammelten, dichteten, staufische Reichs-, Königs- und eigene Hausmachtpolitik betrieben oder sich dort in diplomatischen Angelegenheiten bewegten.

In diesem soziokulturellen Umfeld treffen wir wenige Jahre später auch auf die literarische Nachfolgegeneration der *Gottfried von Neifen, Burkhard von Hohenfels* und *Ulrich von Winterstetten*.

Doch wo Ulrich von Singenberg noch in ritterlich-höfischem Selbstverständnis den Negativerscheinungen des geschichtlichen Umstrukturierungsprozesses entgegentrat, hat jetzt ihre stilisierte höfische Kultiviertheit eher den Charakter der Verdrängung.

fröide unde frîheit ist der werlte für geleit (Glück und Sorgenfreiheit ist die Bestimmung höfischen Lebens), dies ist die Losung, die Hohenfels den Gleichgesinnten der Zeit ausgibt. *froide* wird zum Lieblingsbegriff und gleichsam zum Fanal der Distanzierung von den *minneleit-* und *-nôt*-Propagandisten der alten Wiener Schule wie auch gegenüber den späteren Wiener Satirikern, Parodisten und Neuerern.

Durch eine Zusammenfassung der genannten Autoren unter dem Begriff *staufisch*, weil sie — in allerdings unterschiedlicher — Beziehung zum staufischen Hof Heinrichs VII. stehen, könnte die Auffassung entstehen, daß es sich um eine in gegenseitiger Anregung, Diskussion und Organisation befindliche „Schule" handelt. Dies wäre irreführend, da das schon die biographischen Gegebenheiten als unwahrscheinlich erscheinen lassen.

Dennoch scheint es berechtigt, sie mit Hugo Kuhn[14] weiterhin als zusammengehörende Gruppe zu behandeln, deren Gemeinsamkeiten sich dadurch begründen lassen, daß alle drei dem Umkreis der königlichen Verwaltung zuzurechnen sind und daher beeinflußt wurden von den dort offensichtlich gültigen, an französischen Vorbildern orientierten Geschmacks- und Kunstvorstellungen, deren exklusive Tradition Kuhn über die hauptsächliche Vermittlung Ottos von Botenlauben zurückgehen sieht bis zu den hochstaufischen Vorbildern der Hausenschule. Was sie nach Kuhn am stärksten in ihrer Gemeinsamkeit kennzeichnet, ist der alles bestimmende *Formalismus* dieser „Kavaliersdichtung", wie er es nennt.

Dabei versteht Kuhn, und diesem Verständnis wollen wir uns hier anschließen, Formalismus zunächst als werturteilsfreie Bezeichnung, als „ein vom Erringen der Inhalte abgerücktes, ein ausgesprochen formales, d.h. auf Methoden, Kombinationen und formtechnischen Schmuck gerichtetes Interesse der Künstler; in unserem Fall: ein bewußtes Experimentieren dieser Art an dem scheinbar unveränderten Erbe von Minnedienst und Minnelied"[15].

Freilich äußert sich dieser Formalismus bei jedem der drei Autoren auf unterschiedliche Art und Weise.

Burkhard von Hohenfels ist der älteste der drei Autoren. Er gilt als der Meister des *ornatus difficilis*, des schweren, des geblümten Stils, der offensichtlich in Kenntnis und Beherrschung der zeitgeläufigen lateinischen Schulpoetiken seine metaphern- und allegoriereichen Lieder dichtet.

Rationaler, artifizieller, d.h. kunsttheoretisch angeleiteter Umgang mit Stilelementen dieser rhetorischen Traditionen des Dichtens ist Kennzeichen Burkhards, in dem eine Tendenz zu einer neuen „Objektivität" als grundsätzliche Neuerung im Bewußtsein der Dichter erkannt werden kann (Kuhn). So greift z.B. die Elementelehre des Natureingangs von Lied KLD 6, XI auf antike Vorstellungen zurück. Die vier Elemente sind nicht einfach nur Bestandteil eines Frühlingsnaturbildes, sondern sie symbolisieren die Entstehung des Frühlings.

Lied KLD 6, II etwa bedient sich zur Charakterisierung der in einem Minneverhältnis auf beiden Seiten notwendigen Tugenden der Tierallegorie analog dem Verfahren mittelalterlicher Naturlehren. Im wesentlichen ist es die ausgesuchte Metaphorik, die den „geblümten" Stil Burkhards charakterisiert. Eine ähnliche Tendenz zum Formalismus kann man auch bei Gottfried von Neifen beobachten, obwohl er auf den ersten Blick eine Burkhard von Hohenfels gerade

entgegenwirkende Absicht verfolgt, indem er scheinbar gegenprogrammatisch den *ornatus facilis*, den leichten, einfachen Stil ohne
aufwendige, gelehrte Bilder oder komplizierte stilistische Konstruk-
tionen bevorzugt.

Charakteristisch für Neifen ist eine nachgerade gewollt erscheinende Simplizität und Stereotypie der bildlichen lyrischen Aus-
drucksmittel.

Beispielhaft und besonders auffällig ist das Bild vom *roten munt*,
der schon so etwas von der Qualität eines Markenzeichens Neifen-
scher Lyrik hat und als solches offensichtlich auch zum Kennzeichen seiner „Schule" avancierte. Leichtigkeit und Optimismus, an
den verwendeten Bildern und Begriffen ablesbar und lyrisch evoziert
durch rhetorische Mittel, bilden die kunstfertig erzeugte Grundstimmung der Neifenschen Lyrik.

Kuhn hat Neifens Lieder besonders unter dem Aspekt ihres äußeren, d. h. metrischen Formalismus untersucht und Neifens Originalität gerade in dessen artistischen Variationen formaler Elemente des
Minneliedes gesehen. Das Verfahren korrespondiert der „Inhalts-
leere": „Es wiederholen sich dieselben Motive unaufhörlich, dieselben Beiworte, dieselben Zeilen. Das ist nicht einfach Lässigkeit ...
oder Unvermögen. Es ist konsequente, absichtliche Übung: bestimmte Reime haben bestimmte Motive bei sich und umgekehrt, das eine
zieht das andere herbei"[16]. Nach Kuhn ist dies Kennzeichen dafür,
daß bei Neifen der bei Hohenfels noch andeutungsweise vorhandene,
aber inhaltlich-gelehrt mit formalistischer Metaphorik angereicherte
„persönliche Reststil" noch stärker reduziert ist im Interesse eines
formalen Objektivismus, der erst und vor allem einmal Gültigkeit
der herrschenden Ordnung propagiert.

Als dritter der signifikanten staufischen „Formalisten" gilt Ulrich von Winterstetten, dessen formalistische Tendenz am deutlichsten in seiner *Leichdichtung* zum Ausdruck kommt. „Formalist" ist
Winterstetten hauptsächlich, wenn man ihn vorwiegend als Leich-
dichter ansieht, wie Kuhn dies tut. Dies verweist aber gerade an seinem Beispiel auch auf die Grenzen einer selektiven stilanalytischen
Betrachtung, da Winterstettens Lieder deutlicher als dies bei Hohenfels und Neifen der Fall ist, unterschiedlichen Liedgattungen zuzurechnen sind und insbesondere seine Lieder des „erzählenden", des
„objektiven" Genres deutliche Unterschiede und formale Abweichungen von seinen Minneliedern und Leichen wie auch von den
Liedern Burkhards von Hohenfels und Neifens aufweisen.

Im Zusammenhang mit der in diesem Beitrag stärker beobachteten gegenhöfischen Entwicklungslinie ist nicht zu übersehen, daß alle drei Autoren offensichtlich nicht umstandslos jenes Genre ignorieren konnten, das mit dem von Neidhart kreierten Paradigma seine gegenläufige Funktion zum höfischen Minnelied kundgetan hatte.

Es gibt Anzeichen dafür, daß die Versuche, die Hohenfels, Neifen und Winterstetten unternehmen, um den Minnesang gelehrt, rhetorisch und formalistisch zu machen, d.h. ihn zu einem literarischen Medium exklusiver Kunstübung zu konservieren, bei zeitgenössischen Autoren nicht unwidersprochen und unkritisiert blieben und sie selbst ihre Unzeitgemäßheit verspürten, die sie in Zeitklagen oder durch charakteristische inhaltliche Neuerungen zu kompensieren bzw. abzuwehren und zu rechtfertigen suchten.

Man wird daher die Lyrik Neifens, Hohenfels' und Winterstettens auch als literarisches Paradigma sehen dürfen, das versucht, den grundsätzlichen lyrischen Paradigmawechsel, wie er von Neidhart hauptsächlich, aber auch von anderen vorwiegend im Umkreis des Wiener Hofes unter Herzog Friedrich II. zu findenden Sängern repräsentiert wird, zu konterkarrieren: einmal durch ihre exklusive formalistische Kavaliersdichtung, dann aber auch durch den Versuch, das gegenhöfische Lyrikmuster selbst affirmativ zu vereinnahmen, wie es unter massivem Bezug auf die französische Pastourelle, die selbst einen deutlich chevalresken Charakter hat (Kuhn), in ihren Liedern des sog. objektiven Genres geschieht.

So bietet Winterstettens Lied KLD 59, IV ein Gespräch zwischen Mutter und Tochter, in das der Sänger sich einbringt als der, der von der Alten gehaßt wird, weil er mit seinem Gesang die jungen Mädchen verführt, der aber von der Tochter in Schutz genommen wird, die dann gegen den Willen der Mutter zum Tanze geht. Zwar ist dies eine Thematik, wie wir sie aus Neidharts Streitliedern zwischen Mutter und Tochter kennen, doch fehlt deutlich der rabiate Ton oder gar die, ähnliche Neidhartlieder abschließende, Prügelszene. Aus dem drastischen Verstoß gegen die in der höfischen Lyrik geltenden guten Sitten ist eine modeste Meinungsverschiedenheit geworden, die eigentlich nicht die Strukturumkehrung zum Minnesang akzentuiert, in der der eigentliche Affront liegt, sondern eher die Attraktivität des Gesanges des Schenken von Winterstetten exponiert, der sich damit — anders als der Reuentaler — nicht selbst als Sänger mit in die parodistische Perspektive rückt, sondern in einer Distanz bleibt, aus der er zwar auch mit sich und seiner Rolle spielt, aber als einer, der, ganz im Gegensatz zur Liedaussage, „bescheid" weiß, d.h. über dem Geschehen steht.

Dies deutet eine Souveränität an gegenüber dem Inhalt des Liedes, die m. E. erkennen läßt, daß sie sich kritisch auf einen *literarischen* Vorgänger, eben Neidhart, bezieht.

Problematisch insgesamt verhält es sich mit den objektiven Liedern Neifens, da hier bis heute nicht zu klärende Zweifel an dessen Autorschaft bestehen. Es handelt sich im einzelnen um Lied KLD 15, XXX, das von der Verführungsabsicht des Sängers gegenüber einer Magd spricht, die Wasser am Brunnen holt und sich verweigert, weil sie sonst die Gunst ihrer Herrin verlöre, die ihr noch einen Schilling und ein Hemd schuldet. Wenn sie das bekommen habe, solle der Minner bekommen, was er begehre.

Lied KLD 15, XLI, das auch hierher gehört, berichtet von einer Flachsdrescherin, die dem Begehrenden eine direkte Absage erteilt, was das Lied in einen ebenso direkten Gegensatz zu den analogen Vorgängen in Neidharts Liedern setzt. Lied KLD 15, XXXIX, das sog. Büttnerlied, das die Werkzeuge des Büttnerhandwerks obszön ausdeutet, fällt überhaupt aus dem Kontext auch der „objektiven Lieder". Lied KLD 15, L beklagt eine junge Mutter, daß sie nicht mehr zum Tanze kann, weil sie ihr Kind hüten muß und sie deshalb die Amme bittet, ihr das Kind abzunehmen. Vergleicht man das Lied mit der Warung der Mutter vor der Wiege im entsprechenden Neidhartlied (SL 18), so wird auch hier die Verharmlosung durch Konfliktlosigkeit deutlich.

Selbst wenn die Lieder eindeutig Neifen zugehörig wären, so könnte dies der vorgetragenen Argumentation kaum widersprechen, denn keines der Lieder — am ehesten wohl noch KLD 15, XXX ließe sich in eine konfrontative Haltung zum Minnesang setzen; eher handelt es sich um Lieder, die so anders sind als der Minnesang, daß sie aus Unterströmungen zu resultieren scheinen, die eh nie zum Minnesang in direkter Beziehung standen, d. h., daß hier Traditionsstränge bewußt parallelisiert und nicht, wie bei Neidhart, in satirischer Absicht konfrontiert werden. Der antikritische Effekt im Hinblick auf antihöfische Tendenzen bestünde also gerade darin, daß diese nicht-höfischen Lieder Neifens den Versuch darstellten, das eigentlich Anstößige an Neidharts Lyrik, die satirische Vermischung von höfischer und nichthöfischer Sphäre durch systematische Entmischung zu neutralisieren. Freilich steht und fällt diese These mit der Klärung der „Echtheitsfrage" dieser Lieder. Doch solange dies nicht befriedigend gelöst wird, bleibt nur die Lösung, die Kuhn hier vorschlägt, der zugesteht, daß in der Echtheitsfrage „das Bild bestimmend ist, das man sich vom Dichter Neifen macht"[17]

Burkhard von Hohenfels hat vier Lieder des objektiven Genres. Lied KLD 6, I ist ein Tanzlied, das einen winterlichen Tanz in der Stube beschreibt, nichts jedoch von gegenhöfischem Dörpermilieu, gar Rivalitäten und Prügeleien wie bei Neidhart kennt, wohl aber die dezente Ermahnung, zwar die Gedanken und Wünsche beim Tanz zu reizen, nicht aber etwa es ernsthaft zu toll zu treiben: *niemen sol toben*. So entsteht, zumal im Zusammenhang des das Lied kennzeichnenden metaphorischen Sprechens, das seine Bilder aus dem Herrensport der Vogelbeize bezieht, ein ganz und gar höfisches Tanzlied, das sich zwar einen voyeuristischen Blick in das sinnliche Geschehen dörflicher Tänze gestattet, doch damit auch zugleich signalisiert, was als höfische Norm zu gelten hat, selbst wenn sich die Risse kaum mehr verbergen lassen.

Ähnlich verfährt auch Lied KLD 6, XI, das adelige Jugendliche bei einem bäuerlichen Tanz in der Scheune zeigt; das Lied ist ganz darauf aus, zu demonstrieren, daß auch in dieser Situation *froide unde frîheit* aus der Orientierung an höfischer Norm und dem Verzicht auf sinnliche Erfüllung resultiert:

2   *Uns treib ûz der stuben bitze,*
    regen jagte uns în ze dache:
    ein altiu riet uns mit witze
    in die schiure nâch gemache.
    sorgen wart dâ gar vergezzen,
    trûren muose fürder strîchen:
    fröide hâte leit besezzen,
    dô der tanz begunde slîchen.
    fröide unde frîheit
    ist der werlte für geleit.

3   *Diu vil süeze stadelwîse*
    kunde starken kumber krenken.
    eben trâtens unde lîse,
    mengelîch begunde denken
    waz im aller liebest waere.
    swer im selben daz geheizet,
    dem wirt ringe sendiu swaere:
    guot gedenken fröide reizet.
    fröide unde frîheit
    ist der werlte für geleit.

    (Die Hitze trieb uns aus der Stube, der Regen jagte uns wieder unter das Dach: Eine Alte gab uns den klugen Rat, es uns in der Scheune angenehm zu machen. Die Sorgen wurden da vergessen, Traurigkeit mußte da weichen. Die Freude hatte den Kummer überwunden, als der Tanz anfing. Glück und Sorgenfreiheit ist die Bestimmung des höfischen Lebens. Die liebliche Tanzweise konnte auch größten Kummer vertreiben. Jeder setzte seine Schritte zierlich und behutsam und fing an, an das zu denken, was ihm am liebsten war. Wer sich selbst in solche Träume versetzt, dem wird sein Liebeskummer gelindert. Angenehme Träume locken eine frohe Stimmung herbei. Glück ...)

Burkhards Lied KLD 6, VII steht als Gespielinnenlied deutlich in der Tradition Neidharts von Reuental. Es beklagt im Zwiegespräch zwischen einem bäuerlichen und einem höfischen Mädchen die repressive Situation des höfischen Lebens und gesteht eine Diskrepanz zu, doch wird man den Schluß des Liedes nicht als Bekenntnis zum vermeintlich einfachen, sinnenfrohen Leben der Unterschichten lesen dürfen, sondern eher als Hinweis auf die Gefährdungen, denen die höfische Lebensweise konfrontiert ist: Die rigide Durchsetzung des höfischen Ideals provoziert eher dessen Ablehnung, als daß es noch Identifikation erzwingen könnte.

(KLD 6,   *Ich bân schiere*
VII, 5)   *mir gedâht einen gerich:*
       wan ich zwiere,
       swâ man zwinket wider mich.
       sin lât mich niender lachen
       gen werdekeit:
       sô nime ich einen swachen,
       daz ist ir leit.
       mirst von strôwe ein schapel und mîn frîer muot
       lieber danne ein rôsenkranz, so ich bin behuot.
       („Ich habe mir schnell einen Racheplan ausgedacht: ich zwinkere zurück, wo immer man mir zublinzelt. Sie erlaubt mir nicht, daß ich den Vornehmen zulächle, deshalb nehme ich einen Mann von niedrigem Stand, darüber ärgert sie sich. Ein Kranz aus Stroh und daß ich machen kann, was ich will, das ist mir lieber als ein Rosenkranz, wenn ich dann unter Aufsicht stehe.)

Man wird in diesem, wie auch in Lied KLD 6, XV, das die erzwungene höfische Liebe der frei erwählten gegenüberstellt, Warnungen vor einigen gar zu stark einengenden Normierungen der höfischen Lebensweise sehen dürfen, die eher die Funktion der vorbeugenden Stabilisierung durch mäßige „Reform" haben dürften als die Fixierung eines den Zeitverhältnissen geschuldeten fundamentalen Widerspruchs.

Der manierierten Schreibweise insbesondere Neifens folgen eine große Anzahl von Autoren. Dabei werden außer Stimmung und Stil vor allem auch die zentralen Bilder und Begriffe oft in exzessiver Monomanie aufgegriffen: Zentral natürlich der *rote munt* in etlichen sprachlichen Variationen und ebenfalls der Begriff der *froide*. Extrem hierin etwa ist *Konrad von Landeck,* der Schenk von St. Gallen, der 1271—1306 urkundet. Ebenfalls deutlich haben sich auch der *Schenk von Limpurc, Hug von Werbenwag, Konrad von Kilchberg, Konrad von Hohenburg, Graf Kraft von Trostberg, Heinrich von Frauenberg, von Obernburg, von Wildonie* und *von Suonegge* — um nur einige zu nennen — in die Neifenlinie gestellt, sofern die Überlieferung einen solchen Schluß zuläßt (möglich immerhin wäre, daß die Überlieferung gerade unter diesem Gesichtspunkt selektiert hat).

Zu einigen interessanten Variationen hat indessen offensichtlich die Konfrontation des Neifenschen Manierismus mit altertümlicheren traditionalistischen Mustern geführt, wie sie hauptsächlich bei den dichtenden Hochadligen des deutschsprachigen Ostens zu finden sind, die sich noch stärker an den traditionalen feudalen Strukturen orientieren konnten. So haben die beiden Lieder des *Grafen von Anhalt* die Programmatik von *froide und frîheit* schon aufgenommen, doch bilden altertümliche Intentionen noch scharfe Kontraste: so z. B. die Sublimierungsintention des Musters „Minnesang statt Liebeserfüllung" (*mich gnuogte, solde ich in ir dienste mînen sanc schantieren;* ich bin zufrieden, wenn ich im Dienste für sie meine Lieder singen darf; Lied KLD 2, II, 2) oder auch die harte Konfrontation feindseliger *arger schalke* mit der verbal friedvollen Stimmung, die sich in Durchhalteparolen Mut macht: *froude und êre lât iu niht versmân* (Laßt euch Freude und Ansehen nicht verächtlich machen; Lied KLD 2, I, 3).

Bei *Markgraf Heinrich III. von Meissen,* bei dem es nur so von roten Mündern und von *froide* wimmelt, wird aber an Lied KLD 21, V nochmals kraß der ursprünglich selbstdisziplinierende Charakter des Minnesangs deutlich. Die dritte Strophe des Liedes nennt die Dinge sprachlich einigermaßen unbeholfen, aber dafür um so deutlicher beim Namen:

3   *Ir zuhtflieher, iu sî geseit*
       daz zuht vil verre nâch iu jeit:
       des swere ich iu bî eide.
       mit unzuht habt ir guoten ziuch.
       ‚hei zuhtflieher, nu fliuch, nu fliuch.'
       sô seit man von iu leide.
       ir frouwen, nemt sîn kleine war,
       ern kom mit guoten zühten dar
       sô daz er sich gescheide
       von unzuht alse ein zühtic man.
       swelch frouwe im danne ir gruozes gan,
       der lept gar sunder leide.

(Ihr, die ihr die Regeln höfischen Anstandes vernachläßigt, euch sei gesagt, daß Zucht und Anstand euch noch lange verfolgen werden: das schwöre ich euch bei meinem Eide. Mit unhöfischen Sitten gebt ihr euch leichtfertig ab. Flieht, ihr Verletzer des Anstandes, flieht. So spricht man in kränkender Weise von euch. Ihr Frauen, achtet nicht auf ihn, es sei denn, er käme mit Anstand daher und unterscheide sich als Mann von höfischen Sitten von der unhöfischen Zuchtlosigkeit. Wer dann den Gruß einer Herrin erhält, der wird ohne Leid leben können.)

Dies ist gemessen am Standard der Lieder Neifens und Hohenfels', wo es um die Ausbildung eines höchst manierierten Stils ging, ein nachgerade attavistischer Ton.

Auch im ersten Lied des *Königs Wenzel von Böhmen* zum Beispiel steht eine so altväterliche Strophe wie die folgende:

(KLD,   *Ûz bôher âventiure ein süeze werdekeit*
65, I, 1)   *hât Minne an mir ze liebte brâht;*
1   *ich siufte ûz herzeliebe, swenne ich denke dar,*
           dô sî mir gap ze minneclîcher arebeit,
           als ich in wunsche het gedâht,
           sô zart ein wîp des ich mich iemer rüemen tar,
           und doch alsô daz ez ir niht ze vâre stê.
           si gap in grôzer liebe mir ein rîchez wê:
           daz muoz ich tragen iemer mê,
           in ruoche wemz ze herzen gê.

(Durch ein großartiges Erlebnis hat die Minne in mir eine köstliche Hochstimmung erzeugt. Ich seufze vor inniger Liebe, wenn ich daran denke, daß sie mir zur Liebe, ganz wie ich mir das erträumt hatte, eine so liebliche Frau schenkte, derer ich mich ewig glücklich preisen darf — jedoch so, daß es ihr nicht schadet. Sie gab mir mit der großen Liebe aber auch ein tiefes Leid: das muß ich auf ewig tragen, und es kümmert mich wenig, ob es sonst noch jemandem zu Herzen geht.)

Die dritte Strophe beginnt dagegen ganz neumodisch „neifenmäßig":

           Reht alse ein rôse diu sich ûz ir klôsen lât,
           swenn sî des süezen touwes gert,
           sus bôt si mir ir zuckersüezen rôten munt.
           ...

(So wie eine Rose, die sich aus ihrer Knospe drängt, wenn sie den lieblichen Tau begehrt, so bot sie mir ihren zuckersüßen, roten Mund dar.)

Die Beispiele ließen sich gewiß noch fortsetzen, auch weitere Variationen ließen sich noch finden. Deutlich dürfte indessen geworden sein, welche Verlockung in der optimistischen, den Widersprüchen der Zeit ausweichenden, höfisches Selbstverständnis traditionalistisch stabilisierenden und in manieriertem Stil verklärenden lyrischen Programmatik gelegen haben muß in einer Zeit, in der nicht nur die krisenhaften historischen Tendenzen der Auflösung der feudalen Ordnung allerorten erfahren werden mußten, sondern auch schon Poeten darangegangen waren, dieser Entwicklung inhaltlich und formal Rechnung zu tragen.

est ein argez minnerlîn, jehent nû die jungen

Die Herrendichter des deutschen Ostens dürfte Ulrich von Winterstetten kaum gemeint haben, als er in der zweiten Strophe seines Klageliedes *Ich bin drîer hande schaden vaste überladen* (Lied KLD 59, XXXVIII) klagt:

2   *Sost ein ander swaere diu mich twinget,*
    daz die herren muotes sindet sô kranc
    unde ir tugende nieman dar zuo bringet
    daz man singe hovelîchen sanc.
    hie bî vor was ir danc niht kleine:
    nûst ir lôn den leider ungemeine
    den ir herze in frôiden swebte enbor.
    ...

(Die zweite Beschwernis, die mich bedrückt, ist, daß die Gesinnung der Herren so heruntergekommen ist und niemand ihnen soviel (höfische) Gesittung beibringen kann, daß sie den höfischen Sang fördern würden. Früher waren sie mit Belohnungen großzügig, doch jetzt enthalten sie den Lohn denen vor, deren Herzen in höfisch-froher Gesittung hochgestimmt sind.)

Eher dürfte er schon an die Situation am Wiener Hof gedacht haben — vermutlich aber war die Verbreitung nicht- oder gar antihöfischer Lyrik intensiver als die Überlieferung verrät. Die „Gegengesänge" eines Geltar, Kol von Niunzen und Göli dürften nicht die einzigen gewesen sein, das lassen die breiten Abwehrbemühungen gegenüber derartigen Liedern vermuten.

Daß andererseits aber die historisch letzte Stunde des Minnesangs geschlagen hatte, konnten sich auch die Traditionalisten unter den Minnesängern nicht länger verheimlichen, auch wenn sie noch so gereizt reagierten.

Noch Ulrich von Winterstetten registriert die neue Entwicklung des radikalen Abgesangs:

(KLD 59, *Hie vor gap Minne froide gewinne*
XXXVII, 3) *dem mannes sinne dur daz jâr.*
swer sî nu suochet ald ir geruochet,
der ist verfluochet: daz ist wâr.
„est ein argez minnerlîn"
jehnt nû die jungen. die hie vor sungen,
nâch êren rungen, die sint verdrungen:
dest worten schîn.

(Früher schenkte die Minne dem Manne das ganze Jahr über
Freude. Wer sie jetzt sucht oder sich um sie kümmert, der wird
verspottet, das ist leider wahr. „Es ist ein armseliges Minnerlein
(Liebensnarr)" sagen jetzt die jungen Leute. Die, die früher gesungen und nach Ehre gestrebt haben, die sind verdrängt worden,
das ist offensichtlich.)

Eine bereits bestehende *Trink-* und *Eßliteratur* aktivierend[18] und
diese ihren Interessen anpassend, macht sich eine neue Generation
von Liederdichtern daran, im Zeichen sinnlicher Genüsse des Gaumens und des Bauches über die kärglichen Sinnesfreuden der Minnesänger herzuziehen. Unter der Schirmherrschaft des Herbstes und seiner deftigen Freuden ziehen sie gegenprogrammatisch und voller
Spott gegen den Mai und dessen Jünger der lauen Lüfte. *Steinmars*
Herbstlied setzt die Norm:

Sît si mir niht lônen wil
der ich hân gesungen vil,
seht sô wil ich prisen
den der mir tuot sorgen rât,
herbest der des meien wât
vellet von den rîsen.
ich weiz wol, ez ist ein altez mære
daz ein armez minnerlîn ist rehte ein marteraere.
seht, zuo den was ich geweten:
wâfen! die wil ich lân und wil inz luoder treten.

Herbest, underwint dich mîn,
wan ich wil dîn helfer sîn
gegen dem glanzen meien.
durh dich mîde ich sende nôt.
sît dir Gebewîn ist tôt,
nim mich tumben leien
vür in zeime staeten ingesinde.
‚Steimâr, sich daz wil ich tuon, swenn ich nu baz bevinde,
ob du mich kanst gebrüeven wol.'
wâfen! ich singe daz wir alle werden vol.

Herbest, nu hoer an mîn leben.
wirt, du solt uns vische geben
mê dan zehen hande,

gense büener vogel swîn,
dermel pfâwen sunt dâ sîn,
wîn von welschem lande.
des gib uns vil und heiz uns schüzzel schochen:
köpfe und schüzzel wirt von mir unz an den grunt erlochen.
wirt, du lâ dîn sorgen sîn:
wâfen! joch muoz ein riuwic herze troesten wîn.

Swaz du uns gîst, daz würze uns wol
baz dan man ze mâze sol,
daz in uns werde ein hitze
daz gegen dem trunke gange ein dunst,
alse rouch von einer brunst,
und daz der man erswitze,
daz er wæne daz er vaste lecke.
schaffe daz der munt uns als ein apotêke smecke.
erstumme ich von des wînes kraft,
wâfen! sô giuz in mich, wirt, durh geselleschaft.

Wirt, durh mich ein strâze gât:
dar ûf schaffe uns allen rât,
manger hande spîse.
wînes der wol tribe ein rat
hoeret ûf der strâze pfat.
mînen slunt ich prîse:
mich würget niht ein grôziu gans so ichs slinde.
herbest, trûtgeselle mîn, noch nim mich zingesinde.
mîn sêle ûf eime rippe stât,
wâfen! diu von dem wîne drûf gehüppet hât.

(Da sie mich nicht belohnen will, der ich soviel gesungen habe, seht, so will ich den preisen, der mich von meinen Sorgen befreit: den Herbst, der des Maien Kleid von den Zweigen schlägt. Ich weiß gut, es ist eine altbekannte Rede, daß so ein armseliges Minnerlein (unglücklich verliebter Narr) der reine Märtyrer ist. Seht, mit solchen war ich auch zusammen eingejocht. Weiß Gott, die will ich verlassen und ludern gehen (schlemmen, saufen). Herbst, nimm dich meiner an, denn ich will dein Kampfgefährte sein gegen den glänzenden Maien. Um deinetwillen lassen ich von den Liebesqualen gerne ab. Da dir Gebewin gestorben ist, so nimm mich einfältigen Laien an seiner Stelle als treuen Diener an. „Sieh, Steinmar, das werde ich dann tun, wenn ich besser weiß, ob du mich richtig besingen kannst". Hurra, ich singe so, daß wir alle völlig betrunken werden. Herbst, höre wie ich zu leben gedenke: Wirt, du sollst uns mehr als zehn Sorten Fisch bringen, Gänse, Hühner, Vögel, Schweine, Würste, Pfauen soll es geben, Wein aus Italien. Gib uns viel und lasse die Schüsseln hochgehäuft füllen. Krüge und Schüsseln werde ich leeren bis auf den Grund. Wirt, mache dir da keine Sorgen! Oh ja, der Wein kann ein betrübtes Herz schon trösten. Was du uns bringst, das würze gut, mehr als nötig ist, damit in uns eine Hitze entsteht, so daß dem Trunk ein Dampf entgegenschlägt wie der Rauch einer Feuersbrunst und daß der Mann so ins Schwitzen kommt, daß er glaubt, er werde mit dem Badewedel gepeitscht. Sorge dafür, daß unser Mund wie eine Apotheke riecht! und werde ich durch die Macht des Weines verstummen, so schütte aus Freundschaft weiter in mich hinein. Wirt, durch mich hindurch führt eine Straße, auf der schaffe alles heran, was da ist. Jede Menge Essen, Wein soviel, daß er ein Mühlrad antreiben könnte – das alles gehört auf diese Straße. Meine Gurgel lobe ich mir, mich würgt nicht einmal ein mächtiger Gänsebraten, wenn ich ihn verschlinge. Herbst, mein liebster Freund, nimm mich zum Diener! Hurra, meine Seele steht auf einer Rippe, da ist sie hinauf gehüpft, um dem ansteigenden Wein zu entkommen.)

Mag es auch zufällig sein, daß sich die neue und letzte radikale Opposition gegen den feudalen mittelalterlichen Minnesang unter dem Zeichen des Herbstes formiert, so hat der Vorgang darin doch eine adäquate Symbolik gefunden: Im Bewußtsein des nahenden Endes fährt man die Früchte sinnlicher Genüsse ein, die der Frühling und die Blütezeit des Feudalismus vorenthalten mußten, wenigstens dem ideellen Selbstverständnis nach.

Minnesang in der Stadt

Ebenfalls einen Abgesang darf man darin sehen, daß um 1300 sich in den Städten ein neues Interesse am Minnesang regt, sei es, daß einzelne Autoren wie z.B. *Johannes Hadloub* selbst Minnelieder dichten, sei es, daß sich das Interesse als Sammlerinteresse artikuliert, wie das Entstehen der bedeutenden Liederhandschrift C, der Großen Heidelberger oder auch Manessischen Liederhandschrift belegt.

Verständlich ist, daß in den Städten eine Oligarchie mit feudalem Selbstverständnis und mehr oder weniger bürgerlicher Lebenspraxis angesichts des Mangels an einer adäquaten eigenen bürgerlich-patrizischen Kultur sich an den kulturellen Herrschaftsformen des Feudalismus orientiert, was einerseits zum Versuch einer partiellen Wiederbelebung der feudalistischen Lyrik, andererseits aber durch den Zwang zur Rücksicht auf aktuelle Bedürfnisse und städtische Lebensformen zu insgesamt doch recht eigenartigen literarischen Ausdrucksformen führt und zudem zu recht vielfältigen Mustern, worin sich unsichere Traditionsaneignung und Zwang zum Experiment gleichermaßen verraten.

Hadloub hat so z.B. neben recht konventionellen Minneliedern sowohl des altertümlichen als auch des Neifenschen Typs Episierungen der Minnesituation, die nicht ohne Skurrilität sind und dem spielerisch-grotesken Umgang mit der Tradition bei Ulrich von Lichtenstein gleichen. Auch die Form des ins Preislied übergehenden Minnelieds kennt er, doch an die Stelle des Fürstenpreises tritt bei ihm der Ruhm seines Mäzens. Auch die Herbstliedmotivik greift Hadloub auf — freilich nicht in der Rigidität Steinmars, sondern, da es ja auf die partielle Bewahrung feudaler Kulturnormen wie auf Innovationen gleichermaßen ankommen muß, in einer Form, die ganz analog zu dem Vorgang, wie einst die staufischen Traditionalisten mit den parodistischen Gegensängern verfuhren, die Sphären entmischt, deren aufeinander bezogenes Sinngeflecht erst die radikale kritische Intention erzeugt.

(SM XXVII, ...

18)   *Swer sich welle mesten,*
3.   *der sol kêren zuom gesinde:*
        guotiu fuore macht sî veiz.
        wirt, besend dien gesten
        gense, die dâ sîen blinde,
        unde mach die stuben heiz.
        dû solt hüenr in vüllen,
        dannoch sieden kappen:
        froeliche knappen
        hâst dû danne in stuben und ouch bî der gluot.
        heiz in tûben knüllen,
        schützen und ouch vasant wilde:
        daz nent sî vürs meien bluot.

4.   *Welt, dû bist unglîche:*
        fraezen dien ist wol geschehen,
        daz tuot mangem minner wê.
        frouwen minnenclîche
        mügent sî nû nicht gesehen
        als sîs sân des sumers ê.
        sî hânt nû verwunden
        diu antlüt in ir stücken,
        daz sî nicht rûchen.
        swaere winde tuont an linden hiuten wê.
        wê uns küeler stunden!
        rôsenwengel sint verborgen
        und ir keln wîz als der snê.

(3. Wer sich vollfressen will, der mag sich zur Schar derer gesellen, die [im Herbst] schlemmen. Das üppig Aufgetragene wird sie fett machen. Wirt, lasse deinen Gästen (zur Mast) geblendete Gänse bringen und heize auch die Stube gut ein. Fülle Hühner für sie und koche Kapaune. Ausgelassene Kerle wirst du dann in der Stube um das Feuer haben. Lasse Tauben töten und wilde Fasane schießen: das ist ihnen lieber als Maienblüten. Welt du

bist ungerecht: den Fressern läßt du es gut gehen, den Minnenden (den sich vor Liebe verzehrenden) aber ist Kummer bereitet. Liebenswerte Damen können sie jetzt nicht mehr so anschauen, wie das im Sommer möglich gewesen ist. Sie haben jetzt ihr Gesicht mit ihren Kopftüchern verhüllt, um sich gegen die Kälte zu schützen. Rauhe Winde schmerzen die zarte Haut. Weh uns in diesen kalten Zeiten. Die rosenroten Wangen sind verhüllt und auch ihre schneeweißen Hälschen.)

Den Herbst in Ehren und dem Herbst, was des Herbstes ist — die Minne in Ehren und der Minne, was der Minne gebührt. So könnte Hadloubs lyrische Devise hier charakterisiert werden.

Die grobe Zeichnung der markantesten Linien der Entwicklung des Minnesangs im späteren 13. Jahrhundert hat notwendigerweise manche feineren Nuancierungen übersehen müssen, hat notwendigerweise viele Details nicht berücksichtigen können. So etwa das sich auch noch in den affirmativen Adaptionen durchsetzende Bedürfnis nach sinnlicher Ausdrucksform, wie die zurückhaltenden Andeutungen über *wilde gedanken*, wie der Traum vom *umbevanc*, wie die geheimnisvolle Formulierung *dâ bist auch mê geschehen* und der *rôte munt* verraten, die ja nur die verdeckte Seite der Medaille sind, auf deren offener die Sinnesfreuden, die erotischen und obszönen, die des Gaumens und des Bauches offen eingezeichnet sind. Erste bürgerliche Genrebilder beim *Wilden Alexander* oder bei Hadloub mußten z. B. ebenso unberücksichtigt bleiben wie eine genauere Charakterisierung der Beziehungen einzelner Autoren zueinander. Die Entwicklung ganzer Gattungen wie z. B. des *Leichs* und des *Tageleids* erschien zu interessant und zu komplex, als daß sie in wenigen zusätzlichen Sätzen zu charakterisieren gewesen wäre. Stärker hätte man gewiß auch auf die an der Entwicklung der unterschiedlichen lyrischen Muster beteiligten gesellschaftlichen Interessen und deren personale Repräsentanz achten müssen, insbesondere betrifft dies die ständische Differenzierung der Autoren in Fahrende, Ministeriale, Gelehrte, Bürger, Fürsten usw. Daß diese Lücken hier bestehen, ist neben dem Zwang zur selektiven Konzentration aber auch der oft noch recht unbefriedigenden Forschungslage geschuldet und darf in dieser Beziehung ruhig als Anregung verstanden werden.

Anmerkungen

1 Zitierte Texte aus: Carl von Kraus (Hg.): Liederdichter des 13. Jahrhunderts. Tübingen 1952. Bd. I. Im Text kenntlich gemacht als KLD, die arabische Zahl = Nr. der Reihenfolge der Dichter, römische Zahl = Nr. des Liedes, arabische Zahl nach dem Komma = Strophe und Vers.

2 Das Lied ist mit einer Übersetzung abgedruckt in: Epochen der deutschen Lyrik, Bd. 1, S. 124 ff.

3 Ich zähle nach der Ausgabe: Die Lieder Neidharts, hg. von Edmund Wießner. 3. Aufl. revidiert von Hanns Fischer. Tübingen 1968.

4 Vgl. Adolf Ficker: Herzog Friedrich II., der letzte Babenberger. Innsbruck 1884.

5 Karl Bertau: Neidharts ‚Bayerische Lieder' und Wolframs ‚Willehalm'. In: ZfdA. 100, 1971, S. 296 ff.

6 Das Lied ist mit einer Übersetzung abgedruckt in: Die Lieder Neidharts, hg. von Siegfried Beyschlag. Darmstadt 1975.

7 Vgl. die Arbeiten von: Wolfgang Mohr: Die „vrouwe" Walthers von der Vogelweide. In: ZfdA, 86, S. 1–10; Gert Kaiser: Zur Funktion des Hofes in der Lyrik Walthters von der Vogelweide. In: Ruperto Carola 54 (1975), S. 59–66; Erich Köhler: Vergleichende Betrachtung zum romanischen und zum deutschen Minnesang. In: K. H. Bork und R. Henss (Hg.): Der Berliner Germanistentag 1968. Heidelberg 1970, S. 61–76; Christel Wallbaum: Funktion des Minnesangs im 12. und 13. Jahrhundert. Diss. Berlin 1973.

8 Vgl. Ficker, a.a.O., S. 51.

9 Vgl. Karl Bertau: Deutsche Literatur im europäischen Mittelalter. Bd. II. München 1973, S. 1026–1055; Christelrose Rischer: Zum Verhältnis von Literatur und sozialer Rolle in den Liedern Neidharts. In: Deutsche Literatur im Mittelalter, hg. von Christoph Cormeau. Stuttgart 1979, S. 184–210.

10 Ich folge der Zählung der Ausgabe von Johannes Siebert: Der Tannhäuser. Halle/Saale 1934, wieder in: Der Tannhäuser. Die lyrischen Gedichte der Handschriften C und J, hg. von Helmut Lomnitzer und Ulrich Müller. Göppingen 1973.

11 Winfried Frey: mir was hin ûf von herzen gâch. Zum Funktionswandel in Ulrichs von Lichtenstein ‚Frauendienst'. In: Euph. 75, 1981, S. 64.

12 Zitiert nach: Die Schweizer Minnesänger, hg. von Karl Bartsch. Darmstadt 1964. Im Text kenntlich gemacht: SM, römische Zahl = Nr. der Reihenfolge des Dichters, arabische Zahl = Nr. des Liedes.

13 Wilhelm Stahl: Ulrich von Singenberg, der Truchsen von St. Gallen. Diss. Rostock 1907, S. 9 ff.

14 Hugo Kuhn: Des Minnesangs Wende. Tübingen 1967.

15 ebend., S. 144 f.

16 ebend., S. 72.

17 ebend., S. 67.

18 Eckhard Grunewald: Die Zecher- und Schlemmerliteratur des deutschen Spätmittelalters. Diss. Köln 1976.

Literaturhinweise

Deutsche Liederdichter des 13. Jahrhunderts, hg. von Carl von Kraus. Bd. 1 Texte; Bd. 2 Kommentar. Tübingen 1952–1958

Die Schweizer Minnesänger, hg. von Karl Bartsch, Heidelberg 1886, Nachdruck 1964

Ostdeutscher Minnesang, hg. von M. Lang und W. Salmen. Lindau 1958

Die Lieder Neiharts, hg. von Siegfried Beyschlag. Darmstadt 1975 (mit Übertragungen)

Epochen der deutschen Lyrik. Bd. 1. Von den Anfängen bis 1300, hg. von Werner Höver und Eva Kiepe. München 1973 (mit Übertragungen)

Der Tannhäuser. Die lyrischen Gedichte der Handschriften C und J, hg. von Helmut Lomnitzer und Ulrich Müller. Göppingen 1973

Ulrich von Lichtenstein. Mit Anmerkungen von Th. von Karajan, hg. von Karl Lachmann. Berlin 1841. Nachdruck Hildesheim/New York 1974

Helmut de Boor: Die deutsche Literatur im späten Mittelalter. Zerfall und Neubeginn. Erster Teil 1250–1350. (= Geschichte der deutschen Literatur von den Anfängen bis zur Gegenwart. III, 1. 4. Auflage. München 1973)

Alfred Karnein: Die deutsche Lyrik. In: Neues Handbuch der Literaturwissenschaft. Bd. 8. Europäisches Spätmittelalter, hg. von Willi Erzgräber, Wiesbaden 1978, S. 303–329

Hugo Kuhn: Des Minnesangs Wende. 2., vermehrte Auflage. Tübingen 1967

Karl Bertau: Neidharts ‚Bayerische Lieder' und Wolframs ‚Willehalm'. In: ZfdA. 100, 1971, S. 296 ff.

Thomas Cramer: Minnesang in der Stadt. In: Literatur – Publikum – Historischer Kontext, hg. von Gert Kaiser. Bern, Frankfurt, Las Vegas 1977, S. 91–108

Winfried Frey: mir was hin ûf von herzen gâch. Zum Funktionswandel der Minnelyrik in Ulrichs von Lichtenstein ‚Frauendienst'. In: Euph. 75, 1981, S. 50–70

Helke Jaehrling: Die Gedichte Burkharts von Hohenfels. Hamburg 1970

Ewald K. Jammers: Das Königliche Liederbuch des deutschen Minnesangs. Eine Einführung in die sogenannte Manessische Handschrift. Heidelberg 1965

Dieter Krywalski: Untersuchungen zu Leben und literaturgeschichtlicher Stellung des Minnesängers Steinmar. Diss. München 1966

Hedwig Lang: Johannes Hadlaub. Berlin 1959

Rena Leppin: Der Minnesinger Johannes Hadlaub. Diss. 1959

Christa Ortmann, Hedda Ragotzky, Christelrose Rischer: Literarisches Handeln als Medium kultureller Selbstdeutung. Am Beispiel von Neidharts Liedern. In: Archiv für Sozialgeschichte der deutschen Literatur 1, 1976, S. 1–29

Herta-Elisabeth Renk: Der Manessekreis, seine Dichter und die Manessische Handschrift. Stuttgart 1974

Christelrose Rischer: Zum Verhältnis von literarischer und sozialer Rolle in den Liedern Neidharts. In: Deutsche Literatur im Mittelalter. Hugo Kuhn zum Gedenken, hg. von Christoph Cormeau. Stuttgart 1979, S. 184–210

Jürgen Schneider: Studien zur Thematik und Struktur der Lieder Neidharts. Göppingen 1976

2. Politische Spruchdichtung im 13. Jahrhundert

Struktur feudaler Öffentlichkeit und politische Spruchdichtung

Vom Beginn des 13. Jahrhunderts ist uns eine große Zahl von Liedern überliefert, die auf den ersten Blick ein bekanntes Genre zu repräsentieren scheinen. Es sind mit einfacher Instrumentenbegleitung — wohl meist vom Autor selbst — gesungene Liedtexte, die sich durchweg kritisch mit ihrer Zeit und ihren prominenten Zeitgenossen beschäftigen. Den Autoren scheint es an Selbstsicherheit und einer hohen Einschätzung ihrer Rolle nicht zu fehlen. Einer ihrer wichtigsten Vertreter in der ersten Hälfte des Jahrhunderts, dessen Texte unter dem Namen *Bruder Wernher* überliefert sind, äußert sich einmal so[1]:

> *Swâ man den künsterîchen varnden man ungerne sibt,*
> *als ichz bescheiden wil, dâ hât man lîhte an schanden phlibt.*
> *der scherge ist boeser nâchgebûr, swâ diep gebûset hât.*
> *Swâ daz der diep in diebes wîse bî den liuten gât*
> *und er gedenket denne an sîne grôzen missetât,*
> *er denket: ,waere gerihtes und ouch der schergen niht,*
> *Sô wolte ich sîn ein vrîer diep*
> *und stelen mir genuoc ...*
>
> (Wo man den kunstverständigen Fahrenden nicht sehen will, / da lebt man — wie ich es erklären werde — wohl in Schande. / Der Scherge ist dort ein schlimmer Nachbar, wo sich ein Dieb niedergelassen hat. / Wenn ein Dieb als Dieb sich unter Leuten aufhält, / und er sich dann an seine großen Verbrechen erinnert, / dann denkt er: „Gäbe es kein Gericht und auch nicht den Schergen, / dann wäre ich ein freier Dieb / und würde mir genügend zusammenstehlen ...")

Der „Fahrende", von dem zu Beginn gesprochen wird, meint den Autor selbst, der sich in der Situation befindet, von Ort zu Ort ziehen zu müssen, um sein Lied vorzutragen und damit seinen Lebensunterhalt zu verdienen. Der Vergleich derer, die das Lied des Fahrenden nicht hören wollen, mit dem Dieb, der vor dem verfolgenden Richter Angst hat, kann nur bedeuten, daß der Autor sich selbst in dieser Rolle der Kontrollinstanz sieht, daß er seinen Liedern die

Funktion zuweist, wie der Richter vorhandenes Unrecht, gesellschaftliche Mißstände aufzudecken und zu bestrafen, um so wie ein permanentes kollektives Gewissen zu wirken.

Mit dieser Selbsteinschätzung steht *Wernher* nicht allein; durchweg verhalten sich die Autoren kritisch und distanziert gegenüber ihrer Zeit und ihren Zeitgenossen. Sie geben vor, unbestechlich gesellschaftliche Fehlentwicklungen zu diagnostizieren, zu sagen was richtig und falsch ist. Sie reden unbefangen und deutlich von ihren eigenen materiellen Nöten, bestehen aber gleichwohl darauf, daß ihre Not sie nicht daran hindere, ihre Urteile unter die Leute zu bringen. Auch wenn dieses Bild von fern an den politisch engagierten Liedermacher erinnert, ist es doch angebracht, mißtrauisch gegenüber solchem Selbstverständnis zu sein. Denn diese Lyrik entstand in einer Gesellschaft, die nicht nur ganz anders strukturierte Herrschaftsformen kennt als die Gegenwart, sondern deren Formen der öffentlichen Auseinandersetzung ganz andere sind, als wir sie von heute kennen.

Zwar muß man davon ausgehen, daß Literatur etwa seit dem Ende des 12. Jahrhunderts immer auch einen Sektor von didaktischen, allgemeine Lebensweisheiten und politische Verhältnisse reflektierenden, bestimmte Verhaltensweisen und Deutungen propagierenden Texten umfaßt, aber man weiß mit dieser Feststellung doch noch nichts über deren spezifische Wirkungsintentionen und Wirkungsbedingungen. Denn — so viel ist unbestritten und auch allgemein bekannt — der feudale Staat ist die Organisationsform einer Gesellschaft der Ungleichheit. In ihm gilt als offenes Prinzip, daß es unterschiedliche Rechte für die große Mehrheit und die kleine herrschende Minderheit gibt, und in ihm wird diese Ungleichheit durch militärische Machtverteilung gesichert. In diesem Staat und dieser Gesellschaft kann nicht die Vorstellung einer politischen Willensbildung entwickelt werden, die von „unten nach oben" verläuft. Hier gibt es kein Volk, das — sei es auch nur der Form nach — um seine Meinung gefragt werden müßte, das also einem Willensbildungsprozeß unterworfen werden müßte. Herrschaft ist zwar — nach dem apologetischen Selbstverständnis — für das Volk da, aber Herrschaft geht nicht vom Volke aus. Damit sie aber dennoch eine Legitimation hat, damit die Träger der Herrschaft diese unter dem Schein unangreifbarer Rechtfertigung ausüben, muß sie als von oben kommend erscheinen — und oben, das ist jene allem vorgeordnete, nicht-menschliche, über-irdische Instanz, deren Verfassung und Intentionen die christlichen Glaubens- und Lehrsätze festzuhalten vorgeben. Das hat wiederum ganz irdische Konsequenzen. Auf solche Weise legitimiert ist Herrschaft ein integraler, allgegenwärtiger Teil des gesellschaftlichen Lebens, der fest zu den herrschenden Personen gehört; den sie nicht etwa stellvertretend ausfüllen und über dessen Handhabung sie nicht einer Öffentlichkeit begründend Rede und Antwort zu stehen haben. Feudale Öffentlichkeit ist also nicht räsonierend, nicht begründend. Feudale Öffentlichkeit vollzieht sich als Verkörperung, als Darstellung, sichtbare Demonstration der göttlich legitimierten Macht der herrschenden Personen. Öffentlich sind diese Personen, indem sie sich als besonders erwählt darstellen, nicht als gewählt — auch nicht als durch besondere Ausbildung besonders geeignet.[2]

Nun erscheinen Macht, Gewalt und Stärke in diesem Falle nicht in ihrer Nacktheit. (Das tun sie zwar auch zur Genüge: in den dauernden Kriegen und Fehden und ihren Auswirkungen auf den „gemeinen Mann", wie das später heißt.) Tritt Gewalt demonstrativ auf, braucht sie ein sinnlich einleuchtendes, ästhetisch überzeugendes Gewand. D.h. in dem, was da als demonstrativer Aufzug, als politisch sakraler Akt oder einfach als das Auftreten einer adligen Person sinnlich erscheint, muß Macht als in der besonderen Natur, im besonderen Vermögen oder der Andersartigkeit der Person zu Recht begründet erscheinen, oder sie muß auf Sakrales vielsagend symbolisch verweisen.

Dabei kommt es darauf an, die normale sinnliche Auffassungsgabe zu überwältigen, ja zu terrorisieren; durch einen Glanz etwa, eine exzessive Pracht, die nie vergessen lassen, welcher Reichtum nötig ist, um in einer generell noch sehr armen Gesellschaft derlei zusammenzubringen. Der kunstvolle Glanz, mit dem sich die Macht umgibt, enthält angehäuft die Arbeit und die Fertigkeit vieler unterworfener Menschen, die diese Ergebnisse ihrer Arbeit selbst nicht verbrauchend genießen können, sondern zu einem bloß anschaubaren Fetisch der Macht werden lassen müssen — einer Macht, die ihnen vermeintlich von außen, unbegreifbar — unbegriffen gegenübertritt.

Feudale Öffentlichkeit steht nicht im Gegensatz zum privaten Leben, sie ist deshalb nicht auf Institutionen beschränkt. Zwar gibt es auch die Institutionen: Kirchliche Feste und vor allem die Hoftage, Reichstage, Versammlungen des Herrn und seiner Vasallen. Aber diese Zusammenkünfte sind nicht primär Diskussionsforen. Es mag dabei diskussionsähnliche Auseinandersetzungen gegeben haben, aber dies eben nur für einen ganz kleinen Teil der Bevölkerung, die überwiegende Mehrheit hat keinen Zutritt; Diskussionen also, die man nach heutigem Verständnis als „nicht öffentlich" bezeichnen würde. Diese Hoftage geben primär die Gelegenheit, die Beziehung zwischen Herrn und Vasall zu regeln. Darüber hinaus sind sie vor allem Anlaß, im höfischen Fest die adelige Lebensweise und exklusive Vergnügungen in einer gesteigerten Form zu erleben.

Dies ist dann aber nur Steigerung der alltäglichen Elemente, mit denen der Adelige sich und seinen für ihn produzierenden Bauern ständig „beweist", daß er von anderer, von edler, „adeliger" Art ist, daß ihm deshalb die Macht zu Recht zusteht. Solche alltäglichen öffentlichen Elemente sind z. B. die Kleidung, das Verhalten, Gesten, die Eleganz des Auftretens. Das ist aber auch die Verfügung über Kunstgegenstände. Kunst hat − ob als Schmuck, als Bild, als Teppich, als Handschrift oder vorgetragene Musik und Literatur in diesem Zusammenhang immer auch einen repräsentativen Wert[3]. Die Kunst der feudalen Gesellschaft oder auch die kultivierte Festlichkeit ist so immer auch Ausdruck von Herrschaft, damit von Ungleichheit und Ungerechtigkeit.

Feudale Öffentlichkeit ist − das sollte deutlich werden − zunächst keine literarische Öffentlichkeit. Literatur, schriftliche oder mit sprachlichen Mitteln geführte Auseinandersetzungen, haben in ihr eigentlich keinen Platz, zumindest keine essentielle Funktion. Dies ändert sich in dem Augenblick, wo Prinzipielles im Legitimationsgefüge in Unordnung gerät. Eine solche Situation gibt es z. B. im Zusammenhang mit den Auseinandersetzungen zwischen dem Papst und dem Kaiser seit der Wende zum 12. Jahrhundert. Es geht für die Kirche dabei darum, sich gegenüber der weltlichen Macht zu verselbständigen und ihr zugleich als politische Größe Konkurrenz zu machen. Für die weltliche Zentralgewalt, den König, bedeutet dies den drohenden Verlust der priesterlichen Funktionen und Fähigkeiten, so daß die Gefahr besteht, daß er seiner besonderen magischen Weihe beraubt wird, die seine herrscherliche Besonderheit beglaubigen soll. Diesen sakralen, d. h. den Anschein übersinnlichen Wesens hervorrufenden Elementen − es sind dies nach Max Weberscher Terminologie die charismatischen Elemente dieser Herrschaft − kommt aber eine fundamentale Bedeutung zu.

Das zeigt sich nicht zuletzt daran, daß die Staufer, die im 12. und 13. Jahrhundert eine starke zentrale Königsgewalt wieder zu etablieren versuchen, dezidiert auf diese sakralen Elemente zurückgreifen. (So wird z. B. von der Heiligkeit des Reiches und seiner Gesetze gesprochen, und auch der höchste Vertreter des Reiches, der Kaiser, erhält das Beiwort heilig.) Es zeigt sich verstärkt im 13. Jahrhundert auch daran, daß Friedrich II., der meist in einem extremen Zerwürfnis mit der Kirche stand, gewissermaßen eine konkurrierende Sakralität in Form einer göttlich überhöhten Rechtsprechungsfunktion zu etablieren versuchte. In diesen Auseinandersetzungen entsteht so etwas wie eine argumentierende Publizistik, die die jeweiligen Auffassungen von der richtigen Verteilung der Herrschaft in langen Argumentationsgängen untermauert. Aber diese Streitschriften sind lateinisch geschrieben und schon daraus wird klar, wie exklusiv der Kreis derer ist, die unmittelbar an solchen Auseinandersetzungen teilnehmen können: Denn der normale Adelige kann nicht lesen und schreiben, er beherrscht natürlich auch nicht die lateinische Sprache.

Man kann also davon ausgehen, daß von dieser recht umfangreichen Publizistik nur einige Schlagworte, Kernbegriffe vielleicht, keineswegs differenzierte Argumentationen zum weltlichen Adel gelangen. Der Bauer, d.h. die große Mehrheit der Bevölkerung, hat davon wohl kaum etwas erfahren. Es brauchte ihn dies alles auch nicht zu interessieren, weil er gar nicht gefragt war — er bekam allenfalls die Auswirkungen solcher Rivalitäten zu spüren, wenn wieder einmal irgendein Krieg geführt werden mußte.

Immerhin entsteht mit dieser latenten Legitimationskrise langsam ein Bedarf an zusätzlicher legitimierender Äußerung, und dies könnte mit eine Ursache für das Entstehen einer profanen, deutschsprachigen Literatur sein, sicher aber hat es etwas damit zu tun, daß zum Gesamtrepertoire dieser Literatur auch eine mündlich vorgetragene Lieddichtung (die sog. *Spruchdichtung*) gehört, die aktuelle politische Probleme behandelt. Offenbar also war es notwendig geworden, zwar nicht auf das „Volk", aber doch auf jene Teile des Adels, die mehr oder weniger abhängig oder unabhängig waren, solidarisierend einzuwirken.

Panegyrik

Wenn feudale Öffentlichkeit also keine Instanz ist, wo — dem Anspruch nach — divergierende Interessen gewaltlos, d.h. mit Argumenten ausgetragen und vielleicht auch ausgeglichen werden, sondern wenn sie nur die Gesamtheit der Erscheinungsformen der Macht (und als sinnlich erscheinende Elemente zugleich ihre legitimierende Darstellung) ist — wenn dies so ist, dann ist mit dieser Öffentlichkeit kein besonderes politisches Ethos verbunden, wie das in der Gegenwart der Fall ist. Ein liberales Verständnis von Öffentlichkeit sieht diese ja geradezu als kontrollierende „vierte Gewalt", die in besonderer Weise auf Wahrheit, d. h. genaue Belegbarkeit der Fakten, auf überparteiisch unvoreingenommene Darstellung und Prüfung der Argumente verpflichtet ist, die sich damit nicht nur selbständig der Ausübung von Herrschaft gegenüber verhalten will, sondern Herrschaft strengen Überprüfungskriterien unterwirft.

Die Texte des 13. Jahrhunderts sind nicht in diesem emphatischen Sinn auf Wahrheit verpflichtet. Ihre Wahrheit ist nicht (auch nicht dem Anspruch nach) auf objektive Maßstäbe bezogen, sondern ist begründet in der Überzeugung von der höheren Berechtigung der eigenen Sache, bzw. Partei und in der Übereinstimmung mit den allgemeinen Normen und dem allgemeinen Wertgefüge. Sie sehen sich auch nicht als Gegensatz oder zumindest Grenze von Herrschaft, sondern weithin als ihr Ausdruck.

Man kann also die spezifische politische Funktion jener Lyrik nur erfassen, wenn man zunächst einen modernen Begriff von politischer Argumentation oder Darstellung suspendiert. Wie das aussehen kann und was dabei die spezifische Leistung des Autors ist, wird zunächst zu entfalten sein.

Der zu Beginn zitierte *Bruder Wernher* hat folgendes Lied auf einen König verfaßt (Schönbach II, Nr. 61, S. 59):

> *Ich gan dem edelen künege wol, daz im sîn dinc ze wunsche ergê*
> *und trage ouch im der dienste gunst, swer im mit triuwen bî gestê,*
> *wand er sô rehte künecliche vuore in allen dingen hât.*
> *Enwaere er niht eines küneges kint, man solte in doch ze künege hân,*
> *alsô daz im daz rîche waere und ouch diu krône undertân;*
> *als si von rehten sachen sol, diu krône ûf sîme houbete stât.*
> *Er hât bejaget in sîner jugent*
> *den prîs, daz im gewalt durch vorhte nîget;*
> *daz enirret niht sîn miltekeit, sîn reinez herze, sîn edel tugent,*
> *daz er in rehter küneges vuore ûf stîget.*
> *nû sitzet er ûf gelückes rade; wil er, daz ez im wenke niht,*
> *sô rihte er, swaz die armen klagen, sô gît im got ze saelden phliht.*

(Ich gönne dem jungen König sehr, daß er Erfolg bei seinen Unternehmungen hat. / Und ich beurteile positiv wegen seiner Dienste den, der unverbrüchlich auf seiner Seite steht. / Denn er verhält sich in allem wie ein richtiger König. / Auch wenn er nicht der Sohn eines Königs wäre, müßte man ihn als König haben, / so daß er über Reich und Krone herrschte. / Die Krone paßt seinem Haupt genauso wie es sein soll. / Er hat in seiner Jugend / den Ruhm erworben, daß sich Gewalt in Furcht vor ihm beugt. / Dies beeinträchtigt aber nicht seine Freigebigkeit, / sein reines Herz, und seine echt adelige Vollkommenheit, / so daß er auftritt mit dem Gestus und den Eigenschaften eines richtigen Königs. / Er sitzt jetzt auf dem Glücksrad.

> Will er, daß es ihn nicht abwirft, / so spreche er Recht, in den Fällen, die die Armen ihm vortragen. / Dann wird Gott ihm Glück geben.)

Der Vorgang, auf den sich Wernher hier bezieht, ist nicht ganz zweifelsfrei zu rekonstruieren. Es ist von einem jungen König die Rede (König kann hier aber auch „Sohn eines Königs" heißen), der entweder noch nicht zum König gewählt ist (Vers 4 f.), dessen Wahl aber befürwortet wird, oder dessen vollzogene Wahl gegen Einwände gerechtfertigt wird.

Es wird sich dabei mit einiger Wahrscheinlichkeit um *Heinrich (VII.)*, den Sohn *Friedrichs II.* handeln und um das Jahr 1220 (zwischen April und November dieses Jahres ist Heinrich gewählt, aber noch nicht gekrönt, und Friedrich II. ist noch nicht Kaiser, so daß Vers 4 noch richtig ist)[4].

Man kann nun annehmen, daß mit einem solchen Lied in der „Öffentlichkeit" Stimmung dafür gemacht wird, daß dieser noch sehr junge Sohn Friedrichs II. (11 Jahre war er zu der Zeit der Wahl) eine richtige Wahl war. Diese Wahl hat allerhöchste politische Bedeutung. Denn mit ihr gelingt es dem Staufer, die Königswürde für sein Haus zu sichern und damit de facto zu sichern, was es de jure nicht gab, eine Art Erbmonarchie. Für die feudale Zentralgewalt in Deutschland, deren Stellung sehr unterschiedlich und gerade zu Beginn des 13. Jahrhunderts sehr schwach war, war eine solche Nachfolgeregelung eines der Mittel, um Kontinuität und realen Machtzuwachs zu erreichen.

Wenn also das Ereignis, auf das sich die Strophe bezieht, politisch bedeutsam war, ist auch die Intention des Textes als sehr ernst einzuschätzen, ist seine potentielle Wirkung sehr wichtig. Er hat einen entscheidend wichtigen Legitimationszweck zu erfüllen. Mit welchen „Argumenten" tut er das? Da gibt es einmal die Behauptung, der Propagierte habe so einen königlichen Stil, ein königliches Verhalten (Vers 3). Außerdem stehe ihm die Krone gut (Vers 6), und er hat natürlich solche menschlichen Vorzüge wie reines Herz und Freigebigkeit — und dies, obwohl er offenbar auch schon eine gewisse Härte und Stärke bewiesen hat (Vers 7 f.). Dies scheint uns das einzige auch politisch relevante Argument zu sein: Die Tatsache, daß er sich Autorität verschaffen kann. Aber der Wortlaut dieser Stelle kann auch bedeuten, daß trotz der Jugend dessen, von dem hier die Rede ist, sich die Mächtigen vor ihm beugen, weil er ein hohes Amt einnimmt. Dann ist eben der Rang und die zeremonielle Ehrerbietung gemeint, und das Argument liegt auf der gleichen Ebene wie die anderen. Der Autor lobt also die in Frage stehende Person so, daß an ihr die typischen, allgemeinen, von einem König zu fordernden Eigenschaften deutlich werden, daß diese Person sichtbar wird als Verkörperung eines Ideals. Indem sie ideale Züge verwirklicht und eben nicht individuelle, wird sie zur repräsentativen Person, die auf sich als Einzelperson das Legitimationspotential vereinigt, das Voraussetzung für die Stabilisierung des ganzen Herrschaftsgefüges ist. Deshalb sind die Hinweise auf königliche Haltung, auf die Angemessenheit der Krone keine Verlegenheitsformulierungen, sondern entschiedener — dem Vorgang angemessener — politischer Ausdruck.

Denn Haltung, Verhalten verweisen auf angeborene Vorzüge, auf Vorzüge von Natur aus, und die Übereinstimmung von Mann und Krone asoziiert eine göttliche Fügung, hat also den Rang eines Beweises der sakralen Ausstattung. Deshalb ist auch die Betonung solcher Eigenschaften wie Freigebigkeit, reines Herz, *küneclíche vuore*, im Kontext dieser Öffentlichkeitsstruktur politisches Argument oder besser, sie hat den Status, der in bürgerlicher Öffentlichkeit Argumenten zukommt. Die bloße Präsentation der mit den richtigen Eigenschaften und Attributen ausgestatteten Person ist die politische Qualität und Wirkungsabsicht dieser *panegyrischen Lieder*.

Die richtigen Attribute sind nicht nur ein Set allgemeiner, traditionell geprägter Herrschereigenschaften, es sind dies vor allem sakrale Funktionen, Beziehungen, Verhältnisse, in denen der Herrscher steht. Dafür noch ein weiteres Beispiel: Bruder Wernher Nr. 10 (Schönbach I, S. 32 f.)

> Got durch der werlde missetât êr eine dürnîn krône truoc,
> dô in diu ungetoufte diet mit nagelen an daz kriuze sluoc:
> her keiser, nîget im, sît er iuch sô geboehet hât!
> Sît ir der kristen krône traget, den er ze trôste gôz sîn bluot,
> sô merket, waz ir saelden habet und waz er wunders durch iuch tuot,
> sô rihtet mit der krône ouch, daz der sêle werde rât!
> Hoeret ir die armen schrîen ‚we‘
> von ungerihte? wie stât daz dem rîche?
> sô vürhte ich, daz gelückes rat noch vor dem rîche stille stê.
> ir rihtet hie, sô tuot ir saeleclîche.
> sît daz wir alle hoeren dâ ze Pülle von gerihte sagen,
> nû rihtet hie! daz wirt iu liep, swenne iuch die viere hin ze grabe
> tragen.

> (Gott trug um der Verfehlungen der Welt willen eine Dornenkrone /
> damals als ihn die Ungetauften mit Nägeln an das Kreuz schlugen. /
> Herr Kaiser neigt euch vor ihm, da er euch so erhöht hat! / Da ihr
> die Krone der Christen tragt, denen zum Trost er sein Blut vergoß, /

so erkennt, welches Heil euch zuteil wurde, und was er besonderes
für euch tut. / Deshalb sprecht auch Recht mit der Krone, damit
eurer Seele geholfen werde! / Hört ihr die Armen „oh weh" schrei-
en / weil sie keine Gerechtigkeit finden? Wie steht das dem Reich
an? / Dazu fürchte ich, daß das Glücksrad zum Stehen kommt noch
vor dem Reich. / Sprecht ihr hier Recht, dann handelt ihr Gott
wohlgefällig. / Wir hören hier alle davon reden, wie dort in Apulien
Recht gesprochen wird, / nun sprecht hier Recht! Das wird euch
zum Vorteil ausschlagen, wenn euch die vier zum Grabe tragen.)

Dieses Lied bringt den Herrscher zwar nicht in eine glanz-, aber
doch sehr wirkungsvolle Beziehung zum christlichen Gott. Es spricht
zunächst in einem ganz einfachen Berichtstil das zentrale christliche
Geschehen an. Wenn dann die höchste weltliche Gewalt als von diesem leidenden Gott auf den Kaiser übertragen erscheint, erscheint
dieser umso selbstverständlicher als von Gott eingesetzt. Wirkungsvoll arbeitet der Text hier mit Gegensätzen: Antithetisch steht die
Krone als Symbol der Herrschaft zu ihrem Adjektiv, das darauf hinweist, daß sie aus Dornen gemacht ist (Vers 1). Effektvoller noch die
Erniedrigung des Gottes und Erhöhung des Kaisers, weshalb dieser
wiederum zur demütigenden Erniedrigung aufgefordert wird (Vers 1
und 3). Hier, wie in der zweimaligen Erwähnung der Krone, also in
der Parallelisierung der Kaiserkrone mit der Dornenkrone des Christus (Vers 1 und 4), erhält der Kaiser eine Art Stellvertreterfunk-
tion.
     Hier wird nun überdies aus dieser religiösen Funktionsbestim-
mung ein Anspruch abgeleitet. Das idealisierte Sakralmodell wird
quasi umgedreht, um in seinem Namen Forderungen über die richtige
Ausfüllung des Amtes abzuleiten. Und diese dringlich vorgetragene
Forderung nach einer effektiven Rechtsprechung, nach Ahndung des
Unrechts gerade für die Schwachen und Armen ist ein Zeichen dafür,
daß auch diese Autoren sich den Ansprüchen der Wirklichkeit nicht
generell entziehen und daß sie Forderungen da einklagen können, wo
die modellhafte idealisierte panegyrische Formel einen Ansatzpunkt
dazu bietet. Die sakrale Argumentation stützt hier nicht nur die
Herrschaft, sondern auch den Anspruch auf Recht und Ordnung.
     Dieser Typus politischer Lyrik ist im 13. Jahrhundert nun keines-
wegs der einzige, aber er bildet gewissermaßen das Zentrum oder
doch den systematischen Ansatzpunkt. In ihm geht es — um es zu
wiederholen — nicht um programmatisch-politische Argumentationen oder dergleichen, sondern um die Präsentation eines Idealbildes,
das innere und äußere Eigenschaften vorbildlich erfüllt. Die spezifische literarische Leistung besteht darin, die richtigen Idealbilder ein-

zusetzen, sie wirkungsvoll, anschaulich und einprägsam zu vergegenwärtigen und überzeugend auf die gepriesenen Personen zu beziehen.

Zu welcher Kompaktheit, Vielstimmigkeit der Anspielungen ein
guter Liedermacher dabei gelangen kann, möchte ich noch an einem
ziemlich bekannten Lied *Walthers von der Vogelweide* demonstrieren. Dieses Lied unterstützt einen König (*Philipp von Schwaben*) zu
Beginn des 13. Jahrhunderts, der — weil vom Papst nicht anerkannt
und weil es einen Gegenkönig gibt (nämlich *Otto IV.*) — im wört-
lichen Sinne schwer zu kämpfen hat, um sich durchzusetzen. Es ist
das Lied Walther 19,5[5]:

> *Ez gienc, eins tages als unser hêrre wart geborn*
> *von einer maget dier im ze muoter hât erkorn,*
> *ze Megdeburc der künec Philippes schône.*
> *dâ gienc eins keisers bruoder und eins keisers kint*
> *in einer wât, swie doch die namen drîge sint:*
> *er truoc des rîches zepter und die krône.*
> *er trat vil lîse, im was niht gâch:*
> *im sleich ein hôhgeborniu küneginne nâch,*
> *rôs âne dorn, ein tûbe sunder gallen.*
> *diu zuht was niener anderswâ:*
> *die Düringe und die Sahsen dienten alsô dâ,*
> *daz ez den wîsen muoste wol gevallen.*
> (Es schritt am Tag, an dem unser Herr geboren wurde, / von einer
> Jungfrau, die er sich zur Mutter gewählt hatte, / in Magdeburg der
> König Philippus in aller Pracht. / Da ging der Bruder eines Kaisers
> und der Sohn eines Kaisers / in einem Gewand, obwohl doch die
> Personen drei sind. / Er trug Zepter und Krone des Reiches / er ging
> würdevoll, ohne Hast / gemessen folgte ihm eine Königin von hoher
> Abkunft / Rose ohne Dorn, eine Taube ohne Galle. / Diese würde-
> volle Gemessenheit gab es nirgendwo anders. / Die Thüringer und die
> Sachsen brachten dort ihre Verehrung so zum Ausdruck, / daß es
> den Weisen hätte gefallen müssen.)

Das ist der gleiche schlicht erzählende Anfang, wie bei dem zuletzt
zitierten Lied Werners, der die nur allzu bekannte christliche Paradoxie von dem Gott, der sich eine menschliche Mutter aussucht, die
ihn als Jungfrau zur Welt bringt, knapp zu wiederholen scheint —
mit der Absicht offenbar, durch die Paradoxie das Außerordentliche
des Geschehens spürbar werden zu lassen. In Wirklichkeit wird aber
auf die Darstellung des Königs Philipp gezielt. Denn mit dieser Nennung der Mutter und Magd, die in eine Zeitangabe eingekleidet ist,
wird zugleich das erste Stichwort für jenes sakrale Beziehungsge-
flecht gegeben, das in diesen Strophen aufgebaut wird und in das,

scheinbar beiläufig und wie selbstverständlich, der benannte König Philipp als Mittelpunkt hineingestellt wird. Er geht, schreitet vielmehr, gehalten, nicht geschäftig, darstellend, nicht handelnd. Er ist nur er selbst, es passiert gar nichts, und es wird nichts weiter über ihn gesagt. Aber was an sakralen Anklängen in dem Lied erscheint, geht als Qualität auf ihn über, macht ihn in seiner irdisch gewinnenden Erscheinung (dazu ist vor allem auch die ihn begleitende Frau erwähnt) zu einem fast außerirdischen Wesen.

Das Stichwort von der Magd, d.h. Jungfrau Maria, klingt noch einmal an in den Ortsangaben der folgenden Zeile. In Magdeburg, der Stadt, die der Maria geweiht ist, vollzieht sich das Ganze. Und wenn dann von der Königin die Rede ist, weiß jeder Zeitgenosse, daß es jene byzantinische Prinzessin Irene ist, die im Westen den Namen Maria angenommen hat. Um dies hervorzuheben, erhält sie die typischen Epitheta der Maria: Rose ohne Dornen, Taube ohne Galle. Genau wie sie als göttliches Abbild erscheint, so auch Philipp. Wenn er als Bruder und Sohn eines Kaisers (Sohn *Barbarossas*, Bruder *Heinrichs VI.*) apostrophiert wird, doch eine einzige Person ist, wird an die Trinitätsspekulationen angeknüpft. Es wird hier also herausragende weltliche Herrscherstellung raffiniert verknüpft mit dem zentralen christlichen Mysterium der Dreigestalt des einzigen Gottes. Das ganze eingebaut in eine gemessene demonstrative zeremonielle Bewegung — das einzige was an „Geschehen" berichtet wird: *Ez gienc* (1) — *dâ gienc* (4), indem er Krone und Zepter trägt (6) — *er trat vil lise* (7) — *im sleich ... nâch.*

Das Lied hat nun nicht nur allgemeine Bedeutung, sondern es endet in einer sehr speziellen politischen Zuspitzung: Der Schluß fingiert die vollkommene politische Zuverlässigkeit der Thüringer und Sachsen gegenüber dem Staufer, gerade die aber war mehr als zweifelhaft, weil beide Herrscher eine Schaukelpolitik betrieben. Wichtiger als dies erscheint mir, daß dies intensive Bild nicht bloß die Erfindung eines Dichters ist, sondern Realität hat. Es gibt wieder, evoziert als Bild bei jenen, die nicht dabei waren, eine wirkliche Prozession. Es gibt nämlich im Mittelalter den Brauch der sog. Festkrönung. An hohen kirchlichen Festen wird symbolisch die Krönung des Königs in einer sakral-politischen Zeremonie „wiederholt", repräsentiert[6]. Den Höhepunkt bildet dabei nicht „das Aufsetzen der Krone ...", sondern die vor den Augen des Volkes sich vollziehende Prozession des gekrönten Königs"[7].

Herrschaft generell und die Legitimation dieses aktuellen Herrschaftsträgers wird also „aufgeführt", besser: wird sinnlich gegenwärtig dargestellt. Die Koinzidenz der Öffentlichkeitsfunktion von politischer Lyrik und politisch repräsentativem Zeremoniell scheint mir an diesem Beispiel evident.

Evident scheint mir auch, daß die Ästhetik eines solchen Textes eine präzise soziale Semantik und eine unmittelbare „politische" Funktion hat. Es ist keine allgemeine, sondern in ihren Interessen sowie Inhalten präzise beschreibbare „Schönheit".

Argumentationsformen „repräsentativer" literarischer Öffentlichkeit

Inhalt repräsentativer Öffentlichkeit ist die Erscheinung einer Person, die, mit allgemein akzeptierten und eindrücklichen Symbolen ausgestattet, den politischen Anspruch auf legitime Herrschaftsausübung dokumentiert. Dies hatte die bis jetzt vorgeführten Lieder geprägt. Diesem Öffentlichkeitscharakter entsprechen aber noch andere typische Merkmale. Denn auch wo die Lieder nicht direkt panegyrisch sind, verfahren sie so, daß sie persönlich, d.h. auf Eigenschaften, Verhaltensweisen der Einzelperson bezogen „argumentieren", so daß dieses Handeln mit ethischen Kategorien beurteilt wird, Privates und Allgemeines sich also nicht als Gegensätze gegenüberstehen.

Eine strikte Trennung zwischen Privatem und Öffentlichem gibt es im Feudalismus nicht. „Private" Maßstäbe sind dort gleich den öffentlichen. „Treue" und Freigebigkeit z. B. sind öffentliche und persönliche Eigenschaften zugleich. Man kann es auch so formulieren: Die vorherrschende agrarische Produktionsweise und die sich aus ihr ergebenden sozialen und staatlichen Beziehungen erlauben noch keine Trennung zwischen privater und öffentlicher (d. h. Herrschafts-) Sphäre. Da die Herrschaft an Personen gebunden ist, dringt sie als Herrschaftsverhältnis in jedes persönliche Verhältnis ein: Deshalb die Identität von öffentlichen und privaten Handlungsmaßstäben. Sie sind aber nicht für alle gleich. Sie wollen weder „öffentlich" noch „privat" eine gleichmäßige Gerechtigkeit herstellen.

Vom Standpunkt feudaler Öffentlichkeit aus hat es also als politische Argumentation zu gelten, wenn das Handeln öffentlicher Personen unter moralischen Kategorien dargestellt wird. Wernher verurteilt in einem Lied einen König, indem er sein Verhalten mit dem von Adam und Eva im Paradies vergleicht. Bruder Wernher Nr. 1 (Schönbach I, S. 2 f.):

Got hât Adâme und Êven geben in paradîse wunnen vil.
Adâme tet er undertân gar wilde und zam unz ûf ein zil,
ein obez, daz dû soldest mîden durch solch ungemach;
Der slange ez Êven ezzen hiez, nû aeze dû'z ouch ûf ir rât;
mir'st leit, daz dû's niht eine engulte und es diu werlt noch kumber
  hât.

des kam alsô, daz einem jungen künege alsam geschach:
Dem ouch der krône was gedâht
rîcheit und êre, wan daz er niht wolde mîden
einen schalc, dem hât der tiuvel valschen rât zu munde brâht;
dâ von si beide ein sûrez muosten lîden.
sul wir engelten des, und daz Adâm und Êve den apfel az,
so engulte ich, des ich nie genôz. Got hêrre, vüege uns allez baz!

(Gott hat Adam und Eva im Paradies große Herrlichkeiten und Freuden gegeben. / Adam machte er das ganze Pflanzen- und Tierreich
untertan mit einer Ausnahme: / Ein Obst, das du meiden solltest,
um große Unannehmlichkeiten zu verhindern. / Die Schlange for-
derte Eva auf, es zu essen, und du aßest es auch auf ihren Rat hin. /
Ich bedaure, daß du nicht allein dafür bestraft wurdest, und die
Menschen immer noch darunter leiden. / Daher kam es, daß einem
jungen König das gleiche geschah: / Dem war auch zugedacht /
Macht und Glanz der Krone, nur daß er nicht den Umgang / mit
einem schlechten Menschen vermeiden wollte, dem der Teufel
schlechten Rat in den Mund legte, / weshalb beide bittere Bestrafung erdulden mußten. / Wenn auch wir dafür bestraft werden und
dafür daß Adam und Eva den Apfel aßen, / dann büße ich für etwas,
wovon ich nie einen Vorteil hatte. Gott, der Herr, möge uns zu
einem besseren Schicksal verhelfen.)

Der Aufbau der Strophe ist wohl klar: Dem Sündenfall in der christlichen Überlieferung, wo Adam und Eva den Einflüsterungen des
Teufels nicht widerstehen können, wird der Fall eines jungen Königs
verglichen, der nicht in der Lage war, einen schlechten Ratgeber aus
seiner Umgebung zu entfernen, und deshalb seinen teuflischen Einflüsterungen nicht widerstand. Der sich — so ist zu ergänzen — dadurch gegen seinen Vater verging und hart bestraft wurde. In schon
bekannter Weise, schließt die Strophe mit zwei Versen, in denen sich
der Autor selbst ins Spiel bringt. Er spricht im Wechsel von sich und
einer Gruppe, die in die Konsequenzen dieser Bestrafung hineinge-
zogen zu werden befürchtet, die sie aber abwenden will mit dem Hinweis, daß sie nichts damit zu tun gehabt habe. Das ist natürlich im
Fall Adams absurd, weil jedermann weiß, daß die ganze nachfolgen-
de Menschheit am Verzehr dieses Apfels zu tragen hat (damit jeder
sich permanent sündig fühlen kann, auch wenn subjektiv gerade
nichts Gravierendes vorliegt). Deshalb wird Gott ins Spiel gebracht.
Damit wird unausgesprochen darauf angespielt, daß ihn — Reue und

Demut vorausgesetzt – eine unbegrenzte Fähigkeit des Verzeihens auszeichnet. Und diese Eigenschaft ist es, die die Leute, für die Wernher hier spricht, dem, von dem sie Bestrafung fürchten, in Erinnerung rufen, die sie als Vorbild gegen ihn ausspielen.

Auch hier wieder liegt eine durchgängige Parallele zwischen dem Herrscher, d.h. dem Kaiser, und Gott vor. Gott gibt Adam alle Herrlichkeit der Welt; Adam verscherzt sie sich, weil er auf den falschen Ratgeber hört, und Gott straft ihn streng. So bestimmt der Kaiser seinem Sohn (dem jungen König) die Macht und Herrlichkeit der Kaiserkrone, der entzieht sich dem falschen Ratgeber nicht und wird vom Kaiser gravierend bestraft. Die Parallelisierungen der Schlußwendung (jetzt wieder zur Forderung gewendet) habe ich ausgeführt. Wieder also ein ganz deutliches Beispiel für die Überhöhung der kaiserlichen Person und ihres Handelns durch typologische sakrale Beziehungen.

Will man die Argumentationsebene in diesem Lied bezeichnen, ist es notwendig, zuerst die historische Stiuation zu vergegenwärtigen, die es meint. Aus der Situation und dem Ablauf dessen, was das Lied berichtet, ist mit einer gewissen Sicherheit zu erschließen, daß mit dem jungen König wieder Heinrich (VII.) gemeint ist. Er war zum deutschen König gewählt worden, um die Kontinuität der staufischen Dynastie zu sichern, und war dann später von Friedrich II. als Regent in Deutschland eingesetzt worden. Das staufische Reich erstreckte sich in jener Zeit von Deutschland bis Süditalien und Sizilien. Für Friedrich II. waren diese italienischen Gebiete seines Reiches Schwerpunkt seiner Tätigkeit. Hier hielt er sich auf, hier entfaltete er seine politische Aktivität, indem er im Süden Italiens eine starke zentralistische Verwaltung aufbaute und im Norden – letztlich vergeblich – um die Geltendmachung seiner Rechte kämpfte.

Friedrich II. hielt sich insgesamt nur sehr wenige Zeit in Deutschland auf. Die Konsequenz war natürlich u.a., daß er hier die Position und die Rechte der Zentralgewalt nicht in der Weise zur Geltung zu bringen vermochte wie in Italien. Er überließ die Entwicklung zur Dezentralisierung, zur Ausbildung fürstlicher Herrschaften sich selbst. Und hier ist auch der Punkt, an dem die Differenzen zu Heinrich (VII.) ansetzen, der zwar als Vertreter des Kaisers eingesetzt war, aber keine eigenständige Politik betreiben sollte. Gerade dies aber tat Heinrich in zunehmendem Maß. Er geriet mit seiner Politik, die von den staufischen Reichministerialen im Südwesten mitgetragen wurde, in zunehmenden Gegensatz zu den Fürsten. Deren Unterstützung aber brauchte Friedrich II. für seine Italienpolitik. Deshalb versuchte er seinen Sohn auf eine fürstenfreundlichere Politik festzulegen und opferte ihn schließlich, als dies nicht möglich war.

Die einzelnen Ereignisse der Auseinandersetzung der Jahre 1232 —35 können hier nicht nachgezeichnet werden. Heinrich hatte schließlich im Herbst 1234 versucht, offen gegen den kaiserlichen Vater zu rebellieren. Aber Friedrich erstickte diesen Aufstand durch sein bloßes eindrucksvolles Erscheinen im Reich. Er kam ohne Heer, „nur mit dem fremdartigen Gepräge seines Hofstaates mit Sarazenen und Äthiopiern als Wächtern seiner Schätze, mit Kamelen, Leoparden, Affen. Diese eindrucksvolle Darstellung seiner weitreichenden Macht genügte, um den vermessenen Aufstand ohnmächtig zusammenbrechen zu lassen."[8] Heinrich unterwarf sich, es wurde ihm jedoch nicht verziehen. Er wurde verurteilt und beschloß sein Leben in apulischen Kerkern.

In der Art, wie das zitierte Lied diesen Konflikt aufgreift, zeigt sich nun in aller Deutlichkeit das Verfahren der Argumentation. In keiner Weise wird auf den politischen Inhalt der Differenz eingegangen. Es wird weder die spezifische Politik Heinrichs angesprochen und wenn schon nicht diskutiert, so doch als falsch zurückgewiesen, noch wird unmittelbar die politische Dimension des Aufstandsversuchs, dessen mögliche politisch-militärische Konsequenzen ja einiges an Polemik hergegeben hätten (Pakt mit den oberitalienischen Städten), aufgenommen. Der Konflikt wird abgebildet auf der Ebene der „privaten" Beziehungen zwischen Vater und Sohn, so daß er nach religiösem Modell als Übertretung des Gebotes der absoluten Unterwerfung unter den Willen des Vaters erscheint. Es wird also genau der Aspekt der Sache als für politisches Urteil relevant hervorgehoben, den wir in öffentlicher Argumentation nicht erwarten, weil er für uns allenfalls eine nebensächliche Rolle spielt. Die „Argumentation" des Liedes erfaßt die Beziehung der Personen, aber nicht die politischen Sachinhalte. Und sie urteilt nicht mit Kriterien der sachlichen Angemessenheit, sondern solchen des moralisch richtigen Verhaltens (indem sie Heinrich als vom Teufel verführt darstellt).

Öffentlich zu thematisieren ist also offenbar vor allem dieser Aspekt des Ungehorsams. (Dies entspricht dem Schicksal der Personen in diesem politischen Gefüge; denn Heinrich muß nicht einfach zurücktreten, er erleidet mit seiner Person den Mißerfolg seiner Politik bis zur Konsequenz der physischen Vernichtung). Wenn, wie in den Lobstrophen, also auch hier persönliche Argumentation als politisch gelten muß, dann in dem Sinne, daß als politisch relevant jene Muster zitiert werden, die zugleich legitimationsrelevante Muster sind.

Denn die Haltung des Empörers, des gegenüber legitimer Autorität Ungehorsamen oder einfach dessen, der zum Schlechten zu verführen ist, gehört nicht zum idealen Bild des Herrschers. Deshalb ist diese personalisierende und moralisierende Argumentationsweise nicht bewußte Verschleierung, nicht das Pendant entpolitisierender Boulevardpresse-Berichterstattung von heute. Wenn es zur historisch-adäquaten Beurteilung solcher Texte notwendig ist, diese Verständnisebene zu rekonstruieren, darf doch die urteilende Wertung nicht unterbleiben, darf z. B. nicht verdrängt werden, daß eben die sachlichen Gesichtspunkte auf diese Weise gar nicht öffentlich zum Austrag kommen. Vielmehr haben wir hier ein weiteres Beispiel dafür, wie sehr diese Öffentlichkeitsstruktur partiell ist, so daß wesentliche Bereiche in ihr gar nicht erscheinen.

Als Folgerung aus den vorausgehenden Überlegungen ist festzuhalten, daß ein weiter Bereich von belehrenden, sich zu Einzel- und Kollektivverhalten äußernden oder auch nur irgendwelchen Idealvorstellungen von richtiger Ordnung nachhängenden Liedern im 13. Jahrhundert als politische Lieder zu verstehen sind. Politische Lyrik des 13. Jahrhunderts ist keineswegs einzuengen auf jene Lieder, die — mehr oder weniger deutlich — einen aktuellen zeitgeschichtlichen Bezug haben, zu ihr gehört auch die allgemeine Zeitdiagnose. Sie ist auch nicht einzuengen auf Texte, die Vorgänge der hohen Politik (Reichspolitik, Auseinandersetzung zwischen Kaiser und Fürsten oder Papst) zum Gegenstand haben, auch scheinbar private Relationen, Werte, Vorbilder haben allgemeine Bedeutung.

Die Weite des Feldes politisch wirkender Äußerungen korreliert mit einem engen Ausschnitt möglicher Öffentlichkeitsfunktionen. Diese Legitimationsmuster sind allerdings auch umkehrbar und können zum Ausgangspunkt von Forderungen und Kritik an den Herrscher oder den Adel generell gemacht werden. Um diese kritischen Akzente, die der Schwerpunkt der weiteren Überlegungen sein werden, richtig einzuschätzen, ist es wichtig, zunächst die Situation der Autoren zu reflektieren.

Die politische und soziale Stellung der Autoren — zur Situation der Fahrenden

Auch wenn sie sich selbst nicht so verstehen: Sind die Autoren politischer Lieder, die ja direkt gesellschaftlich relevante und eventuell aktuell brisante Dinge behandeln, die also gesellschaftliches Selbstverständnis nicht in fabulöser, fiktiver, d.h. indirekter Weise behandeln, wie die Epiker oder die Minnelyriker — sind sie nicht geradezu Sprachrohre, bloße Multiplikatoren von „offiziellen" Meinungen? Propagandisten der Absichten und Ziele anderer? Können sie etwas anderes sein, als devote „Hofberichterstatter"? Oder haben sie Überzeugungen, die ihr politisches Urteil bestimmen? Und weiter: Wie wurden sie verstanden? In welcher Rolle sah sie ihr Publikum? Ist nicht die Annahme, daß einer seine Meinung aus Überzeugung vorträgt und daß er eine Kompetenz zum Urteilen hat, daß er die Position nicht täglich mit seinem Geldgeber wechselt, ist dies alles nicht die Voraussetzung dafür, daß einer Wirkung hat?

Nehmen wir als Beispiel Lieder *Reinmars von Zweter* für und gegen Friedrich II. Reinmar ist ein Zeitgenosse Wernhers. Er war als einer der wenigen Autoren politischer Lieder adeliger Herkunft, wenn auch von niederem Adel. Besitzend war er jedenfalls nicht, sondern auf die Gunst von Mäzenen angewiesen. Wie er selbst sagt (Lied 150), stammt er vom Rhein (geboren ist er wohl um 1200), ist in Österreich aufgewachsen (man nimmt an, daß er dort bis ca. 1230 war) und hat sich dann Böhmen zugewandt. Später ist er wieder am Rhein zu finden. Er läßt sich bei den Bischöfen von Mainz und Köln feststellen (bis ca. 1240). Danach ist nichts mehr über ihn auszumachen.

Von ihm existiert — und das ist ein absolutes Unikum in einer Handschrift des 13. Jahrhunderts — eine geordnete Sammlung eines großen Teils seiner Lieder, in der eine sachliche und, wie sich herausgestellt hat, im wesentlichen chronologische Ordnung verwirklicht ist.

In der Zeit der späten 30er Jahre verfaßt Reinmar, der sich zuvor nie zu Friedrich II. geäußert hatte, etwa fünf Lieder, in denen er ihn in höchsten Tönen preist. Dieser Preis bricht ebenso unvermittelt ab, wie er begann, und weicht der Verurteilung, der Aufforderung an die Fürsten, einen Kaiser, dem gravierende Verfehlungen nachzuweisen sind, abzusetzen.

Im Lied 137[9] beschwört Reinmar einen allgegenwärtigen Kaiser:

Walt hât ôren, velt gesiht;
ir bôhen rûner, rûnet   von dem rîchen keiser niht,
wan daz ir turret sprechen   vor dem keiser stille und überlût.
Sîn ôren hoerent durch den walt,
sîn ougen verrent über velt,   sîn huot ist manicvalt,
sîn merken unt sîn melden   diu sint ouch swinder dan ein windes
* brût.*

Cranches hals, ebers ôren, strûzes ougen,
diu driu getruoc nie keiser mê sô tougen
dâ hin gein sîner vînde lâge:
er hât der nagel grôzen hort:
swaz man im löcher vor gebort,
diu vüllet er mit lancraecher wâge.

(Der Wald hat Ohren, das Feld Augen; / Ihr hohen Verleumder,
verbreitet keine Gerüchte über den mächtigen Kaiser, / Wenn ihr
nicht wagt, vor dem Kaiser zu sprechen geheim und öffentlich! /
Seine Ohren hören durch den Wald hindurch / Seine Augen gehen
weit übers Feld, seine Bewachung ist vielfältig. / Sein Beobachten
und sein Bekanntmachen sind schneller als eine Windsbraut. / Den
Hals des Kranichs, die Ohren des Ebers, die Augen des Straußes, /
die hat nie ein Kaiser so geheim / gegen die Anschläge seiner Feinde
eingesetzt: / Er hat einen großen Vorrat an Nägeln: / Die Löcher die
man ihm bohrt, / Die füllt er mit unversöhnlicher Gerechtigkeit.)

Die Vorstellung, die das Sprichwort des Anfangs erweckt — heute
eher beklemmend aktuell, weil technisch möglich — ist nicht nur
Warnung an die Gegner des Kaisers, sie ist auch ein Lob auf ihn. Eine
kaiserliche Gewalt, die handlungsfähig ist, ihre Intentionen durchsetzen kann und damit für geordnete Verhältnisse sorgt, ist eher ein
Wunschtraum im 13. Jahrhundert. Diese Vorstellung von der un-
sichtbaren und dennoch sinnlichen Allgegenwart des Kaisers, die
Vorstellung, daß seine Blicke bis in die geheimsten Zirkel der Feinde reichen, all das gibt dem Kaiser ein übernatürliches Flair. Dennoch
ist der Stil des Liedes ganz knapp, beherrscht und sparsam. Kurze
feststellende Sätze herrschen vor, die Motive Ohren — Augen, hören
— sehen und aufpassen durchziehen, mehrfach aufgegriffen, das
Lied, bis der Schluß mit einem neuen Bild gewissermaßen den An-
lauf zu einem betonten Finale nimmt, das in einer fast schon pathe-
tischen Geste die Drohung offen ausspricht.

Nüchtern und kontrolliert sind neben dem Bildgefüge auch die
Begriffe eingesetzt, die die inhaltlich politischen Akzente ausma-
chen: Das verdoppelte *rûner (rûnet)* neben *rîcher keiser* (Vers 2) —
das *huote, merken* und *melden* aus Zeile 5 und 6 — das *gein sîner
vînde lâge* (Vers 9) und die letzten beiden Worte, die, schon vom
Klang her opulenter, auch inhaltlich einen nachdrücklichen Abschluß bilden.

Das ist nicht nur typisch für den nüchternen Techniker Reinmar,
es ist auch ein gutes Beispiel, wie man mit der kurzen, weder durch
viele Reime noch durch wechselnden Rhythmus akzentuierten Form
dieser Lieder umgehen kann. Diese Form verlangt Präzision oder zugespitzte Konfrontation im begrifflichen Gerüst, das dann unter-

stützt und verdeutlicht wird durch festumrissene Bilder oder Vergleiche, die zugleich durch ihre sinnlich-anschauliche Konkretheit den engen Begriffsrahmen durch Anschauung aufsprengen, indem sie auf Reales verweisen.

Eine genaue historische Situierung des Liedes ist nicht möglich. Es paßt in die Atmosphäre der Ankunft Friedrichs II. in Deutschland, es paßt zu seinem Vorgehen gegen die Verschwörung Heinrichs (VII.), es würde ebenso zu den Auseinandersetzungen zwischen Friedrich II. und *Friedrich dem Streitbaren* passen. Wichtig für unseren Zusammenhang ist zunächst, daß es eine klare Stellungnahme für Friedrich II. ist, sich mit ihm identifiziert, keine Distanz erkennen läßt.

Der enthusiastische Preis auf Friedrich hat sich im Lied 134 (Roethe, S. 483) ins Gegenteil verkehrt: Nach einer langatmigen, kirchenfrommen Rekapitulation der göttlichen Allmacht, gipfelt das Lied in der Bitte an Gott, dem Staufer Friedrich mit seiner ganzen Macht entgegenzutreten. Sicherlich gehört dieses Lied in den Kontext der Bannung Friedrichs durch den Papst (1239), die mit einer Flut von Beschuldigungen, daß Friedrich gottlos und Häretiker sei, begründet worden war.

Warum hat Reinmar die Partei gewechselt? Nach der plausiblen Konstruktion Roethes gehörte Reinmar damals zum Gefolge *Wenzels I.*, des Königs von Böhmen, der zunächst sehr kaiserfreundlich war. In seinem Auftrag könnten die Lieder entstanden sein, die Friedrich verherrlichten. Wenzel überwarf sich aber mit Friedrich, als er sah, daß der das eroberte Österreich für das Reich einziehen wollte, während Wenzel selbst Ansprüche darauf erhob. Diese Wendung der Politik hatte Reinmar mitzumachen. Nimmt man dies an, erscheint der politische Lyriker als der Auftragsautor, der seine Meinungen und seine politische Propaganda nach der jeweiligen Position der jeweiligen Auftraggeber (sei es ein einzelner Herrscher oder eine Gruppe) zu richten hatte. Er war also wirklich Sprachrohr, oder wenn man ein anderes Bild nimmt, Verstärker vorgegebener Impulse ohne das Recht zu selbständigem politischen Urteil.

Diese Auffassung paßt nicht in die Vorstellung, die sich die Literaturwissenschaft von einem freien Mann und redlichen Autor macht. Gustav Roethe in seiner Einleitung zur Ausgabe von 1887 meint, man dürfe die Sache „nicht gar so äußerlich fassen: weil Wenzel Friedrichs Partei verließ, tat Reinmar das gleiche. Wenzels Abfall von der kaiserlichen Sache war so offenbar von eigennütziger Politik diktiert, hatte so gar nichts mit einer Verschuldung des Kaisers zu tun, daß eine hochgradige Frivolität und Mantelträgerei dazu gehört hätte, auf solche Gründe hin aus feurigem Enthusiasmus mit einen Sprung kopfüber sich in tiefe moralische Entrüstung zu stürzen."[10] Wer sagt uns denn, daß man von einem Autor etwas anderes erwartete, als was sein Herr tat? Woher sollte er auch die Selbständigkeit nehmen, etwas anderes zu sein als „Mantelträger"? War es nicht eine Ehre, den Mantel zu tragen, wenn es nur der richtige Mantel war? Welche Eigenständigkeit sollte einer haben, der weder von sozialem Rang noch von Besitz und Macht etwas galt? Was hatte ein solcher Autor mit den Inhalten einer Politik zu tun, wo er doch an politischen Entscheidungen nicht entfernt beteiligt war?

Kurz: gegenüber solchen Deutungen ist festzuhalten, daß sie aus einer doppelten Naivität entspringen: Generell sind sie Ausdruck einer Geschichtsschreibung, für die das Individuum als letzte Entscheidungsebene gilt, so daß nach kollektiven Prägungen oder gar außerliterarischen, ideologisch transponierten Interessen nicht gefragt wird; überdies ist dieses Modell völlig obsolet in einer vorbügerlichen Gesellschaft, in der diese Auffassung noch nicht einmal die Ebene des subjektiven Selbstverständnisses trifft. Wir müssen den Anspruch auf selbständiges Urteil bei diesen Autoren, wenn es ihn gibt, anderswo begründet sehen, als in der Integrität einer Person, die ihre eigenen Überzeugungen hat, ihren eigenen Standpunkt vertritt.

Wenn nämlich die Frage nach der Selbständigkeit der Autoren nicht eindeutig negierend zu beantworten ist, dann hat das Gründe, die nicht in ihrer Schätzung als dichterisches Genie liegen.

Als Ausgangspunkt für weitere Überlegungen möchte ich zunächst zusammenfassend referieren, was man über Herkunft, Besitzverhältnisse und Bildung der sogenannten Spruchdichter weiß.[11]

Adelige wie Reinmar sind die Ausnahme. Unter diesen Ausnahmen befindet sich nur niederer Adel. Die anderen, die große Mehrheit, entstammt nichtadeligen Schichten. Was das im einzelnen für Leute waren, ist schwer auszumachen. Sicherlich stammen viele aus der Stadt. Man hat auch betont, daß die Schulbildung, die bei vielen vorauszusetzen ist, darauf hinweist, daß sie nicht ganz besitzlosen Schichten entstammen konnten. Wichtiger, als dies im einzelnen festzustellen, ist, daß sie ihr Publikum beim Adel, den Höfen suchten und fanden. Das heißt, sie befanden sich diesen gegenüber in einer inferioren Stellung, waren abhängig, mußten danach streben, Aufsehen zu erregen, um akzeptiert zu werden. Dabei dürfte jeder den Wunsch gehabt haben, in ein festes Dienstverhältnis an einen großen

Hof zu kommen und dafür entsprechend entlohnt zu werden. Denn Macht und Bedeutung des Herren bestimmten auch den Rang dessen, der ihm diente.

Bis auf wenige Ausnahmen (u. a. *Frauenlob*) waren sie alle Fahrende (was soviel heißt wie Reisende, Nichtseßhafte). Als solche mußten sie herumziehen und sehen, daß sie bei den Höfen, den kleineren und größeren Adelssitzen Unterkunft, Verpflegung und Publikum fanden. Ein schönes Leben war das nicht, und reich wurde man dabei auch nicht. Sicherlich war die Lage für die einzelnen Autoren unterschiedlich, aber vorherrschend sind doch die Zustände materieller Not. All dies kommt in den Liedern dieser Autoren zur Sprache. Die Klagen über ihre schlechte Situation, über geizige Herren und der Versuch, durch ein gesteigertes Selbstbewußtsein sich des eigenen Rangs und Anspruchs zu versichern, nehmen einen weiten Raum ein. „Fahrender" zu sein, hieß vor allem, außerhalb der normalen gesellschaftlichen Ordnung zu stehen, zu keinem der Stände zu gehören.

Die Gruppe der Fahrenden war ziemlich groß, und die Spruchdichter stellten nur einen kleinen Teil von ihr dar, sie versuchten, sich am oberen Rand dieses Spektrums zu halten. Zu ihm gehörten all jene, die zum Unterhaltungsgewerbe zählten, vom Artisten, Zauberer, Bärenführer über den Musiker bis zum sich gebildet gebenden Dichter (Liedersänger).

Ihr Außenseiterdasein gestattete natürlich ein freieres Leben ohne die üblichen Begrenzungen, ohne die übliche Regelmäßigkeit und den üblichen Arbeitszwang. Man konnte auch ohne die gesellschaftlichen Verhaltenszwänge leben, freizügig, faul, wohllebend — wenn man etwas hatte. Dieses Flair des Ungebundenen machte den Fahrenden interessant, man erwartete von ihm Abwechslung, Unterhaltung, Neuigkeiten, die Verbindung mit der „Welt". Jedenfalls gehörte am Hof jede Art von Spielleuten zu jedem richtigen Fest.

Dies ist aber nur die eine Seite dieses Außenseiterlebens. Ihre Kehrseite ist eine schlechte Rechtsposition. Wandernde Spielleute waren kaum geschützt. Sie waren fast vogelfrei, hatten keine sichere Unterkunft und lebten buchstäblich auf der Straße. Sie hatten keine feste Dienststellung, ihre Lebenssicherung war sehr ungewiß. Schließlich war die Buntheit des Haufens, das breite Spektrum an Existenzen, die diese mobile Gruppe umfaßte, nicht gerade eine Voraussetzung für ein sicheres Renommee.

Das Ganze ergibt also ein Bild einer sozial schwachen, materiell ungesicherten, meist bedürftigen und damit vielfältig abhängigen

Gruppe. Sie arbeitet literarisch für eine Klasse, der sie selbst nicht angehört. Das heißt, die Autoren haben kein direktes Interesse an dem, was sie vertreten, sie haben mit ihren Adressaten weder die Lebensweise, noch die Erfahrungen gemeinsam. Sie sind auch in dieser Hinsicht im Dienst, im Sold. Nach allem, was man aus den Texten selbst erschließen kann, ist im 13. Jh. noch ausschließlich der Adel Adressat der politischen Lyrik. Das ergibt sich aus dem literarischen Bildungsstand, der in Anspielungen auf die verschiedensten Werke vorausgesetzt wird; das zeigt sich auch in den direkten Anrenden an Gönner, den Namensnennungen, aber auch in den Ermahnungen und Belehrungen, die sich an den Hof und an den Adel richten.

An einem Lied *Geltars*, eines dieser fahrenden Autoren aus der 2. Hälfte des Jahrhunderts, möchte ich zeigen, wie die Lage unverblümt dargestellt wird. Geltar benutzt als Vehikel eine literarische Kritik am Minnesang und am gekünstelten Typus des zärtlich raunenden Minnesängers[12]:

> *Man singet minnewîse dâ ze hove und inme schalle:*
> *so ist mir sô nôt nâch alder wât deich niht von frouwen singe.*
> *mir waern viere kappen lieber danne ein krenzelîn.*
> *mir gaebe ein herre lîhter sînen meidem ûz dem stalle*
> *dann obe ich alse ein waeher Flaeminc für die frouwen dringe.*
> *ich wil bî dem wirte und bî dem ingesinde sîn.*
> *ich fliuse des wirtes hulde niht, bit ich in sîner kleider:*
> *sô waere im umbe ein überigez hübschen michel leider.*
> *gît mir ein herre sîn gewant, diu êre ist unser beider.*
> *slahen ûf die minnesenger die man rûnen siht.*
> (Man singt Minnelieder am Hof und bei Festen / dabei brauche ich so dringend alte, abgelegte Kleidung, daß ich nicht von Frauen singe. / Mir wären vier Mäntel lieber als ein Kränzchen / lieber wäre mir's wenn mir ein Herr seinen Hengst aus dem Stall schenkte, / als daß ich wie ein schöner und affektierter Höfling mich vor die Damen drängte. / Ich will lieber bei dem Hausherrn und bei den Dienern sein. / Ich verliere die Gunst des Hausherrn nicht, wenn ich ihn um seine Kleider bitte. / Ihm wäre ein überflüssiges galantes Theater viel unangenehmer. / Gibt mir ein Herr seine Kleider, haben wir beide Ehre davon. / Haut auf die Minnesänger, die man verliebt flüstern sieht.)

Der Minnesang war im 13. Jahrhundert zum Betätigungsfeld adeliger Autoren geworden, die nicht für ihren Lebensunterhalt dichteten. Sie konnten herabsehen auf die Fahrenden. Geltar dreht dies hier um, indem er seinerseits die Künstlichkeit und das alberne Getue lächerlich macht und dabei auf die Zustimmung des Hausherrn verweist. Er kombiniert ganz geschickt die Zwänge seiner Lage, die ihn zu einem realistischeren Verhalten zwingen, mit der Ablehnung, die der Minnesang durch Teile des Publikums erfährt, mit dem er ein fast kumpelhaftes Verhältnis fingiert. Ganz klar macht er dabei, was er an Bezahlung erwartet und was er allenfalls bekommt: getragene Kleidung der Herrschaften und, wenn er großes Glück hat, ein Pferd. Im Gegensatz zu den Minnesängern tangiert diese Bitte um eine Gabe sein Selbstgefühl nicht. Er hat insofern ein adäquates Bewußtsein von der Tatsache, daß er als Berufsautor nicht Teil der Gesellschaft ist, deren Selbsteinschätzung er mitformuliert.

Eine andere Rolle spielt *Süßkind von Trimberg*, um seine Notlage in Erinnerung zu rufen. Er macht sich gewissermaßen zum Clown und spielt eine Reihe alberner Scherze vor, die in ihrem Sarkasmus an Deutlichkeit nichts zu wünschen übrig lassen. Süßkind von Trimberg Nr. V, 1 (v. Kraus I, S. 424):

> *Wâbebûf und Nichtenvint*
> *tuot mir vil dicke leide:*
> *her Bîgenôt von Darbîan*
> *der ist mir vil gevaere.*
> *des weinent dicke mîniu kint,*
> *boes ist ir snabelweide.*
> *sî hât si selten sat getân,*
> *Izzûf, diu fröidenbaere.*
> *in mînem hûs her Dünnehabe*
> *mir schaffet ungeraete.*
> *er ist zer welt ein müelich knabe:*
> *ir milten, helfent mir des boesewichtes abe,*
> *er swechet mich an spîse und ouch an waete.*

(„Wo soll ich was aufheben" (gleich: wo gibt es etwas) und „Nichts zu finden" / bedrängen mich ständig: / Herr „bei der Not" von „Darbian" / stellt mir nach, / darum müssen meine Kinder oft weinen. / Böse steht's um ihre Verpflegung / es hat sie noch nie satt gemacht / die Frau „iß auf", die glücklich macht. / In meinem Haus verursacht mir Herr „geringe Habe" Mangel, / er ist auf dieser Welt ein lästiger Bursche. / Ihr Freigebigen, befreit mich von dem Bösewicht, / er macht mich arm an Nahrung und Kleidung.)

Süßkind Nr. V, 2 (v. Kraus I, S. 424):

> *Ich var ûf der tôren vart*
> *mit mîner künste zwâre,*
> *daz mir die herren nicht went geben.*
> *des ich ir hof wil fliehen*
> *und wil mir einen langen bart*
> *lân wachsen grîser hâre:*
> *ich wil in alter juden leben*

mich hinnân fürwert ziehen.
mîn mantel der sol wesen lanc,
tief under einem huote,
dêmüteclich sol sîn mîn ganc,
und selten mê ich singe in hovelîchen sanc,
sîd mich die herren scheiden von ir guote.

(Wahrhaftig ich werde mit meinem Können zum Narren, / wo mir die Herren nichts schenken wollen. / Deshalb will ich ihren Hof meiden / und mir einen langen Bart / von grauen Haaren wachsen lassen. / Ich will mich nach der Lebensart alter Juden / von jetzt ab durchbringen. / Ich werde mir einen langen Mantel anschaffen, / und gebückt unter einem Hut / in demütiger Haltung gehen. / Und ich werde nie mehr höfische Lieder singen, / da mir die Herren nichts von ihrem Reichtum geben.)

Ich glaube kaum, daß der Autor, wie man behauptet hat, in der letzten Strophe biographisch etwas über sich selbst und seine Herkunft sagt: Er kennzeichnet bloß einen Abstieg in der Welt der Außenseiter. Auch hier bringt er das ins Spiel, weil es die letzte Pression ist, die er hat: Ich werde euch nicht mehr unterhalten, ich werde euch nicht mehr Gelegenheit geben, euch mit der Reputation des Kulturbesitzes zu schmücken, wenn ihr nicht zahlt.

Diese Lieder formulieren materielle Probleme und Ansprüche ganz offen. Diese werden nicht unterdrückt, weil Materielles und Kultur angeblich nicht zusammengehören. Dergleichen Illusionen wenigstens brauchen diese Autoren sich und anderen nicht zu machen. Sie bringen damit ein Stück des Erfahrungshorizontes, der den Autoren und nicht dem Publikum spezifisch ist, in die Öffentlichkeit, aber sie tun dies so, daß es letztlich unter dem Aspekt des Publikumsinteresses an gekonnter Unterhaltung steht. Und sie leiten nichts daraus ab als die aktuelle Bitte um ein individuelles Geschenk.

Es gibt ganz wenige Ausnahmen, in denen dieser Rahmen auch einmal durchbrochen und Armut anders thematisiert wird. Süßkind von Trimberg stellt in einem anderen Lied den Armen und Reichen einander gegenüber und reflektiert darüber, daß Armut und Reichtum sich gegenseitig bestimmen. Süßkind IV (v. Kraus I, S. 424):

Hât rîcher mel, der arme dâ bî eschen hât;
dar an gedenke ein wîser man, daz ist mîn rât,
und lâze im niht den armen man sîn smâch ze fründe:
vil lîhte kumt diu stunde daz er sîn bedarf;
dâ von sî rîcher gen dem armen niht ze scharf.
kuo sunder hagen niht wol getuon den sumer künde.
swie man den esel hât unwert,

> *doch was er ie gereite*
> *swâ sô man sînes dienstes gert,*
> *daz er in nie verseite.*
>
> *het nieman zarmuote pflicht,*
> *der rîchtuom waere ein wicht:*
> *wer solt dann dienen, ob der arme waere nicht?*
> *guot was ie bast, daz man den sac dâ mit verbünde.*

(Hat der Reiche Kalk (gelöschten Kalk), dann hat der Arme dagegen Asche; / daran denke ein kluger Mann, dazu rate ich. / Und er halte den Armen nicht für zu gering zur Freundschaft / leicht kommt der Augenblick, wo er ihn braucht. / Deshalb verhalte sich der Reiche gegenüber dem Armen nicht zu schroff. / Die Kuh kann ohne Zaun den Sommer über nicht gut tun. / Wie sehr man den Esel verachtet / so war er doch ständig bereit, / wo man seinen Dienst haben wollte. / daß er ihn nie abschlug. / Gäbe es niemand der arm ist, / wäre der Reichtum gar nichts. / Wer sollte denn dienen, wenn es keine Armen gäbe? / Bast war immer gut, wenn man mit ihm Säcke zubinden wollte.)

Der agrarische Naturalismus der Verse 6 bis 10 und des Schlusses opponiert gegen höfisch gemilderten, gewählten Stil. Vielleicht ist hier sogar an ein nicht höfisches Publikum zu denken. Denn auch im Inhalt wird hier plötzlich eine Verschiebung der Akzente deutlich: Zwar wird natürlich die Tatsache, daß es Arme gibt, die die inferioren Dienste leisten, als so selbstverständlich hingenommen, wie die, daß der Esel die Säcke trägt. Aber es wird überhaupt einmal der Zusammenhang ausgesprochen, der zwischen Armut und Reichtum besteht. Es wird ein erster Schritt zur Einsicht getan, daß Reichtum von Armut abhängt und damit auf sie angewiesen ist. Dieses Aufeinanderbeziehen schließt Vergleichbarkeit ein, hebt den Armen und den Reichen prinzipiell auf eine Stufe (was in Vers 3 mit *ze fruinde* direkt zum Ausdruck kommt). Dieses Lied geht nicht einfach mehr von verschiedenen Menschheitskategorien mit unterschiedlicher Stufe der Menschlichkeit aus.

Hier ist einmal eine Konsequenz aus der vielbeklagten Tatsache materieller Not gezogen.[13] Es wird andeutungsweise sichtbar, wie sich die Welt vom Erfahrungshorizont der Fahrenden aus darstellt. Und man kann daran in Ansätzen ermessen, was die Spruchlyrik im allgemeinen unterdrückt und wie für die dichtenden Subjekte diese ganze Veranstaltung der Unterhaltung der „Höheren", die ganzen preisenden Pflichtübungen — bildlich gesprochen — Grimassen, Verrenkungen sind, Selbstverleugnung und Selbstbetrug bedeuten.

Neben diese Einsicht aber wird der Ausdruck eines Selbstbewußtseins gestellt, das alle Relativierung der eigenen Souveränität und geistig-moralischen Unabhängigkeit leugnet. Beides, materielles Elend und innere Unabhängigkeit, scheinen nichts miteinander zu tun zu haben. Sie sind verbunden nur durch die gesellschaftliche Institution des Schenkens. Der sprachliche Ausdruck der Spruchdichter dafür ist: *guot umb êre*: Besitz für Ehre (nehmen bzw. geben). Man hat diesen Ausdruck hin und her gewendet, weil man mit ihm nicht fertig werden konnte. Denn muß es nicht als skandalös erscheinen, daß diese Autoren sich offenbar ihre innerste Überzeugung abkaufen lassen? Muß man die Formel nicht als Kritik auffassen? Der Autor gibt seine Ehre hin für Besitz, er verkauft sich. Und wer seine Meinung verkauft, kann der als Dichter, als relevante geistige Position zugelassen werden? Bezahlung für Ehre hieße, gemäß dieser Auffassung, Bezahlung anstatt Ehre.

Sieht man sich die Texte an, wird allerdings deutlich, daß es so nicht gemeint ist. Dort wird die materielle Seite des Lebens als Mangel wohl zum Problem, nicht aber die Tatsache, daß man Geschenke erwartet. Das beruht darauf, daß auch der Dienst in Form immaterieller Leistung (Lieder) nach dem allgemeinen gesellschaftlichen Prinzip verstanden wird, wonach für geleisteten Dienst gerechte Belohnung zu erwarten ist. Die Stellen, an denen von *guot umb êre* die Rede ist, lassen auch keine andere Ausdeutung zu. Zum Beweis ein Beispiel für viele, in denen diese Formel auftaucht: Kelin II, 4 (HMS III, S. 22)[13a]:

> *Vil maniger sprichet: „ich nim guot umb êre."*
> *hât er der vil, er hât ze gebene verre mêre;*
> *êren koufaere ist niht vil, verkoufaere ist genuok.*
> *Ich bin der ein, der alsus guot enpfâhet,*
> *und mich der êrengernden gâbe niht versmâhet;*
> *swer sie anders nimt, wan ich, daz ist ein ungevuok.*
> *Ich nim der edelen guot durch Got, daz er ez in selbe lobne,*
> *unt dank'ez in hie vor leien unt vor pfaffen;*
> *Got hât mir anders erbes leider niht geschaffen:*
> *ich danke in hie, Got danke in dort mit einer rîchen krône!*
>
> (Viele sagen: „Ich nehme Belohnung gegen Ehre" / hat einer die in großem Maße, dann hat er auch noch viel mehr zu geben. / Ehren-Käufer gibt es nicht viele, Verkäufer dagegen genug. / Ich bin einer von denen, die so Gaben empfangen / und den die Gabe derer, die nach Ehre streben, nicht übergeht. / Wer je (die Gabe) anders als ich entgegen nimmt, das ist unpassend. / Ich nehme die materielle Zu-

wendung der Vornehmen um Gottes Willen, damit er es selbst ihnen
lohne. / Und ich danke ihnen dafür hier vor allen Leuten. / Gott hat
mir ein anderes Erbteil leider nicht zuteil werden lassen. / Ich danke
ihnen (den Gebern) hier, Gott danke ihnen dort mit einer reichen
Krone.)

Die Bemühung um eine vorteilhafte Interpretation des Verhältnisses
zum Mäzen ist natürlich unübersehbar in diesem Text. Aber ebenso
deutlich ist, daß dem Verhältnis nichts Ehrenrühriges anhaftet. Der
Autor bekennt sich klar dazu (Vers 4) und es klingt eher stolz, wenn
er hinzufügt, daß er auch wirklich etwas abbekommt (Vers 5). Problematisch ist offenbar eher das Gedränge der Anbieter auf dem engen Markt. Nicht etwas zu nehmen macht Schwierigkeiten, sondern
etwas abzubekommen. Dagegen betont er besonders die Seriosität
der Gegenleistung. Dabei dürfte der reale Anteil der Gegenleistung,
die Verbreitung des guten Rufes des Gebenden, das Ausschlaggeben-
de sein, während die religiöse Verbrämung (Schenken ist Gott wohlgefällig, wer Anlaß zum Schenken gibt, gibt dem Schenkenden Gelegenheit, sich vor Gott auszuzeichnen, und der wird es ihm dann später anrechnen) vor allem gegen Kritik von kirchlicher Seite am fahrenden Stand ganz allgemein gerichtet sein dürfte.

Kurz zusammengefaßt: *guot umb êre* kann nur bedeuten: die Herren schenken großzügig, damit die Fahrenden ihre Reputation, ihren
guten Ruf verbreiten.

Wenn also darüber Klarheit zwischen Autor und Publikum herrscht,
so scheinen uns doch die Vorstellungen, die sich die Autoren über
ihre Urteilsfreiheit machen, eher nebulös. Zwar ist es nicht verwunderlich, daß die Spruchdichter sich gezwungen sehen, ihre Vorzüge
klar herauszustellen. Sie entwickeln dazu einen zur Tradition werdenden Set von Argumenten und Vorstellungen, die vor allem darauf
zielen, die Ernsthaftigkeit und den geistigen Rang ihrer Lieder zu
betonen. Ein Element ist dabei die religiöse Anknüpfung. Man bean-
sprucht jetzt oft geradezu eine Art geistliches Lehramt. Parallel dazu
ist die Betonung der Gelehrtheit zu sehen, die man für sich rekla-
miert und auch in vielen Liedern zum Beweis vorführt. Da werden
zunehmend bei den fahrenden Autoren der zweiten Jahrhundert-
hälfte uns abstrus vorkommende naturwissenschaftliche Kenntnisse
und Geheimnisse ausgebreitet, oft zusätzlich verrätselt formuliert —
da werden Lieder mit religiöser Thematik gemacht, die wortspielend-
spekulativ über Geheimnissen der christlichen Lehre brüten. All dies
ist immer auch als Beweis der beanspruchten „Meisterschaft" gedacht. „Meister" und „Meisterschaft" sind die Begriffe, mit denen
man versucht, den eigenen Rang zu bestimmen. Die musikalische

und literarische Meisterschaft vor allem ist es, die einen unterscheiden soll von der Masse der oberflächlichen und dilettantischen Kollegen. Es entwickeln sich regelrechte literarische Fehden (z.B. zwischen *Regenbogen* und *Frauenlob*), in denen man sich gegenseitig Qualität, Geschick, Talent und Gelehrtheit abspricht. Die Vorstellung vom Wettsingen, vom Sängerkrieg, wird entwickelt und wird zurückgeführt auf einen legendären Wettstreit auf der Wartburg, bei dem die großen alten Kämpen, vor allem Wolfram von Eschenbach, der dann auch als Spruchdichter erscheint, gegeneinander angetreten seien.[14]

In der Struktur der Texte selbst setzt sich dieses Bewußtsein bei einigen Autoren (vor allem gegen Ende des Jahrhunderts) als Tendenz zur Verkünstelung des Ausdrucks, zur verschlüsselten Sprache, zur Wahl entlegener Worte, zu concettistischen Pointen, zur virtuosen Reimkonstruktion und komplizierten rhythmischen Gestaltung der Strophen um.

Diese so angedeuteten Entwicklungen nur als Ausdruck eines Behauptungswillens zu verstehen, wäre allerdings zu kurz gefaßt, obwohl sie das auch sind und vielleicht zuerst sind. Sie enthalten aber immer auch den Versuch des Schriftstellers, sich als solcher zu definieren, angesichts einer immer problematischeren Situation in der Gesellschaft seiner Zeit.

Alle Autoren dieses Jahrhunderts spüren, daß ihnen der Wind ins Gesicht weht, daß ihre Funktion, sofern sie einen ernsthaften Anspruch stellen, immer weniger selbstverständlich ist. Alle greifen sie zunächst zurück auf die Erinnerung an die angeblich so vollkommenen alten Zeiten, deren Glanz und idealistische Hochschätzung der Kultur von allen beschworen wird. Ein Ausweg aus dieser Irritation, dieser Schwierigkeit, sich als Schriftsteller in einer in krisenhaften Veränderungen befindlichen Gesellschaft zu definieren, eröffnet sich für einige, indem sie ihre vermeintliche oder wirkliche Isolation oder Unterschätzung in die trotzige Behauptung eines besonderen, angeborenen künsterlichen Vermögens umdeuten.

Dennoch äußert der durchschnittliche Spruchdichter im 13. Jahrhundert ein ungebrochenes Selbstverständnis, wenn er Dinge postuliert wie im folgenden Text *Zilies von Sein* (II, 2 = HMS III, S. 25):

> *Erne kan niht singen, swer da schiltet lobebaeren man,*
> *und ouch einen lobet dâ bî, der scheltens waere wert;*
> *Alsô getâner kunst ich mînen (guoten) vriunden niht ne gan,*
> *des hân ich mich al mîne tage unz her vil wol erwert.*
> *Ichne wil niht umb ein kleinez guot loben einen boesen wiht,*
> *noch schelten einen biderben man, al ne gaebe er mir niht;*

swer loben unde schelten wil, der sol die volge hân:
hât er der niht, er hât an sîneme sange unmeisterliche tân.
(Der versteht nicht, richtig zu singen, der einen tadelt, der Lob verdient / und auf der anderen Seite einen preist, der zu kritisieren wäre. / Solche Kunst möchte ich meinen Freunden nicht gönnen. / Davor habe ich mich mein ganzes Leben bis heute gehütet. / Ich werde für eine geringe Belohnung nicht einen schlechten Menschen loben / noch einen rechtschaffenen Mann schelten, wenn er mir nichts gibt. / Wer preisen und kritisieren will, / der muß Zustimmung finden / findet er die nicht, hat er sein Lied nicht wie ein Meister gemacht.)

Der Anfang macht deutlich, daß die besondere Qualität der postulierten Meisterschaft nicht bloß in der formalen Beherrschung des musikalischen und literarischen Handwerks liegt, sondern ebenso in dem Ernst und der moralischen Kompetenz und Integrität, die die in den Liedern ausgedrückten Inhalte auszeichnet. Vergleicht man das mit den heutigen Vorstellungen von der Funktion politischer Lyrik, die u. a. davon ausgehen, daß in ihr Zusammenhänge aufgedeckt und formuliert werden, die dem alltäglichen Betrachter verborgen bleiben oder daß unverstandene Strukturen kenntlich gemacht werden, so wird der Unterschied klar: Hier geht es um das Öffentlich-Machen bekannter, allgemein zu akzeptierender Urteile.

Das machen die beiden Schlußzeilen deutlich: Der Dichter hat sich mit seinem Urteil in Übereinstimmung mit den Urteilsfähigen zu befinden. Seine Leistung ist nicht die besondere Radikalität der Analyse, sondern die Tatsache, daß er dem Urteil einen Öffentlichkeitsstatus gibt, indem er es in einer ansprechenden Form verbreitet. Deutlich gesagt aber wird auch, daß der Autor, trotz aller Bedürftigkeit, durch materielle Zuwendungen bzw. deren Ausbleiben in seinem Urteil nicht zu beeinflussen sei. Das ist hier so entschieden gesagt, wie es uns eigentlich unwahrscheinlich vorkommen muß. Zwar apostrophieren die letzten Verse ein Publikum, das wie eine Kontrollinstanz wirkt und deshalb jeden offensichtlich falschen (gekauften) Preis zurückweist. Aber es ist nicht so leicht zu entscheiden, ob dies nur eine Schmeichelei für das Publikum ist oder die Einsicht in die Abhängigkeit des Autors von dessen Zustimmung. Gemäß einer solchen Einsicht wäre, da diese Publikumsrücksicht eben Anpassung einschließt, die zur Schau gestellte Haltung des Unbestechlichen Mittel der Selbstanpreisung, wäre zumindest auch Imponiergehabe.

Aber darauf dürfte dieses dargestellte Selbstbewußtsein nicht zu reduzieren sein. Bei Bruder Wernher gibt es ein Lied, das etwas davon erkennen läßt, worauf sich dieses Selbstverständnis gründet. (Schönbach I, Nr. 38, S. 89):

Nieman sol guot von mir versparn!
sît deich gedenke vil der mînen jâre,
hân ich der lande vil durchvarn,
so kenne ich ouch der dorfe deste mêre.
Ich kan ouch deste baz gesagen,
wâ mite der man verliuset wirde und ere;
swâ ich daz iender muoz verdagen,
daz vrumt vor schanden niht gegen eime hâre.
Ich wil ouch unervorhten sîn:
der wîle und ich gerüeren mac die zungen,
so tuon ich mit gesange schîn,
ob ich ein schelten prüeven kan den alten und den jungen.
. . . .

(Niemand soll Geschenke vor mir zurückhalten! / Da ich auf ein lan-
ges Leben zurückblicke, / habe ich viele Länder durchzogen, / folglich kenne ich auch sehr viele Dörfer. / Ich vermag deshalb um so
besser anzugeben / wodurch ein Mann Würde und Ansehen verliert. /
Wo ich das irgend verschweigen muß, / da hilft dies gegen die
Schande (des zerstörten Ansehens) nicht um Haaresbreite. / Ich will
auch unerschrocken sein, / so lange ich die Zunge rühren kann /
werde ich mit meinen Liedern deutlich machen, / ob ich den Alten
und den Jungen eine kritische Würdigung zuteil werden lassen kann
...)

Hier ist in Vers 7 immerhin die Rede von Zwängen, die einen Autor
daran hindern zu sagen, was er will. Aber diese Behinderungen erscheinen als unwirksam, wenn im nächsten Vers zum Ausdruck
kommt, daß auch das Schweigen des Dichters die öffentliche Reputation zerstöre. Nun ist dieses Schweigen ja voller Probleme für einen
Berufsautor, der von dem Vortrag seiner Lieder lebt. Er kann sich
das nicht so einfach leisten. Allerdings weiß er auch, und das meint
er natürlich mit seinem „Schweigen", daß die Konsequenz davon
nicht bloß die Verweigerung von Unterhaltung oder kultureller Ausschmückung ist, sondern auch der Ausfall der als spezielle Legitimation wichtigen öffentlich-panegyrischen Funktion. Einfacher gesagt:
Wen die Fahrenden nicht öffentlich preisen, den kritisieren sie still-
schweigend. Wo Lob die übliche allgemeine Äußerungsform politischer Lyrik ist, ist Nichterwähnung, schweigend Übergangenwerden
schon eine Form der Kritik.

Der Anfang des zitierten Liedes spricht aber daneben noch einen
typischen Sachverhalt der Fahrendenbiographie an, der erklären soll,
warum diesen ein sicheres Urteil zukomme: Die Verse 2–6 spielen
nämlich an auf den großen Erfahrungshorizont, den einer sich in
einem langen Leben des Herumziehens erwirbt. Ihm stehen nicht
nur regional begrenzte Vergleichsmöglichkeiten offen, sein Horizont
ist international. Und er weiß auch, wie das Volk (*dorfe*) urteilt.

Damit wäre also ein Punkt benannt, wo die spezifische fingierte Autorenrolle identisch wird mit der sozialen Stellung des Fahrenden, die der Autor einnimmt.

Herrscherkritik: Das Thema der milte

Es liegt auf der Hand, daß sozialer Rang und Herkunft der Autoren wie die Struktur der Gesellschaft gleicherweise gegen den Anspruch auf eine Kritikerrolle, auf die persönliche Unabhängigkeit von materiellen Bedingungen oder der Angst vor der Macht sprechen. Es kann realiter gar nicht weit her sein mit seiner Verwirklichung. Man wird also besser danach fragen, was den Autoren eigentlich diesen Anspruch möglich macht, wie es dazu kommt, daß sie ihn erheben, und wie es dazu kommt, daß ihr Publikum offensichtlich den Ausdruck eines solchen Anspruchs akzeptiert. Die Möglichkeit dazu beruht meines Erachtens vor allem in folgenden Konstellationen:

Die Fahrenden insgesamt stellen ein Kommunikationsnetz dar, das die im feudalen Staat notwendig getrennten und von einander unabhängigen, weil de facto weit entfernten regionalen höfischen Zentren verbindet. Das heißt, die Fahrenden sind zunächst einmal Informationsträger, die Gerüchte, Nachrichten, Meinungen, Einschätzungen unabhängig vom direkten persönlichen Austausch der Adeligen verbreiten. Und darin liegt eine gewisse Stärke. Und zwar nicht deshalb, weil sie destruktive oder subversive Inhalte verbreiten könnten. Das könnten sie nur als Anhängsel einer außerhalb ihres Bereiches existierenden sozialen Bewegung.

Aber in dieser Gesellschaft mit repräsentativer Öffentlichkeitsstruktur ist die Bedeutung des Ansehens, ist die äußerliche Dokumentation der „Ehre" von solcher Wichtigkeit, daß diese mobile Gruppe der Fahrenden als deren Verbreiter wichtig wird, aber vor allem als potentieller Zerstörer der Reputation Bedeutung erlangt. Dazu kommt, daß es beim Stand der technischen Entwicklung nicht möglich war, ein zentralistisches System der Meinungsübermittlung aufzubauen. Man war vielmehr ganz direkt auf die Personen angewiesen, die allein die Multiplikation der Meinungen bewerkstelligen konnten. Nicht technische Apparate, sondern Sänger also als Verbreiter. Verbreiter zwar nicht der offiziellen Nachrichten und Botschaften, aber der kollektiven Stimmungen, Einschätzungen, Urteile, die für die Erhaltung oder Lenkung einer günstigen öffentlichen Meinung über Personen oder politische und militärische Unternehmungen genauso von Bedeutung waren. So ergeben sich also in einer Gesellschaft der persönlichen, direkten Abhängigkeit Positionen, wo die Person, weil es auf sie ankommt, einen gewissen Handlungsspielraum hat, auch wenn sie nicht zu den Mächtigen gehört. Dies scheint mir für die Liedersänger zu gelten. Damit trifft für sie als Gruppe das zu, was sie selber sagen, daß ihr Urteil Gradmesser der *êre* ist — einfach weil sie die wirksamsten Verbreiter sind. In der Schwäche ihrer Position liegt so ein wenig Möglichkeit zur Kritik, existiert ein Ansatzpunkt für ihr Selbstbewußtsein.

Das wird verstärkt durch die Situation der staatlichen Gewalten: Die Kämpfe zwischen geistlicher und weltlicher Herrschaftsspitze, d.h. zwischen Papst und Kaiser, die eine Legitimationsproblematik größten Ausmaßes verursachen; ebenso die Auseinandersetzungen zwischen den Territorialgewalten und dem König und Kaiser, die nicht nur die zentrale Gewalt schwächen und damit die Ordnungsfunktion reduzieren, sondern für die Fürstentümer selbst die Legitimation einer zentralisierenden Politik zum Problem werden lassen. Dies und Veränderungen in der wirtschaftlichen Lage von Teilen des Adels und der Bauern ergeben eine Situation der Irritation, die zunächsten den Bedarf an propagandistischen Äußerungen verstärkt.

Ein mehr immanenter Aspekt der selbst attestierten Kritikmöglichkeit der Spruchlyriker ist die Argumentation in den Dimensionen persönlichen Handels und Verhaltens. Dies war als politisches „Argumentieren", nicht verschleierndes Personalisieren, interpretiert worden, auch wenn darin eine Beschränkung dessen liegt, was öffentlichkeitsfähig ist, weil sachlich-politische Inhalte vom öffentlichen Räsonnement oder der Kritik ausgeschlossen bleiben. Entsprechend gilt auch, daß „Argumentieren" mit Einzelpersonen, also auch die Kritik an einzelnen Exponenten der Herrschaft, zwar die politische Funktion der Person meint, aber über diese einzelne und damit auch zufällige Person nicht hinausreicht und nicht die Verfassung der Verhältnisse als Ganzes meint. Kritik ist so niemals systematische Kritik, sondern Kritik am „Fall" eines Herrn, der den idealen Rahmen nicht ausfüllt.

Wichtiger aber scheint mir folgender Zusammenhang: Vielzitiert ist die Tatsache, daß im 13. Jahrhundert auch in Deutschland die Bedeutung des geldwirtschaftlichen Sektors so zugenommen hat, daß als Folge davon einschneidende wirtschaftliche aber auch soziale Veränderungen spürbar werden. Das soll hier nicht als Gesamtpanorama entfaltet werden, sondern ich möchte an dem Punkt ansetzen, der in der politischen Lyrik — aber nicht nur da — entscheidende Bedeutung gewinnt: Zur demonstrativen Selbstdarstellung der adeligen Schichten in der feudalen Gesellschaft gehört auch der aristokratische Aufwand, der intensive gemeinsame Lebensgenuß in der vielseitig sinnlichen Aneignung der gesellschaftlich produzierten Reichtümer (als Nahrung, als Genußmittel, als Gebrauchs- oder Schmuck-, d.h. Kunstgegenstand). Dieser Konsum ist Verschwendung, um so berauschender, je unmäßiger er geschieht. Für eine ganz kleine Schicht einer insgesamt immer noch sehr armen Gesellschaft bietet sich die Möglichkeit, über die Begrenztheit einer relativ spröden Natur zumindest zeitweise zu triumphieren, indem man im Überfluß schwelgt.

Es ist klar, daß diese Verschwendung gegenüber den Produzenten des Reichtums, den Bauern, Enteignung bedeutet, gewaltsame Wegnahme jenes Teils der Produkte, den sie erarbeitet haben, den sie aber nicht zur unmittelbaren Bedarfsdeckung brauchen. Auf die Aneignenden bezogen, ist es wichtig festzustellen, daß es in jener Zeit nicht als sinnvoll angesehen werden konnte, ‚bewegliche' Güter anzuhäufen, einen Schatz zu bilden, der als Kapital Ausgangspunkt profitabler Unternehmungen hätte werden können. Was man anzusammeln sucht, ist Grundbesitz und das heißt immer Besitz von Land und Leuten, und damit Verfügung über ihre Produktivität. Andere Reichtümer anzuhäufen, in der Absicht, sie nicht wieder mit vollen Händen zu verschwenden, dazu gibt es keinen Anreiz. Das heißt, man behält, was man besitzt, nicht für sich allein, man verbraucht es nicht für sich allein, sondern beteiligt andere daran, indem man sie beschenkt.

Dennoch ist dieser Konsum für den Herrn nicht ohne Funktion. Das Wegschenken der Reichtümer, das Konsumieren zusammen mit anderen dient auch ganz bewußt dazu, diese anderen sich zu verpflichten. Die feudale Gesellschaft kennt keine anonymen Institutionen, keine Apparate zu Verwaltungszwecken, die die Menschen in höchst vermittelt erlebten Abhängigkeitsverhältnissen zusammenfaßt, um sie Staatsfunktionen arbeitsteilig und weit von dem jeweiligen konkreten Fall entfernt abhandeln zu lassen. Im feudalen Staat beruht das, was an Regierungs- und Verwaltungstätigkeit geschieht, allein auf Personenverbindungen, wobei die gegenseitige Treueverpflichtung einen zentralen Rang einnimmt. Aber eine ebenso große Bedeutung und sicherlich den primären Rang hat das Schenken. Mit ihm verpflichtet sich (oder versucht es zumindest) z.B. der König, oder der große Territorialherr Leute, die er bei seinen kriegerischen Unternehmungen, bei der Gestaltung seiner politischen Beziehungen, bei der Ausführung seiner Verwaltungsaufgaben braucht. „Die Freizügigkeit im Verteilen von Geschenken ... war die eigentliche Bedingung der Macht", sagt Duby für das 8. und 9. Jahrhundert, aber dies gilt sicherlich bis ins 13. Jahrhundert.[15]

Das Schenkungsprinzip findet sich auf allen Ebenen der sozialen Schichtung. Betroffen davon ist die Kirche, weil man gerade die überirdischen Gewalten durch reiche Geschenke beschwichtigen muß. Beschenkt werden natürlich exemplarisch die Armen, die nichts besitzen und nur durch diesen Mechanismus am Leben gehalten werden, aber vor allem die Leute am Hof, die selbst nicht sehr viel haben, aber wichtige Dienste leisten: Die sogenannten Ritter und mit einigem Abstand auch die Dichter und die Unterhalter.

Kurz: Die Freigebigkeit, die *milte*, ist wirklich – nicht nur in der Rede der Literaten – die Herrentugend par excellence. Georges Duby beschreibt dieses Schenkungsprinzip als einen der grundlegenden ökonomischen Mechanismen, der hauptsächlich die Zirkulation von Gütern im Feudalismus bewerkstelligt, wie es später – auf ganz andere Weise – der Markt tut: „Genau wie einst, verpflichtete Reichtum im 12. Jahrhundert nicht nur zu gottgeweihten Gaben, sondern auch zu Geschenken an die Freunde, denen in möglichst großer Anzahl Gastfreundschaft gewährt werden mußte, und zu einer großzügigen Gestaltung und kostbaren Ausschmückung des Hauses. Wie die großen Klöster waren die im Zentrum der Bannherrschaft liegenden Höfe gastliche Orte, die jedermann ihre Tore öffneten. Es war die größte Ehre des Herren, Freude an seinem Hof zu verbreiten, und mit seinen Freigebigkeiten gelang es ihm, die Freuden des Lebens an seine bleibenden oder vorübergehenden Gäste und an seine Dienerschaft weiterzugeben. Der Hof stellte den Höhepunkt der Konsumwirtschaft dar, er regte sie an und zwang sie zum Fortschritt. Denn die Ausstrahlung eines Hofes bemaß sich in erster Linie an seinem Luxus, das heißt am Überfluß des Erlesensten für Tisch, Körper und Geist."[16]

Mit dieser Beschreibung scheint mir eine Basis gewonnen, von der aus die Bedeutung, die das Thema *milte* in den Liedern der Fahrenden hat, etwas komplexer beurteilt werden kann. Denn wenn man alle Lieder, die vom Geben und Nehmen sprechen, immer nur unter dem Aspekt betrachtet, daß es sich um Bettelstrophen handelt, die man den Fahrenden in ihrer unsicheren Lage wohl oder übel konzedieren müsse, dann mißt man nicht mit dem angemessenen Maßstab. Degoutant kann das Pochen auf Geschenke unter den bei Duby sichtbar gewordenen Bedingungen nicht sein, dazu ist es ein viel zu allgemeines Prinzip, an dem auch die Mächtigen gebend wie nehmend teilhaben. Es ist deshalb auch nicht eine verzerrte Fahrendenperspektive, wenn kurzerhand die Freigebigkeit zum Urteilskriterium über die Herren schlechthin wird.

Genereller: Wenn Freigebigkeit wichtiges soziales Regulativ ist, das z. B. vielen Leuten aus dem kleinen und armen Adel und aus dem ministerialischen Adel zu Stellung und Einkommen verhilft, wenn *milte* zugleich ein Verständnisraster ist, der auch die höchst „realpolitisch", unmittelbar interessengeleiteten Beziehungen zwischen König und Fürsten regelt, wenn der Begriff den Interpretationsraster abgibt, unter dem diese Verhandlungen eingeordnet werden können, dann kann *milte* in den politischen Liedern der Zeit auch ein politisches „Argument" sein. Dann wäre auch entschieden darauf zu bestehen, daß in einer Reihe von Liedern die Erwähnung von *milte* diesen weiteren politischen Zusammenhang meint. Daß sie also als politische Stellungnahme deshalb in die feudale Öffentlichkeit eingreifen, weil sie dieses Verständnis zitieren, und nicht weil sie eine persönliche Verärgerung des Autors wiedergeben.

Dazu noch ein Beispiel aus dem Kontext des späteren 13. Jahrhunderts. Von dem sogenannten *Schulmeister von Eßlingen*, der an Temperament, krasser Entschiedenheit der Äußerung und treffender Plastizität der Formulierungen Walther von der Vogelweide zu vergleichen wäre, sind einige politische Lieder überliefert, die sich alle sehr kritisch mit *Rudolf von Habsburg* auseinandersetzen. Dabei spielt der Geiz-Vorwurf eine entscheidende Rolle, so im Lied I, 1 (Müller I, S. 88):

> *Wol ab, der küng der gît iu niht;*
> *wol ab, er lât iuch bî im frezzen, hânt ir iht;*
> *wol ab, sin hervart wirt ein wiht;*
> *wol ab, swaz er geheizet, dast ein spel;*
> *wol ab, ern ruocht wiez iu ergê,*
> *wol ab, er gaebe ez sînen eigen kinden ê;*
> *wol ab, si dörften dannoch mê;*
> *wol ab, sie warn an guote gar ze hel.*
> *wol ab, sin künne daz ist arn;*
> *wol ab, er wilz an uns ersparn;*
> *wol ab, ê sîn geslehte erkrüpfet wirt,*
> *wol ab, sô sîn wir gar verirt;*
> *wol ab, sô wirt dem brâter harte harte kleine.*

(Wohl ab, der König gibt euch nichts / wohl ab, er läßt euch bei sich fressen, wenn ihr was habt / wohl ab, aus seinem Kriegszug wird nichts / wohl ab, was er befiehlt, sind leere Worte / wohl ab, er kümmert sich nicht darum, wie es euch geht / wohl ab, er gibt es lieber seinen eigenen Kindern / wohl ab, sie brauchen noch mehr / wohl ab, sie besaßen gar zu wenig / wohl ab, sein Geschlecht ist arm / wohl ab, er will es an uns einsparen / wohl ab, ehe sein Geschlecht den Kropf voll kriegt / wohl ab, sind wir in größter Bedrängnis / wohl ab, der Koch bekommt gar nichts.)

Was auf den ersten Blick wohltuend frech und respektlos klingt, ist bei genauerer Prüfung eher der Spott mächtiger Fürstenkollegen über den „armen Grafen" (wie *Ottokar von Böhmen* ihn genannt hat), über die gar nicht erstrangige Familie, die so sehr ungesättigt ist, daß sie in unersättlicher Raffgier auf Vergrößerung ihres Besitzes aus ist. Rudolf von Habsburg besaß aber in Wirklichkeit respektable Herrschaftsgebiete, nur versuchte er ständig, sie zu erweitern und abzurunden. Das führte zu permanenten Auseinandersetzungen mit den Nachbarn, und das erklärt ihre Abneigung ihm gegenüber. Aber das ist nicht der einzige Grund. Es scheint auch, daß dieser Rudolf einige Züge eines neuen, moderneren Typus von Herrscher in sich vereint, der vor allem einen Blick auf die Finanzgeschäfte hat, der rechnet, spart und eine kontrollierende Verwaltung durchsetzen will. Das heißt, er reagiert als Herrscher richtig in einer Situation, in der zunehmend nicht *milte*, sondern Rechenhaftigkeit ökonomisch richtig wurde. Wenn er zum deutschen König gewählt wurde, blieb ihm gar nichts anderes übrig, als diese Politik im Reich fortzusetzen. Wenn nun der Schulmeister hier und in anderen Liedern seine Armut und seinen Geiz besonders angreift, dann ist das eine politische Kampagne gegen die Politik, die auf Stärkung der Reichsgewalt, Abrundung bzw. Wiederherstellung des Reichsbesitzes gerichtet ist. Es ist eine Kampagne, die durchaus im Interesse partikularer Kräfte im Südwesten gewesen sein kann. Sie bediente sich der Freigebigkeitsvorstellung und konnte dies aus den erwähnten Gründen. Diese bekommt aber hier deutlich verdeckende Funktion, denn sie verdrängt jeden Blick auf politische und wirtschaftliche Notwendigkeiten.

Dieser Autor demontiert also auf der einen Seite in seinen Angriffen rücksichtslos und gründlich das Bild des feudalen Herrschers und läßt nur noch eine Karikatur übrig. Das könnte eine prinzipielle Distanz zur Institution des Königtums anzeigen. Wenn er aber mit großer Wahrscheinlichkeit nur partikularistische Interessen vertritt, dann nimmt er damit nicht, wie eine solche Distanz vermuten lassen könnte, eine geschichtlich vorwärtsweisende Position ein, denn er macht damit Propaganda für eine Politik, die auf Fragen, die politisch und staatlich an der Tagesordnung waren (wie die zum Beispiel, wie in größerem Maße Rechtsordnung herzustellen wäre) kaum eine Antwort gehabt hat.

Für den generellen Aspekt scheint mir dadurch belegt, daß die Kritikerfunktion, die die Autoren im Zusammenhang des Freigebigkeitsproblems einnehmen, nur möglich ist, weil sie hier auf eine gesellschaftlich verankerte und damit natürlich akzeptierte Verhaltensform rekurrieren. Als Fahrende und nicht als Dichter oder als kritische „Intellektuelle" sind sie Kritiker, weil sie notgedrungen ein allgemein relevantes und für die ostentative Selbstdarstellung zentrales Verhalten der Herren „prüfen", beurteilen und es keinen Zweifel gibt, daß sie in ihrer Situation kompetente Beurteiler sind und ihrem Urteil eben auch Verbreitung schaffen können.

Auch für andere Gruppen aus der Klasse der Aristokratie gewinnt die Freigebigkeit zunehmend Bedeutung, weil sie ihren aristokratisch demonstrativen, konsumierenden Lebensstil nur dann halten können, wenn sie durch Gaben unterstützt werden. Zugleich ist die Freigebigkeit politisches Argument auch für die reichen und mächtigen Fürsten, wenn es um politische „Geschäfte" mit dem König geht.

All diese Bedeutungsdimensionen kann die *milte*-Forderung in den Liedern annehmen. Und nur diese Bedeutung macht den Nachdruck und die Insistenz, mit der die machtlosen Fahrenden dies präsentieren, verständlich.

Durch die zitierten Texte ist vielleicht deutlich geworden, was allgemein für die Spruchlyrik des 13. Jahrhunderts gilt: Ihre Autoren insistieren immer wieder darauf, daß die Freigebigkeit der Herren abgenommen habe gegenüber den alten Zeiten höfischer Herrlichkeit. Das ist sicherlich mehr als ein Topos. Es spricht sich mit Sicherheit die Erfahrung darin aus, daß man — auch die Mächtigen, die großen Herren — mit Besitz anders umgehen muß, daß Münzen, Geld eine andere Funktion bekommen. Wenn Geld zunehmend zum Zahlungsmittel wird, nicht mehr nur Schatz ist, wenn folglich immer mehr Gegenstände des täglichen und des speziell adeligen aufwendigen Bedarfs gekauft werden müssen, aber die adeligen Einkommensquellen (bäuerliche Arbeit) stagnieren, dann muß der Adelige (nicht nur der Kaufmann) eine größere Rationalität im Umgang mit seinem Besitz entwickeln. *milte* wird unter solchen Bedingungen gefährlich, für viele kleine Adelige geradezu existenzgefährdend; zudem müssen die Einnahmequellen penibler ausgeschöpft werden. Dies wiederum bedeutet mehr Verwaltung, mehr Zentralisierung, mehr Apparat.

Die Autoren der Spruchlyrik machen also ein Problem des aristokratischen Erwerbs und der aristokratischen Lebensweise zum Thema, wenn sie die brüchig werdende Freigebigkeit immer wieder beklagen. Auf ihre Situation als Autoren gewendet heißt das: Gerade die ökonomischen Verschiebungen, der Übergang von feudaler Schenkungsökonomie zur dominierenden Geldwirtschaft, bildet den Ansatzpunkt, von dem aus sie kritisch das alte Selbstverständnis gegen die neuen Realitäten mobilisieren können.

Spielraum zur Kritik haben sie also da, wo es Reibungspunkte gibt. Für Teile des Adels war die Klage über fehlende *milte* Ausdruck ihrer eigenen Situation. Sie mußten ein Interesse daran haben, daß dieses Problem interpretierend aufgenommen wurde. Was sich dabei ergeben konnte, war wohl zwangsläufig nicht mehr als ein Appell an die individuelle Einsicht der Herren.

Dabei wird die subjektive Situation der Autoren gewissermaßen zum Katalysator: Weil sie in ihrer Existenzform ständig darauf angewiesen waren, die Probe aufs Exempel zu machen (als Fahrende erlebten sie die offiziellen Ideologien von *milte* und gerechtigkeitsstiftender Funktion der Herren ständig in ihrer begrenzten Wirksamkeit, sahen sich aber doch gehalten, die Intaktheit dieser für die Legitimation feudaler Herrschaft zentralen Werte stets neu zu bestätigen); weil also in ihrer persönlichen Situation genau die Probleme eine Rolle spielten, die allgemeine Probleme des 13. Jahrhunderts waren, konnte ein Gutteil ihrer eigenen Erfahrung, die nicht Erfahrung der herrschenden Klasse war, als Kritik in ihre Texte eingehen. Deshalb auch konnten sie Kritiker, partielle Kritiker sein, nicht weil ihnen als Dichter ein besonderer Rang zugekommen wäre.

Anmerkungen

1 Anton E. Schönbach: Beiträge zur Erklärung altdeutscher Dichtwerke: Die Sprüche des Bruder Wernher, II, Wien 1904, Nr. 70, S. 90 f.
2 Diese Elemente feudaler Herrschaftslegitimation werden von Max Weber als charismatische beschrieben. Vgl. Max Weber: Wirtschaft und Gesellschaft, Tübingen 1922, S. 140 ff., 148 ff.
3 Zum Begriff der „repräsentativen" Öffentlichkeit vgl. Jürgen Habermas: Strukturwandel der Öffentlichkeit, Neuwied 4. Aufl. 1969, S. 14 ff.
4 Vgl. dazu: Schönbach II, S. 60 f.
5 Carl von Kraus (Hrsg.): Die Lieder Walthers von der Vogelweide, Berlin 12. Aufl. 1959, S. 24.
6 Hans-Walter Klewitz: Die Festkrönungen der deutschen Könige. In: Zs. für Rechtsgeschichte 59, Kanon Abt. 38, 1939, S. 48−96 (Nachdruck: Darmstadt 1966).
7 Klewitz, a.a.O., S. 71.
8 Bruno Gebhardt: Handbuch der deutschen Geschichte, Bd. 1, Stuttgart 8. Aufl. 1960, S. 366.

9 Gustav Roethe: Die Gedichte Reinmars von Zweter, Leipzig 1887, S. 480.

10 Roethe, a.a.O., S. 61.

11 Vgl. dazu: Kurt Franz: Studien zur Soziologie des Spruchdichters im Deutschland im späten 13. Jahrhundert, Göppingen 1974.

12 Carl von Kraus (Hrsg.): Deutsche Liederdichter des 13. Jhs., Bd. I, Tübingen 1952, S. 78.

13 Noch deutlicher im Lied IV des Schulmeisters von Eßlingen, v. Kraus, S. 64.

13a Friedrich Heinrich von der Hagen (Hrsg.): Minnesinger, Bd. III, Leipzig 1838 (Nachdruck Aalen 1962/3), S. 22.

14 Vgl. dazu: Burkhard Wachinger: Sängerkrieg, München 1973.

15 Georges Duby: Krieger und Bauern. Die Entwicklung von Wirtschaft und Gesellschaft im frühen Mittelalter. Frankfurt 1977, S. 54.

16 Duby, a.a.O., S. 239.

Literaturhinweise

Die Textausgaben sind in den Anmerkungen zitiert. Zu ergänzen ist:
Ulrich Müller (Hrsg.): Politische Lyrik des deutschen Mittelalters. Texte I, II. Göppingen 1974 (Eine Sammlung der Lieder mit direkt politischer Thematik aus dem 13. bis 15. Jh.)
Übersetzungen enthält die Anthologie:
Epochen der deutschen Lyrik, Bd. 1: Von den Anfängen bis 1300. Hg. von Werner Höver und Eva Kiepe. München 1978 (= dtv WR 4015)

Umfassende Bestandsaufnahme und Literaturangaben bis 1972 bei:
Ulrich Müller: Untersuchungen zur politischen Lyrik des deutschen Mittelalters, Göppingen 1974
Eine Geschichte der politischen Lyrik Deutschlands bis zur Gegenwart in Epochendarstellungen:
Walter Hinderer (Hrsg.): Geschichte der politischen Lyrik in Deutschland. Stuttgart 1978

Neuere Einzeluntersuchungen:
Kurt Franz: Studien zur Soziologie des Spruchdichters in Deutschland im späten 13. Jahrhundert, Göppingen 1974
Volker Schupp: Reinmar von Zweter. Dichter Kaiser Friedrichs II. In: Wirk. Wort 19, 1969, S. 231–244
Ingrid Strasser: Zur „Herrenlehre" in den Sprüchen des Bruder Wernher. In: A. Ebenbauer, Fr. P. Knapp, I. Strasser (Hrsg.): Österreichische Literatur zur Zeit der Babenberger, Wien 1977, S. 239–254
Bernd Thum: Literatur als politisches Handeln. In: A. Ebenbauer, ..., ibid. S. 256–277

Eine neuere publizistische Untersuchung:
Josef Benzinger: Zum Wesen und zu den Formen von Kommunikation und Publizistik im Mittelalter. Eine bibliographische und methodologische Studie. In: Publizistik 15, 1970, S. 295–318

3. Oswald von Wolkenstein

Die Flut von Beiträgen, die in den letzten Jahren über ihn hereingebrochen ist, und auch die mit seiner steigenden Wertschätzung noch immer fortschreitende Umwertung von Person und Werk, lassen jede gegenwärtige Darstellung *Oswalds von Wolkenstein* nur Zwischenbilanz sein. Sein Werk ist sowohl der Schluß- als auch ein Höhepunkt der Art von Lyrik, wie sie seit dem 12. Jahrhundert mit dem deutschen Adel — sei es als Autoren, sei es als Mäzene, sei es als Publikum — verknüpft ist.

Die Überlieferung seines Werkes ist bemerkenswert. Seine Lieder sind fast vollständig in zwei Pergamenthandschriften (A und B; die etwas spätere Papierhandschrift c geht überwiegend auf B zurück) zu seinen Lebzeiten und unter seiner Aufsicht versammelt worden. A (der Wiener Codex, ca. 1423 begonnen, vorläufig abgeschlossen 1425, Nachträge bis ca. 1440) und B (der Innsbrucker Codex, 1432, Nachträge bis ca. 1440) enthalten in Text und Melodie weitgehend übereinstimmend 126 bzw. 127 Lieder, acht davon nur in A, achtzehn wieder nur in B. Ein Vergleich der beiden Handschriften zeigt das intensive Interesse des Autors an der bestmöglichen Fixierung seines Werkes, wobei B die zuletzt autorisierte Textgestalt bietet.

Neben einer sorgfältigen Ausstattung, zu der auch die Melodien der Gedichte gehören, bieten die beiden Codices die ersten authentischen Individualbilder eines deutschen Dichters. A zeigt eingangs — heute leider kaum noch erkennbar — in farbigem Vollbild den modisch gekleideten Dichter in Vortragspose, auf dessen Notenblatt der Beginn des ersten Liedes der Handschrift (*Ain anefangk ...*) zu entziffern ist. B beginnt mit einem prächtigen Brustbild Oswalds, das er — heute marktschreierisches Markenzeichen — wohl 1432 in Oberitalien für diese Handschrift anfertigen ließ. Das Bild zeigt ‚naturgetreu' den etwa 56jährigen in prunkvollem, ordensgeschmückten Gewand.

Von keinem anderen deutschen Dichter des Mittelalters besitzen
wir eine — trotz mancher Lücken und Unsicherheiten — so umfassende Dokumentation der Lebensumstände. Andererseits aber sind
eine ganze Reihe seiner Lebensdaten und Erlebnisse nur seinen Gedichten zu entnehmen, wobei sich dann die Frage nach dem Grad
der Stilisierung stellt. Auch spielen biographische Fakten bei Oswald
für das Verständnis seiner Texte eine wichtigere Rolle als bei den
meisten seiner Vorgänger. Der folgende Abriß will nur Hauptttendenzen seines Lebens zusammenstellen, in der Hoffnung, damit die
Grunddisposition zu erfassen, vor der die Lieder interpretiert werden
können.[1]

Das Geburtsjahr Oswalds kann nur aus dem Lied Kl 18 erschlossen werden[2], wobei 1376 inzwischen als höchst wahrscheinlich gilt.
Die Familie, ein Seitenzweig des in Südtirol einflußreichen Adelsgeschlechts *von Villanders*, war als Gotteshausleute (Ministeriale)
dem Bistum Brixen, und als Lehensträger dem habsburgischen
Landesherren verpflichtet. Oswalds Kindheit und Jugend liegen im
Dunkeln. Wieder aus Kl 18 ergibt sich, daß er schon früh (wohl mit
zehn Jahren) auf abenteuerliche Weise weit in der Welt herumkam.
Die Gründe und Umstände dieses Wanderlebens müssen m. E. offen
bleiben. Vielleicht spielte eine Rolle, daß er (ebenfalls wohl von
Kindheit an) auf dem rechten Auge blind war — durch den Verlust
des räumlichen Sehvermögens sicher hinderlich für die Karriere
eines Ritters. Auch war Oswald als zweitgeborener Sohn benachteiligt, galt der ältere Bruder *Michael* doch als Haupterbe und künftiges
Familienoberhaupt.

Erst nach dem Tode seines Vaters (ca. 1400) ist Oswald wieder in
der Heimat nachweisbar. Doch Michael verweigert den jüngeren
Brüdern die Verfügung über ihren Erbanteil. Urkunden zeigen, daß
Oswald seit 1400 bemüht war, durch Grundstücks- und Geldgeschäfte seine Lage aufzubessern. Handelsfahrten, Teilnahme an
Kriegszügen (beides nur in seinen Liedern erwähnt, aber sehr wahrscheinlich), ein Anschlag auf das Familienvermögen (der Schmuckdiebstahl von 1404) und politische Aktivitäten in regionalen Adelsbünden bringen keinen entscheidenden Durchbruch.

Erst im April 1407, als Michael die Vermögensteilung ausführt,
bekommt Oswald den Status eines Grundherrn — auch im 15. Jahrhundert noch immer Grundlage einer Adelskarriere. Sofort stiftet
er, dem hauptsächlich Lehnsgüter des Hochstiftes Brixen zufallen,

am dortigen Dom eine St. Oswald Kapelle. Dankbarkeit gegen Gott, Repräsentation sowie ein Wechsel auf eine Karriere im bischöflichen Dienst vereinen sich in diesem Schritt. Auch läßt er sich 1408 in weißem Mamor als Kreuzritter abbilden; die Fahrt selbst könnte er um 1410 unternommen haben. Bereits 1409 fungiert Oswald als ‚Hauptmann des Gotteshauses Brixen', d.h. Statthalter des Bischofs in weltlichen Angelegenheiten. Schwierigkeiten deuten sich an, als er sich 1411 nicht in Brixen, sondern bei den damals dem Bischof feindseligen Augustiner-Chorherren des Klosters Neustift einpfründet. Allerdings war Neustift damals auch für seine Schreibstube und seine Musikkultur berühmt. 1412 weist (ebenfalls nur in Kl 18 erwähnt) Oswalds Teilnahme am Italienzug *König Sigmunds* möglicherweise auf den Beginn erneuter auswärtiger Orientierung. Spannungen mit dem Bischof führen 1415 zu Oswalds Ausscheiden aus dem Brixener Dienst. Sein Versuch, in der Heimat Karriere zu machen, ist zunächst gescheitert.

Im gleichen Jahr findet er sich in Konstanz ein, wo seit 1414 das große Konzil tagt. Eine neue Karriere bahnt sich im Dienst des deutschen Königs an, der ihn 1415/1416 eine große Gesandschaftsreise durch ganz Westeuropa machen läßt. Diese Reise — wohl der Höhepunkt seines bisherigen Lebens — ist jedoch auch wieder nur durch seine Lieder bekannt, doch lassen sich Teile seiner Darstellung durch andere Zeugnisse verifizieren.

1416 ist Oswald wieder in Konstanz. Bei Sigmunds Auseinandersetzungen mit Herzog *Friedrich IV. von Österreich*, Oswalds Landesherrn, soll er als Verbindungsmann des Königs die Südtiroler Adelsopposition schüren. Doch als Friedrich die Oberhand behält, 1418 gar rehabilitiert wird, ist Oswalds Versuch, sich über Umwege in der Landespolitik zu profilieren, gescheitert; mehr noch, ein Konflikt ist vorgezeichnet, bei dem Oswald nur verlieren kann, handelte er doch weniger aus eigener Kraft denn als Werkzeug des Königs, auch wenn er als bodenständiger Kleinadliger sich durchaus aus persönlichem Interesse gegen die herzogliche Territorialisierungspolitik stemmte.

Um 1417 heiratet er *Margaretha von Schwangau*, Tochter eines unbedeutenden, aber reichsunmittelbaren Ritters. Oswald wählt nun die Burg Hauenstein zum Familienwohnsitz. Der Streit um Hauenstein (vgl. unten S. 101) liefert Oswald 1421/22 in die Hand Herzog Friedrichs, der einen Bürgschaftsbrief über 6000 Gulden erpreßt, ein probates Mittel, politische Ansprüche zu domestizieren. In den nächsten Jahren ist Oswald damit beschäftigt, diese Bedrohung abzuschütteln. Hilfegesuche und Besuche beim König, sowie die Teilnahme am erfolglosen Südtiroler Adelsaufstand von 1423, führen jedoch nur (ca. ab 1425) zu zunehmender Isolierung. Ein verzweifelter Fluchtversuch mündet Anfang 1427 in erneute herzogliche Gefangenschaft. Die Folge ist eine völlige Unterwerfung Oswalds (Urfehdebrief vom Mai 1425). Wenn er in diesem Zusammenhang auch die alleinige Verfügung über Hauenstein erwerben kann, ein politischer Aufstieg in Südtirol scheint nun ausgeschlossen: Oswald muß auf die Inanspruchnahme des eigenständigen Südtiroler Landrechts und auf jede auswärtige Hilfe, d. h. Politik, verzichten.

Dennoch zeigen die folgenden Jahre Oswald unvermindert aktiv. Die Erweiterung und Konsolidierung seines Besitzes schreitet stetig voran, auch wenn alle Bemühungen um Rückgabe des Bürgschaftsbriefes fehl schlagen; Positionen und Einflußmöglichkeiten werden erworben, politische Kontakte aufgebaut. All dies vollzieht sich jedoch ohne spektakuläre Vorkommnisse, sondern eher im Rahmen geschickter Hausmachtpolitik eines kleinen, aber standes- und machtbewußten Adligen. Auch auf Reisen verzichtet er nicht. Eine große Deutschlandreise (wohl 1427/28) führt ihn bis zum Niederrhein; Aufenthalte bei König Sigmund folgen: Nürnberg (1430, 1431); Oberitalien (1432), von wo er nach Basel zum Konzil geschickt wird; Ulm (1434).

In diesen Jahren steigt auch Oswalds Status: 1431 wird er als Mitglied des renommierten Drachenordens genannt, 1432 stellt ihm Sigmund einen repräsentativen Schutzbrief aus, 1434 zählt ihn eine Urkunde zu den Reichsrittern.

Nach 1434 scheint Oswald Südtirol nicht mehr verlassen zu haben, blieb aber weiter in Vermögensangelegenheiten und in der Landespolitik aktiv. Sein politischer Anspruch, aber auch seine inzwischen erreichte Position zeigen sich ein letztes Mal, als er in hohem Alter um 1442, während der Wirren um die Thronfolge des jungen *Herzogs Sigmund* (Friedrich IV. ist 1437 gestorben), zu den führenden Persönlichkeiten des aufflammenden Südtiroler Adelswiderstandes gehört. Im Verlauf dieser Auseinandersetzungen stirbt er am 2. August 1445 in Meran und wird in Neustift begraben.

Vom nachgeborenen, gar körperbehinderten Sohn eines kleinen Südtiroler Adligen brachte er es zum anerkannten und einflußreichen Oberhaupt einer begüterten und relativ mächtigen Adelssippe. Geprägt ist diese Karriere von unablässiger Aktivität, gepaart mit beträchtlichem Behauptungswillen und Durchsetzungsvermögen. In diese Biographie sind seine Lieder eingebunden, hier haben sie ihre Funktion, die wiederum auf ihre Gestalt zurückgewirkt hat; manchmal sind sie sogar exakt datierbar.

Mehr als die Hälfte seiner Lieder haben in irgendeiner Weise das Verhältnis von Mann und Frau zum Inhalt. Doch wäre es irreführend, sie pauschal als Minnelyrik zu bezeichnen. Trotz auch konventioneller Muster (z.B. Kl 16, 47, 51, 57, 62 usw.) sprengen Oswalds Texte in der Regel den durch diesen Begriff vorgegebenen Rahmen.

Ein Sujet mit seit dem 12. Jahrhundert relativ konstantem Merkmalsinventar, das von vielen Autoren benutzt wurde, ist das *Tagelied*. Im Unterschied zum Lied der *hohen Minne*, in dem das vergebliche Werben um die geliebte *frouwe* (= Herrin) im „Zwang zur Entsagungsgebärde" und in der „Überhöhung von Nicht-Erfüllung" gipfelt[3], setzt es den Erfolg voraus. In ihm geht es um die Beendigung einer heimlichen Liebesnacht, um die Zeit nach dem Aufwecken des Paares — sei es durch den Wächter, sei es durch die Anzeichen des Tages (Morgendämmerung, Vogelstimmen, Wächterruf usw.). Dabei suchen vor der unabweislichen, schmerzlichen Trennung die Liebenden noch einmal die gegenseitige Nähe, die meist in der Liebesvereinigung voll ausgekostet wird.

11, vielleicht auch 13 Lieder dieser Art machen Oswald von Wolkenstein zum produktivsten mhd. Tagelieddichter. Doch ist die Bandbreite der Form bei ihm sehr groß. Kl 16, 20, 40 und 101 (eines seiner verbreitetsten Lieder) entsprechen dem traditionellen Muster. Doch schon Kl 40 (*Erwach an schrick, vil schönes weib*), das noch die meisten der üblichen Tageliedelemente enthält (Wächter, Frau, Ritter, Erotik, Naturerscheinungen, Leid/Trauer, Trennung, Gefahr, Weckvorgang), verändert das Paradigma: den drei Strophen folgt ein Refrain, der die Liebeslust des traditionellen Maien-Tanzliedes bzw. Reien besingt. Oswald kombiniert hier Tagelied und Maien-Tanzlied, wobei die beiden gemeinsame Sinneslust die Klammer bildet.

Weitreichender sind die Veränderungen in Kl 53, das, nebenbei bemerkt, ein typisches Beispiel für Oswalds Sprachvirtuosität ist:

I   *Frölich, zärtlich, lieplich und klärlich, lustlich, stille, leise,*
       in senfter, süsser, keuscher, sainer weise,
       wach, du minnikliches, schönes weib,
       reck, streck, breis dein zarten, stolzen leib!
       Sleuss auf dein vil liechte öglin klar!
       taugenlich nim war,
       wie sich verschart der sterne gart
       inn der schönen, baittren, klaren sunne glanz.
       wol auff zu dem tanz!
       machen ainen schönen kranz

von schawnen, prawnen, plawen, grawen,
gel, rot, weiss,
viol, plümlin spranz.

II
Lünzlot, münzlot, klünzlot und zisplot, wisplot freuntlich sprachen
auss waidelichen, güten, rainen sachen,
sol dein pöschelochter, rotter mund,
der ser mein herz lieplich hat erzunt
Und mich fürwar tausent mal erweckt,
freuntlichen erschreckt
aus slauffes träm, so ich ergäm
ain so wolgezierte, rotte, enge spalt,
lächerlich gestalt,
zendlin weiss dorin gezalt,
trielisch, mielisch, vöslocht, röslocht,
hel zu vleiss,
waidelich gemalt.

III
Wolt si, solt si, tät si und käm si, näm si meinem herzen
den senikleichen, grossen, herten smerzen,
und ain brüstlin weiss darauff gedruckt,
secht, slecht so wer mein trauren gar verruckt.
Wie möcht ain zart seuberlich diern
lustlicher geziern
das herze mein an argen pein,
mit so wunniklichem, zarten, rainen lust?
mund mündlin gekusst,
zung an zünglin, brüstlin an brust,
bauch an beuchlin, rauch an reuchlin,
snel zu fleiss
allzeit frisch getusst.

(I Fröhlich, zärtlich, lieblich und hell, lustvoll, still, sanft, auf
ruhige, süße, keusche, gemächliche Weise, wach auf, du liebreizende,
schöne Frau, recke, strecke, zeig den zarten, herrlichen Leib! Öffne
deine strahlenden, hellen Augen! Verstohlen nimm wahr, wie sich
der Sterne Garten zerstreut vor dem schönen, heiteren, hellen Glanz
der Sonne. Wohlauf zum Tanz! (laß uns) einen schönen Kranz machen aus honigfarbner, brauner, blauer, grauer, gelber, roter, weißer,
veilchenblauer Blumen Pracht.

II Schmusend, kosend, küssend und flüsternd, wispernd, lieblich,
gesprochen (habend) von köstlichen, guten, schönen Dingen soll dein
voller, roter Mund, der mein Herz ganz in Liebe entzündet hat und
mich wahrlich tausendmal aufweckt, lieblich aufschreckt aus dem
Traum des Schlafes, wenn ich erblicke eine so schöne rote, schmale
Spalte, zum Lachen gemacht, voller weißer Zähne, lippenschön,
lächelnd, voll, rosig, leuchtend voller Eifer trefflich gemalt.

III Wollte sie, sollte sie, tät sie und käm sie, nähm sie meinem
Herzen den sehnsuchtsvollen, großen, drückenden Schmerz, und
(wenn) ein weißes Brüstchen darauf gedrückt (würde), seht, glatt
wäre mein Trauern völlig vergangen. Wie könnte ein zärtliches
schönes Mädchen mein Herz vergnügter machen, ohne großen
Schmerz, (allein) mit so wonnevoller, zärtlicher, reiner Lust? Mund
Mündlein geküßt, Zunge an Zünglein, Brüstchen an Brust, Bauch an
Bäuchlein, Pelz an Pelzlein, schnell mit Eifer immer frei gebumst.)

Auch wenn Wächter, Trennungsschmerz und Trennung selbst fehlen, so scheinen die Requisiten Liebespaar, morgendliches Erwachen samt Naturinventar, sowie Liebeslust das Gedicht als Tagelied auszuweisen. Doch die Verbmodi zeigen, daß eine Geliebte gar nicht zugegen ist.

In der 1. Strophe scheint der als erster erwachte Mann seine neben ihm schlummernde Geliebte in der freudigen Erwartung eines Frühlingstages zu gemeinsamer Lust wecken zu wollen. Doch die Imperative (an die Frau) lassen den Vollzug, d. h. den Realitätsgehalt ihrer Inhalte, noch offen. In der 2. Strophe erinnert sich der Mann (vgl. die Präterita *sprachen, erzunt, erweckt* usw.) in immer neuen Assoziationsketten an die liebreizende Schönheit der Frau, an ihre Liebes- und Lustfähigkeit. Erst in der 3. Strophe deckt die rasche Folge der konditionalen Modi (*wolt, solt, tät* usw.) auf, daß die Geliebte gar nicht zugegen ist: die Frau, das Liebesspiel, der Beischlaf, alles existiert nur in der Phantasie des Mannes.

Doch zunächst überwiegt der Eindruck, daß die Geliebte tatsächlich anwesend sei. Erreicht wird dies durch die mit sprachlichen Mitteln erzielte Sinnlichkeit der Anschauungen, vor allem durch die Häufung von zum Teil sogar assoziativ neu geschaffenen Wörtern, deren emotionale Konnotationen in einer Übersetzung nicht nachzuvollziehen sind. Die phantasierte Sinnlichkeit realisiert sich in der faktischen Emotionalität der Sprache. In diesem Ausmaß ist das für mhd. Liebeslyrik neu.

Den literarischen Hintergrund für die Phantasie des Mannes bildet das Tagelied mit seiner ambivalenten Gefühlsstruktur, die den Schmerz der Trennung und die lustvolle Vereinigung verbindet. Allerdings hat Oswald die im Tagelied noch drohende Trennung, die dessen Handlung erst auslöst, in eine bereits vollzogene Trennung, in ein reales Getrenntsein verwandelt, mit dem dann die ‚realistische Phantasie' konfrontiert ist.

Völlig fehlt im Arrangement von Kl 53 die Gesellschaft, die durch den Aspekt der Heimlichkeit und in den Figuren von Wächter und Merker im Tagelied repräsentiert ist. Ihre Normen, die den Leid-nach-Liebe-Konflikt erst bedingen, spielen bei Oswald keine Rolle, nicht einmal die Gründe für die Einsamkeit des Mannes. Lediglich die Erotik des Paradigmas ist wichtig, als Auslöser für die Wunschvorstellungen des Mannes, wie auch als Lizenz für den Dichter, eine derart freizügige Szenerie auszumalen. Das Tagelied-Muster steht dabei nur noch als Chiffre für Trennung bzw. Getrenntsein, Liebessehnsucht und -lust, und öffnet den Raum für ein primär erotisches Gedicht.

Der literarische Typus selbst scheint aufgehoben zu sein, nur einzelne seiner Teile werden noch herausgegriffen, dann aber extensiv bis ins letzte ausgeführt, wie z.B. die Anziehungskraft der roten Lippen (traditionelles Signal für den erotischen Reiz der Frau), oder auch die Lust des Liebesspiels.

Das nächste Lied ist ebenfalls eine Tagelied-Variante. In der Handschrift B erscheint es als zweistimmiger Liedsatz für die Singstimmen *tenor* und *discantus*, wobei jede einen eigenen Text hat, der fortlaufend notiert ist. Formal ist jede dieser Strophen eine vollständige Kanzone und scheint auch so einen Sinn zu geben: Es handelt sich um ein Duett zwischen Magd (*discantus*) und Herrin (*tenor*). Doch das Zusammenklingen der Stimmen deckt nicht nur die musikalischen Bezüge auf, sondern auch die enge Verschränkung der Aussagen beider Texte, die ein rasches, sich teilweise überschlagendes Streitgespräch bilden. Im folgenden Abdruck von Melodie und Text, der sich aus Platzmangel auf den ersten Stollen beschränkt, läßt sich diese Konstruktion nachvollziehen, wenn beide Stimmen parallel gelesen werden. Für den Rest des Liedes wird nur noch der Text parallel gedruckt.[4]

ouch ain peil | bleib hie, nicht eil, mein

wer bett, Chün-zel knecht, der die-ren flecht? auss

trau-ter Chün-zel! sün-zel ist mir wer - lich lieb.

dem huch, ir ver-leuch-ter dieb.

| Wer kompt her- nach, der mir wennt meinen ungemach
| Gret, louff gen sta———del, süch die——na-del, nimm den re-

| so schain unrain—————al————lain? arbeit ist ain mort.
| chen mit————!ga-bel, drischel, reitter, sichel vinds—tu——dort.

| Chunz, Kathri ist un nutz. Jens-lins pin ich ur-
| Jans, Kathrein nim mit————dir——,der——Chünz bleib mir——!

| drutz, mit————lie——bem smutz pin ich Chünz lis genz-
| sweig, du faige haut, und schrei nicht laut! dein schand werd——

| lich aus dem edlen Zilers-tal.
| breit und er sicher lichen smal.

| Frau, eur straf-fen ist en- wicht. spin-nen, keren, mag ich nicht.
| Pfäch———dein, Gredlin! spinn, ker, dich ner-! nicht ver- zer deinen

| phlicht trag ich zu dem Chünze-lein, wann er ist wol mein, sein leib
| rock, lock——,so wirs tu ain bock. dock————— vier schock-

| ———pringt freu- den vil, darnach sich sent mein gier.
| gib ich dir zu ainem man – ne————vil————schier.

88

[Discantus]
Frau, ich mag nicht, denn es ist noch lang bis zum Tage. Nun ja, wann soll ich
(so) ausschlafen, daß es mir reicht? Geht, laßt Euch Zeit! Ja, auch wir können
uns wehren [sind mit einem Beil bewaffnet]. Bleib hier, hau nicht ab, mein
liebes Künzlein. Schmusen mag ich doch zu sehr. Wer kommt danach, der mir
meinen Kummer vertreibt? so schön, sauber und heimlich? Arbeit ist reiner
Mord! Kunz, Kathrein taugen nichts, Hansel hab ich satt. Mit einem lieben
Kuß gehöre ich völlig dem Kunz aus dem edlen Zillertal. Frau, Euer Schimpfen
bringt nichts. Spinnen, kehren will ich nicht. Verpflichtet bin ich nur dem
Künzlein, denn er gehört nur mir. Sein Leib schenkt viel Lust, danach sehnt
sich mein Verlangen.
[Tenor]
Steh auf, Margretlein! Liebe Grete, zieh die Rüben heraus! Zünd an! Setz
Fleisch und Kraut auf! Eil, sei gescheit! Los, ihr faules Luder, wasch die
Schüssel! Wer wettet (dagegen), Knecht Kunz, er schläft bei dem Mädchen!
Aus dem Haus, ihr verfluchter (Tage-)dieb! Grete, lauf zur Scheune, nimm den
Rechen mit! Gabel, Dreschflegel, Kornsieb, Sichel findest du dort. Hans,
Kathrein nimm mit dir, der Kunz bleibt mir. Still, du schlechte Haut, und
mach kein Geschrei! Deine Schande wächst, und deine Ehre schwindet. Pfui
doch Gretlein! Spinn, kehr, sorg für dich! Zerreiß nicht deinen Rock, lockst
du, dann wirst du zum Pack. Püppchen, vier Schock gebe ich dir (als Mitgift)
zu einem Ehemann dazu.

Liest man die Übersetzung fortlaufend, so sind die Ausführungen
von Magd und Herrin für sich nicht immer sinnvoll. Der Einsatz der
Magd z. B. ist ohne die vorausgehende (aber gleichzeitig erklingende)
Aufforderung der Herrin (‚Steh auf und arbeite‘) unverständlich.
Dieser gegenseitige Bezug der beiden Stimmen beruht nicht nur auf
inhaltlichen Entsprechungen. Wesentliche Punkte des Streites werden dadurch hervorgehoben, daß sie in einer Pause der Gegenstimme
solo erklingen, wie z. B. der Vorwurf der Herrin *get, ir faule tasch*,
auf den die Magd mit heftiger Renitenz kontert. Ebenso verstärken
Reimbezüge zwischen den beiden parallelen Kanzonen den Zusammenhang. Es reimen jeweils die Schlußverse der Stollen und des Abgesangs der einen Kanzone mit den entsprechenden Positionen der
anderen (*dieb: lieb; smal: Zilerstal; schier: gier*), sowie die jeweiligen zweiten Verse der Aufgesänge (*klüg: genüg; dort: mort*). Musi-
kalisch, formal und inhaltlich wird so das Duett als Doppelkanzone
konstituiert, für den deutschen Sprachraum eine absolute Neuerung.[5]

Doch auch als Sujet hat Oswald Neues geschaffen. Dies liegt weniger in der Umwandlung des Tagelieds in ein Duett, denn das boten
als Wechsel oder auch als Dialog gestaltete Species dieses Genres an.
Aufschlußreicher ist die Funktion einzelner Tagelied-Elemente in

ländlicher Umgebung. Erwartungen, die mit dem Typus selbst verknüpft sind, werden geweckt, dann aber umgelenkt. Die gut gemeinte Mahnung des Wächters, das Haus zu verlassen, wird in Kl 48 in den Worten der Herrin zur offenen Aggression: *„auss dem haus, ir verleuchter dieb!"* Die Erwartung, die das typuseigene *‚wann es ist verre gen dem tag'* weckt, schlägt grob pragmatisch um: „Die Zeit, die sich allenfalls erübrigen ließe, will die Magd zum Ausschlafen verwenden."[6] Komplementär reizt nicht der Wunsch nach Liebe zum Widerspruch, sondern die Angst vor der bäuerlichen Tagesarbeit: *arbeit ist ein mort.* Schon gar nicht fürchtet sie irgendeine Schande, mit der die Herrin droht. Die *phlicht*, ein Begriff der hohen Minne, der die gegenseitige Verpflichtung der Liebenden, vor allem die des Ritters benennt, und mit dem die Magd ihr Verhältnis zum *trauten Chünzel* bezeichnet, der ausreißen will und von ihr energisch zurückgehalten werden muß, kann nur parodistisch wirken. Auch das Heiratsangebot, mit dem die Herrin die kompromittierende sexuelle Freizügigkeit zu domestizieren versucht, spricht den Verhältnissen des Tagelieds und auch des Minnelieds Hohn: die ritterliche Sorge um Ehre und Heimlichkeit im Minneverhältnis soll in der Ehe enden.

Der höfische Gehalt des Tagelieds spielt keine Rolle mehr. Nur einzelne Elemente werden noch herausgegriffen, doch ihrem immanenten höfischen Normsystem konfrontiert Oswald die bäuerliche Realität. Allerdings ist diese bäuerliche Welt nicht letzte Instanz, denn zur Auflösung des literarischen Typus gesellt sich eine Komik auf Kosten gerade der bäuerlichen Figuren. Hierin zeigt sich die soziale Distanz des adligen Herrn Oswald und seines standesgleichen Publikums, deren Einverständnis über zwei Schienen läuft: einmal ist man sich einig in der Auflösung des Minne- und auch Tagelied-Anspruchs, zum anderen in der eigenen Überlegenheit über die dörflichen Protagonisten, die man ja auch als leibhaftige Nachbarn kennt.

Der Typus als Formelreservoir

Kl 34 (*Es leucht durch grau*) gehört zu Oswalds geistlichen Liedern. Doch die 1. Strophe zeigt typische Tagelied-Elemente: das Morgengrauen, den Preis der Geliebten als Auftakt der Werbung, die Erwartung der Erhörung. Auf dieser Ebene setzt auch die 2. Strophe ein:

Der Tag strahlt fröhlich (und) hell, deshalb erklingen alle Auen, in denen manche Vogelschar ihre Kehle — zur Verehrung der makellosen Herrin — fein koloriert, süß erfindet, tröstlich flicht, in Melodien klingender Stimmen. Aller

Blümlein Pracht, des Maien Kranz, der Sonne Glanz, des Firmanents hoher Bogen, dient schön der Krone, die keusch einen Sohn gebahr – uns zur Freude. Wo gab es eine zarte Jungfrau, so rein, (der) jemals mit mehr Recht zuzujauchzen (war)?

Das Sommermorgen-Liebeslied enthüllt sich durch die Metapher *kron, die uns gebar ain sun keuschlich zu freuden* (V. 27 f.) als Marienpreis. Die 3. Strophe nennt dann das Anliegen des Dichters: Hilfe in der letzten Not. In diesem Kontext bekommt natürlich das Frauenlob der 1. Strophe eine andere Bedeutung, die vorerst nicht zu erkennen war. Das Lied schließt mit einer weiteren überraschenden Formulierung, als Oswald bittet: *wenn sich mein houpt wirt senken gen deinem veinen mündlin rot, so tü mich lieb bedencken!* (V. 34–36; und wenn sich mein Haupt einst senkt nach deinem schönen roten Mund, so bedenke mich mit deiner Liebe!). Diese dem Minnesang konforme Wendung, die nur durch den Hinweis auf den Tod einen anderen Sinn erhält, macht den zu Beginn der Strophe eindeutigen Marienpreis erneut ambivalent. Nun ist die Verschränkung der Sprache von Minne- und Marienlyrik üblich. Doch Oswald hält die Tendenz seines Liedes bewußt offen, u.a. durch die Konstituierung einer Tagelied-Situation und die Schlußformel.

Das Ergebnis ist zweifach: Das Tagelied in seiner ‚Freizügigkeit' wird überwunden, indem es sich als Marienpreis und Bittgebet an die keuscheste aller Frauen, die Gottesmutter wendet. Das Marienlied wird durch seine Affinität zum Tagelied derart erotisiert, daß auch das Paradigma ‚Gebet' nicht unverändert bleibt. Ergebnis ist ein „marianisches Tagelied"[7], eine *contradictio in adjecto*. Doch im sehr persönlich gehaltenen Liebeserlebnis des Tageliedes findet sich das Moment, das die Affinität zum seinerseits persönlich gehaltenen Marienlied herstellt.

Ein weiteres typisches Element von Oswalds Werk zeigt Kl 17, das ebenfalls als Tagelied gilt. Anlaß dazu ist die Abschiedsformel der 1. Strophe, der im Refrain sogar noch eine Abschiedsszene folgt:

„Sie umarmten sich voller Lust immer wieder, einer küßte den anderen, daran hatten sie großen Spaß. Sie sprach: ‚scheide nun, wie es sich gehört, achte auf Kalamitas [sc. sowohl Kalamitäten der Liebe als auch der Magnetberg], wenn ich dir einen Rat geben soll." (V. 16–19)

Auch der Rückkehrwunsch am Schluß des Liedes (V. 57) erinnert ans Tagelied. Das ist aber auch schon alles, was diesem Typus entsprechen könnte. Vor allem fehlt jeder explizite Hinweis auf die Tageszeit selbst, auch wenn ein Aufbruch natürlich am Morgen vorstellbar wäre.

Ein weiteres Moment der 1. Strophe — der Mann nimmt Abschied, weil er ins Heilige Land will (V. 10 f.), also ein Kreuzliedmotiv — bleibt ebenso nur Episode. Es geht um eine Reiseunterweisung, die sich in den ersten Worten *Var, heng und lass, halt in der mass, / bis das du vindst die rechten sträss* (V. 1 f., Fahr los, setzt [die Segel] lose, hol nicht zu dicht, bis du den richtigen Kurs gefunden hast)[8] schon andeutet und dann von der Dame offen angesprochen wird: „Sag mir, wohin du möchtest; falls ich dir dabei guten Rat geben könnte, so laß es mich tun." (V. 4 ff.) Im folgenden geht es dann um eine Schiffsreise. Doch mit deren Durchführung steht Oswald einzigartig dar, wie an der 2. Strophe gezeigt werden soll.

II *Die* brüff *ze* hant ker in *levant,*
  und nim ze hilf an allen tant
  den wint ponant *mitten in dem* poppen.
  Des segels last zeuch an dem mast
  hoch auf dem giphel, vach den gast,
  timun *halt vast und la das schiff nicht* noppen.
  Maistro provenz *hilft dir vordan*
  mit gunst des klügen elemente trumetan,
  grego, *der man, vor dem so* müstu *orzen.*
  Challa, potzu, karga behend,
  mit der mensur *und nach des* kimpas firmament,
  den magnet lent, levant *la dich nicht* forzen.
    Wassa alabanda! — *springen*
    teuff *in die* sutten hinab!
    forton *la dich nicht dringen,*
    du var ee in die hab!
    mag dir die porten werden,
    so hüt dich vor der erden,
    du wirf der ancker ab.

Das auf den ersten Blick unverständliche Kauderwelsch entpuppt sich als geschickte Verwendung nautischer Befehle und Fachausdrücke in Italienisch (recte gesetzt). Diese fremdsprachigen Elemente sind in einer solchen Reihenfolge geordnet, wie sie auf der Seereise von Venedig nach Jaffa im Verlauf der Fahrt von den Besatzungen der venezianischen Pilgerschiffe sinnvoll verwendet worden sein könnten. Die folgende Paraphrase will die „Fahrt" der 2. Strophe nachvollziehen[9].

Die brüff (= ital. prua [f.], venezianisch provo, das Vorderteil des Schiffes, der Bug) soll zum Aufbruch gen levant (= ital. levante, die Mittelmeerländer östlich von Italien, auch ,Ursprung' des gleichnamigen Windes) gewendet werden, hinaus ins Adriatische Meer. Der wint ponant (= ital. ponente, der Westwind) soll das Schiff vorwärtstreiben, wobei er bei östlichem Kurs selbstverständlich mitten in den poppen (= ital. poppa, das Hinterteil des Schiffes, das Heck) trifft, man also mit achterlichem Wind segelt. timun (= ital. timone, das Steuerruder) soll nun fest gehalten werden. Mit anderen Worten, man soll genau Kurs halten, dabei aber das Schiff nicht noppen (mhd.), d.h. die Wellenkämme unterschneiden lassen, was die Fahrt verlangsamen würde, bzw. nicht luven lassen, was den Kurs zu sehr nach Osten drücken würde. Die Aufforderung zum genauen Kurs halten ist nötig, da das Schiff bei achterlichem Wind selbsttätig (luvgierig) die Fahrtrichtung verändern würde. Als es mit fortschreitender Reise die Adria ,hinab' nach Südosten geht, ist anschließend Maistro provenz (= ital. maestro provenza, der nach seiner ,Herkunft' so benannte Nordwestwind) der beste Helfer, und später, wenn der Kurs sich nach Süden richtet, ist der trumetan (= ital. tramontana, der Nordwind) an der Reihe. Gegen den grego (= ital. greco, der Nordostwind), der von Griechenland her das Schiff, das nun möglicherweise schon durch das Jonische Meer fährt, von seinem Südkurs zu weit nach Westen treiben könnte, soll der Steuermann orzen (= ital. orzare, luven). In diesem konkreten Fall bedeutet das, daß er das Schiff mehr backbord (,links') gegen den Wind halten soll, um so mehr Höhe zu gewinnen und die Drift auszugleichen. Der Befehl Challa, potza, karga (= ital. Cazza poggia! Carga, Zieh das Tau möglichst fest an) bedeutet vielleicht, daß das Segel so dicht wie möglich geholt werden soll (wie zum Anluven nötig?). Die nächsten Wendungen könnten sich dann auf die Überquerung der offenen See, das Mittelmeer beziehen. Hier wird mit Hilfe der mensur (Maßzahl) und dem firmament (künstlichen Horizont) des Kompaß' der magnet (die Magnetnadel) eingerichtet, d.h. man fährt nach Karte und Kompaß.

Dabei soll sich der Steuermann vom levant (= ital. levante, hier: der Ostwind) nicht forzen (= ital. forzare, drängen) also vom Kurs (wieder zu weit nach Westen) abdrängen lassen, wenn er längs der kleinasiatischen Küste segelt.

Bis hierher geht die Kursbeschreibung in der 2. Strophe, wohingegen im Refrain typische, wiederkehrende Situationen vorgestellt werden. So kann es durchaus vorkommen, daß das Schiff zu sehr krängt, d.h. sich bedrohlich auf die Seite neigt. Dann kann mit dem Befehl Wassa alabanda (= ital. basso alla banda, weit auf die Seite) auf der anderen Seite rasch ein Gegengewicht geschaffen werden, oder aber man verlagert bei einem ähnlichen Vorfall rasch den Schwerpunkt weiter nach unten, indem man die Passagiere teuf in die sutten hinab, d.h. in den Schiffsbauch zum Ballast scheucht und so das Schiff wieder aufrichtet. Die nächsten Zeilen enthalten ebenfalls einen allgemeinen Ratschlag: den forton (= venezianisch furtuna, Sturm, Geschick), womit der Seesturm gemeint ist, soll man sich nicht erst zu sehr entfalten lassen, so daß er bedrängend, d.h. gefährlich werden könnte. Lieber laufe man die porten (= ital. porto, Hafen) zum Schutz an. Und auf das Einlaufmanöver beziehen sich die Anweisungen: hüte dich vor Untiefen und lege das Schiff (auf jeden Fall) vor Anker (V. 37f.).

In der 3. Strophe, dem Rest der Fahrt, werden weitere nautische Manöver und die Winde *scherock* (= ital. *scirocco*, der Südostwind), der *ost* (= ital. *austro*, Südwind, nicht etwa Ostwind!) und *gorwin* (= ital. *coro, corina*, Südwestwind) verwendet.

Neben der Reiseroute findet sich ein weiteres Organisationsprinzip: die acht Winde werden, ausgehend vom Westwind (V. 22), der Windrose entsprechend behandelt. Zwei Ebenen verschränken sich: ein nach einem objektiven Prinzip organisiertes Konstrukt und ein anschaulicher ‚Erlebnisbericht' (Oswalds Pilgerreise, ca. 1410). Dieses Lied wurde wohl zuerst auf dem Pilgerschiff den Mitreisenden vorgetragen. Gleiche Erfahrungen ließen diese den Text verstehen und die Raffinesse der Organisation auch nachvollziehen — allerdings erst auf der Rückreise, als schon alles erlebt war. Hier war es Ziel des Liedes, die besondere Atmosphäre während einer solchen Reise einzufangen und zu bewahren. Aber auch vor ‚Unkundigen' zu Hause hatte das Lied seinen Unterhaltungswert — diesmal aber weniger durch Mitwissen und Rückerinnern als vielmehr durch die Fremdheit und Exotik des Textes. Oswald stellt sich als polyglotter Welterfahrener, gar als Jerusalempilger vor.[10]

Kl 17 ist also weder ein Tagelied noch ein Kreuzlied, sondern eine Reisebeschreibung, in die Tage-, Kreuz- und Unterweisungslied-Elemente eingearbeitet sind. Auch wird in ihm ein Stück Autobiographie greifbar, doch durch seinen Rahmen, Unterweisung eines Ritters, einem traditionellen Genre zugeordnet und so lediglich literarisches Rohmaterial.

Privatisierung und Sexualisierung des Minneliedes

Bei Kl 33 ist umstritten, ob die Eingangsverse *Ain tunckle farb von occident mich senlichen erschrecket* (V. 1 f., Dunkle Farben im Westen erschreckt mich schmerzlich) die Morgen- oder die Abenddämmerung bezeichnen. Gibt der Text selbst auch keine eindeutige Antwort, so scheint nach Zeile 3 und 4, in denen das lyrische Ich, hier wieder Oswald selbst, von seiner *nächtlichen Einsamkeit* spricht, die Nacht noch bevorzustehen. In jedem Fall aber geht es um den Zustand nach der Dämmerung, sei es die auf die Abenddämmerung folgende Nacht, für die sich Oswald nach seiner Geliebten sehnt, sei es die Zeit nach dem ersten Morgengrauen, der hohen Zeit der Liebenden, die er aber ebenfalls allein verbringen muß. Diese Assoziationsmöglichkeiten an die erotische Tagelied-Situation wurden m. E.

bewußt geschaffen. Denn um nichts anderes geht es: die erinnerten Zärtlichkeiten lassen den Mann die Geliebte herbeiwünschen, die er offen als die Frau vorstellt, *die mir mein gir neur weckt allein, darzue meins vatters teuchte* (V. 11 f., die allein mir meine Begierde erweckt, und dazu noch meine Männlichkeit).

In der 2. Strophe wird die Ambivalenz von Liebesfreuden und Einsamkeit fast selbstquälerisch durchgespielt, entsprechend der Lage, in der sich der Dichter gerade befindet. Die Offenheit, mit der Oswald hier über seine Wünsche spricht, wird in der letzten Strophe noch auf spezifische Weise überboten:

III   *Also vertreib ich, liebe Gret,*
       die nacht bis an den morgen.
       Dein zarter leib mein herz durchgeet,
       das sing ich unverborgen,
       Kom, höchster Schatz! mich schreckt ain ratz mit grossem tratz,
       davon ich dick erwachen,
       Die mir kain rü lat spät noch frü. lieb, dorzü tü,
       damit das bettlin krache!
       Die freud geud ich auf hohem stül.
       wenn das mein herz bedencket,
       Das mich hoflich mein schöner bül
       gen tag freuntlichen schrencket.
       (Auf diese Weise, liebe Grete, verbringe ich die Nacht bis zum Morgen. Dein zarter Leib erfüllt mein Herz, das sing ich frei heraus, komm, höchster Schatz! Mich erschreckt eine Ratte mit großem Ungestüm, davon erwache ich oft. Die läßt mir keine Ruhe, weder abends noch morgens; Geliebte, trage dazu bei, daß das Bettchen (wieder) kracht! Diese Freude bejubelte ich auf hohem Thron, wenn mein Herz gewahr würde, daß meine schöne Geliebte mich zart und liebevoll am Morgen umarmt.)

Grete aber ist ein Kosename für Margarethe von Schwangau, Oswalds Gattin. Offene Sexualität gestaltete die mhd. Liebeslyrik nur in bestimmten Sujets und mit bestimmten Partnern. Im Tagelied z.B. kommt der Name der Geliebten nicht vor. In den Sommer- und Winterliedern *Neidhartscher* Provenienz und in dem meist in dörflichem Milieu angesiedelten Reienlied wird zwar oft der Name der Frau bzw. des Mädchens genannt, doch sind beide in jedem Fall ständisch inferior und schon gar nicht historisch nachweisbar. Indem Oswald nun in diesem so freizügigen Lied die Geliebte und (spätere?)[11] adlige Gattin mit Namen nennt, wird die Fiktion des illegalen und heimlichen Liebesverhältnisses aufgehoben. Gleichzeitig aber zieht durch die Tagelied-Affinität die offen gestaltete Sexualität in den adligen Frauenpreis ein.

Oswald spielt hier bewußt mit dem Aussagepotential des Tageliedes. Dabei geht es ihm aber nicht um die durch gesellschaftliche Normen bedingte objektive Situation, sondern um seine private, persönlichste Erfahrung. Dieser konzeptuelle Gegensatz zeigt sich schon in der Wendung *Ain tunckle farb von occident*, die solche gegensätzlichen Vorstellungen in sich vereint. Dieses Stilmittel zieht sich durch das ganze Lied, wie z.B. bei den Paradoxon *mit unhilflichem waffen* (V. 16), *binden sunder* [sc. ohne] *sail* (V. 21) usw.

Die Klage über die bevorstehende Trennung, der noch einmal die Liebeserfüllung vorausgeht, ist umgekehrt in die Klage über bereits bestehende Trennung und keineswegs realisierbare Erfüllung. Auch die illegitime Liebesbeziehung des Tageliedes wird durch eine eheliche, also legitime ersetzt — die dann jedoch als nicht möglich erlebt wird.

Über Anlaß und Zeitpunkt der Trennung aber sagt das Lied nichts aus. Eine Gefängnissituation, die Kl 33 frühestens ans Ende von 1421 rücken würde, ergibt sich aus der Wendung *mich schreckt ain ratz mit grossem tratz* (V. 29) nicht zwingend. *Ratz* kann als Sexualmetapher (so mehrfach bei Oswald belegt) analog zur *vatters teuchte* (V. 12) verwendet sein. Es bleibt nur der Befund, daß sowohl das formelhafte Tagelied als auch der adlige Frauenpreis zum persönlichen Bekenntnislied werden, in dem die eigene Sinnlichkeit die Hauptrolle spielt.

Dieser Aspekt ist typisch für eine ganze Reihe seiner Lieder, die in der Tradition des Frauenpreises stehen. Kl 110 (*Ich hör, sich manger freuen lat*) besingt in üblichem Stil die eine, vor allen auserwählte Frau, die sich dann wiederum als Margarethe von Schwangau entpuppt. Doch Oswald beschränkt sich nicht damit, die eigene Frau in einem Liebeslied zu erwähnen, das findet sich z.B. bei *Hugo von Montfort* auch, sondern er stellt ausführlich ihre körperlichen Vorzüge vor:

14   *Ir öglin, nas, mund, kinn und kel*
      formieret schon, darob das fel
      rot, weiss, ein klein verblichen hel,
      ir ermlin, hend, brüst lüst an end,
      hert, weiss vermalt gar rainiklich.
      Klain in der mitt, ain dicken sitz,
20   *keif, rund verwelbt, schon underspreutzt,*
      zwai diechlin waidelicher hitz,
      zu tal das bainlin unverscheutzt,
      Mit ainem füsslin, smal und klain,
      klüg undersetzt.

(Ihre Äuglein, Nase, ihr Mund, Kinn und Hals sind schön gestaltet, hinzu kommt die Haut, rot, weiß, ein wenig hell, ihre Ärmchen, Hände, Brüste (von) größter Lust, fest, sehr fein weiß getönt. In der Taille schmal, einen dicken Hintern, prall und rund gewölbt, schön unterteilt, zwei Schenkel (voller) heißer Glut, abwärts das Bein schlank, mit einem schmalen und kleinen Füßlein, passend gestellt).

Die Teile dieses Körperpreises sind nicht neu, noch der Bauplan (von oben nach unten). Ungewöhnlich ist ihre Häufung mit dem Ziel, die Frau ungeniert als Lustobjekt vorzustellen. Die Schlußverse, in denen Oswald noch einmal ihre Makellogikeit und ihren vorbildlichen Lebenswandel zitiert, können diesen Eindruck nicht korrigieren. Diese Sexualisierung gewinnt eine zusätzliche Dimension dadurch, daß Oswald seine adlige Ehefrau besingt, die den Zuhörern real gegenwärtig oder zumindest als Person bekannt war. Der Dichter präsentiert sich auch in der Ehe als der Frauenheld, als der er sich in einer Männergesellschaft gerne gesehen wissen möchte. Wenn er dabei traditionelle Muster weiterführt, geht es nicht primär um das künstlerische Vermögen eines Autors, bewiesen durch eine besondere Version eines Genres, sondern das Genre wird Mittel, die Person und das private Anliegen des Dichters ins rechte Licht zu rücken.

Ein Höhepunkt seiner Ehelieder ist die folgende Strophe aus Kl 75, in der die mit dem Frühling verbundenen Liebesfreuden durch das Ehepaar Oswald und Margarethe gefeiert werden:

II *Raucha, steudli*
    lupf dich, kreudli!
    in das bädli,
    Ösli, Gredli!
    Plümen plüde
    wendt uns müde,
    laubes decke
    rauch bestecke! Metzli,
    Pring den buttern,
    lass uns kuttren!
    wascha, maidli,
    mir das schaidli!
    reib mich, knäblin,
    umb das näblin!
    hilfst du mir,
    leich vach ich dir das retzli.

(Belaub dich, Sträuchlein, schieß empor, Kräutlein! in das Bad, Oswald und Gretlein! Blumenblüte vertreibt uns die Müdigkeit. Ein Blätterdach (mit) frischen Zweigen steck auf! Mägdlein, bring den Bottich, laß uns scherzen. Wasch, Mädchen, mir das Scheitlein! Reib mich, Knäblein, um das Näbelchen! Hilfst du mir, locker fange ich dir das Mäuschen.)

97

Diese unbeschwerte Schilderung des Liebesspiels in einem Maienlied scheint nur graduell Neues zu bieten. Doch indem Oswald die normalerweise durch die Anonymität der Frau gewahrte Distanz aufhebt, wird die Fiktionalität des Liebesspiels zur konkreten Eheszene, die zudem noch öffentlich, d.h. im musikalischen Vortrag, zelebriert wird. Weder das Publikum noch die beiden Protagonisten des Liedes scheinen daran Anstoß genommen zu haben. Dies zeigt Kl 77, ein Duett Oswalds und Margarethes, mit folgendem ‚Bekenntnis‘: *„Gesell, so geud ich wol den scherz, und gailt sich fro dein ainig weib, wenn mir dein hand ain brüstlin drucket."* (V. 31 ff., Mein Freund, so freut mich wohl der Spaß, und wohlig jubelt dein einzig Weib, wenn deine Hand mein Brüstlein drückt.)

Für eine Dame des hohen Minnesanges wären solche exhibitionistischen Äußerungen undenkbar. Doch bei Oswald gibt es in dieser Beziehung kein Tabu mehr. Sicher, ein solches Lied ist als Männerphantasie auch ein gutes Stück männlichen Renommierstolzes, der ein solches Bekenntnis der Geliebten, gar der Ehefrau, in den Mund legt. Da das Lied jedoch ein Duett und kein Wechsel ist, Margarethe ihren Part möglicherweise selbst − wenn auch nur in vertrautem Kreise − vorgetragen haben mag, ist es nur schwer vorstellbar, daß Oswald mit seinen freizügigen Versen seine Partnerin desavouiert haben könnte. Vielmehr zeigt sich eine Veränderung der Standards, wenn vielleicht auch nicht der allgemein gesellschaftlichen, so doch dessen, was nun in ‚adliger‘ Liebeslyrik möglich ist. Wieweit ein solches Lied sich noch immer innerhalb der Möglichkeiten der adligen mhd. Liebeslyrik bewegt, zeigt der Kontrast von Kl 54.

„Fröhlichen Lärm wollen wir machen, lachen, den tüchtig verulken, der uns nicht gefällt. − Fräulein, sind die Eier alle noch vollzählig!" − „Fort mit euch, ihr Großmäuler, und eßt sie mit der Schale!" − *„frau ‚gelt'*, trage den kühlen Wein her!" − „So schon dich", sagte die Bauernmagd ganz hinten auf der Bank, „leg dich, mein Gesell, So ist's brav; deine Lieder und Zudringlichkeit und süßes Hin-und-Her machen mir große Freude." − „Los!", sagte *mein fraue*, „wer spielt mir nun auf meiner Geige auf!" „Ich tu das", Heinz und Jäckel. Damit begann eine Tändelei. Da sagte sie: „Schneckerl, o weh, Heinz, kannst du nicht mehr!? Dann komm, Jäckelinus, lieber Amikus, lehre mich das A B C, aber tu mir nicht weh! *Ite* [geht, Hainzel], *venite* [kommt, Jäckel]!"

Eine turbulente Wirtshausszene wird in mehreren Bildern gestaltet. Zuerst wollen einige (junge Burschen?) sich auf Kosten anderer einen Jux machen; ein Schankmädchen, das (daraufhin?) mit einem zotigen Scherz in Verlegenheit gebracht werden soll, kontert schlagfertig. Allerdings kann die Ei-Symbolik heute nicht mehr völlig entschlüsselt werden, auch wenn an den sexuellen Konnotationen kein Zweifel besteht. Danach folgt eine weitere Facette des Wirtshauslebens: ein Zecher verlangt in einer witzigen Formulierung neuen Wein, wobei *frau Gelt* offen läßt, ob er den Weinkrug (*gelte* als Weinmaß) personalisiert oder die ‚Kellnerin‘ als Verfügungsberechtigte über die *gelte* meint. Das nächste Bild steigert die Sexualisierung weiter: Ein Bauernmädchen rühmt in einer Ecke vergnügt ihren Freund und dessen Handgreiflichkeiten als Quelle ihrer Lust. In der letzten Szene ist die Atmosphäre so aufgeladen, daß nun — wenn vielleicht auch nicht mehr im Wirtshausszenario, so doch in der Phantasie des Autors — die *fraue* selbst ungeniert zum Liebesspiel auffordert. *mein fraue* bezeichnet in der ‚klassischen‘ Minnelyrik die adlige und unerreichbare Minneherrin. Ausgerechnet sie ist hier die Aktive, treibt es gar in einer Kneipe? Dieser sicher auch aggressive ‚Witz‘ wird noch dadurch gesteigert, daß sie — entsprechend dem alten Motiv von der unersättlichen Begierde der Frau — gleich zwei Liebhaber verbraucht.

In sehr dichten und zugleich anschaulichen Szenen wird das Wirtshaustreiben als sexuelle Ausschweifung gestaltet, deutlich auf einen Höhepunkt hin konstruiert: vom anzüglichen Zuruf bis hin zur praktizierten Promiskuität der (anonymen) Herrin. Dieser ‚Männerspaß‘ bezieht seine Wirkung nicht nur aus den Inhalten der Bilder, sondern auch aus der geschickten Doppeldeutigkeit vieler Formeln, die zudem noch aus unterschiedlichen Bereichen entstammen (z. B. Minnelied, Vagantenlyrik). Diese gekonnte Mehr- und doch Eindeutigkeit scheint mir möglich, weil der Dichter sich selbst von allen Zwängen literarischer Traditionen frei gemacht hat. Persönliche Erlebnisse spielen in diesem Lied weniger eine Rolle. Grundlage ist vielmehr ein Konsens zwischen Autor und Publikum darüber, wie es in Kneipen eigentlich zugeht bzw. zugehen sollte.

Angesichts eines solchen Liedes überrascht es dann auch nicht, daß Oswald Pastourellen geschrieben hat, ein Liedtypus, den die deutsche Literatur im 14. Jahrhundert nicht mehr kennt. In diesem Genre kann der Mann bzw. Autor gerade mit seinen Verführungskünsten und seinem sexuellen Erfolg prahlen, wobei die Partnerin jedoch immer ständisch inferior ist. Mit *Ain jetterin* (Kl 83) und *Ain graserin* (Kl 76) hat Oswald die bis dahin freizügigsten mhd. Beispiele dieses Typs geschaffen.

Nun ist das Außergewöhnliche m. E. nicht, daß Oswald solche Lieder verfaßt, daß seine Lyrik von großer Freizügigkeit geprägt ist — die bisher vorgestellten Lieder sind weder Ausnahmen noch Extreme in seinem Oeuvre —, sondern, daß er diese Texte gleichsam stolz in seine Sammelbände aufgenommen hat. Dies zeigt ein neues Verhältnis eines adligen Autors zu den üblichen Formen adliger Liebeslyrik: Er benutzt sie nur noch als Material, um seine eigenen Intentionen durchzuspielen.

Der ‚Hausmannin‘-Komplex

Aus dieser ‚Egozentrik‘ resultiert eine nur Oswald eigentümliche Art von Liedern, wie z. B. Kl 59:

I   Sollte ich vor Kummer grau und durch Schaden klug werden, so verdanke ich das den schicken Manschetten, die meine Geliebte mir angemessen hat, der zuliebe ich einst ein leichtes goldnes Kettchen trug, versteckt am Arm, mit zierlichem Verschluß; das hatte sie total vergessen. Seit mir in so auffälligem Wechsel ein drei Finger breites Eisen, dank ihrer Liebenswürdigkeit eng hergerichtet, an dessen Stelle gesetzt (wurde) und ich die Schmach mit ansehen mußte, wie sie einen anderen liebkoste, der mir viel Böses zugefügt hatte, das verleidet mir mein Essen.

II   In gutem Glauben eilte ich irrtümlich zu ihr, aus wahrer großer Liebe. Deswegen habe ich manchen heftigen Stoß wegen dieses Gangs erlitten, als ich ihre Wallfahrt falsch einschätzte, die sie zu Pferd machen wollte, wie sie sagte. Kein Heiliger hätte sie deswegen angeschwärzt, hätte sie die Fahrt unterlassen. Ich aber habe es mir so zurecht gelegt, daß diese Reise zu meinem Wohl (nur) geplant wurde, denn hätte sie mich in den Himmel gebracht, so müßte ich dort (noch) für sie bitten, dafür daß sie mir mit einer großen schweren Fessel die Schienbeine liebevoll hin und her ohne Rücksicht reiben ließ.

III   Nun gut, das kann ein leichter Sinn noch verwinden. Was aus Liebe geschieht, kann nicht schaden. Je schwächer das Kind, desto größer (ist) die Rute. Ich liebte sie in eng umklammernder Liebe; das habe ich überprüft, denn sie ist treu. Richtige Liebe will eine (materielle) Grundlage haben, deshalb wurde ich auch sachte hochgezogen, mit den Füßen an die Stange (gebunden). Viertausend Mark waren ihr Herzenswunsch, und Hauenstein; das war ihr Liebesspiel, das merkte ich genau, als mich der Schmerz am Seil aufschreien ließ. Als sie mir das Katzen-Liebeslied vorpfiff, da krächzte ich ihr die Mäusemelodie. Fünf Eisen umarmten mich sehr herzlich und lange, weil sie es wollte.

Dieses Lied wirkt durch seinen ironischen, teilweise auch zynischen Ton. Er ergibt sich aus der Existenz zweier sich gegenseitig durchdringender Ebenen: 1. Das lyrische Ich, hier wieder Oswald, stellt

100

sich in der Rolle des von einer Frau schmählich verratenen Verliebten dar. In Erinnerung an eine alte Liebe und in der Erwartung, wieder daran anknüpfen zu können, habe er sich zu einem Treffen verleiten lassen, bei dem ihn die frühere Geliebte jedoch verraten habe, gefangen nehmen, in Eisen legen, gar foltern ließ. Ziel des Anschlags seien die Zahlung von 4000 Mark und die Herausgabe von Hauenstein gewesen. 2. Diese Vorwürfe werden kunstvoll als Umkehrung eines Liebesverhältnisses üblicher (literarischer) Qualität stilisiert. Das Rendevouz wird zur Falle; der frühere Beweis der Verbundenheit (ein goldnes Kettchen) ist zur tatsächlichen Fesselung geworden; die Befangenheit in der Liebe ist nun wirkliche Haft; die Liebesqualen treten als physische Folterschmerzen auf; als Liebesunterpfand geht es jetzt um immense Sachwerte (4000 Mark und Hauenstein); gegen die Treue des Dichters setzt die Geliebte ihre demonstrativen Zärtlichkeiten mit einem Gegner Oswalds.

Insgesamt wird die Frau als ein Ausbund an Untreue, Grausamkeit und Habgier verteufelt. Diese Absicht Oswalds enthüllt sich erst in ihrem ganzen Ausmaß, wenn man mit dem Lied die tatsächlichen Vorgänge vergleicht, soweit sie aus anderen Quellen bekannt sind.

1407 hatte Oswald u. a. ein Drittel Anspruch auf Nutzung des Burgsitzes Hauenstein zugeteilt bekommen. Nach seiner Heirat versucht er dann gewaltsam und mit Erfolg, seinen Anteil an den Einkünften auf Kosten *Martin Jägers*, der die anderen zwei Drittel hält, zu erweitern. Als dessen Klagen beim Brixener Bischof und auch bei Herzog Friedrich nichts fruchten, schreitet er gemeinsam mit anderen Gegnern Oswalds zur Selbsthilfe und nimmt ihn im Herbst 1421 gefangen. Zuerst allein in Jägers Regie, dann als Gefangener des Landesherrn, wird Oswald auf Burg Forst festgehalten. Friedrich sieht in dieser Fehde regionaler Adelssippen eine Gelegenheit, die seit längerem sich seiner Landesherrschaft widersetzenden Wolkensteiner und ihre Verbündeten mit Oswald als Geisel zu domestizieren. Nach angestrengten Bemühungen kommt Oswald im März 1422 gegen die Bürgschaft von 6000 Gulden frei, mit der Auflage, sich im August einem Gerichtstag zu stellen. Als Oswald den Termin nicht wahrnimmt, droht ihm mit dem möglichen Einzug der Bürgschaft, für die er seinen ganzen Besitz verpfänden und noch die Hilfe von Verwandten und Freunden beanspruchen mußte, der materielle Ruin.

Von diesen Zusammenhängen ist in Kl 59 keine Rede. Auch die materiellen Forderungen werden als Willkürakt der verräterischen Frau hingestellt. Diese können wir nach Kl 26, V. 120 als *Hausman-*

nin und aufgrund historischer Quellen als *Anna Hausmann*, ledige Tochter des Brixener Schulmeisters *Hans Hausmann*, identifizieren.[12] Sie gehörte wohl zu der Selbsthilfegemeinschaft Martin Jägers. Die Umkehr ihrer Liebe und ihre Geldgier seien, so Oswald in Kl 59, der Grund für seine Gefangenschaft und Folter. Doch Hauenstein und die 4000 Mark, die den 6000 Gulden der Bürgschaft entsprechen, waren sicher Angelegenheiten Jägers und des Herzogs. Die Folterungen, die Oswald beklagt, werden auch wohl weniger auf Veranlassung der Frau, denn auf männliche Initiative (Jägers?) durchgeführt worden sein; vielleicht war Anna Hausmann anwesend. Oswalds Verhöhnung aber durch die frühere Geliebte (am Schluß der 1. Strophe) scheint durch die textimmanente Funktion bedingt, das Thema des verratenen Liebenden mit Gehalt zu füllen.

Was bleibt, ist ein Versuch Oswalds, ein seine Existenz bedrohendes Ereignis einer Frau, höchstwahrscheinlich sogar einer früheren Geliebten, anzulasten und zu diesem Zweck als Minne-Unglück zu stilisieren. Der in Kl 59 beschriebene Zusammenhang (verratene Liebe, Gefangenschaft, Folter, Forderungen) findet sich — oft in gleicher Ausführung, allerdings auch mit unterschiedlichen Nuancen und zusätzlichen Aspekten — als Motiv in mehreren Liedern Oswalds. Dabei erscheint immer die Frau als Alleinschuldige, was in der Vergangenheit reichlich Anlaß für Spekulationen über eine ‚verhängnisvolle' Jugendliebe Oswalds war.

Das aber entspricht genau Oswalds Absichten, der seine Version des Vorfalls verbreiten wollte. Sein damaliges Publikum, sei es ein Kreis einheimischer Adliger, sei es die Hofgesellschaft Sigmunds, wußte sicher über die Zusammenhänge Bescheid. Doch mit seiner Version, die die Vorgänge als ein auf den Kopf gestelltes Minne-Verhältnis stilisiert, wollte er nicht zuletzt auch unterhalten. Über den Umweg ‚dichterisches Können' zog er möglicherweise trotz seiner mißlichen Lage Sympathien auf sich. Das Verschweigen der eigentlichen Kontrahenten (Jäger, Friedrich IV.) weist auf ein solches politisches Kalkül hin, waren sie doch mächtige Gegner und die Auseinandersetzungen noch nicht ausgestanden. Eine Frau war da schon ein ungefährlicheres Objekt seines Zorns. Eine nicht auszuschließende frühere Liebesbeziehung zu Anna Hausmann könnte Oswald nun, da sie mit seinen Feinden, aus welchen Gründen auch immer, gemeinsame Sache macht, sich tatsächlich als verratener Liebhaber verstehen, zumindest gerieren lassen.

Wichtiger als solche eng biographisch ausgerichteten Überlegungen ist der literarhistorische Befund: Gegenstand adliger Liebesdichtung ist nun eine unglückliche, ›verratene‹ Liebe zu einer Frau, die so sich auch ereignet haben könnte, die zumindest für die in Kl 59 angesprochene Zeit reale historische Ereignisse verarbeitet. Dabei werden, wenn auch im Gegenbild, Muster und Vorstellungen der Minnelyrik zum Medium der Bearbeitung persönlicher Erlebnisse des Autors. Die sonst immer allgemeiner gefaßte Problematik der Beziehung zwischen Dame und Liebhaber, Dame und Sänger, wird nun von Oswald, trotz aller Stilisierung, als unverwechselbar mit der eigenen Biographie verbundene Erfahrung gefaßt. Für die Position des Dichters aber führt ein solches Verfahren, Persönliches in Formen und Formeln etablierter literarischer Tradition einzubinden, dazu, daß sein zunächst privates Anliegen eine höhere Wertigkeit erhält. Das ist ganz deutlich bei dem Lied Kl 1 (*Ain anefangck*), das ebenfalls in den Kontext der Lieder gegen Anna Hausmann gehört. In diesem Text, einer raffinierten Einheit „aus allgemeingültiger Reflexion, Tradition des Minnesangs und individuellem Erlebnis"[13], die in einem sehr persönlichen Gebet und Reuebekenntnis Oswalds als Sünder gegen die Liebe Gottes mündet, bleibt seine Egozentrik durch alle religiöse Thematik hindurch unverändert vorherrschend. Indem der Dichter sich selbst und sein Schicksal zum Exempel göttlichen Waltens macht, sich die Attitüde der Didaxe verleiht, kann er Persönliches um so glaubwürdiger vermitteln, wobei die Parteilichkeit seiner Optik unverändert bleibt.

Dichten als Selbstdarstellung

Die eigene Person, das eigene Schicksal, ist auch das Oberthema des einstimmigen Liedes Kl 44, das wohl im Winter 1426/27 entstanden ist. Der Text gestaltet eine aktuelle Notlage des Dichters und endet mit der Bitte um Hilfe. Das Lied versammelt typische Merkmale Oswaldscher Dichtweise in besonders anschaulicher Form. Seine 1. Strophe lautet:

I   *Durch Barbarei, Arabia*
        durch Hermani in Persia,
        durch Tartari in Suria,
        durch Romani in Türggia,
        Ibernia,
        der sprüng ban ich vergessen.
        Durch Reussen, Preussen, Eiffenlant,
        gen Litto, Liffen, übern strant,

> *gen Tennmarckh, Sweden, in Prabant,*
> *durch Flandern, Franckreich, Engelant*
> *und Schottenland*
> *hab ich lang nicht gemessen.*
> *Durch Arragon, Kastilie,*
> *Granaten und Afferen,*
> *auss Portugal, Ispanie,*
> *bis gen dem vinstern steren,*
> *von Profenz gen Marsilie,*
> *In Races vor Saleren,*
> *daselbs belaib ich an der e,*
> *mein ellend da zu meren*
> *vast ungeren.*
> *Auff ainem runden kofel smal,*
> *mit dickem wald umbfangen,*
> *vil hoher berg und tieffe tal,*
> *stain, stauden, stöck, snee stangen,*
> *der sich ich teglich ane zal.*
> *noch aines tüt mich pangen,*
> *das mir der klainen kindlin schal*
> *mein oren dick bedrangen,*
> *hand durchgangen.*

(Durch Berberland, Arabien, durch Armenien nach Persien, durchs Tartarenland nach Syrien, durch Byzanz ins Türkenland, nach Georgien – solche Sprünge habe ich verlernt. Durch Preußen, Rußland, Eiffenland, nach Litauen, Livland, durch Flandern, Frankreich, England und Schottland bin ich lange nicht gezogen, durch Aragonien und Kastilien, Granada und Navarra, von Portugal bis zum Finstern Stern [sc. Cap Finistere], von der Provence nach Marseille. In Ratzes am Fuß des Schlern, dort wurde ich im Ehestand seßhaft, um mein Unglück dort höchst widerwillig zu vermehren. Auf einer engen Felskuppe, umschlossen von dichtem Wald, sehe ich viele hohe Berge und tiefe Täler, Felsblöcke, Sträucher, Baumstümpfe, Schneestangen, das (alles) täglich in Unzahl. Noch eines macht mir Angst, daß mir der Lärm der kleinen Kinder meine Ohren oft bedrängt, (sie schon) durchbohrt hat.)[14]

31 Regionen umfaßt dieser längste der Oswaldschen Länderkataloge, der durch seine zahlreichen Reimbindungen und Klangassoziationen sehr dicht und dynamisch wirkt. Diese Länder alle bereist zu haben, gibt der Dichter vor, was – nebenbei bemerkt – nicht ausgeschlossen ist. Doch wird die große Geste der Weltgewandtheit zweimal (V. 6 und V. 12) durch den Hinweis auf die gegenwärtige Unbeweglichkeit unterbrochen und mündet dann in der resignativen Nennung seines momentanen Aufenthaltsortes (V. 18–21). Die Namen als Chiffren für eine glorreiche Vergangenheit werden konfrontiert mit der Eingeschlossenheit Oswalds in Ratzes am Fuß des Schlern, einem Gebirgsmassiv in Südtirol. In sehr realistischer Manier wird dabei die

heimatliche (winterliche) Gebirgslandschaft rund um die tatsächlich auf einem *hohen kofel smal* liegende Burg Hauenstein (genannt in V. 69) als Ort des Leidens beschrieben.

Die Schilderung des Lebens auf Hauenstein, die in der 2. Strophe weiter entfaltet wird, erzielt einen großen Teil ihrer Wirkung dadurch, daß sie als Umkehrung höfischer Kultur und fröhlicher Maienlust gestaltet ist. Die Erwähnung großer Ehrungen und Hofaufenthalte setzt gleich zu Beginn der Strophe den Maßstab für die häusliche Misere, die von Not, Elend (V. 38) und Bedrohung (V. 39) geprägt ist. Der heimische winterliche Alltag wird mit Motiven und Vorstellungen ausgestattet, die aus anderen literarischen Zusammenhängen bekannt sind. Diese werden jedoch in bekannter Manier überwiegend im Gegenbild verarbeitet. An die Stelle der durch das *mündlin rot* (V. 40) zitierten Geliebten (des Maienliedes?) tritt z. B. die zänkische Ehefrau, die ihrem Gatten Furcht einflößt. Doch gibt Oswald hier kein Bild seines Familienlebens, auch wenn er noch seine Kinder erwähnt (V. 50 f.), sondern er wendet das Schwankmotiv vom ,übelen wibe' auf seine Lage an. Auch die Diffamierung der bäuerlichen Nachbarn als *knospot leut, swarz, hässelich, vast rüssig gen dem winder* (V. 47 f., ungeschlachte Leute, schwarz, häßlich, ganz verrotzt im Winter), greift die Tradition Neidhartscher Winterlieder auf. Und die benannten bäuerlichen Nutztiere (Kälber, Ziegen, Böcke, Rinder, V. 16) können auch Gegentypen zur lustspendenden Fauna des Frühlingsliedes sein.

Zwei Momente treffen sich in Kl 44: einmal eine fast naturalistische, durch das Ausmaß ihrer Aspekte originelle Beschreibung einer konkreten, lokalisierbaren Umwelt, zum anderen die meist im Gegenbild aufgegriffene einschlägige literarische Tradition. Beides verschmilzt zu eindrucksvollen Bildern, die den einst weltgewandten, hochgeehrten und lebenslustigen Dichter als verhärmten, gequälten und bemitleidenswerten kleinen Landadligen zeigen.

Die 3. Strophe führt diese Schilderung zunächst fort, wobei z. B. die sarkastisch-ironische Kennzeichnung der Lage als *kurzweil* (V. 61) wieder vergangene höfische Freude als Hintergrund signalisieren will. Selbst das Rauschen des Baches, sonst Element des *locus amoenus* höfischer Freude, wird dem Dichter in seiner ländlichen Einsamkeit zu unerträglichem Lärm, der Kopfschmerz verursacht (V. 64–66). Doch liegen die Gründe für diese Misere nicht nur in der Örtlichkeit selbst, sondern auch in Oswalds äußeren Bedingungen. Darauf weist die Schlußformel der ,Alltagsbeschreibung' hin: *teglicher sorg, vil böser mer wirt Hauenstein gar seldn ler* (V. 68 f., von täglichen Sorgen und schlechten Nachrichten wird Hauenstein nur selten frei). Ein Stoßseufzer nach Verbesserung schließt sich an (V. 70–72). Erst jetzt, nachdem die Hörer zu Mitleid und Anteilnahme eingestimmt sind, der Ort des Elends genannt und das Anliegen nach Hilfe vorgetragen wurde, kommt Oswald auf die Gründe seiner Not zu sprechen: *Mein lanndesfürst der ist mir gram von böser leutte neide* (V. 73 f., mein Landesfürst zürnt mir, durch die Mißgunst nieder[trächtig]er Leute). Sich selbst sieht Oswald als unschuldig, da ihm sonst noch nie ein anderer Fürst die Gunst versagt, ihn gar verfolgt habe. Das Maß an Unglück vergrößert sich noch, da ihn sogar die Freunde und Verwandten völlig grundlos verlassen hätten (V. 82 f.). In dieser Lage sieht er nur einen Ausweg:

Hierüber führe ich Klage, mein Notruf geht an alle, an die redlichen und verständigen Leute, auch an die Menge der hohen und edlen Fürsten, die sich und ihre Herrlichkeit gerne rühmen lassen — sie alle sollen mich, den schutzbedürftigen Oswald von Wolkenstein, nicht von den Wölfen zerreißen lassen, sie sollen mich nicht vollends den Waisen gleich werden lassen. (V. 84–90)

Im Vergleich mit der Realistik und Dramatik der vorhergehenden Lageschilderung wirkt dieser Schluß matt, hilflos, fast resignativ. Doch die Tatsache, daß sich Oswald nicht offen an den Landesherren, den Verursacher seiner Bedrängnis wendet, sondern mehr allgemein um (möglicherweise auswärtige) Hilfe bittet, deutet an, daß seine Darstellung lückenhaft sein muß. Wäre er wirklich unschuldig, dann könnte er ja selbst versuchen, beim Landesherren die genannten Mißverständnisse (V. 74) aufzuklären.

Die politische Lage in Südtirol nach 1423 zeigt aber, daß sich Oswald tatsächlich nicht ohne weiteres an Friedrich IV. wenden konnte. Seine Teilnahme am Tiroler Adelsaufstand hat ihn in dessen Augen schuldig gemacht. Oswalds Isolierung ist nur die Konsequenz der Auseinandersetzung und der realen Machtverhältnisse. Dies alles kann er natürlich nicht in einem Text ansprechen, der Mitleid und Anteilnahme erwecken will und in einem Hilferuf endet. Oswald haushaltet mit der ‚Wahrheit‘ und läßt nur das durch, was den gegenwärtigen Intentionen des Liedes nützt, seine Bedrängnis und Isolierung zu durchbrechen. Das erklärt auch die diplomatischen Formulierungen gegenüber dem Landesherren, der nur als fehlinformiert gilt.

Bei einem solchen Lied nun radikal die Frage nach ‚Dichtung und Wahrheit‘ zu stellen, würde den Befund nur verzerren. Oswald will gar nicht ‚objektiv‘ abbilden, auch nicht in den ‚autobiographischen‘

Liedern. Er sagt immer nur das, was er aus seiner jeweiligen Lage heraus für den jeweiligen Zweck des Liedes für richtig und nützlich hält. An Kl 44 läßt sich u. a. ablesen, wie Oswald seine Lieder bei der Gestaltung und Bearbeitung seiner persönlichen Umstände einsetzte. Möglicherweise gehörte es bei seinem Fluchtversuch Anfang 1427 zu seinem ‚Reisegepäck', um bei Sigmund vorgetragen zu werden.

Dieser Aspekt unterscheidet Oswald wesentlich von Stil und Verhalten früherer Autoren, die ihre Lieder mit ‚politischem' Gehalt in der Regel im Rahmen einer Dienst-Lohn-Beziehung als Panegyrik oder eingebunden in übergeordnete Zusammenhänge für andere verfaßten. Oswald nun dichtet seine Lieder primär aus eigener Optik und in eigenem Interesse, um auf seine Lage, auf sich selbst als Person, aufmerksam zu machen. Seine Biographie wird auf diese Weise bei manchen Liedern ein Schlüssel zum Verständnis. Sicher ist dabei der unmittelbare Schluß vom Leben auf das Lied falsch, doch ist bei einer Reihe von Texten die aktuelle Lage des Autors wichtige Grunddisposition. Dies gilt um so mehr, je mehr Information über persönliche Erlebnisse, oder politische Ereignisse, an denen Oswald teilgenommen zu haben vorgibt, ein Text enthält.

Dies soll kurz angerissen werden anhand von Kl 18, das als sein großes autobiographisches Rückblickslied gilt und wohl nach der Gesandtschaftsreise 1416 in Konstanz verfaßt wurde. Seine 1. Strophe lautet:

Es begab sich, als ich zehn Jahre alt war, (da) wollte ich sehen, wie die Welt beschaffen sei. In Not und Armut habe ich in manchem heißen und kalten Winkel bei Christen, Orthodoxen und Heiden gehaust. Drei Pfennig im Beutel und ein Stücklein Brot, das war meine Wegzehrung von zu Hause, als ich ins Elend lief. Durch Fremde, durch Freunde habe ich seitdem manchen Tropfen Blut gelassen, (so) daß ich (schon) zu sterben glaubte. Ich lief, hart gestraft, (nur) zu Fuß, bis mir mein Vater starb, − gut vierzehn Jahre lang −, habe ich nie ein Pferd besessen, nur eines, einen Falben, habe ich halb geraubt, halb gestohlen, und auf die gleiche Weise habe ich es schmerzlich wieder verloren. Wirklich, Laufbursche, Koch und Pferdeknecht war ich, auch am Ruder zog ich, das war hart, bis nach Kreta und anderswohin, auch wieder zurück; oft war ein Kittel mein bestes Kleidungsstück.

Einige Informationen können als biographische Realität akzeptiert werden, so die Altersangaben, die weiten Reisen, die Todesgefahr durch Freunde, weite Fußmärsche, der Pferderaub, der Tod des Vaters, Ruderdienste bei Kreta.[15] Strittig und darin lehrhaft ist das Motiv und die Art und Weise des Aufbruchs. Ursprünglich als (romantisches) Ausreißen von zu Hause aufgefaßt, wurde er später unter Verweis auf zeitgenössische Erziehungspraktiken als ‚Ritterlehre‘ eines jungen Adligen gedeutet. Dazu wurden die sprichwörtlichen drei Pfennige und das Brotstück als symbolische Aufbruchgabe der Eltern aufgefaßt. Doch die Verfahrensweise, die zu dieser Interpretation führt, sollte gleichzeitig mißtrauisch gegen sie machen. Ihr liegt zugrunde, daß Oswald eine in hohem Maße stilisierte Ausdrucksweise verwendet. Der reguläre Aufbruch und die harte ‚Lehre‘ wären dann als Fahrt ins ungewisse Abenteuer ausgegeben worden. Nun könnte ein Ausreißen aber auch umgekehrt als ‚regulärer‘ Aufbruch vorgestellt worden sein. Zusätzlich liegt in dem abenteuerlichen Aufbruch in Not und Gefahr eine Anspielung auf den (literarischen) Aufbruch des Ritters zur *aventiure*. Einem solchen erwartungsvollen Aufbruch kontrastiert dann wieder der weitere Bericht, der nur von Not, Armut und Gefahr weiß. Aber auch das könnte wieder Stilisierung sein, selbst wenn z. B. die schwere Wunde durch Freunde im Rahmen des Schmuckdiebstahls von 1404 als Familienauseinandersetzung zu identifizieren wäre. Unter der Annahme eines tatsächlichen Ausreißens in Ungewißheit und Not wiederum könnte dann die Darstellung, die Kl 18 gibt, als den Protagonisten aufwertende Stilisierung verstanden werden, ebenso wie eine ‚Lehre‘ auch als ritterliches Abenteuer beginnen könnte.

Eines aber ist sicher: Oswald stilisiert sehr stark unter Verwendung literarischer Muster, wobei ein Zug zur Parodie hinzukommt. Einmal parodiert Oswald sich selbst, wenn er eigene, nicht gerade glorreiche Erlebnisse mit höherwertigen Mustern beschreibt, zum anderen parodiert er durch seine weniger schönen Erlebnisse die impliziten Wertungen der literarischen Topoi, und damit auch die Topoi selbst. Dies gilt für alle sieben Strophen des Liedes.

In der 2. sollen ein Namenskatalog bereister Länder, die Teilnahme an (Italien)zügen zweier deutscher Könige, die Kenntnis von zehn fremden Sprachen, eine musikalische Ausbildung sowie gefahrvolle Schiffsreisen seine Welterfahrung und Fähigkeiten demonstrieren, das Motiv des Kennenlernens der Welt aber auch weiterführen. Der letzte Teil der Strophe kehrt dann wieder zum Thema der *not* zurück: durch einen Schiffbruch habe der Dichter, der damals auch als Kaufmann gereist sei, sein ganzes Gut verloren und nur das nackte Leben gerettet. Doch auch dieser Bericht enthält mit dem Bild des Fasses, das ihn ans Ufer getragen habe (V. 28), erneut einen Topos, denn der Schiffbrüchige wird ‚immer‘ durch ein Faß gerettet. Wieder ist eine selbstkritische Parodie erkennbar, auch wenn ein Schiffbruch häufige mittelalterliche Erfahrung war und Oswald dieses Erlebnis sogar als religiöses Votivbild festhalten ließ.

108

Die 3. Strophe erzählt nur eine einzige Episode, die wir sogar datieren können und deren historisches Umfeld uns bekannt ist. Oswald schildert seine scherzhafte Auszeichnung (ein in den Bart eingeflochtener Diamant und Ohrringe) durch die junge Königinwitwe *Margareta de Prades* im Jahre 1416 zu Perpignan, wo er sich im Gefolge König Sigmunds aufhielt. Dabei treten Oswald und Margareta als Minnediener und Minneherrin auf. Die Szene selbst wirkt trotz oder gerade wegen ihrer Realistik auf das Publikum komisch, das in Gelächter ausbricht; Sigmund gar diffamiert die Gaben als *tant* (V. 43). Der ‚ausgezeichnete‘ Minneritter Oswald erscheint ihm als Narr, der Vorgang als Narretei.

Die historischen Ereignisse, bei denen Oswald damals dabei war, erscheinen nicht in seinem Bericht. Der Hinweis auf zehn Könige und einen Papst (V. 46—48) hebt nicht auf politische Akteure ab, sondern will eher eine Zeugenreihe für die Wahrheit der Episode benennen. Weltgeschichtliche Ereignisse und ihre Protagonisten geben lediglich den Hintergrund ab, vor dem sich Oswald einmal vor dem Publikum seiner ‚Auszeichnung‘, zum anderen vor dem Publikum des Vortrags seines Liedes spreizt.

In der 4. Strophe wechselt Oswald von der Rolle des Weltreisenden in die des unglücklichen Liebhabers. Dieses Thema ‚Oswald als Liebesnarr‘ führt zwei Aspekte der 3. Strophe weiter: seine Stilisierung als Minneritter (gegenüber der Königin) und seine Beurteilung als ‚Narr‘ (durch Sigmund). Diese Momente sind nun in die persönliche Liebeserfahrung projiziert. Das zentrale Bild dieser 4. Strophe, das Oswald in Kutte und als Begharde zeigt, weil es die Geliebte so wollte, greift unverkennbare Muster auf: die Pilgerreise als Minnefahrt, die Schwankfigur vom buhlerischen Geistlichen, den Narren aus Liebe. Dabei läßt sich nicht entscheiden, was im einzelnen Erfindung, Stilisierung, Autobiographie ist.

Dies gilt auch für die 5. und 6. Strophe, in denen dieses unglückliche Liebesverhältnis mit traditionellen Minnesangvorstellungen und -formeln weiter ausgeführt wird. Doch wenn Oswald sich als unglücklicher Liebhaber vorstellt, beschreibt er weniger sein eigenes, bedauernswertes Schicksal. Vielmehr zeigt er durch die Darstellung der unerfüllten Liebe, daß er die Tradition beherrscht. Nicht-Erfüllung gehörte schon immer zur Minne, und so stellt sich Oswald als derjenige, der von Minne singt, selbstverständlich in eben dieser Rolle dar — ganz gleich ob sie seinen persönlichen Erfahrungen entspricht oder nicht. Entscheidend ist der Unterhaltungswert der Darstellung vor einem Publikum, das sowohl den Dichter als auch die literarische

Tradition kennt. Oswald demonstriert zweierlei: einmal sein außergewöhnliches Leben und seine Persönlichkeit, zum anderen seine literarische Kunstfertigkeit.

In der 7. Strophe wendet er sich seiner eigenen Gegenwart zu. Allerdings kehrt die Tönung der unglücklichen Liebe als negative Bilanz seines bisherigen Lebens wieder, das er als *toben, wüten, tichten, singen mangerlei* (V. 98) apostrophiert. Nach dieser Reminiszenz an das traditionelle *vanitas mundi*-Motiv setzt Oswald sich mit seinen künftigen Möglichkeiten auseinander. Dabei spiegelt sich das Minnethema als Auseinandersetzung mit Eheplänen. Die Gründung einer eigenen Familie wäre, gemessen an den realen Standards der mittelalterlichen Aristokratie, der nächste logische Schritt. Doch wird er abgelehnt, einmal aufgrund der vorher dargestellten unglücklichen Liebe, die hier als Motiv weitergeführt wird, zum anderen aus Angst vor einer zänkischen Ehefrau, in der das Schwankthema vom ‚übelen wîbe' weiterlebt. Die abschließende Reflexion über Bekehrung und Seelenheil (V. 99–102) wiederum gehört in ein Rückblickslied.

Literarische Muster und Tradition, persönliche Erfahrung und eigene Erlebnisse gehen in den Liedern Oswalds eine enge Verbindung ein. Dies gilt besonders auch für solche Texte, die historische Ereignisse beinhalten. Ein typisches Beispiel ist Kl 19 (*Es ist ain altgesprochener rat*), mit seinen 18 achtzeiligen Strophen neben der Rechtsdichtung *Mich fragt ain ritter* (Kl 122) Oswalds längster Text.

An ihm fällt der hohe Anteil an Komik und Satire auf. Oswald spielt unverkennbar eine Rolle als komischer Held, als derjenige, der sich dem Gelächter, Spott, Schmunzeln des Publikums aussetzt. Ähnlichkeiten mit der Rolle eines Hofnarren sind unverkennbar; in der 21. Strophe präsentiert sich der Dichter unverhüllt in ihr, als er von seinen Späßen in maurischem Kostüm als *wisskunte von Türkei* (V. 162, Vizegraf der Türkei) erzählt. Hier wird eine seiner Funktionen am Hofe Sigmunds greifbar: er ist der Spaßmacher. Sein literarisches Talent, seine Lieder sind dafür die Grundlage. Und diese Funktion liefert auch eine Erklärung für seine spezifische Ausformung des Sujets, das bei seinen Vorgängern als politisches Lied bzw. Spruch entwickelt war. Bei Oswald bieten die meisten seiner Lieder, die politische Ereignisse beinhalten, eher amüsante Bilder denn ernsthafte Auseinandersetzungen mit dem politischen Gehalt. Oswald gibt sich die Attitüde des Unterhalters, der nicht nur das politische Ereignis abhandelt, sondern sich auch selbst als Person einbringt.

Vorherrschender Eindruck der Lieder Oswalds — und darin ist unsere Auswahl durchaus repräsentativ, auch wenn sie nicht alle Typen des sehr differenzierten Oeuvres umfaßt — ist das starke Hervortreten der Person des Dichters. Trotz aller Stilisierung ist erkennbar, daß Dichten für Oswald u.a. Mittel zur Selbstdarstellung und zum Vorstellen und damit auch Bearbeiten seiner eigenen, persönlichen Probleme ist. Der Autor erscheint als ausgeprägte Individualität, die sich zu ihren Ansprüchen, Schwierigkeiten und Ängsten, aber auch zu ihren Freuden und freizügigen Sinnlichkeit bekennt. Bei Oswald wird, in diesem Ausmaß für mhd. Dichtung ungewöhnlich, Dichten als eine Form der Lebensbewältigung, der Lebens- und auch Überlebensstrategie greifbar. Dazu hat der Autor sich selbst zum literarischen Sujet gemacht, das er in der Regel zwar nicht plan, sondern stilisiert, in der Form einer bestimmten Rolle, einbringt, das aber dennoch unübersehbar ist. Für ihn selber, den Autor, bedeutet dies u.a., daß er sich mit seinen Eigentümlichkeiten, seiner unverwechselbaren Persönlichkeit, in den Texten vorstellt. Seine Funktion ist die des unterhaltenden Außenseiters, dessen Besonderheit — möglicherweise für ihn über seine Einäugigkeit erfahren — sein literarisches Markenzeichen ist.

Dies deutet darauf hin, daß möglicherweise für ihn die Sicht und die Beschreibung der Welt (und damit auch seiner selbst) nur noch aus individueller Position möglich scheint. In diesen Zusammenhang gehört dann auch, daß Oswald in seinen Texten wie auch in seinem Leben nur noch für sich selbst agiert, zugunsten seiner Person, und sich — trotz seines dezidierten Standesbewußtseins — nicht mehr in eine ständische Gesamtheit oder in abstrakte überpersönliche Ideale und Vorstellungswelten eingebunden zeigt.

Dies erklärt möglicherweise auch seinen Umgang mit den traditionellen literarischen Normen, deren Formen und Ausdrucksweisen er kennt, beherrscht und selbstverständlich auch verwendet — letzteres aber meist mit spezifischen Modifikationen. Deren Tendenz zielt auf Originalität, allerdings nicht Originalität in der Erfüllung, sondern in der Verarbeitung des Musters.

Diese Freizügigkeit, die fast schon ein spielerischer Umgang mit der Tradition ist, schlägt sich analog im großen Repertoire, in der Differenziertheit der verwendeten Formen und Sujets nieder, die vom einfachen Minnelied bis hin zum manieristischen Cisiojanus (Kalendergedicht, z.B. Kl 28) reicht. Und doch hat trotz der ästhetischen Qualität das Werk Oswalds von Wolkenstein keine ‚Rezeptionsgeschichte' in dem Sinne, daß es Schule gemacht, Traditionen begründet hätte. Abgesehen von nur geringer Streuüberlieferung — keine zehn Lieder wurden bisher außerhalb der Codices erhalten — verschwindet sein Werk für lange Zeit in eng begrenzter Familientradition und der exklusiven Bibliothek eines einzelnen Fürsten. Die starke Prägung der Lieder durch seine eigene Person hat auch sie exklusiv gemacht.

Anmerkungen

1 Einzelheiten zu den angesprochenen biographischen und politischen Ereignissen sind nachzulesen bei Dieter Kühn: Ich Wolkenstein. Eine Biographie (it 497). Neue, erweiterte Ausgabe, Frankfurt 1980 und Anton Schwob: Oswald von Wolkenstein. Eine Biographie. Bozen 1977

2 Textgrundlage ist: Die Lieder Oswalds von Wolkenstein ..., hrsg. v. Karl Kurt Klein (ATB 55), 2., neubearbeitete und erweiterte Auflage von Hans Moser, Norbert Richard Wolf und Notburga Wolf. Tübingen 1975

3 Alois Kircher: Walter von der Vogelweide. — In: Einführung in die deutsche Literatur des 12. bis 16. Jahrhunderts. Bd. 1: Adel und Hof. Hrsg. von Winfried Frey u. a., Opladen 1979, S. 271

4 Der Melodiesatz stammt aus: Oswald von Wolkenstein. Die Lieder, mittelhochdeutsch — deutsch ... von Klaus J. Schönmetzler, München 1978, S. 130 ff.

5 Weitere Duette sind z. B. Kl 49, 56, 62, 71, 77, 79. Viele gerade der mehrstimmigen Liedsätze Oswalds sind, wie auch Kl 48, als Kontrafakturen (meist französischer Vorlagen) erkannt worden; darauf gehe ich in dieser Darstellung aber nicht weiter ein. Für unseren Zusammenhang wäre dies als weiteres Zeugnis für Oswalds Adaptations- und Umformungsvermögen von Interesse.

6 Hans Peter Treichler: Studien zu den Tageliedern Oswalds von Wolkenstein. Diss. Zürich 1968, S. 62

7 Schönmetzler, a. a. O., S. 429

8 Vgl. ibid., S. 418

9 Die Paraphrase verwertet Ausführungen von Schönmetzler, a. a. O., S. 418 f., Kühn, a. a. O., S. 97 ff. und Norbert Mayr: Die Reiselieder und Reisen Oswalds von Wolkenstein. Innsbruck 1961, S. 52 ff.

10 Fremdsprachliche Elemente finden sich oft in Oswalds Liedern. Sie wollen u. a. auf seine Welterfahrenheit verweisen und sind auch Beweis für sein enormes Sprachvermögen. Höhepunkt darin ist Kl 69, ein Liebeslied als Kollage fremdsprachiger Phrasen.

11 Die Datierung dieses Liedes ist nicht gesichert. Margarethe könnte hier bereits Gattin, aber auch erst umworbene Braut sein; das gilt auch für Kl 110. Doch hat das für unseren Befund keine Auswirkungen.

12 Vgl. Schwob, a. a. O., S. 67 ff.

13 Anton Schwob: Historische Realität und literarische Umsetzung. Beobachtungen zur Stilisierung der Gefangenschaft in den Liedern Oswalds von
Wolkenstein. Innsbruck 1979, S. 111
14 Nicht alle Namen lassen sich eindeutig identifizieren, z.B. könnte Eiffenland auch Livland bedeuten.
15 Vgl. Müller, a.a.O., S. 18

Literaturhinweise

Die Lieder Oswalds von Wolkenstein. Unter Mitwirkung von Walter Weiß und
Notburga Wolf hrsg. von Karl Kurt Klein. Musikanhang von Walter Salmen.
(ATB 55) 2., neubearbeitete und erweiterte Auflage von Hans Moser, Nor-
bert Richard Wolf und Notburga Wolf. Tübingen 1975
Oswald von Wolkenstein. Lieder. Mittelhochdeutsch und neuhochdeutsch.
Auswahl. Herausgegeben, übersetzt und erläutert von Burghart Wachinger.
(reclam 2839/40) Stuttgart 1972
Oswald von Wolkenstein. Die Lieder — mittelhochdeutsch — deutsch. In Text
und Melodien neu übertragen und kommentiert von Klaus J. Schönmetzler.
München 1979

Die Oswald-von-Wolkenstein-Forschung, 1798—1978. Teil I: Bibliographie.
Zusammengestellt von Hans-Dieter Mück. Mit einer Stellenbibliographie
von Hans-Dieter Mück und Lambertus Okken. (G.A.G. 213) Göppingen
1980
Dieter Kühn: Ich Wolkenstein. Eine Biographie. Neue, erweiterte Ausgabe
(it 497) Frankfurt 1980
Anton Schwob: Oswald von Wolkenstein. Eine Biographie. Bozen 1977
Oswald von Wolkenstein. Beiträg· der philologisch-musikwissenschaftlichen
Tagung in Neustift bei Brixen 1973. Im Auftrag des Südtiroler Kulturin-
stituts hrsg. von Egon Kühebacher. Innsbruck 1974
,,Dem edeln unserm sunderlieben getrewn Hern Oswalten von Wolkchen-
stain." Gesammelte Vorträge der 600-Jahrfeier Oswalds von Wolkenstein
in Seis am Schlern. 1977. Hrsg. von Hans-Dieter Mück und Ulrich Müller.
(G.A.G. 206) Göppingen 1978
Oswald von Wolkenstein. Hrsg. von Ulrich Müller (WdF 406) Darmstadt 1980
Norbert Mayr: Die Reiselieder und Reisen Oswalds von Wolkenstein. (Schlern-
Schriften 215) Innsbruck 1961
Ulrich Müller: ,,Dichtung" und ,,Wahrheit" in den Liedern Oswalds von Wol-
kenstein. Die autobiographischen Lieder von den Reisen. Göppingen 1967
Anton Schwob: Historische Realität und literarische Umsetzung. Beobach-
tungen zur Stilisierung der Gefangenschaft in den Liedern Oswalds von
Wolkenstein. Innsbruck 1979
Hans Peter Treichler: Studien zu den Tageliedern Oswalds von Wolkenstein.
Diss. Zürich 1968
Walter Röll: Oswald von Wolkenstein. (Erträge der Forschung 160) Darm-
stadt 1981

4. Rudolf von Ems

Rudolf von Ems hat mit seinen von etwa 1215 bis nach 1250 entstandenen Werken zu seiner Zeit in hohen und höchsten Kreisen Interesse und Anerkennung gefunden. Seit Gervinus (1835) wird Rudolf als Nachahmer, bei Scherer (1883) ausdrücklich als Epigone bezeichnet, und dieses Urteil blieb an ihm haften.[1]

Daß Rudolfs Stärke im Schöpferischen liege, hat ihm auch bis heute niemand nachsagen wollen, doch wurde der Tadel des Epigonalen langsam durch die Entdeckung eigener Qualitäten des Dichters gemildert, sein historisches Interesse, seine gelehrte Bildung hervorgehoben. „Wer über Rudolf von Ems schreibt, setzt sich nicht der Gefahr aus, allzu dicht am Wege zu bauen" — das konnte trotzdem Helmut Brackert noch 1967 an die Spitze seiner Monographie über den Dichter stellen[2], aber zu jener Zeit waren mehrere größere Studien über Rudolf im Erscheinen begriffen.

Drei Interessenrichtungen der modernen Germanistik scheinen sich beim Werk Rudolfs nun zu begegnen: Eine literaturgeschichtliche, eine literaturwissenschaftliche und eine literatursoziologische, die gemeinsam versuchen, das wertende Urteil der früheren Germanistik zu überwinden. Xenja von Ertzdorff stellt Rudolf von Ems in die Tradition des höfischen Romans und fordert dazu auf, das Traditionsbewußtsein des Dichters im Zusammenhang mit seiner Gelehrtheit als Qualität zu begreifen[3]; Helmut Brackert führt das historische Interesse Rudolfs, sein religiöses Engagement und seine didaktische Haltung zu einer konsequenten Synthese zusammen im „staufischen Standort"[4] des Dichters; Rüdiger Schnell akzentuiert das starke religiöse Element, „das gerade in der tiefen Durchdringung mit ‚weltlichen' Vorstellungen das eigentlich verbindende Prinzip der Rudolfschen Dichtungen ausmacht".[5] Werner Wunderlich versucht, die „Frage nach der Leistung des literarischen Werkes als Strategie und Didaktik einer Situationsbeschreibung und -bewältigung" zu beantworten.[6]

Das Werk, welches noch am leichtesten zugänglich ist, der *Gute Gerhard*, hat mehr Interpreten gefunden als die anderen: das liegt einmal an seiner literatursoziologischen Brisanz — sein Held ist ein

Kaufmann –, zum anderen an seinem problematischen Verhältnis zum höfischen Roman. Auf ihn komme ich deswegen noch einmal zurück, nachdem ich über Rudolfs Schaffen kurz berichtet und seine Werke in umgekehrter Reihenfolge vorgestellt habe.

Die Weltchronik

Das letzte Werk, das Rudolf von Ems in Angriff genommen hat, ist seine *Weltchronik*. Niemand anders als *Konrad IV.* (1250–1254), als deutscher König Nachfolger *Friedrichs II.*, hat den Dichter damit beauftragt, und Konrad IV. ist auch das vorläufige Ziel der Weltgeschichte, die Rudolf zu berichten hat. Er benutzt das augustinische Schema der Weltzeitalter[7] aus dem Gottesstaat:

Erstes Zeitalter: *Adam* bis *Noah* (Sintflut)
Zweites Zeitalter: *Noah* bis *Abraham*
Drittes Zeitalter: *Abraham* bis *David*
Viertes Zeitalter: *David* bis *Babylonische Gefangenschaft*
Fünftes Zeitalter: *Babylonische Gefangenschaft* bis *Christus*
Sechstes Zeitalter: *Christus* bis *Jüngstes Gericht*

Im Prolog der *Weltchronik* wird das letzte Zeitalter, das Zeitalter der römischen Kaiser, das bis in die Gegenwart reicht und erst am Ende der Zeiten untergehen wird, noch nicht erwähnt. Und an der Einteilung ändert der Dichter etwas: sein drittes Zeitalter geht von Abraham bis Moses, sein viertes von Moses bis David und sein fünftes von David bis Christus. Jedes Zeitalter bildet ein Buch mit Prolog und Akrostichon, und eben der Prolog auf das Zeitalter Davids enthält die Widmung und den Lobpreis Konrads IV., der zwar um 1250 von allen Seiten bedrängt wird, vom Papst, vom gekrönten Gegenkönig *Wilhelm von Holland*, von Bischöfen und vom schwäbischen Adel, aber deswegen umso stärker in seinen Rechten bestätigt werden muß: Er ist ja König von Jerusalem. Sein Vater, Friedrich II., hatte sich 1225 mit *Isabella*, der Tochter und Erbin *Johannes' von Brienne*, des Königs von Jerusalem und Nachfolgers *Gottfrieds von Bouillon*, verheiratet. Beider Sohn ist der 1228 geborene Konrad, wie sein Vater also ein doppelter Nachfahr Davids: durch die weltgeschichtliche Translation der Königswürde auf Römer, Franken, Sachsen und Schwaben, d.h. auf die deutschen Könige und römischen Kaiser, und eben durch sein Erbrecht an der Krone des Königsreichs Jerusalem – eine Art bedeutungsvoller historischer Kurzschluß! Obwohl

Konrad nicht in Aachen oder gar in Rom gekrönt worden ist, hat er als 1237 in Wien erwählter deutscher König auch die Reichsinsignien in der Burg *Trifels* in seinem Besitz behalten, vor allem also die ottonische Kaiserkrone, auf der Salomo und David als Vorgänger aller christlicher Herrscher dargestellt sind und Christus verkündet: *PER ME REGES REGNANT.*

> *Der vierde welte name zirgie*
> *Alhie mit meren: hoerent wie*
> *und wamitte der name zirgie*
> *in dirre welte unde wie*
> *dú fünftú welt nu anevie (21518 ff.)*

Das vierte Weltzeitalter endete nun in der Geschichtserzählung: Hört, wie und wodurch es endet in dieser Welt und wie das fünfte Weltzeitalter begann, als das vierte aufhörte. Ich habe ja schon nach der Schrift erklärt, daß ein jedes Weltzeitalter nichts anderes ist als Veränderung des bisherigen Geschehens, wenn die Macht Gottes etwas Neues erfand und der Welt etwas brachte, das noch nie geschehen war: So war es bei allem, was ich euch bisher berichtet habe und was überliefert ist, wie ihr es gehört habt. Es trifft zuerst zu für Adam, dann für Noah und Abraham, mit denen jeweils etwas geschah, das für neu gehalten wurde. Dasselbe gilt dann später für Moses, der das Gottesgesetz lernte und lehrte, wodurch Gott das frühere Gesetz der Beschneidung ergänzte und so ein neues Weltzeitalter einführte, das dann 430 Jahre dauerte und auch noch länger durch die Ablösung und Wiederkehr, mit der Gott den Seinen Könige gab. Wegen des Beginns dieser Ablösung wurde diese Zeit ein Weltzeitalter genannt. Wie die Wahrheit uns berichtet, dauerte es, bis seine Würde als Königszeitalter dahinschwand und die Geschichte des Heils für uns begann, indem Gott um unseretwillen Mensch wurde.

Da denn durch die höchste Würde, die ein Mensch auf Erden haben kann, die Geschichte ihren eigenen Ruhm erhöht mit einem Ruhmestitel, nämlich dem Königstitel, dem rühmlichen und ruhmvollen, dem jede andere weltliche Gewalt um des Friedens willen gehorchen soll, so will auch ich denn im Namen Gottes, dem über alles Erhabenen, dem Höchsten und Hehrsten, Letzten und Ersten, der immer währt und immer war, diese Geschichte hier zu berichten und zu dichten beginnen, sie dichtend berichten um eines rühmlichen Königs willens, der würdig mit dem Titel eines Königs die Krone desjenigen Landes trägt, das in allerhöchster Würde durch Gottes Gebot zum Hauptland der edelsten Könige erhoben worden ist, die Gott in aller Welt auswählte zu Königen über sein Volk; aus deren Geschlecht Gott die menschliche Natur als Mensch empfing, wo Gott als Mensch alle Gebote der Gottheit erlitten hat: das ist das Land Jerusalem. Er, der dort Herr und König heißt, und der Sizilien und alle ihm dienstpflichtigen Länder mit Macht in seiner Hand vereint, und der die Krone und Herrschaft über das Königreich Arelat bekommen hat, und der aus der höchsten Hand, aus der Rechten Gottes, für sein Haupt die römische Krone erwartet, die er in Verwahrung hat, und der ohne Rast, unter Einsatz seiner Person und seines Besitzes mit Großzügigkeit und Großmut, mit Ruhm und ehrenvoller Tugendhaftigkeit, weise in blühendem Jugendalter, kö-

116

niglich wie nur ein König, der Königsruhm nie entbehrte — zu jeder Zeit und Stunde strebt er danach, der Krone den ihr gebührenden Platz zu geben und zu sichern, wozu dieser ehrwürdige Held erwählt wurde und erwählt ist, was ihm nichts anderes streitig gemacht hat als Feindesmund und falscher Rat, ... er ist der Sohn des Römischen Kaisers, dessen Kaiserwürde ihm als Vorrecht zusteht seit sechs Generationen, die in der Kaiserwürde als Könige ihm vorausgingen, wie die Geschichte beweist ... Mein lieber Herr, um dessentwillen ich auf dieses Buch meine Mühe mit Dichten gewandt habe und es mit Gottes Hilfe auch zuende dichten will, wenn Gott mir so viele Jahre gönnt, daß ich ihm damit diene, das ist der König Konrad, Sohn des Kaisers, der mir den Auftrag gegeben hat, für ihn die Geschichte zu schreiben, von Anfang an zu erzählen ... damit sein Lohn mich für manchen Kummer entschädige, so wie es seinem Namen zustehe und damit sein Ruhm in hoher Würde immer im Gedächtnis bliebe, so daß, wo auch immer man die Geschichte vernähme und vortragen hörte, sie allzeit sein sollte ein ewiges Denkmal für ihn und damit er unangenehme Stunden sich dadurch vertreiben könnte, sich vorlesen zu lassen, wie alles aus jenen Ländern her zu uns gelangt ist ...

Rudolf von Ems hat dieses Denkmal für seinen König Konrad IV. nicht beendet, wie er es sich hier gewünscht hatte. Das Buch bricht mit Salomo ab:

Derjenige welcher dieses Buch bis hierher gedichtet und sorgfältig nach Inhalt und Stil verfaßt hat, er starb in Welschland.

So beginnt ein anonymer Fortsetzer seine Arbeit an Rudolfs Torso. Man hat gemeint, Rudolf sei mit Konrad 1251 nach Italien aufgebrochen, doch ist das nach Brackerts Forschungen (195 ff.) nicht zu halten. Mit ihren rund 34000 Versen ist die Weltchronik auch und vor allem ein Denkmal ihres gelehrten Dichters geworden, der sein volkssprachliches Talent in den Dienst der Geschichte gestellt hat, was mit dem Engagement für das durch den Staufer Konrad IV. vertretene Imperium identisch war. Die Wendung zur Geschichte ist denn auch eine Qualität Rudolfs, die schon Ehrismann hervorhebt und die in neuer Sicht von Helmut Brackert als Angelpunkt von Rudolfs Schaffen erkannt worden ist.

Willehalm von Orlens, Alexander

Die Verbindung Rudolfs von Ems zum staufischen Hof ist wohl durch literarisch interessierte und gebildete Kreise dieses Hofs zustande gekommen, auf die Rudolf namentlich anspielt[8], vor allen *Konrad von Winterstetten*, der das Hofamt des Schenken bekleidete und zur Zeit Friedrichs II. mit der Erziehung der beiden Söhne des Kaisers, *Heinrichs (VII.)* und *Konrads IV.* betraut war. Seitdem Rudolf Kontakt zu diesen Kreisen hat und auf deren Urteil, Geschmack und politische Rolle Rücksicht nimmt, stellt er sich auch selber als *dienstman* vor, ist er doch einerseits Ministeriale der *Grafen von Montfort* durch ein Dienstlehen, andererseits aber und vor allem Reichsministeriale, wohl nach seiner Herkunft von der von den Staufern angelegten Burg *Hohenems*. Allerdings hat Rudolf nicht von vornherein Kontakte zu seinen Standesgenossen in so hoher politischer Stellung besessen. Erst als bekannter Dichter bekommt er seine Aufträge von dort, zuerst den Auftrag zu jenem *Willehalm von Orlens*, mit dem er den traditionellen höfischen Minneroman mit einer auf den jugen König Konrad gemünzten Fürstenlehre zu verbinden sucht. Der *Willehalm* ist auf die Zeit um 1235 zu datieren und gliedert sich in fünf Bücher:

Erstes Buch: Die ritterliche Liebesgeschichte für Zuhörer, welche gute Literatur schätzen, beginnt mit einer Vorgeschichte: *Willehalm von Orlens*, ein vorbildlicher Fürst und Onkel des Königs *Philipp von Frankreich*, verheiratet mit der Tochter des Grafen *Bernand von Normandie*, *Elye*, hat aus seinem Lehen Hennegau jährlich 5000 Mark Einkünfte. Herzog *Jofrit von Brabant* ist fast so zu preisen wie Willehalm, auch er ist mit dem König Philipp verwandt, doch liegen sie wegen des Hennegaus im Streit, den auch Philipp nicht schlichten kann. Sehr ritterlich vereinbart man deshalb ein Turnier zwischen den Städten *Avens* und *Nivel*, in dem Willehalm siegt. Aber bei der Verfolgung Jofrits gerät er in die Stadt Nivel und wird trotz dem Eingreifen des entsetzten Jofrits getötet. Elye, die jetzt gerade einen Sohn zur Welt bringt, stirbt an der Bahre Willehalms. Das Kind bekommt den König Philipp zum Vormund und wird auf den Namen Willehalm getauft. Der Dichter schließt einen Frauenpreis an und beklagt den Tod des Grafen von Oettingen (der eben um 1235 gestorben ist).

Zweites Buch: Mit Frau Aventiure hält der Dichter einen Dialog über die Literatur und erwähnt neben Klassikern und Zeitgenossen besonders Ulrich von Türheim. Sein Auftraggeber ist Konrad von Winterstetten.

Jofrit von Brabant läßt sich auf seinen Schwur hin am Tode Willehalms schuldfrei sprechen und bittet, das Kind Willehalms adoptieren zu dürfen, zumal er und seine Frau *Elise* selber kinderlos sind. Er erzieht das Kind aufs beste: mit 12 edlen Gespielen lernt es Latein, reiten, kämpfen, singen, Schach spielen, schießen, jagen mit Hunden und Falken. Als der junge Willehalm seine Herkunft erfährt, will er fort, um nicht weiter verwöhnt zu werden. Jofrit läßt daraufhin seinen Schützling vorsorglich durch den Kaiser in Köln mit allem belehnen, was er selber hat, und stattet ihn für seine Reise aus. So zieht er zu König *Reinher von England*. Seinen Leuten schenkt er Pferde und Kleider, und sie wissen das als Geschenk, nicht etwa als Bezahlung zu empfangen. Die wunderhübsche siebenjährige Tochter des Königs, *Amelie*, wird seine Gespielin und erzählt von ihren Puppen, und als er dreizehn wird, läßt die

Minne ihm die kleine Amelie begehrenswert erscheinen. Aber als sie ihm die Heirat versprechen soll, will sie ihn nicht mehr zum Spielgefährten haben. Da verweigert er jede Nahrung, bis er fast stirbt und Amelie ihm Trost verspricht. Bevor sie ihn heiratet, soll er aber Ritter werden und den Sommer lang ihr Ritter sein. Sofort bricht Willehalm nach Brabant auf.

Drittes Buch: Die Schwertleite wird gefeiert und Willehalm erringt Erfolge bei mehreren Tunieren. Beim Turnier von *Kurnoi* ist allerdings König *Avenis* von Spanien nicht zugegen, weil er in England mit König Reinher über seine Verheiratung mit Amelie verhandeln muß. Willehalm erfährt davon durch einen Klagebrief. Sofort setzt er mit kleiner Truppe nach England über, raubt Amelie, wird aber auf dem Rückweg gefangen. Zwar konnte er den Avenis vom Pferd stoßen, so daß dieser sich ein Bein brach, selber empfing er aber von einem Grafen des Spaniers einen Stoß, von dem ihm ein Speerstumpf in der Schulter blieb. Über Willehalm wird folgendermaßen verfügt: das bereits versprochene englische Erbe wird ihm wieder entzogen, nur eine Königstochter darf ihm den Speerstumpf aus der Schulter ziehen, und nur Amelie darf ihn von dem ab jetzt geltenden totalen Schweigegebot befreien.

Viertes Buch: Der stumme Ritter gelangt nach Kurnewal, wo *Koradiz* und *Amelot* von Norwegen, sein Schwiegersohn, ein Treffen veranstalten. Auch *Duzabele*, die schöne Tochter Amelots, ist dort: sie wird ihn von dem Speerstumpf befreien und mit nach Norwegen nehmen. Amelie weigert sich inzwischen standhaft, den König Avenis von Spanien zu heiraten, indem sie ihrem Vater ihre Liebe zu Willehalm gesteht. Avenis verzichtet daraufhin. In einem Krieg, den *Witekin* von Dänemark den Norwegern erklärt, rettet der Stumme seine Gastgeber, während Amelot Hilfe in Kurnewal sucht. Auch bei der Verteidigung der Klosterlehen der Äbtissin *Savine* von der Insel *Desilvois*, Schwester des Königs von England, leistet er entscheidende Hilfe.

Fünftes Buch: Als dieselbe Äbtissin zu ihrem Bruder Reinher von England kommt, bekennt ihr die liebeskranke Amelie ihr Schicksal. Nach der Beschreibung Amelies erkennt Savine, daß der Geliebte Amelies der stumme Ritter sein muß. Savine schlägt vor, Amelie mit in ihre Heimat zu nehmen, unter dem Vorwand, sie dort durch die zahlreichen Reliquien ihres Klosters zu heilen. Der König läßt das zu. Ein Versöhnungsfest zwischen Norwegern und Dänen gibt Gelegenheit zum Wiedersehen: Amelie entbindet Willehalm von seinem Sprechverbot. Duzabele verzichtet auf ihren Ritter, als sie von Amelies älteren Ansprüchen hört, sie wird den König von Dänemark bekommen. Die Doppelhochzeit krönt das Fest. Aber Willehalm vergißt seine Ansprüche nicht, und bei einem in England arrangierten Fest setzt König Reinher ihn wieder als Erben ein, Jofrit überläßt ihm die Herzogswürde von Brabant und gibt den jungen Leuten seine Lehre, ehe er auf Pilgerfahrt geht. Zwei Söhne bringt Amelie zur Welt: Willehalm (III.) und Jofrit (II.). Nach 25 Jahren glücklicher Regierung überläßt Willehalm dem jungen Willehalm England, Brabant mit Hennegau bekommt Jofrit. Der junge Willehalm heiratet die Tochter des Königs von Spanien, Jofrit die des Grafen von Flandern. Aus seinem Geschlecht stammte Jofrit/*Gottfried von Bouillon*, der Eroberer des Heiligen Grabes.

Ziel und Zweck des Werkes, die Darstellung der Vorbereitung auf ein höfisch — vollkommenes Herrscherleben in der Gestalt König

Willehalms, macht die Lektüre für heutige Leser auf lange Strecken monoton: die „unangefochtene Idealität"[9] des Helden verhindert jede Spannung, und sein Schicksal kennt zwar vorübergehend und äußerliche Unglücksfälle, aber keine ernste und tiefe Gefährdung. So wird das ganze Werk lehrhaft und dekorativ für eine Gesellschaft, die auf intensive Weise bemüht ist, ihren eigenen jungen Schützling, Konrad IV., in die Rolle des idealen Herrschers hineinwachsen zu lassen. Mit dem Ausblick auf Gottfried von Bouillon rückt der Held Willehalm zu den herrscherlichen Ahnen Konrads auf, des Königs von Jerusalem, dessen Königreich eben von Gottfried von Bouillon den Heiden entrissen ward.

Rudolfs Absicht ist offenbar ein „Panorama des Fürstenlebens"[10], in dem kein Schatten auf den Helden und seine Umwelt fallen darf: die Uneinsichtigkeit von Jofrit (I.) und Willehalm (I.) wird der Grenzlage Hennegaus zugeschoben, der Tod Willehalms wird sorgfältig der Verantwortung Jofrits entzogen, die Härte der Amelie ihrem hungernden Willehalm gegenüber wird durch ihr jugendliches Alter entschuldigt, der minnestörende Spanier Avenis und der harte Vater Reinher bereuen und nehmen ihre Forderungen zurück, der Entführer Willehalm fühlt sich als Minnender unschuldig und findet Anerkennung damit, die dänischen Angreifer entpuppen sich als Freunde, nachdem sie besiegt sind, historische Konflikte zwischen England, Frankreich, Flandern, Normandie, Hennegau und Brabant werden allein durch die *milte* der Herrscher gelöst, und kein Baron muckt auf. Die kunstvolle Gliederung und sprachlich-zierliche Gestalt des Werkes, ist das dekorative und kostbare Gefäß für den wertvollen Inhalt.

Den wie die *Weltchronik* unvollendeten *Alexanderroman*, den Rudolf nach seinem *Willehalm* wieder aufgenommen hat, schreibt er nun auch ganz in Gedanken an das ideale Fürsten- und Herrscherexempel, das er seinem jungen König geben will. Auch die weltgeschichtliche Rolle Alexanders im Entstehen und Vergehen der Reiche wird nun betont, weil sie zum letzten, dem Römischen Reich hinführt. Über den *Willehalm* schrieb Brackert: „Es lag in der Konsequenz seiner Bemühung, daß er auch hier die Darstellung makellosen fürstlich-höfischen Lebens zur Richtschnur machte. Mit Notwendigkeit erhielt der Roman dadurch ein anderes, ein statisches Gefüge: Rudolf suchte das Kontinuum der Handlung in zahlreiche, in sich selbständige Erzählstücke aufzulösen, deren Einheit er weniger im Fabelzusammenhang als in ihrer exemplarischen Bedeutung zu gründen suchte." Und er fährt fort: „Diesem Verlangen kam der Alexander noch mehr entgegen als der Willehalm."[11] Daß auch im *Alexander* der staufische Anspruch auf das Kaisertum verteidigt wird, hat ebenfalls Brackert dargetan. Nach der Prophezeiung des Pseudo-Methodius, die seit dem 8. Jahrhundert im Westen bekannt geworden ist, hat eben Alexander die wilden Völker Gog und Magog zwischen Bergen eingeschlossen; sie werden am Ende der Zeiten ausbrechen, als Geißel Gottes die Reiche der Christenheit – außer Sizilien! – verwüsten und werden von einem römischen Endkaiser vor dem Auftreten des Antichrist besiegt werden. Mit der Aufnahme von Prophezeiungen über den letzten Friedenskaiser und den Antichrist gibt der Dichter seinem Werk sogar eine besonders akute Aussage zugunsten Konrads und stellt sich selber in jenen Endzeitzusammenhang, der seit Friedrich II. bis ins 16. Jahrhundert noch öfter aufgerufen werden wird. Rudolfs staufisches Engagement hat seinem poetischen Talent im *Willehalm*, im neu bearbeiteten *Alexander* und in der *Weltchronik* jene Richtung gegeben, wo sein Interesse an der lehrhaften Historie, seine literarische Bildung durch den höfischen Roman der mittelhochdeutschen Klassiker und die gelehrte lateinische Tradition sowie sein persönlicher Stand als Reichsministeriale zu einer Einheit verschmelzen konnten, die ihm selber auch wie eine Bestätigung seiner eigenen Position erschienen sein muß.

Barlaam und Josaphat

Die beiden Werke, die Rudolf von Ems verfaßt hat, ehe er in Beziehung zur hohen Reichsministerialität der Staufer um Schenk Konrad von Winterstetten trat, also *Barlaam und Josaphat* und *Der Gute Gerhard* sind von Mäzenen seiner engeren Heimat in Auftrag gegeben worden. In beiden spielt die christliche Moral eine gewichtige Rolle, und vom Herrscherlob der späteren Werke ist noch fast nichst zu spüren. Die Geschichte der Bekehrung des indischen Prinzen Josaphat durch den Eremiten Barlaam hat Rudolf in lateinischer Sprache von *Wide*, Abt des Zisterzienserklosters Cappel im heutigen Kanton Zürich bekommen, und der Konvent des Klosters hat ihn zur Darstellung dieses auf den Heiligen Johannes von Damaskus (8. Jahrhundert) zurückgehenden Stoffes in deutscher Sprache ermutigt. Das Werk ist also nicht fürs Kloster geschrieben, aber durch Vermittlung des Klosters bekommt Rudolf seine Vorlage, und durch dieselbe Vermittlung dürfte das Werk sein Publikum in stauferfreundlichen Kreisen, bei den Grafen von *Kyburg* und *Habsburg* zum Beispiel, bei Ministerialen und bei Zürcher Bürgern gefunden haben.

Den Auftrag zum *Guten Gerhard* hat Rudolf von dem bischöf-
lich-konstanzischen Ministerialen *Rudolf von Steinach* bekommen,
der zwischen 1209 und 1221 urkundlich nachweisbar und in der
Nachbarschaft von Hohenems beheimatet ist. Aus Rudolfs von Ems
eigenen Aussagen hat man entnommen, daß der *Gute Gerhard* sein
erstes Werk gewesen sei. Beide frühen Werke sind sehr predigthaft
und den Interessen seines eigenen Standes sowie denen seiner geistlichen und weltlichen Herren verpflichtet. Dem Kloster Cappel
kommt in Rudolfs Werdegang vielleicht mehr Bedeutung zu, als man
lange angenommen hat. Auch die Zisterzienser werden am Anfang
des 13. Jahrhunderts Prediger, und ihre Askese war schon beim
Heiligen Bernhard mit politischer Aktivität durchaus nicht unvereinbar.

Rudolf beginnt seine Geschichte von Barlaam und Josaphat mit einem Gebet
und der Angabe der Herkunft des Stoffes sowie mit einer historischen Information über die Entstehung des Mönchtums. *Avenier*, der König von Indien,
ist ein christenverfolgender Heide, der seinen Sohn Josaphat total gegen
Krankheit, Alter und Tod sowie gegen das Christentum abschrimt. Aber der
Mönch Barlaam, den Gott dorthin schickt, führt sich am Hof als Kaufmann
ein, der vorgibt, einen wunderbaren Stein zu besitzen, und wird der geheime
Vertraute und Lehrer des Prinzen Josaphat. In Gleichnissen bereitet er ihn auf
Christi Lehre vor und erzählt dann ausführlich die ganze Schöpfungsgeschich-
te, die Geschichte des Gottesvolkes bis zur Geburt des Herrn, sein Leben, Tod
und Auferstehung. Da errät Josaphat, daß dies wohl der kostbare Stein sein
müsse. Er wird weiter belehrt über die Evangelien, die Auferstehung der Toten,
über das jüngste Gericht, über die Taufe, Sünden und Tugenden, Nächstenliebe,
Gottvertrauen, Gnade. Exempel erläutern jeweils den Sinn der Lehre. Josaphat
ist erstaunt, daß diese Lehre geheim ist und hört von der Rolle seines Vaters.
Barlaam legt ihm daraufhin anhand eines Gleichnisses die Aufgabe vor, seinen
Vater zu bekehren. Auch ein Gleichnis über geistliche Armut wird erzählt. Barlaam tauft den Josaphat, muß ihn aber dann verlassen, denn sein Tun ist entdeckt worden. Josaphats Vertrauter gesteht alles seinem Vater, und Avenier
macht einen Plan: der Heidenmönch *Nachor*, der dem Barlaam ganz ähnlich
sieht, soll sich in einer öffentlichen Diskussion als gefangener Barlaam von den
Heiden bekehren lassen. Der König verspricht seinen Heidentheologen Lohn
oder Strafe — aber auch Josaphat verspricht seinem Schein-Barlaam den Tod,
falls er in der Disputation nicht siegt. Der sieht sich in die Enge getrieben, und
Gott kehrt seinen Verstand um: aus dem Munde des Heiden erklingt die Widerlegung von Heiden- und Judentum und der Beweis der Wahrheit von Christi
Lehre. Da rät man dem König, Josaphat durch die Liebe in Versuchung zu
führen und umgibt ihn mit verführerischen Jungfrauen. Die größte Versuchung
ist das Angebot einer solchen Jungfrau, die für eine Liebesnacht mit Josaphat
Christin zu werden verspricht und auch das biblische und paulinische Ehever-
ständnis zu ihren Gunsten zitiert. Aber Josaphat bleibt standhaft. Schließlich
gibt man Avenier den Rat, sein Königreich mit seinem Sohn zu teilen und ihm
sein Christentum zu lassen. Das tut er, und Josaphats Reich wird christiani-

siert, blüht und gedeiht, Aveniers Restreich siecht dahin. Da erkennt Avenier sein Unrecht, Josaphats Erzbischof tauft ihn, nachdem er von seinem Sohn belehrt worden ist. Nach vier Jahren stirbt der Vater, und Josaphat, der das Königtum seinem treuen Diener *Barachias* überläßt, nimmt unter frommen Reden Abschied, um Eremit zu werden. Nach zwei Jahren und vielen Versuchungen durch den Teufel findet er Barlaam. Barlaam stirbt bald, und Josaphat begräbt ihn. Da hat er einen Traum: er sieht für sich selbst eine herrliche Krone – und eine ebenso herrliche für seinen Vater. Barlaam verweist ihm, im Traum, das kleine Neidgefühl, das ihn bei diesem Anblick beschlichen hatte. Auch Josaphat stirbt schließlich, und Barachias läßt die beiden Leichname im Geruche der Heiligkeit in dem von Josaphat erbauten Münster beisetzen. Er läßt auch die Geschichte aufschreiben, in Griechisch, die *Johannes Damascenus* ins Lateinische und Rudolf auf Rat der Zisterzienser von Cappel und ihres Abtes Wide ins Deutsche übertragen hat – keine Ritter-, Minne- oder Abenteuergeschichte, sondern eine Lehre zur Besserung der Menschen.

Belehrend ist nicht nur die Geschichte, sie gibt auch im Überfluß Gelegenheit, Lehre als solche durch berufene Lehrer zu vermitteln: Barlaam belehrt und bekehrt Josaphat, Josaphat belehrt und bekehrt einen Vertrauten seines Vaters und seinen Vater, der falsche Barlaam belehrt gegen seinen Willen die heidnischen Kollegen. Die authentische Redehaltung der Lehre ist die direkte, belehrende Rede. Von ihr wird vorherrschend Gebrauch gemacht, zum Beispiel auch und sogar wenn Rudolf erzählt, daß Barlaam ein Gleichnis erzählt, in dem der Ratgeber eines Königs diesen König belehrt. Einerseits ist die wörtliche Rede ein Mittel, die Wahrheit des Berichteten zu unterstreichen, hat also epische Funktionen, andererseits ist ihre Funktion gerade in diesem Werk didaktisch. Zwischen beiden Funktionen der direkten Rede kommt es zu Spannungen, zumal der Autor sich im allgemeinen selber ganz mit der Lehre seiner Figuren identifiziert und dies auch von seinen Figuren voraussetzt, gar gegen ihren Willen, wie im Falle des falschen Barlaam.

Die didaktische bzw. predigthafte Literatur muß die Autorität des Sprechers voraussetzen und kann es, wenn seine Wahrheit nur die Wahrheit einer Überlieferung heiligen Ursprungs ist. Rudolf von Ems ist selber kein Priester und kein Prediger, aber er kann sich auf die Wahrheit der Quellen und die Autorität seiner Vermittler berufen. Immer gilt bei ihm die Lehrabsicht auch als erfüllt, das Problem der un- oder mißverstandenen Lehre, das doch im *Parzival* Wolframs von Eschenbach ein Zentralthema war, ist so weit aus dem Gesichtskreis verbannt, daß auch der Heide mit Gottes Hilfe nichts als die Wahrheit verkündigen kann. In der Betonung des dogmatisch Gegebenen und des heilsgeschichtlich Gewordenen ist wohl eine Reaktion auf eine tiefere religiöse Beunruhigung zu sehen, die Menschen und Institutionen dieses Zeitalters zu erschüttern drohte. Zeitgenossen wie der Heilige Franz oder die Heilige Elisabeth geben dieser Beunruhigung Raum; bei Rudolf scheint sie gebannt oder doch gebändigt. Nur die Wahrheit ist gemeint, und das Gemeinte ist die Wahrheit. Mißverständnis ist auch Mißbrauch. Darin ist aber auch das darstellerische Grundproblem verborgen: wenn die geformte Dichtung nur sagen kann, was sie sagen soll, dann gibt sie den Anspruch auf eigene, dargestellte Wahrheit oder den Anspruch auf die Wahrheit ihrer Darstellung auf. Ein Beispiel mag das erläutern.

„Kann ich den göttlichen Reichtum mit geistlicher Armut in dieser Welt hier erringen? Das sollst du mir an einem Gleichnis erklären." — So fordert Josaphat seinen Lehrer Barlaam zum Reden auf.

Barlaam sprach daraufhin: junger Herr, möchtest du das wirklich? — Ja, mein Lehrer, sehr gern erfahre ich das Gleichnis von dir und möchte es mit bestem Willen dir und deiner Lehre gemäß befolgen. — Dann mußt du werden wie ein edler Knappe, der von hoher Herkunft war. Seine Familie war ganz vor Unglück bewahrt geblieben, und sie waren auch reich an Besitz und standen in hohem Ansehen. Der Knappe war selber tapfer und klug und besaß bei seinem jugendlichen Alter die größte Tugendhaftigkeit. Da nun dieser Knappe in so hohem Ansehen lebte, wuchsen sein Glück, sein Ruhm und seine Kraft, und sein Vater warb um eine Frau für ihn, die ebenso reich und wohl erzogen war. Sie stammte aus einer der edelsten und begütertsten Familien des Landes, sie war schön, und man wußte, wie damenhaft sie sich gab. Als man dem Knappen Aussichten auf diese Ehe machte, da empfand er stärker im Herzen die Liebe zu Gott, und er dachte bei sich: Es sollte so sein, das würde mir gefallen und mir eher zusagen, daß man ihr, die reichen Besitz hat, einen Armen von edler Geburt gäbe und ich dafür eine Arme nähme, das würde sich vor Gott ziemen. So meinte er denn, seine Seele zu verlieren, wenn ihm doppelter weltlicher Ruhm und zwiefältiger Reichtum zuteil würde.

Dem allem zog er Gott vor und wollte in dieser Welt ein armer Mann sein. Er entfloh von seinem Vater und ließ seinen Reichtum dort. Er verließ das Land seines Vaters, sein Sinn stand nach Gott. Der Hitze wegen, die ihn bedrückte, verließ er den Weg und geriet in eine Wildnis, wo ein alter armer Mann sich häuslich niedergelassen hatte. Vor dessen Haustür sah er, der von der Hitze hierher Getriebene, ein schönes junges Mädchen sitzen, die Tochter des Alten. Ihr Mund sprach andächtig ein Gebet zu Gott. Mit den Händen verrichtete sie ihre Pflicht, wie es nötig war. Da trat der junge Herr näher hinzu, als er sie so löblich dort hörte und sah, und nachdem er sie begrüßt hatte, sprach er zu dem Mädchen: Liebes Mädchen, würdest du mir auf meine Frage antworten? — Frage nur, ich sage dir, was du von mir wissen willst. — Dann sage mir, meine Herrin, was du von Gott Glückliches erfahren hast, daß du ihn so heftig lobst. Du lobst ihn ja mehr in deiner großen Armut als jemand, der reichen Besitz hat und alles besitzt, was er haben möchte und was man auf der Welt haben kann. — Da antwortete das kluge Mädchen: Hast du nie gehört, daß schwere Krankheiten oft mit wenig Arznei geheilt werden? Den Menschen befreit auch oft von schwerem Kummer ein kleiner Trost. So ist es auch mit Gottes Fügung. Wenn unser Herrgott jemanden mit wenig ausstattet, dann soll er sich doch darüber freuen und ihm dafür danken. Auf diese Weise kann er mit Bescheidenheit von Gott in Zukunft größere Gabe erlangen, sei's nun nach seinem Tode oder schon, wenn er noch lebt. Ich bin die Tochter eines armen Alten. Für das kleine Geschenk, das Gott mir gegeben hat, rät mir mein Herz, Gott ewig zu loben, denn er ist überreich an Gnade. So wie er über das Geringe verfügt, so steht seiner Hand auch ein größeres Geschenk zu Gebote. Was unsere Augen an Äußerlichem sehen können, das bleibt uns nicht erhalten — ich meine den Reichtum dieser Welt. Wer davon viel zusammenbringt, dem bleibt davon so wenig, wie dem, der kaum etwas hat ... Als dem Knappen ihre große Weisheit in dieser sinnreichen Lehre vorgetragen worden war, da wunderte er sich sehr über so viel Weisheit in einem so jungen Herzen. Da trat der Vater herzu. Der junge Herr sprach folgende Bitte aus: Gib mir um meinen Dienst deine Tochter zur Frau, denn ich liebe sie, ihrer Güte, ihrer Demut, ihrer Klugheit wegen. Ihre Liebe ist immer bei mir, ihre süße Weisheit, ihr Verstand, ihre Rede und ihre Vernunft, auch ihre beglückende Schönheit haben mich ganz krank gemacht. Ich liebe sie mehr als alle Frauen, die ich je kennen gelernt habe. — Da antwortete ihm der alte Mann und sprach: Das würde sich nicht ziemen, da deine Freunde und dein Vater so reich sind, meine arme Tochter zur Frau zu nehmen. Eine Reiche paßt besser zu dir. Du solltest meiner nicht so spotten. — Der gute Knappe erwiderte: wahrhaftig, es ist mir ernst damit, ich liebe sie wirklich, wenn du sie mir nicht versagst ... Wenn ich sie bekomme, dann möchte ich hier bei dir bleiben. Ich möchte hier so gut ich kann deine Arbeit und dein Leben nach deiner Lehre auf mich nehmen. — Er legte auch gleich sein kostbares fürstliches Gewand ab und lebte in großer Armut bei jenem alten Mann. Der behielt ihn bei sich. Alles was er konnte, brachte er ihm bei: hacken, roden, Holz tragen und oft aus Not mancherlei Not beklagen, die er treu ertrug. Er ließ ihn sich sehr abmühen und ein Leben führen, das er nicht gewöhnt war, konnte ihn aber doch durch die Arbeit nicht dazu bewegen, an seinem Entschluß zu zweifeln ... Als der alte Mann sah, daß der Knappe mit seiner treuen Bitte nicht aus Spott seine Tochter von ihm erbeten hatte und daß er demütig so viele Mühen um des klugen Mädchens willen ertragen hatte und seine Treue nicht ins Wanken geraten war, da wollte er ihm seine Tochter gern geben. So bekam er sie. Beide freuten sich darüber, für Vater und Tochter wurde er ein lieber Hausgenosse ... Der Schwiegervater sagte zu dem Knappen, als er seine Treue erkannt hatte, deren züchtige Tugend kein junges Mädchen um seine Tugend betrogen hatte: mein tugendhafter Sohn, liebes Kind, da du meinetwegen und um meiner Tochter willen auf deine reichen Freunde und deinen Reichtum verzichtet hast, will ich dich für den verlorenen Reichtum entschädigen, da du denn mein Erbe bist, und will dir mehr Reichtum geben, als dein Vater und deine Freunde je zusammengebracht haben, mehr als alle jene, deren Tochter dir versprochen war. — Er sagte: Vater, was du mir an Gutem antust, darüber freue ich mich, aber ich will doch wagen, dies zu sagen: Dein Mund hat mir jetzt etwas versprochen, was ich nicht von dir erwartet habe. Mein Herz ist nie auf die Spur dieser Gedanken und Hoffnungen gelangt ... Sein Schwiegervater sprach, der alte Mann: Sohn, komm mit mir. Du sollst die Wahrheit sehen, und noch mehr, als ich dir versprochen habe. — Damit führte er ihn in seine Vorratskammer. Da fand er volle Kisten neben vollen Schreinen. Was darin war, sah er sogleich: nichts als edles und teures Gold, Silber und Edelsteine, mehr als er je gesehen hatte oder als ihm der Schwiegervater versprochen hatte. Das überließ er ihm alles und ließ es in seinen Besitz übergehen ...

Die Lehre dieses Gleichnisses ist klar. Es handelt sich um die Gegenüberstellung von irdischer Armut und himmlischem Reichtum, um den Segen der Armut. Barlaams Ausdeutung ist allerdings noch präziser: Er ist der alte Mann, so fährt er fort, seine Tochter ist seine und Gottes Lehre und sein Gewinn ist himmlischer Lohn. Nur diese Deutung ist autorisiert, nur sie gilt, wenn sie auch einen Bedeutungsüberschuß des Gleichnisses unbenutzt läßt. In der Tat will Barlaam den Josaphat nicht zum Asketen machen. Er läßt ihn sogar absichtlich in seiner fürstlichen Rolle und verlangt nicht, daß er die Armut wählt, wie es der reiche Knappe tut. Die ganze Gleichnismaschinerie beruht also lediglich auf dem metaphorischen Gebrauch des Begriffs ‚himmlischer Reichtum‘, den die Befolgung von Gottes Lehre im Jenseits verspricht. Wenn nun der Gedanke weltlicher Armut auch von Barlaam nicht aufgegriffen wird, so bildet er im Gleichnis selber doch ein zentrales Motiv: Gottes Minne läßt den Knappen nicht nur auf die reiche Heirat, sondern auch, wie zuerst nicht geplant, auf seinen eigenen Reichtum verzichten und ein armes Mädchen heiraten. In Wirklichkeit scheint er aber zum Reichtum verdammt, denn der Vater des Mädchens ist ja gar nicht arm. Der Segen der Armut wird demonstriert, ohne einen einzigen Armen zu bemühen!

Auch in der nicht autorisierten Deutung bleibt das Gleichnis also seltsam doppelzüngig. Es läßt sich zwar verteidigen, indem eben nur der gute Wille, die edle Absicht und Treue demonstriert werden sollen, die ja durch das unerwartete materielle Erbe schließlich nicht beeinträchtigt werden können. Was kann der Knappe dafür, wenn sein Schwiegervater doch reich ist? Die erste Deutung Barlaams lautete: Hieran sollst du erkennen, daß die göttliche Hilfe den Seinen mehr zu geben hat als irgendjemand in seinem Verstande ausdenken kann. Wie das gemeint ist, ist klar. Aber trotzdem steht auch hinter dieser Deutung jener eigentümliche Mechanismus des Schicksals, durch den man zu Reichtum gelangt, indem man auf ihn verzichtet.

Der Gute Gerhard

Das ist es nun gerade auch, was den Lebenslauf des Guten Gerhards kennzeichnet: Dieser Kölner Kaufmann löst mit seiner gesamten Schiffsladung an teuren Waren, mit der er an die heidnische Küste von Marokko gespült worden ist, christliche Ritter und die zukünftige englische Königin aus, die er auch noch in Köln bei sich beherbergt, bis ihr angetrauter Bräutigam wiedergefunden ist. Obwohl die

Befreiten das verlorene Kapital nicht zurückerstatten, ist seine Bilanz positiv, ja die Aussicht, durch das Ausbleiben des englischen Königs die Prinzessin mit seinem Sohn zu verheiraten, bringt diesem selber den erzbischöflichen Ministerialenstatus und Rittertitel ein, sowie ein Ansehen, das kein Kaufmann je besessen hat. Aber Gerhard verzichtet auf diese Aussicht im Augenblick, wo Willehalm erscheint und sorgt dafür, daß der seine Gemahlin und den englischen Thron wiederbekommt, eben durch eine dritte Verzichtsleistung: die englischen Barone (es sind die von ihm befreiten) wollen ihn selber zum König machen. Aber auch geringere Dankesbezeugungen feudaler Art wie das Herzogtum Kent schlägt er aus und nimmt vom gesamten ihm gebotenem Reichtum nur eine Spange. Aber sein Kapital hat unter all dem nicht gelitten: der Verlust des ersten Schiffes in Marokko, die teure höfische Lebensführung mit Turnier und Schwertleite des Sohnes, die Ausrüstung der Englandexpedition für Willehalm, das alles hat ihn nicht ärmer gemacht. In Köln, wohin *Kaiser Otto* von Gott geschickt wird, um sich über die Güte dieses Kaufmanns unterrichten und belehren zu lassen, ist jener wie vordem — oder noch mehr — der reiche und Gute Gerhard.

Aber hierum geht es im *Guten Gerhard* eigentlich nicht. Gerhards Geschichte geschieht gar nicht, sondern wird von ihm selber erzählt, und zwar auf Bitten und Drängen Kaiser Ottos, der von Gott selber dazu aufgefordert worden ist. Er hatte sich eingebildet, durch viele fromme Werke Gottes Lohn verdient zu haben, und Gott gebeten, ihm schon hienieden seinen himmlischen Lohn zu zeigen. Gerhards von Gott offensichtlich anerkannte Güte soll ihn belehren und bessern. Das geschieht auch, und Otto sorgt für die Niederschrift dieser Geschichte.

Es ist nun nicht so sehr die erbauliche Lehre des Werks, Selbstruhm zu meiden, Gott wohlgefällig zu handeln und ihm das Gelingen anheimzustellen, die es in moderner Zeit bekannt gemacht hat, sondern die Tatsache, daß sein Held ein Kaufmann ist, und zwar eine Art von Patrizier mit höfischen Lebensformen. Friedrich Sengle hat versucht, den *Guten Gerhard* als „Patrizierdichtung" in Verbindung zu bringen mit der städtischen Realität von Köln im 13. Jahrhundert und den gesellschaftlichen Anspruch des Bürgertums hier ausgedrückt gefunden. Das hat der Überprüfung durch spätere Forschung nicht standgehalten: „Was die stadt- und standesrechtlichen Vorstellungen des Guten Gerhards betrifft, so ist diese Dichtung aus der Sicht eines konservativen bischöflischen Ministerialen geschrieben", formuliert Xenja von Ertzdorff[12]; und Urs Herzog bezeichnet den

Guten Gerhard als eine „höfische Dichtung, bis zu innerst feudal-höfisch wie nur irgendeine".[13] Werner Wunderlich kommt zur Ansicht: „nicht nur der Verzicht auf politische und soziale Emanzipation und Autonomie sowie die Beschränkung auf erfolgreiche wirtschaftliche Tätigkeit wie im Falle von Gêrharts Vater gereicht dem Meliorat zur Ehre, sondern erst die unbedingte und selbstlose Unterstützung der traditionellen Feudalordnung legitimiert den Anspruch des Bürgertums auf ritterlich-höfische Selbstverwirklichung und eine unbestrittene Position in diesem Gesellschaftssystem."[14]

Analysiert man den *Guten Gerhard* nach den Gesetzen seines eigenen Entwurfs in der Tradition des höfischen Romans, dessen Helden einen Weg mit einem Ziel zurücklegen, dann erscheint auch in ihm so etwas wie eine Entwicklung, die aber doch auch die Güte des Helden, mindestens am Anfang, beeinträchtigt. Wolgang Wallizcek versucht, die „Werkgestalt" als solche zu befragen, und gelangt zu dem Ergebnis, daß Gerhard wirklich gut ist, seiner Rolle gemäß: Gerhard „profiliert sich als vorbildhafte, von Gott autorisierte Helfer-Gestalt, deren demonstrative Leistung nicht nur das weltliche ‚Heil' der Mitmenschen herstellt und einen dauerhaften Glückszustand für sie erwirkt, sondern ebenso dem Kaiser zur religiösen Erkenntnisversicherung gereichen kann. Mit der musterhaften Helfer-Rolle erscheint im Handlungsvorgang zugleich Gêrharts wachsende Kompetenz als Ratgeber und geistlicher Beistand verknüpft".[15]

Wallizcek hat den Dichter beim Wort genommen, aber nicht bei seiner Sprache. Es scheint mir interessant, hier einige Hinweise auf eine Lektüre des *Guten Gerhard* zu geben, die der Form des Werks tiefere Aussagen entnimmt, als die Beteuerungen des Dichters und seines Guten Gerhard geben können.

Daß die Güte des Guten Gerhard eine Gegebenheit sein soll, steht außer Zweifel. Gerade diese Tatsache erübrigt aber das aktive Verständnis der erzählten Ereignisse, die allesamt mit dem abgesicherten Anspruch auftreten, Gerhards Güte zu exemplifizieren. An zwei vergleichbaren Szenen sei auf die Problematik einer solchen Struktur hingewiesen.

Als der Heide *Stranmur* in Marokko dem Kaufmann Gerhart sein Tauschangebot gemacht hat, geht dieser mit sich zu Rate und gelangt mit Hilfe einer Engelsbotschaft zu der christlichen Entscheidung, den Gefangenen einen „unverzinsten Kredit ohne Terminbindung" (Wallizcek S. 37) zu gewähren, indem er von den Gefangenen Schadensersatz erwartet und von Gott Lohn erhofft. Daß diese Entscheidung so mühsam gewonnen und präzis kalkuliert wird, könnte eben den Eindruck entstehen lassen, daß Gerhards Güte durchaus noch entwicklungsfähig ist, wenn er auch auf das von Stranmur vorgeschlagene Geschäft verzichtet und seinen Kredit zu äußerst günstigen Bedingungen gewährt.

Diesem juristisch so konsequent ausgearbeiteten Vertrag haftet aber ein schlimmer Fehler an: Um gültig zu sein, müßten beide Parteien in ihrer Entscheidung frei sein! Die Gefangenen sind es nicht, sie sind nicht die Vertragspartner, für die Gerhard und der Autor Walliczek sie ausgeben. Grob gesagt ist gerade die Unfreiheit der Gefangenen hier ein Druckmittel, das Gerhard vertraglich zur Anerkennung seiner Schadensforderung einzusetzen versucht, ein durchaus zwielichtiges Vorgehen. Aber indem wir so denken, interpretieren wir nicht im Sinne des Autors. So soll Gerhard nicht verstanden werden, und Gott und der Autor und Walliczek erheben ihren Zeigefinger, um uns zu bedeuten, daß man ihn also auch nicht so verstehen darf.

Diese Situation wiederholt sich später in Köln. Die Prinzessin *Erêne* hört nichts von ihrem verlorenen Bräutigam Willehalm, so daß Gerhard den Plan einer Heirat zwischen ihr und seinem Sohn faßt. Was der Leser verstehen soll, hat Walliczek deutlich gesagt, wenn er Gerhards Antrag an Erêne kommentiert: ,,Nur die Absicht, Erêne Hilfe anzubieten, motiviert also Gêrharts Entschluß, der *küniginne* die Heirat mit seinem Sohn nahezulegen. Aus der Tatsache aber, daß der Handelsherr über diese Aussicht sich offen freut, läßt sich einfach kein Vorwurf ableiten, der die Lauterkeit seiner Intention in Frage stellte" (S. 18). Aber wieder ist diese Entscheidung die einzige, die Erêne treffen kann. Bedenkt man, mit welcher Leichtigkeit später eine Expedition nach England ausgestattet wird, dann scheint die Frage erlaubt, warum in den zwei Jahren nicht nach König Willehalm gesucht worden ist. Ungewollt hat der Autor denn auch, in den Worten Gerhards, der Erêne zitiert, diese Perspektive der Prinzessin niedergelegt:

Was du willst, das will auch ich, denn das ist nur recht und billig. Und wenn du mir befehlen würdest, deinen Knecht zum Mann zu nehmen nach deinem Ratschluß, dann würde ich es gern und ohne Heuchelei tun; denn du und unser Herrgott haben mir Leben (*lîp*) und Wohlergeben (*leben*) neu geschenkt. (3150 ff.)

Sie ist hier nicht nur materiell von Gerhard abhängig — was er ihr auch sagt (3140—3144) — sondern vor allem moralisch. Da mag er ihre Gegenwart noch so sehr ,,als unverdientes Geschenk" (Walliczek) empfinden, da mag menschliche Vollkommenheit alle ständischen Grenzen aufheben (Brackert S. 51), Gerhards Güte behält wiederum den Nachgeschmack der Diskrepanz zwischen dem autorisierten und dem verbotenen Verständnis der Szene. Oder ist Güte etwa, wenn man jemandem aus etwas keinen Vorwurf machen kann?

Walliczeks konsequente Rehabilitierung des Guten Gerhard zeigt diese strukturelle Konstante: Gerhard ist durchgehend rehabilitierbar, die autorisierte Interpretation läßt sich durchsetzen, aber sie bedarf eben auch der Durchsetzung.

Nun könnte es kleinlich scheinen, an den Taten Gerhards herumzumäkeln, wo doch das entscheidende Moment nicht die guten Taten, sondern die Tugend der Bescheidenheit im Verzicht auf Eigenlob darstellt. Und gerade hier möchte der Text keinen Zweifel aufkommen lassen: *ich bin niht guot*, sagt der Gute Gerhard (V. 6613) und beweist damit, nach der paradoxen Forderung des formalistischen Bescheidenheitsgebots, seine von Gott, dem Kaiser und dem Autor behauptete Güte. Aber auch diese klare Aussage nimmt der Held — rhetorisch abgesichert — zurück, weil er die Bescheidenheit schließlich nicht so weit zu treiben braucht, dem lieben Gott zu widersprechen:

Ich bin ein so sündiger Mensch, daß ich euch nun nicht weiter berichten kann, Gutes getan zu haben, als was ich schon erzählt habe. Wenn das denn gut ist, so habe ich es allerdings getan. Ich kann aber nicht von mir sagen, daß ich mit Herz und Sinn noch öfter und mehr Gutes um Gottes Willen getan hätte. (6617)

Aber das war ja auch nicht verlangt! Der Gute Gerhard kann beruhigt sein, wenn er um seine Bescheidenheit fürchtet — und doch führt eben dieses Gespräch mit dem zu belehrenden Kaiser ihn dazu, wenn auch verklausuliert, seine eigene Güte zuzugeben, für die sein beständiger Geschäftserfolg ein äußerliches Zeichen zu sein scheint. Wiederum wird man Gerhard doch wohl keinen Vorwurf daraus machen wollen, daß er sich zu seinen guten Taten bekennt.

Noch umständlicher wird vom Autor Vorsorge getragen, daß Gerhards Bericht über seine Taten, der ja allein dem Zwecke dienen soll, Kaiser Otto über die Sünde des Selbstrühmens zu belehren, nicht seinerseits in Selbstruhm umschlage. Kaiser Otto, der es ja von Gott selber weiß, versichert:

Es ist nicht gegen Gottes Gebot, wenn ich dich um Gottes Willen bitte, mir nichts zu verschweigen und mir die ganze Wahrheit zu sagen. —

und Gerhard antwortet:

Herr, wenn es denn sein muß, so kennt Gott doch meinen Willen, daß ich es gezwungenermaßen tue, und nicht um Ruhm in der Welt dafür zu erlangen. (V. 1109 ff.)

Ab hier wird der Roman die Ich-Erzählung Gerhards sein, und der Autor Rudolf motiviert diesen Kunstgriff mit dem Hinweis auf die Wahrheit:

Da es nun dahin gekommen ist, daß er es selber erzählen will, so laßt mich nun schweigen und lassen wir ihn selbst den wahrhaftigen Ursprung davon berichten, daß er jenen Namen bekam und der Gute genannt wurde.

Das ist also die paradoxe Bedingung dieser Redehaltung: Gerhard soll wahrheitsgemäß erzählen, wie es dazu kam, daß er der Gute heißt — ohne sich selber zu rühmen. In der Tat wird man ihm das, formalistisch gesehen, an keiner Stelle vorwerfen können, eben weil Gerhard immer nur berichtet, was andere zu ihm und über ihn gesagt haben. Aber so wahrheitsbewußt wie der Dichter Rudolf ihn direkt sprechen läßt, so wahrheitsbewußt zitiert nun auch Gerhard die Worte seiner Lobredner und verlangt vom Kaiser und von uns, daß wir sie nicht als seine Worte verstehen. Die Zweideutigkeit des Kunstmittels der zitierten Rede liegt eben darin begründet, daß es formalistisch gesehen nicht seine Worte sind, daß aber trotzdem er es ist, der sie spricht. So hätte er bescheiden sagen können, daß der alte Ritter vor der Königin ihm das Wort gelassen habe, anstatt an Gerhards Stelle zu sprechen, wie dieser gewünscht hatte. Gerhard aber zitiert genau, was jener zu ihm gesagt hat:

Nein. Der Schatz des Glücks ziert dein Gemüt. Nach der Blüte der Weisheit ist dir die Frucht des Glücks gewachsen. Gott war sehr wohlwollend, als er dir das menschliche Leben in solcher Tugendhaftigkeit zu schenken geruhte. Du bist so voll reiner Weisheit — dein Mund soll selber sprechen. (V. 2168 ff.)

Darauf antwortet Gerhard, d. h. er zitiert auch sich selber in direkter Rede.

Gegen Ende des Romans, nachdem Gerhard den englischen König wieder in seine Rechte eingesetzt hat, will dieser seinen Wohltäter belohnen und hält in Gegenwart seiner Gefolgschaft vor Gerhard diese Rede, die der Kaiser nun aus seinem eigenen Munde erfährt:

131

Hier sitzt der Begründer meines Glücks, dessen Vermögen und dessen Wohlwollen mich frei gemacht haben, durch den Gott mir Leib und Leben, Reichtum, Glück und Ehre geschenkt hat. Ich hatte Reichtum, Freude, ja mein
Leben, Verwandte, Leute, Freunde und meine Gattin verloren. Es hatte sich
mir durch Eid verbunden das größte Unheil, das je ein Mensch bei seinem
Leben erfuhr. Das alles kaufte mir sein Gut zurück. Gott, der nichts als Wunder wirkt, der gab in seine Hand mein Weib, Freunde, Land, Krone und Leben mit seiner Macht, so daß ich aus meinem Land vertrieben war, bis er kam.
Weil er so tugendhaft ist, hat er mich wie sein eigenes Kind geliebt, ja die
Vaterliebe war nichts für ihn im Vergleich zu jener Liebe, die sein Herz mir
gegenüber empfand. Aus Liebe zu mir trennte er mit seinem guten Herzen
meine Frau von seinem Sohn. Ein überreiches Gut scheint mir die große Güte,
die liebe Demut, in der er mich auch weiter mehr liebte als sich selbst.

Das klingt fast wie ein Christuslob und besingt hymnisch die Güte
des Guten Gerhard, interpretiert durch dessen eigene Stimme!

Freilich, die Ich-Erzählung Gerhards als Grundstruktur des Werks
ist mit Bedacht gewählt. Kaiser Otto soll belehrt werden und wird
belehrt durch eine Rede, deren Autorität dadurch garantiert erscheint, daß der Betroffene selber spricht. Auch die zitierten direkten Reden, in denen Gerhard gerühmt wird, sind als solche autorisiert und erlauben eben ein rühmendes Urteil über Gerhard, das dem
didaktischen Zweck – der Belehrung Kaiser Ottos und der Besserung
der Christenheit (V. 6802) – bestens dient. Aber die zwei Funktionen der direkten Rede, die epische Ich-Erzählung und die didaktische Beurteilung des Helden, überlagern sich: Gerhard ist gezwungen,
sich selber in den zitierten Reden seiner Schützlinge zu rühmen.
Diese Struktur kennzeichnet den ganzen Roman, der so gegen den
Strich gelesen einer gewissen Peinlichkeit nicht entbehrt, man
lese zum Beispiel die Dankrede der durch Gerhards Eingreifen begnadig-
ten Aufrührer (V. 6315–6373).

In Hochachtung vor der unbezweifelten Lehre hat der Leser in
bezug auf die Wahrheit der künstlerischen Form ein Auge zuzu-
drücken: Man kann Gerhard keinen Vorwurf daraus machen, daß er
die Reden seiner Schützlinge genau zitiert.

Es scheint mir nun, daß wir hier sowohl die Intention als auch die
Problematik eines Werkes berühren, das einerseits auf die Perspektive
der Ministerialität innerhalb des Feudalismus eingeschworen ist: so
treue Kaufleute nützen ihren Herren! –, das andererseits aber in der
christlichen Lehre einen überständischen, allgemeingültigen Bezugspunkt sucht, durch den seine ständischen Interessen gedeckt werden
können. Es ist dieser Widerspruch, der sich als kompositorischer
Bruch durch das Werk zieht. Durch formalistische und willkürliche

Eingriffe des Autors soll er überbrückt werden. Nur der Autor muß verantworten, daß Gott den Helden für exemplarisch gut hält und daß er dem Guten Gerhard zugemutet haben soll, seine Geschichte zu erzählen.

Nur Gott allein kann aber die Wahrheit zugleich leben und lehren, der Gute Gerhard und Rudolf von Ems als sein Schöpfer müssen sie sich anmaßen. Das Werk, das aus dieser Situation entspringt, ist so gespalten wie das Affirmationsbedürfnis seines Autors, der die von Gott autorisierte christliche Lehre in Harmonie mit seinen Standesinteressen sehen möchte.

Die Lektüre des *Guten Gerhard* ist für uns spannender als seine Geschichte und seine Lehre, und die Spannung rührt daher, daß paradoxerweise alles klar sein soll, ohne daß je irgend etwas geklärt werden kann. Vielleicht ist damit auch die historische Schaffensproblematik unseres Dichters in seiner Gegenwart angedeutet.

Anmerkungen

1 Die Geschichte der wissenschaftlichen Beurteilung Rudolfs beschreibt: Xenja von Ertzdorff: Rudolf von Ems — Untersuchungen zum höfischen Roman im 13. Jahrhundert, München 1967, S. 27—50

2 Helmut Brackert: Rudolf von Ems. Heidelberg 1968

3 Xenja von Ertzdorff, a.a.O.

4 Helmut Brackert, a.a.O., S. 7

5 Rüdiger Schnell: Rudolf von Ems — Studien zur inneren Einheit seines Gesamtwerkes. Bern 1969, S. 7

6 Werner Wunderlich: Der „ritterliche" Kaufmann — Literatursoziologische Studien zu Rudolf von Ems' *Der guote Gêrhart*. Kronberg 1975, S. 28

7 Roy Wisbey: Das Alexanderlied Rudolfs von Ems. Berlin 1966, S. 25 f.

8 Ausführlich hierzu Brackert und von Ertzdorff

9 Hugo Kuhn: Minnesangs Wende. Tübingen ²1967, S. 150

10 Helmut Brackert, a.a.O., S. 222

11 ibid. S. 224

12 Xenja von Ertzdorff, a.a.O., S. 75

13 Urs Herzog: Die Erlösung des Kaufmanns. In: Wirkendes Wort 24, 1974, S. 372—387

14 Werner Wunderlich, a.a.O., S. 229

15 Wolfgang Walliczek: Rudolf von Ems *Der guote Gêrhart*. München 1973, S. 150 f.

Literaturhinweise

Rudolfs von Ems Weltchronik. Hg. v. Gustav Ehrismann. Dublin/Zürich 1967 (= Deutsche Neudrucke)

Rudolfs von Ems *Willehalm von Orlens*. Hg. v. Victor Junk. Dublin/Zürich 1967 (= Deutsche Neudrucke)

Rudolf von Ems: Alexander — ein höfischer Versroman des 13. Jahrhunderts. Hg. v. Victor Junk, Darmstadt 1970

Rudolf von Ems: Barlaam und Josaphat. Hg. v. Franz Pfeiffer. Berlin 1965 (= Deutsche Neudrucke)

Rudolf von Ems: *Der guote Gêrhart*. Hg. v. John A. Asher. Tübingen 2. Aufl. 1971 (= ATB Nr. 56)

Roy Wisbey: Das Alexanderbild Rudolfs von Ems. Berlin 1966

Xenja von Ertzdorff: Rudolf von Ems — Untersuchungen zum höfischen Roman im 13. Jahrhundert. München 1967

Helmut Brackert: Rudolf von Ems. Dichtung und Geschichte. Heidelberg 1968

Rüdiger Schnell: Rudolf von Ems — Studien zur inneren Einheit seines Gesamtwerkes. Bern 1969

Wolfgang Walliczek: Rudolf von Ems *Der guote Gêrhart*. München 1973

Werner Wunderlich: Der „ritterliche" Kaufmann — Literatursoziologische Studien zu Rudolf von Ems' *Der guote Gêrhart*. Kronberg 1975

5. Konrad von Würzburg

Zur Biographie des Autors

Konrad von Würzburg verkörpert — verglichen mit den Autoren vom Beginn des 13. Jahrhunderts, mit *Hartmann von Aue, Wolfram von Eschenbach* oder *Gottfried von Straßburg* — einen neuen Typ des Schriftstellers. Das zeigt sich schon darin, daß er vielseitig ist wie kein anderer; er hat sich in allen epischen und lyrischen Gattungen ausgedrückt. Von ihm gibt es kurze Erzählungen, Legenden, höfische Romane und ein stofflich antikisierendes Großepos (den *Trojanerkrieg*), er hat religiöse Leiche, Liebeslieder und Spruchlieder gedichtet. Diese Vielseitigkeit erlaubt ihm seine Fähigkeit, sich, als geschehe es völlig mühelos, in einer eleganten und flüssigen, häufig aber auch eher preziös als präzis formulierten Verssprache auszudrücken. Gerade dies Vermögen, alles gewählt formulieren zu können, das sich steigern kann bis zum verstiegen virtuosen Reimspiel einiger seiner Gedichte[1] oder zur schier endlosen Flut von Bildern und Vergleichen in seinem Marienpreis, gerade diese Verfügbarkeit poetischen Könnens ist es allerdings, die die Beurteilung dieses Autors immer schwierig machte. Auch er galt, wie *Rudolf von Ems*, als der Epigone, was hieß: Der mit gefälligem Talent Nachahmende, der aber eigentlich an den Problemen dieser von ihm exekutierten Literaturformen keinen inneren Anteil hat. Nun ist seit längerem unbestritten, daß so zu urteilen heißt, normativ zu verfahren, und damit eventuell gerade das historisch Neue zu verfehlen. Jedoch auch die Ablehnung des Prädikats „epigonal" löst nicht die Schwierigkeiten des Urteilens. Zur Fundierung eines Urteils allerdings scheint mir zuerst nötig, sich die veränderten Bedingungen des Produzierens bei Konrad deutlich zu machen.

„Neuer Autorentyp" meint nämlich auch, daß Konrad sich dezidierter als Künstler versteht. Er artikuliert dieses Selbstverständnis in zwei sich vordergründig widersprechenden Argumentationsreihen. So betont er immer wieder in den Prologen zu seinen Werken, daß er dichte, weil er die Begabung dazu habe, und es ihn dränge, so zu tun, gleichgültig ob dies jemand schätze oder auch nur bemerke. Dieser

Tendenz, Literatur nicht aus ihrer Funktion, sondern bloß aus dem eigenen produktiven Vermögen zu begründen, steht die immer wiederholte Klage über den Niedergang der kulturellen Bedürfnisse der Gesellschaft seiner Zeit, steht die Verurteilung einer Gesellschaft, die nur noch niveaulose Unterhaltung fordere und literarische Qualität nicht mehr zu schätzen wisse, gegenüber. Läßt sich nun der hervorgekehrte Künstlerstolz als Reaktion auf diese Entwicklung begreifen, so muß es verwirren, wenn sich in diesem Zusammenhang immer auch die Beteuerung findet, daß Dichtung einen hohen ideellen und praktisch erzieherischen Nutzen habe. (Ein ausführlicher behandeltes Beispiel dafür wird unten bei der Besprechung des *Engelhard*-Prologes gegeben). Diese divergierenden Gedankengänge scheinen einen Reim zu machen, wenn man sie projiziert auf die Position eines Autors, der im ausdrücklichen Auftrag schreibt und dadurch in einer Art Lohnverhältnis steht. Konrads Schriftstellerei hat Züge einer handwerklichen Auftragsproduktion.

Wenn man auch Konrads Biographie nicht lückenlos rekonstruieren kann und es deshalb unsicher bleibt, ob er (wohl zwischen 1225–30 geboren) wirklich aus Würzburg stammt und über Straßburg (wo er Auftraggeber hat) nach Basel kam, so ist doch sicher, daß er den größten Teil seines Lebens in Basel lebt. Er ist dort offenbar als Autor geschätzt, denn er erhält Aufträge von vielen politisch einflußreichen und besitzenden Leuten dieser Stadt (im Prolog der Werke wird der jeweilige Auftraggeber gebührend hervorgehoben). „Alle einflußreichen Stände und Klassen der Baseler Bevölkerung" finden sich unter Konrads Gönnern: Der „auswärtige Hochadel", der „Stadtadel", „Bürger" und der „ländliche Ritterstand".[2] Diese Auftragsarbeiten scheinen Konrad einen leidlichen Reichtum ermöglicht zu haben, denn er besaß ein Haus in Basel. Ob er 1287 dort oder in Freiburg[3] starb, ist ungewiß.

Konrad, so wird aus all dem deutlich, ist ein „bürgerlicher" Autor in dem Sinne, daß er für eine städtische Oberschicht schreibt, die feudalaristokratische Lebensweise und aristokratisches Selbstverständnis (häufig auch nur Attitüden) ebenso charakterisieren, wie die nicht mehr nur feudale Art ihres Wirtschaftens, der Herkunft ihres Reichtums, ihrer politischen Praxis. Konrads Themen und Genres sind Ausdruck der Wünsche oder auch des Geschmacks dieser Auftraggeber. Obwohl nun der gemeinsame Lebensraum von Autor und Publikum die Stadt ist, stammen aus ihr nicht Konrads literarische Themen. Erfahrungen und Probleme städtischer Existenzweise gehen allenfalls indirekt in die Darstellung ein.

Die Orientierung an der Vorstellung der Auftraggeber, ist mit ein Grund für die Vielfalt von Konrads Oeuvre. Denn die universelle literarische Fertigkeit ist immer auch der Beweis einer Qualifikation, die Voraussetzung für die entsprechenden Aufträge ist.

Schließlich provoziert die vielfach vermittelte, mehr oder weniger sublime Abhängigkeit dieses Verhältnisses zwischen Mäzen und Autor bei diesem die Reflexion über die eigene Rolle. Die potentielle Funktionslosgikeit in einer sozialen Umgebung, der pragmatisches und berechnendes Verhalten weiß Gott nicht fremd sind, – schließlich stellt der Autor von Erzählungen, Liedern und Romanen nichts unmittelbar Nützliches her, wie es andere Kunst-Handwerker tun – diese drohende Funktionslosigkeit verleitet zu jenen irrationalen Projektionen einer künstlerischen Autonomie ebenso, wie zur Beteuerung des handfesten Nutzens der Verse, die man macht. Nicht zuletzt wird die Tatsache, daß die Werke ihre Entstehung dem Auftrag eines Gönners verdanken, wird dieses ausdrückliche Mäzenatentum städtischer Reicher eine Tendenz zur Veräußerlichung des Kunstwerks zum Ostentationsobjekt verstärken. Dies scheint mir eine andere Facette der Virtuosität Konrads zu sein: Der Glanz des Kunststücks und die beflissene Idealität der Helden sind Medium des Prestigewertes eines Literaturwerkes.

Die Erzählungen

Konrad von Würzburg auf kurzem Raum in allen seinen Genres vorzustellen, ist unmöglich. Ich werde den Akzent auf die Vorstellung einiger seiner erzählenden Werke setzen, um an ihnen Leistung und Problematik der Konradschen Dichtung zu entfalten. Seine Minne- und Spruchlyrik hebt sich eigentlich nicht ab von der Produktion anderer Autoren der Zeit. Seine Liebeslieder sind entweder Reim-Klang-Spiele oder geschmackvoll stilisierte, sich erlesen gebende Vergegenwärtigung des Einklangs von Naturschönheit und Liebesglück oder der Schönheit der Frauen.[4]

Seine Spruch-Töne behandeln ebenfalls das gängige Repertoire. Sie reflektieren über die Gefährdung überlieferter ethischer Normen, tadeln Geiz, Ehrlosigkeit, Schlechtigkeit, und greifen religiöse Themen auf. Eher eine Ausnahme ist der politische Preis auf *Rudolf von Habsburg.*

Unter seinen epischen Werken hat man immer die kurzen Erzählungen, die wohl früh, d.h. Ende der 50er und Anfang der 60er

Jahre, entstanden sind, als den gelungensten Ausdruck seines Talents bezeichnet. Die straffe Komposition des Geschehnisablaufs und die sprachlich nuancierte Entfaltung der psychischen Situationen wurden als ihre Vorzüge bezeichnet. In den größeren Werken hingegen sah man einen Mangel an der Fähigkeit, den Stoff zu disponieren. Mir scheint das Urteil über die Romane Konrads problematisch, für die Erzählungen trifft es sicherlich zu. Ich will versuchen an zwei Beispielen einen Eindruck von ihnen zu geben.

Das *Herzmaere*[5] erzählt die Geschichte vom gegessenen Herzen. Es beginnt mit der Beteuerung, daß die eigene Zeit es nötig habe, sich am literarischen Beispiel eine Vorstellung davon zu bilden, was ,reine' Liebe sei; auch am Ende der Erzählung wird noch einmal die Klage darüber angestimmt, wie heruntergekommen das sei, was die Zeitgenossen unter Liebe verstünden. Konrad zitiert dazu das große Beispiel *Gottfrieds von Straßburg*, der durch seine Erzählung die Sensibilität seiner Hörer für die großen Gefühle gebildet habe.

Er erzählt dann von der überaus starken Liebe eines Mannes zu einer verheirateten Frau, deren Ehemann diese Leidenschaft bemerkt und ihr vorzubeugen sucht, indem er eine Wallfahrt nach Jerusalem plant — in der Hoffnung, daß längere räumliche Trennung auch die stärkste Leidenschaft erlahmen lasse. Die Hoffnung ist natürlich falsch, wie die Geschichte in überraschender Wendung erweisen wird. Die Frau, als sie vom Plan erfährt, überredet ihren Freund, diese Wallfahrt als erster anzutreten, um so die Zweifel des Mannes zu zerstreuen, der auch prompt auf die Nachricht von dessen Abreise zu Hause bleibt.

Der Wallfahrende leidet aber so sehr unter der Trennung, daß er stirbt. Zum Zeichen seiner unwandelbaren Treue beauftragt er seinen Diener, ihm nach dem Tod das Herz aus dem Körper zu schneiden und es der geliebten Frau zu senden. Das alles geschieht, aber bevor der Diener das Kästchen, in dem das Herz ist, der Frau übergeben kann, gerät es in die Hände des Ehemanns, der natürlich versteht, was dieses Zeichen soll. Er läßt das Herz braten und gibt es seiner Frau zu essen. Ihr aber, nach der Mahlzeit einigermaßen höhnisch über die Herkunft des gegessenen, delikat schmeckenden Bratens aufgeklärt, bricht auf der Stelle das Herz.

Diese krasse, dem heutigen Leser wenig appetitlich erscheinende Geschichte, soll mit der extremen Drastik des äußeren Geschehens um so eindrücklicher die Intensität des inneren Erlebens demonstrieren. Konrad erzählt sie so, daß er dieses bedingungslose Gefühl mit Gottfriedschen Antithesen und Wortzauber beschreibend zu beschwören sucht (V. 29 ff., speziell 38—49), was ihm eher affirmativ, als literarisches Zitat, gerät, weil die Personen, die Träger dieses Gefühls sein sollen, ganz unprofiliert bleiben.

Daneben kennt er aber eine fast kühle und beobachtend genaue Wiedergabe sinnlicher Eindrücke, eine detaillierte Wahrnehmungsfähigkeit und den eloquenten sprachlichen Ausdruck der Drastik von

Körperzuständen (V. 298 ff.; 414 ff.). Diese Kombination rhetorisch-affirmativer Gefühlshaftigkeit und der Faszination durch den Ausdruck physischer Zustände deutet auf ein Hohlwerden der alten Werte, die immer noch dazu dienen müssen, das eigene Selbstverständnis zu bestimmen. Zugleich bedeutet dies ein Vordringen vorurteilslos werdender Wahrnehmung des empirisch Gegebenen, der Konrad hier nur erst die extravaganten, weil kraß deutlichen, ästhetischen Reizwerte abgewinnt, bevor diese Wahrnehmung später zur wissenschaftlichen Beobachtung systematisiert wird.

Vordergründig scheint auch der *Heinrich von Kempten*[6] eine solche Tendenz zur Schilderung genau beobachteter Wirklichkeitsausschnitte zu verkörpern. Auch in dieser Geschichte wird in der Wiedergabe einer vergangenen Begebenheit, der Auseinandersetzung zwischen einem Kaiser und einem Ministerialen, eine ‚alte' Tugend, die feudale Treue, vorbildlich vergegenwärtigt. Aber diese Geschichte hat ganz klar eine Tendenz. Sie ist eine Auftragsarbeit des Straßburger Domprobstes *Berthold von Tiersberg*, der in den Jahren 1261/2 in die heftigen Auseinandersetzungen zwischen den Bürgern Straßburgs und dem Bischof verwickelt war. Aus dieser Situation heraus, so haben Fischer/Völker plausibel gemacht[7], in der die feudale Stadtgewalt im (in diesem Fall erfolglosen) Kampf mit den neuen bürgerlichen Selbstverwaltungsorganen der Stadt steht, schreibt Konrad seine Erzählung als eine Diffamierung der Stadtbürger und eine Apologie der alten feudalen Abhängigkeitsverhältnisse. In ihr ist trotz extrem zugespitzter Konflikte, die persönliche Treue eines Ministerialen, d.h. seine Bindung an die feudalen Mächte, nicht nur ganz selbstverständlicher Rahmen des persönlichen Handelns, sondern sie bewährt sich auch als Garant geordneter Verhältnisse.

Was man als bürgerlichen Charakter der ästhetischen Wahrnehmung apostrophieren kann, der Realismus im Detail[8] — ein ‚Realismus', der nicht soziale Verhältnisse und Strukturen zutreffend einfangen, sondern nur Ausschnitte, einzelne Momente einer insgesamt historisierend tendenziös überformten Wirklichkeit geben will — dient einer manifest antibürgerlichen Tendenz des Werks. Ein Widerspruch, den die Kunst Konrads nicht austrägt, aber auch nicht verschweigt. Der deklamatorische und virtuose Gestus des Sprechens will den Eindruck erwecken, alles sei dem verfeinerten Geschmack verfügbar; will im Gestus der Exklusivität und im Darbieten der gewählten, unberechnend intensiven Reaktionsfähigkeit der Nerven den Anspruch der Gültigkeit der alten Ordnung beweisen. Und doch ist die Wahrnehmung auch so nüchtern geworden, daß sich weder die finanziellen Fragen, die überall bei Konrad genau abgehandelt werden, ausklammern, noch die offenbar faszinierte Beobachtung und nicht-idealisierte Bezeichnung der erscheinenden realen Dinge und Verhältnisse zudecken und verdrängen lassen.

Diese innere Spannung prägt auch die großen Romane Konrads. Sie ist wohl im (späteren) *Partonopier* am glattesten überdeckt, prägt aber dem (vermutlich früheren) *Engelhard* Widersprüche auf, die nur um den Preis der formalistischen Neutralisierung der Probleme zu übergehen sind. Ich will auf beide Romane deshalb in dieser (umgekehrt chronologischen) Reihenfolge eingehen.

Partonopier und Meliur

Die Geschichte von *Partonopier* und *Meliur* ist eine Übersetzung und Umarbeitung eines französischen Romans, die Konrad auf Anregung eines der mächtigsten Männer Basels, *Peter Schalers*, des Exponenten des Stadtadels, der in Basel lange Jahre Schultheiß war, anfertigte. Dieser Roman zeigt Konrad auf der Höhe seiner literarischen Fertigkeit. Er vermag die Geschichte wortreich in ebenmäßigen und klingenden Versen zu erzählen, hat die Nuancierungsfähigkeit, unterschiedlichste Situationen und Verhältnisse der Personen lebendig, ihr Verhalten plausibel werden zu lassen, die Schönheit oder schreckliche Wildheit einer Landschaft einprägsam zu schildern. Die gleichmäßige Schmiegsamkeit dieser Sprache überzieht alle Stationen des Geschehens wie mit einem Teppich. Alles ist gleich nahe und gleich deutlich, nichts scheint den optimistischen Gleichmut wirklich zerstören zu können. Konflikte scheinen eher der Anlaß, eine neue Facette des sprachlichen Ausdrucks zu zeigen. Kurz: Das Ganze hat einen hohen Schmuckwert.

Das hat insgesamt (trotz des spannenden Anfangs) etwas Spannungsloses. Aber es kommt hier nicht auf Spannung an, sondern auf die Schönheit von Landschaft und Menschen, auf ihre Gefühle und die endliche Bestätigung ihrer Idealität.

Der Roman erzählt die Geschichte vom 13jährigen Grafen Partonopier, einem Sohn der Schwester des französischen Königs, der sich trotz Jugend durch exzellente Eigenschaften auszeichnet. Verirrt auf einer Jagd im Ardenner Wald, gelangt er auf ein Schiff, das sich — ohne daß ein Mensch darauf sichtbar würde — zielsicher in eine ebenso menschenleere Hafenstadt steuert, die aber ungewöhnlich prächtige und reiche Gebäude hat, darunter auch einen Palast, in den Partonopier gelangt. Auch dort ist niemand und dennoch wird er opulent bewirtet. Er wird auch zu Bett gebracht, wo sich in der Nacht eine nicht minder unsichtbare, doch — wie sich später bestätigt, aber von jedermann hier schon geahnt wird — überaus schöne junge Frau neben ihn legt. Partonopier verführt sie. Damit ist die Verbindung mit Meliur, der Tochter des Kaisers von Konstantinopel hergestellt.

Bei so wunderbaren Umständen muß diese Verbindung Hindernisse bereithalten. Meliur erzählt von ihrer ungewöhnlich profunden Bildung, die sie auch zu den wunderbaren Veranstaltungen befähigt (es handelt sich also nicht um eine Zauberin, eine Fee oder dergleichen) und von ihrer ebenso glänzenden gesellschaftlichen Stellung, die es ihr erlaubt, einen Mann nach Verdienst und nicht nach Reichtum und Macht zu wählen. Sie hat Partonopier ausgesucht, er wird an ihrer Seite das höchste Amt einnehmen, wenn er drei Jahre lang darauf verzichtet, sie zu sehen.

Obwohl Partonopier einwilligt, kann er diese Bedingung nicht einhalten. Zweimal kehrt er ins alte Leben zurück. Jedesmal versucht seine Mutter, ihn von dieser suspekten Frau wegzubringen. Was eine überaus reizvolle Nichte des Königs (einschließlich Liebestrank) nicht zuwege bringt, gelingt der professionellen kirchlichen Beredsamkeit des Bischofs von Paris: In Angst davor, von einem Teufel genarrt und verdorben zu werden, beleuchtet Partonopier Meliur mit einer Lampe. Sofort ist ihre Zauberkraft erloschen, sie und ihr Liebhaber und der ganze Hofstaat werden sichtbar, das ganze ist eine ungeheuer peinliche Situation. Meliur verstößt Partonopier. Der kehrt nach Frankreich zurück und beschließt, sich im Ardenner Wald totzuhungern, respektive von wilden Tieren fressen zu lassen.

In unbeschreiblichem Zustand findet ihn dort „zufällig" *Irekel*, die Schwester der Meliur, und nun ist Inhalt der zweiten Hälfte der Geschichte die Wiedergewinnung der Meliur. Ein Turnier ist ausgeschrieben, dessen Sieger Meliur erhalten soll. Nach vielen Hindernissen nimmt Partonopier daran teil und zeichnet sich natürlich so aus, daß ihm Meliur zugesprochen wird. Sie hatte ihm längst verziehen. Der Rest der unabgeschlossenen Erzählung ist mit der Schilderung der Kämpfe gegen den heidnischen Sultan ausgefüllt, der sich rächen will, weil ihm auf dem Turnier die Frau nicht gegeben wurde.

Auch dieser Roman ist Auftragsarbeit und erfüllt seine Funktion als solche, wie ich anzudeuten versuchte, gewandt und sicher. Vordergründig scheinen die Interessen des sozialen Spektrums, aus dem der Auftraggeber stammt, sich in den Visionen problemlosen Habens und Genießens auszudrücken, die besonders den ersten Teil durchziehen. Die Verfügung über märchenhaft viel Geld, zu dem Meliur dem Partonopier verhilft (2874 ff., 3047 ff.) und mit dem sich die staatlichen und militärischen Probleme spielend lösen lassen (3219 ff., 3910 ff.), ist ein solcher Aspekt, ein anderer die Schilderung der Stadt, in die Partonopier kommt. In ihr herrscht regste Geschäftigkeit, man sieht ihren großen Reichtum, aber es fehlen völlig kriegerische Konflikte und Aggressionen irgendeiner Art (800 ff., 2251 ff.). Die Idylle eines von städtisch-kaufmännischer Erwerbsart und adeliger Lebensweise und Vergnügungen der Mächtigen geprägten, völlig befriedeten Gemeinwesens könnte den Projektionen eines Stadtadels entsprechen, der eine sichere Verankerung in städtischer Wirtschaft und Sozialform verbindet mit der völligen Adaptation nicht nur aristokratischen Auftretens, Verhaltens, adeliger Interessen und Vergnügungen, sondern eben auch dessen ständischer Mentalität. Dazu würde auch passen, daß zweimal im Roman sehr deutlich akzentuiert an Einzelfiguren der gesellschaftliche Aufstieg schärfstens verurteilt wird. Sowohl an *Mareis*, dem Rat des Königs *Sornagiur* (4406 ff., bes. 4660 ff.), als auch in der Erzählung *Anshelms* wird die These vorgeführt, daß aus niedriger Geburt niemals edle Gesinnung erwachsen kann (17654 ff.). Die armen Leute sind gut, wenn sie in ihrem Stand bleiben, werden sie darüber hinausgeführt, können nur Ungeheuer daraus werden.

Das bleibt jedoch Episode, im Falle der Aufsteigerszenen so sichtlich aufgesetzt, daß man an eine ausdrückliche Konzession an den Auftraggeber denken könnte.[9] Mehr im Zentrum der ästhetischen Sicht ist man sicherlich, wenn man sich die Veränderungen vergegenwärtigt, die dem Typus des ritterlichen Helden widerfahren sind. Gewiß, Partonopier hat alle Fähigkeiten eines Ritters in reichstem Maße, auch ist ihm Gelegenheit zur überzeugenden ritterlichen Betätigung im Turnier und im ernsten Kampf auf Leben und Tod reichlich gegeben. Dennoch zeichnet ihn in allen entscheidenden Situationen seines Lebens eine merkwürdige Passivität aus. Er wird von Meliur erwählt, und ohne sein Zutun bringt sie ihn in ihre Nähe. Er bleibt ihr gegenüber auch in der unterlegenen Position, denn sie setzt die Bedingungen und sie veranstaltet den äußeren Rahmen seines Existierens. Seine Mutter wiederum ist es, die die Situationen arrangiert, die ihn den Verrat an Meliur verüben lassen. Danach ist es die Tatkraft und die anscheinend völlig selbstlose Liebe der Irekel, der Schwester der Meliur, die ihn überhaupt wieder in deren Nähe bringt, und damit die Voraussetzungen für die erneute Verbindung schafft.

Partonopier fehlt die „ritterliche" Bestimmtheit des Wollens und die unbedenkliche und zielsichere Aktivität eines vorbildlichen Artus-Ritters wie *Gawan*, der immer weiß, was zu tun ist, und immer das Richtige tut, weil er einfach sich treu bleiben muß. Ihn zeichnet eher ein Beharrungsvermögen aus, eine Art unterschwelliger Entschlossenheit zum Ergreifen und Festhalten dessen, was verlockend, wenn auch zunächst angstbesetzt, in die eigene Reichweite kommt. Die Art wie sich Partonopier in der menschenleeren Stadt verhält und wie er die unsichtbare Frau gewinnt, zeigt eine Kombination von Besitz- und Genußgier und furchtbare Angst vor dem Leibhaftigen, der hinter jedem unbekannten Genuß gefürchtet wird (wobei übrigens immer die Genußgier siegt). All dies läßt sich verstehen als Ausdruck einer Existenzform, für die Gewinnstreben und das Hinausgehen über traditionell festgelegte Verhaltens- und Tätigkeitsformen (z. B. indem man Handel oder Geldverleih betreibt) selbstverständlich geworden ist.

Wenn der Artus-Ritter in den Mitteln seiner Auseinandersetzung mit dem, was ihm begegnet, (nämlich Waffe und Kampf) und in der Form der entscheidenden Begegnungen mit der gesellschaftlichen Außenwelt (*aventiure*) relativ festgelegt und dadurch auch sicher und bestimmt ist, dann begegnet hier ein flexiblerer Typus. Er kann sich nicht nur durch Dreinschlagen bewähren, sondern auch durch beobachtendes Anpassen, weshalb er sich in völlig unbekannten Situationen zu behaupten vermag. Nicht die Aventiure, in der er sich handelnd bewährt, ist das Strukturmodell des Geschehens und seines Weges, sondern das Glück, das ihm zustößt oder ihn (meist vorübergehend) verläßt. Die Chance, die sich ihm darbietet, festzuhalten, sich trotz aller Ängst nicht im Ungewissen zu verlieren, nicht die Überzeugung von seiner Fortune zu verlieren, dies ist seine Stärke. Und umgekehrt ist er, bei scheinbar endgültigem Verlust des Glücks, zu einer exzessiven selbstzerstörerischen Trauer fähig, die all sein „Handeln" im Wüten gegen sich selbst aufsaugt. Diese Verhaltensweisen mag ein städtisch-patrizischer Adel genießend-erkennend wahrnehmen, der sich als Ritter zwar kostümiert und fühlt, aber dennoch gewohnt ist, seine politischen und ökonomischen Ziele nicht im Gewalthandstreich, sondern in zäh-festhaltender Ausnutzung der als gegeben akzeptierten feudalen Macht- und Rechtsstrukturen zu verwirklichen.

Dem Interesse für solches „Handeln" entspricht auch ein Blick für die psychischen Begleitumstände des Geschehens. In dessen Schilderung scheint mir ein anderer Schwerpunkt von Konrads Gestaltungsabsicht zu liegen. Er entfaltet ausführlich und sehr dezidiert Situationen, in denen Personen in einer zwiespältigen Lage sind, in der sie z. B. etwas heftig wünschen, was sie sich nicht zugeben wollen, oder in denen sie ihre Überzeugung ändern. Konrad hebt diese psychisch verwickelten Vorgänge ins Bewußtsein, benennt sie und räsoniert darüber. Vor allem die weibliche Hauptfigur, Meliur, ist der Gegenstand, an dem sich die Regungen in komplexen Situationen entwickeln lassen. Sie haßt Partonopier unbedingt, nachdem er sie verraten hat. Mehr und mehr aber bleibt davon nur noch der Wille, ihn zu hassen, übrig, während ihr Gefühl schon längst wieder für ihn eingenommen ist. Konrad läßt ihre Schwester Irekel diesen Widerstreit der Gefühle kennen und in langen Auseinandersetzungen mit ihr als Panorama verwickelter Gefühle darstellen (11263 ff.).

Dies so feinfühlig und differenziert wahrzunehmen und sprachlichen Ausdruck werden zu lassen, ist sicherlich neu und ebenso wie
die Zeichnung des „passiven Helden" Ausdruck verwickelter Sozial-
verhältnisse.

Das Interesse an Psychologie entfaltet der Roman ganz überwiegend an den weiblichen Figuren. Zu ihm als dem bewußteren Wahrnehmen der Differenz zwischen Handeln und Motiven und der Genese des Handelns und Verhaltens tritt im zweiten Teil des Romans
zunehmend die taktische Planung als bewußte Absicht der weiblichen und auch der männlichen Protagonisten. Wie ein strategisches
Kalkül und nicht mehr die unmittelbare Reaktion im Sinne dessen,
was die (Krieger-)Ehre verlangt, die kriegerischen Handlungen prägt,
wie aber die anarchische Affektstruktur der feudalen Krieger dieses
Kalkül immer wieder über den Haufen wirft und schließlich doch
noch zu ungeplantem Ritterkampf führt, das läßt der Schluß des
Romans verfolgen.

Der Sultan ist mit einem großen Heer zurückgekommen, um sich
die entgangene Meliur doch noch anzueignen. Er erscheint plötzlich
und mit großer Übermacht. Meliur ist es, die nun den richtigen tak-
tischen Plan entwirft: Hinhaltend agieren, eine Gesandtschaft
schicken, die Kämpfe aufschieben bis man selbst möglichst viele
Truppen mobilisiert hat (18956 ff.). Dies ist klug, birgt aber die Gefahr, daß man als Feigling erscheint. Es geht also wahrscheinlich gegen die Ehre. Die aber und nicht Klugheit ist dem Ritter wesentlich.

Aus Klugheit wird also eine Gesandtschaft zum Sultan geschickt,
die durch die intelligente Verhandlungsführung Anshelms (19125 ff.)
den geplanten Erfolg hat, aber das psychische Pendant der feudalen
Fehdeanarchie, der blinde Ehrbegriff und hitzige Kampfeswut führen Zwischenfälle herbei, die Schritt für Schritt in den sofortigen
Kampf führen, der eigentlich — und sinnvollerweise — vermieden
werden sollte. Mit diesem Kampf bricht der Roman unvollendet ab,
sicherlich wird auch diesmal Partonopier der Sieger sein ...

Bedeutsam aber, daß Taktik in der Kriegsführung, d.h. voraus-
schauend berechnendes Verhalten hier zum Thema gemacht wird. In
dieser Form bewußter strategischer Überlegung und explizit gemach-
tem feudalen Fehdemechanismus' ist auch dies ein neuer Akzent. Das
ist nicht mehr das autonome ritterliche Verhalten, dies sind Helden,
die trotz aller Unwirklichkeit von Kostüm und Karriere, die Zeichen
einer veränderten Welt wahrgenommen haben und die sich zu bewähren versuchen, wo Berechnung und kontrolliertes Verhalten gesellschaftlich gefordert sind.

Konrad gestaltet diese Auseinandersetzung zwischen Klugheit und Ehre explizit (19596 ff.). Daß er dies tut zeigt, wie die anderen Momente: der veränderte Held und das Interesse an der Psychologie, daß die erzählte Rittergeschichte, die auf der Ebene des manifesten Geschehens nur die traditionellen Motive von Ritterkampf in Krieg und Turnier, Gewinnung von Frau und Herrschaft, ja sogar Motive des Heidenkampfs zum Inhalt hat, geprägt ist von einem Erzählkonzept, das eine veränderte Wahrnehmung von Personenverhalten, eine veränderte Einschätzung kriegerischen Geschehens und eine dezidierte Aufmerksamkeit gegenüber der Sphäre der die Handlung begleitenden bewußten und unbewußten Regungen beim Menschen zeigt. Die Veränderungen in Konrads Kunst bleiben unterschwellig, er ahmt nicht einfach „epigonal" nach, macht aber auch nicht konsequent Neues. So scheint es der Mentalität seiner Auftraggeber und seiner Abhängigkeit – und vielleicht seiner eigenen Überzeugung – zu entsprechen.

Engelhard

Der *Engelhard* wird als die erste größere epische Arbeit Konrads eingeschätzt. Der (allerdings sehr spät und schlecht) überlieferte Text nennt keinen Auftraggeber. In ihm sind bekannte Erzählstoffe (Freundschaftssage und Aussatzmotiv) kombiniert. Ob die Stoffkonstellation von Konrad geschaffen wurde oder ob sie einer lateinischen Vorlage entstammt, ist nicht zu klären.[10] Es wird eine Geschichte von der Freundestreue daraus.

Die Erzählung berichtet vom Schicksal *Engelhards*, des ältesten Sohns eines armen Adeligen, der sieht, daß ihm die materielle Lage seines Vaters keine Entfaltungsmöglichkeiten läßt. Er zieht deshalb aus mit der Absicht, am Hof des dänischen Königs Karriere zu machen. Unterwegs trifft er auf *Dietrich*, den er mittels einer ihm von seinem Vater anempfohlenen Apfelprobe sogleich als Freund erkennt. Auch Dietrich will zum dänischen Hof, obwohl er als Herzogssohn es nicht nötig hätte, in fremde Dienste zu gehen. Beide, sie gleichen sich aufs Haar, sind hinfort unzertrennlich, beide „dienen" sie erfolgreich am dänischen Hof. Beide sind es auch, in die sich *Engeltrûd*, die Königstochter, verliebt. In dem Dilemma dieser Doppelliebe – auch hier schon wie bei der Meliur eine psychisch komplizierte Situation – gibt ihr die Namensgleichheit mit Engelhard eine Entscheidungshilfe.
Inzwischen wird Dietrich nach Hause gerufen, weil sein Vater gestorben ist. Vergeblich versucht er, Engelhard mitzunehmen. Der bleibt in Dänemark. Engeltrûd gelingt es, ihn ebenfalls verliebt zu machen. Nachdem sie ihm ein Geständnis entlockt hat, stellt sie sich allerdings spröde. Engelhard, dem die

Standesschranke zwischen ihm und der Königstochter klar im Bewußtsein ist, wird aus Liebe krank. Um ihn zu retten, vereinbart Engeltrûd schließlich mit ihm eine Liebesnacht im Baumgarten. Zuvor aber muß Engelhard noch ein ritterliches Turnier absolvieren, was er pflichtgemäß und erfolgreich tut. Konrads Schilderung läßt Engeltrûd bei dem Stelldichein mit kultivierter Eleganz das ganze Raffinement ihrer erotischen Ausstrahlung entfalten – aber die beiden werden von *Ritschier*, dem Sohn des englischen Königs und Intimfeind Engelhards, entdeckt. Ritschier berichtet umgehend dem König von diesem ungeheuerlichen Vertrauensbruch Engelhards. Dieser, zur Rede gestellt, leugnet rundweg. Und durch einen kaltblütig gefälschten Zweikampf beweist er seine Unschuld. Dazu hatte er Dietrich herbeigeholt, der, da er äußerlich von Engelhard nicht zu unterscheiden ist, den Zweikampf in gutem Gewissen bestreiten konnte, denn er hatte ja nicht mit Engeltrûd geschlafen.

Nach dieser glänzenden Rehabilitation Engelhards ist auch der letzte Schritt seiner Karriere möglich: Nun darf er Engeltrûd heiraten und wird ein ebenso mächtiger wie gerechter König in Dänemark.

Der kürzere zweite Teil der Geschichte bringt die umgekehrte Freundesprobe. Dietrich wird – schuldlos – aussätzig. Lange lebt er deshalb abgesondert auf einer schönen Insel. Als die Fürsorge seiner Frau nachläßt, zieht er zu Engelhard, der ihm ein Haus vor seiner Burg gibt und ihn bestens versorgt. Dietrich hatte auf seiner Insel in einem Traum von einem Engel das Mittel zu seiner Heilung erfahren: Es ist das Blut der Kinder Engelhards. Obwohl er dies Mittel ablehnt, entlockt ihm Engelhard nach längerem Sträuben sein Geheimnis und ist auch sogleich bereit, seine Kinder zu opfern. Ihr Blut heilt Dietrich. Aber auch die Kinder sind wie durch ein Wunder wieder am Leben. Es ging für Engelhard nur darum, die Treueprobe zu bestehen. Konsequenzen sind nicht zu tragen.

Auch in diesem Roman gibt es glänzend erzählte Passagen. Die nuancierte Inszenierung weiblicher Schönheit in der Baumgartenszene (2955 ff.) ebenso wie die Schilderung der schönen Natur auf der Insel, auf die sich der aussätzige Dietrich zurückzieht (5323 ff.), aber auch die detaillierte Beschreibung des Krankheitsbildes von Dietrichs Aussatz (5150 ff.), sind Szenen, die die ,,neue Wahrnehmung'' verwirklichen. Wie die einfache Nacherzählung zeigt, sind die Figuren von einer merkwürdigen Vorbildlichkeit. Trotz ihrer immer wieder behaupteten Idealität sind sie in Betrugsmanöver verstrickt oder erweisen sich als egoistisch und rücksichtslos. Konrad behauptet, ihr Vorzug sei die Treue (*triuwe*). Schon der Prolog entfaltet diesen Begriff pompös:

Nach beredter Klage in klangprächtigen Strophen darüber, wie heruntergekommen heute die Treue erscheine, erklärt Konrad programmatisch, daß seine Erzählung den Zweck habe, dazu beizutragen, daß diese triuwe wieder mehr geschätzt werde. Das begründet er nun – überraschend – indem er ganz detailliert den praktischen Nutzen der Treue vor Augen führt. Treue gibt nach ihm nicht nur den richtigen inneren Schwung, sie ist auch ungeheuer wichtig, damit die Frauen brav bleiben (33 ff.) und die Männer ehrlich werden (38 ff.). Sie ist die Voraussetzung für Kreditwürdigkeit (41 f.), sie sichert die Tresore (43 f.). Wer sie besitzt, dem wird man seine Kapitalien anvertrauen. Überhaupt ist Treue ein soziales Regulativ zur Vermeidung von Konflikten (57 ff.). Schließlich ist nicht zu vergessen, daß Treue als Verschwiegenheit die Voraussetzung dafür ist, daß man an Informationen herankommt, derer man in der (Rats-)Politik nötig bedarf (73 ff.).

Nach diesen Erläuterungen ist man zunächst geneigt zu folgern, daß hier ein zentraler Terminus feudaler Vergesellschaftungsform in einen neuen Kontext transponiert und damit in seinem Inhalt verändert erscheint. Der alte feudale Idealismus haftet dem Begriff nur noch von außen an, während er gefüllt ist mit handfestem Nutzen. Die Treue scheint so bei Konrad mit handelskapitalistischer Nüchternheit, Rationalität und Realitätsnähe definiert.

Aber paßt zu dieser berechnenden Nüchternheit dann auch die Naivität, mit der ein Wert als besonders realitätstauglich propagiert wird, der, wie im gleichen Atemzug gesagt wird, aus der Realität der Alltagsverhältnisse völlig verschwunden ist? Da soll die Treue einerseits ein hoher idealer Wert sein, dessen Bedeutung aber andererseits völlig aus eigensüchtig berechneten Vorteilen, die er angeblich garantiere, abgeleitet wird. Da sollen die Menschen aus niedriger Gesinnung den Wert der Treue nicht erkennen, während sie doch eigentlich ihre Geschäfte mit ihr nur befördern könnten. Offenbar soll mit ihrer Verherrlichung zweierlei erreicht werden: Die höhere Weihe soll dem Wert den allgemein verbindlichen Charakter sichern, während die konkreten Vorzüge nur für eine bestimmte Gruppe gemeint sind.

Man kann auf diesen Gedanken kommen, wenn etwas später im Prolog (104 ff.) die Rede davon ist, daß gerade die Reichen die Treue brauchen, weil sich nur mit ihrer Hilfe der Besitz zusammenhalten läßt. Es gäbe aber deshalb keine Treue mehr, weil mit ihr kein Reichtum zu gewinnen ist (120 ff.), und nur, womit man Reichtum gewinne, das werde heute geschätzt.

Beides zusammen gibt doch nur Sinn, wenn gemeint ist, daß Treue dann hinderlich ist, wenn es gilt Reichtum erst zu erwerben, daß sie aber von Nutzen ist, wo vorhandener Reichtum gesichert werden soll. Ist dies also der Sinn von Konrads *triuwe*-Verherrlichung im Prolog, daß damit zur Sicherung und Stabilisierung der etablierten Verteilung von Besitz angesichts einer sozialen Dynamik beigetragen werden soll, durch die Umschichtungen drohen? (Das Baseler Patriziat, dessen Wortführer, Peter Schaler, der Auftraggeber zum *Partonopier* war, steht zur Zeit Konrads in heftigen Auseinandersetzungen mit den Zünften.)

Bleibt dennoch das Problem, wie einer etwas als hohen Wert preisen kann, das er zugleich in seinem ideologischen Charakter kenntlich macht, indem er das materielle Interesse, das dem Wert seinen Wert gibt, ausspricht. Offensichtlich ist ein Ideologiebegriff der entwickelten bürgerlichen Gesellschaft hier nicht angebracht. Denn nach ihm dürfte sich „falsches" Bewußtsein in seiner Partialität und Interessenstruktur nicht selbst transparent sein, wenn es als allgemeinverbindlich funktionieren soll.

Zwiespältig ist, wie angedeutet, die Treue auch in der Erzählung. Die Geschichte von Engelhard ist auch die Geschichte des Aufstiegs eines mittellosen Landadeligen zu Königsrang. Sie entfaltet das unverbrüchliche Treuebündnis zwischen diesem kleinen Adeligen und einem Hochadeligen von fürstlicher Geburt. In allen Bereichen nun, die den sozialen Rang des Engelhard betreffen, arbeitet der Autor präzise und realistisch. So wird gleich zu Beginn das Dilemma des adelig Geborenen, der aber arm ist, genau benannt (269 ff.). Zwar erscheint Armut als solche hier nicht als Makel. Vielmehr muß es als Signum der Verderbtheit der Zeit gelten, daß sie den adelig Geborenen daran hindert, seine ihm „natürlich" zustehende Stellung einzunehmen. Das heißt, am feudalen Prinzip der Rangunterschiede durch Geburt wird nicht gerüttelt. Engelhard zeichnet sich in seiner insgesamt vortrefflichen Familie dadurch aus, daß er sich besondere Disziplin aufzuerlegen in der Lage ist (240 f.). Er ist *liutsaelec* (254), das meint er hat vor allem die Tendenz, den anderen zu gefallen und ihre zustimmende Anerkennung zu suchen. Diese Disziplin und Anpassungsfähigkeit ist die Grundlage für sein Weiterkommen am dänischen Hof. Nüchternheit und klarsichtige Einschätzung seiner Möglichkeiten zeichnen Engelhard nicht nur am Anfang aus, sie sind durchgehend.

Darin unterscheidet er sich stark von Dietrich. Als Engelhard ihn trifft, ist er ebenfalls unterwegs, aber ohne das reale Motiv Engelhards, denn er ist Herzogssohn. Es ist auch sehr unrealistisch, daß er genau wie Engelhard in den einfachen Hofdienst tritt. Noch unrealistischer ist, daß er als Erbe reicher Besitztümer einfach untertaucht, so daß er nachher, wenn der Erbfall eintritt, mühsam in ganz Europa gesucht werden muß (1272 ff.). Für Dietrich ist es auch eigentlich unsinnig, daß er parallel zu Engelhard sich durch besondere Unterwürfigkeit oder sagen wir besser Unterordnung und Anpassung an den Willen des dänischen Königs auszeichnet (1255 ff.). Für Engelhard ist dies die Möglichkeit zur Karriere. Ich nehme an, daß Konrad diese beiden Gestalten deshalb so parallel zeigt, weil die Vorbildlichkeit, die sie in ihrer reibungslosen Anpassung zeigen, nicht als direkt utilitaristisch erscheinen soll. Engelhard, auf den es ankommt, wird durch die enge Gemeinschaft mit dem sicher Etablierten aufgewertet und in seinen Unternehmungen abgesichert.

Damit ist allerdings die Konstellation der beiden noch nicht genau genug benannt. In der Szene nämlich, in der sich Dietrich verabschiedet und Engelhard trotz allem Drängen des engsten Freundes sich entschließt, am dänischen Hof zu bleiben, wird der sich plötzlich der gesellschaftlichen Distanz bewußt, die ihn von Dietrich trennt (1440 ff., besonders 1456 ff.). Er benennt diese Distanz und wandelt damit die Freundschaft, die nur quasi im Vorfeld der sozialen Rangordnung personale Beziehung war, um in ein feudales Verhältnis der Herablassung und Gnade von einer (Dietrichs) Seite und der unterwürfigen Annahme von der anderen. Und Engelhard bleibt bei dieser realistischen Perspektive, auch wenn Dietrich ihre innere Ebenbürtigkeit als Grund ihrer Freundschaft betont und schließlich sogar auf sein Herzogtum verzichten will. Das hält Engelhard für baren Unsinn denn:

> *ez waere ein grôziu tumpheit*
> *daz dû sô rîchiu dinc verlürst*
> *und durch geselleschaft verkürst*
> *ein hôhez herzogentuo m.*
> *swâ man sô ganzer wirde ruo m*
> *erwerben kan, dâ sol man zuo*
> *beide spât unde fruo*
> *gebâren niht ze trâge.*
> *ein man sol ûf die wâge*
> *lîp unde guot umb êre legen.* (V. 1520—29)

(Das wäre sehr töricht, wenn du solch reichen Besitz verlörest und wegen einer Freundschaft ein hohes Herzogenamt ausschlagen würdest. Wo man den Ruhm so hoher Stellung erwerben kann, da soll man spät und früh nicht säumen. Ein Mann soll Leben und Besitz zur Erringung von Ehre (im Sinne hoher gesellschaftlicher Stellung) in die Waagschale werfen.)

Das ist schon fast trocken-sentenzhaft formuliert in dieser bewegenden Situation des Abschieds, aber es ist natürlich vollkommen zutreffend. Dieser Engelhard hat die richtige Realitätseinschätzung, aber er läßt insgeheim auch den richtigen Appetit erkennen, da zuzugreifen, wo die Gelegenheit sich bietet. Denn, obwohl er hier betont, daß es ihm zukomme, dort im Dienst auszuharren, wo er so gut aufgenommen wurde (1545 ff.), bleibt er nicht bei dieser Haltung. Weder bleibt er treu nach den Maßstäben, die er selbst nennt, noch bleibt er in seiner inferioren Stellung, so daß man wohl zu Recht sagen kann, daß aufs Ganze gesehen die Fähigkeit zu Wohlverhalten deutlich als Mittel zum Zweck angelegt ist, als das adäquate Mittel für den Mann in seiner Position, zu Höherem zu gelangen.

Im Verhältnis zwischen Engelhard und Dietrich bekommen die Personen auf unterschiedliche Weise Relief. Ihr Erfahrungshorizont gewinnt nicht in gleicher Weise Gestalt und Wahrscheinlichkeit, obwohl beide ganz nahe zusammengerückt sind. Der ständisch Inferiore beurteilt die Standesunterschiede realistisch und bezieht sie von Anfang an in sein Verhaltenskalkül mit ein. Das kann er auch erfolgreich, weil er zusätzlich sein bevorzugtes Aussehen hat und vor allem seine Anpassungsfähigkeit. Der Verlauf der Geschichte teilt ihm aufgrund dieser Fähigkeiten den Erfolg zu.

Der Hochadel dagegen erscheint in Dietrich unrealistisch. Er übersieht die Standesunterschiede, verhält sich nach literarischem Schema, indem er einfach so auszieht, um sich zu bewähren, und sieht dagegen nur die „Tugenden".

Beide in einer persönlichen Freundschaftsbeziehung so zusammenzubringen, kann nur bedeuten, daß dieser Standesunterschied als irrelevant erscheinen soll. Indem Konrad Dietrich als Staffage einführt, macht er diese Standesharmonie erlebbar. Das Standesbündnis wird somit als problemlos imaginiert, die Geschichte hat in diesem Element den Charakter direkter Wunscherfüllung, damit vielleicht auch der Kompensation eines Defizits. Es wird sichtbar, daß in der Erzählung nicht einfach eine Folge persönlicher Bewährungsproben dargestellt wird, sondern daß die ohnehin nur lückenhaft personalen Verhältnisse Vehikel einer sozialen Integrationsvorstellung sind.

Vielleicht kann man von diesem Sinn der Treue aus nun auch verstehen, warum die betrügerischen Machenschaften Engelhards und Dietrichs im Zusammenhang mit dem gefälschten Gottesurteil nicht als Verfehlung erscheinen, sondern noch die besondere Unterstützung Gottes erfahren. Diese Komplikationen werden nämlich durch Ritschier ausgelöst, der als englischer Königssohn eine ähnlich überlegene soziale Position hat wie Dietrich. Aber er ist eben nicht bündnisbereit wie jener. Sein ganzes Handeln gegenüber Engelhard entspringt der Ablehnung des kleinen Adeligen, dem nach seiner Ansicht wegen seines Wohlverhaltens am Hof zuviel Anerkennung entgegengebracht wird. Als Neider wird er, der sonst kaum handelnd auftritt, deshalb stets abqualifiziert (1670 ff., 3484 ff.). Und sowohl Ritschier als auch der dänische König verurteilen Engelhards galantes Abenteuer mit Engeltrûd vor allem deshalb, weil er, dem man so viel zugute getan hat, sich an der viel zu hoch stehenden Königstochter vergriffen hat (352 ff., 3710 ff.). Wenn das die Schuld Engelhards ist, dann ist sie nach dem eigentlichen Sinn der *triuwe* keine. Die Schuld liegt vielmehr bei der ablehnenden Haltung Ritschiers gegenüber Engelhard. Ritschier stört die programmierte Standesharmonie und deshalb ist er der Feind, der zu Recht vernichtet wird.

Konrad schreibt also aus der Sicht eines um Gleichrangigkeit und Anerkennung bemühten Adels, also eines Stadtadels oder einer Patrizierschicht, indem er implizit deren Wunschträumen einen erfolgreichen Kristallisationspunkt gibt. Dabei werden entgegenstehende oder problematische Realitätsmomente übersprungen, die den Rezipienten spezifischer Problemerfahrungen aber präzise dargestellt.

Dem entspricht, daß trotz allem Interesse an der Darstellung und Zergliederung von Gefühlen die Handlungen der Personen nur sehr partiell als in ihrer Denk- und Gefühlsstruktur verankert erscheinen. Sie werden eher von äußeren Zwängen und Verhältnissen überwältigt. Dies hat zunächst zur Folge, daß die Figuren Fehler machen dürfen, wirkt sich aber letztlich so aus, daß ihnen die Verantwortlichkeit für ihr Handeln genommen wird. Zwar könnte es Ziel der Darstellung sein, gerade das Auseinanderklaffen von moralischem Anspruch und amoralischer Sinnlichkeit zu entfalten. Der virtuose Sensualismus von Konrads Frauenschilderung oder der Schilderungen von Baumgarten- bzw. Bettszenen scheint in diese Richtung zu deuten. Aber letztlich kommt es zu keiner Relativierung der Moral. Wenn es bei Konrad einen Amoralismus gibt, dann keinen sensualistischen oder erotischen, sondern einen solchen des Erfolgs, der Karriere. Und dies dürfte der vielleicht am meisten in die Zukunft weisende Zug Konrads sein.

Nur noch kurz gestreift werden soll ein letzter Komplex: Die Darstellung der Frauen und die Rolle, die sie spielen dürfen. Keineswegs sind sie nämlich im „Binnenverhältnis" der Liebesbeziehungen so dominant, wie es ihrer Rolle als Lenkerinnen der Karriere entspräche. Sie sind genaugenommen sehr unterwürfig. Ich meine das in präzisem Sinn: Sie sind ungeheuer besorgt um ihre Reputation, um eine makellos tugendhafte Selbstdarstellung nach außen und sie sind unterwürfig angesichts der Ansprüche der Männer.

So ist das Verhalten der Engeltrûd in sich inkonsequent. Einerseits ist sie — ähnlich wie die Frauen im Tristan — durch sehr selbständige und intensive Gefühlsfähigkeit ausgezeichnet und andererseits verhält sie sich berechnend wie jemand, der gelernt hat, den Wert seiner physischen Erscheinung gewinnbringend einzusetzen (sie in jedem Fall nicht in eine spontane Gefühlsregung zu investieren). So versteht Engeltrûd es, dem Engelhard das Geständnis seiner Verliebtheit zu entlocken (1988 ff.), aber nur um ihm dann quasi auf die Finger zu hauen. Sie spielt die Spröde und erinnert ihn dezent an das, was er ihrem Vater alles zu verdanken habe (2075 ff., speziell 2092 ff.). Dies Sich-Spröde-Stellen projiziert die Frau auf ein Verhalten hin, in dem sie sich nicht primär als Person, sondern als bestimmte soziale Rolle begreift.

Die Frauen haben ihr Verhalten ganz nach dem Komment zu richten, indem sie persönliche Antriebe und geforderte Rolle von vornherein ineinander arbeiten. Im Gegensatz zu den Männern geht das angeblich bei den Frauen auch unproblematisch auf: Es bleiben keine Disproportionen zwischen den Bereichen, es kann also auch keine Konflikte zwischen persönlichem Anspruch oder persönlichem Antriebs- und Wunschpotential und gesellschaftlich begrenzender Regel geben. Wo die Frauen sich in illegitime Verhältnisse verstrikken, wo sie ihre Zurückhaltung aufgeben, tun sie es deutlich nicht aus eigenem Antrieb, sondern aus Mitleid (bei Engelhard) bzw. als Unterwerfung unter den Willen der Männer (wie bei Partonopier: dort macht sich die souveräne Meliur zum in eigener Sache anspruchslosen Werkzeug der deutlich aggressiv gefärbten erotischen Wünsche des männlichen Partners). Resultat dieser Unterordnung kann eben auch — wie bei der Engeltrûd — die Verwandlung der eben noch Unnahbaren in die provokativ und für männliche Augen sich inszenierende Frau der Baumgartenszene sein. Rücksicht auf Reputation, auf die Unantastbarkeit des Scheins und Sensualismus als Konzession, als Entgegenkommen, dies ergibt ein lang wirkendes Verhaltensklischee. Es scheint mir die Auffassung von der Asymmetrie des erotischen Verhaltens der Geschlechter zugrunde zu liegen, Voraussetzung der späteren bürgerlichen Doppelmoral.

Der Grund für diese Psychologie und dieses Verhalten der Frau, auch das wird bei Konrad implizit ausgesprochen, liegt in ihrer Privatisierung und Funktionalisierung durch den Mann: Sie hat als Hausfrau die Aufgabe, durch ihre allem Wirklichkeitsdruck exterritoriale Existenz die Wunden und Entstellungen, die das harte Erwerbsleben dem Mann beibrachte, wieder zu heilen und zu glätten. Konrad in Spruch 31, 96 ff.:

swaz ein man verborgen
leides unde sorgen
allen tac ze herzen hât geslozzen,
daz kan im ze naht sin frouwe büezen
(Was ein Mann sich heimlich an Leid und Sorgen den Tag über zu
Herzen genommen hat, das kann ihm des nachts seine Frau wieder-
gutmachen.)

Die Gestaltung des Treuethemas im *Engelhard*, die Art der Karriere-
phantasien, die Funktionalisierung der Frauenrolle zeigen in die
gleiche Richtung. Die Erzählung präsentiert eine umstandslos verfügbar gemachte Welt, die dort realistisch erscheint, wo sie an der Situation der Rezipienten anknüpft, aus der ihre Projektionen entstehen,
die aber märchenhaft wird, wo Probleme und widersprüchliche Realitäten berührt werden müßten.

Anmerkungen

1 In denen sich buchstäblich jede Silbe auf eine andere reimt. Vgl. Lied Nr.
26 und 30 in: Edward Schröder (Hrsg.): Kleinere Dichtungen Konrads von
Würzburg, Bd. III, Dublin/Zürich 1967

2 Edward Schröder: Studien zu Konrad von Würzburg IV. Nachr. d. Gesellschaft d. Wissenschaften Göttingen, phil.-hist. Kl. 1917, S. 109. Über die
Gönner Konrads informiert ausführlich: Inge Leipold: Die Auftraggeber
und Gönner Konrads von Würzburg. Göppingen 1976

3 Vgl. dazu: Peter F. Ganz: ,,Nur eine schöne Kunstfigur". Zur ,,Goldenen
Schmiede" Konrads von Würzburg. in: GRM 29, 1979, S. 27–45

4 Zur Deutung der Lyrik vgl. Thomas Cramer: Minnesang in der Stadt. Überlegungen zur Lyrik Konrads von Würzburg. in: Literatur-Publikum-historischer Kontext, Bd. 1, Frankfurt 1977, S. 91–108

5 Edward Schröder (Hrsg.): Kleinere Dichtungen Konrads von Würzburg,
Bd. I, Dublin/Zürich 1967, S. 12 ff.

6 Edward Schröder, a.a.O., S. 41 ff.

7 Hubertus Fischer, Paul-Gerhard Völker: Konrad von Würzburg: ,,Heinrich
von Kempten". Individuum und feudale Anarchie. In: Literaturwissenschaft und Sozialwissenschaften 5, Literatur im Feudalismus. Hg. v. Dieter
Richter, Stuttgart 1975, S. 83–130

8 Vgl. dazu: Hans-Joachim Gernentz, Konrad von Würzburg. Charakter und
Bedeutung seiner Dichtung. In: Weimarer Beitr. 7, 1961, S. 27–45; hier
S. 39 ff. und Fischer/Völker, a.a.O., S. 114 ff.

9 Wenn die Motive in der französischen Vorlage nicht enthalten wären. Vgl.
Trude Ehlert: *in hominem novem oratio?* Der Aufsteiger aus bürgerlicher
und feudaler Sicht: Zu Konrads von Würzburg *Partonopier und Meliur* und
zum altfrz. *Partonopeus.* In: ZfdPhil 99, 1980, S. 36–72

10 Zum Problem der Vorlagen vgl. die Einleitung zur Ausgabe von Ingo Reif-
fenstein, Tübingen 1963, S. X ff.

Literaturhinweise

Edward Schröder (Hrsg.): Kleinere Dichtungen Konrads von Würzburg, Bd. I
—III, Dublin/Zürich 1967—1974

Konrads von Würzburg, *Partonopier und Meliur*. Hg. v. Karl Bartsch, Berlin
1970 (= Deutsche Neudrucke)

Konrads von Würzburg, *Engelhard*. Hg. v. Paul Gereke, Neuaufl. von Ingo Reif-
fenstein. Tübingen 1963 (= ATB Nr. 17)

Ein Beispiel für die Interpretation Konrads durch die ältere Forschung ist:
Kurt-Herbert Halbach: Gottfried von Straßburg und Konrad von Würzburg.
,,Klassik" und ,,Barock" im 13. Jahrhundert. Stuttgart 1930

Ansätze zur Neuinterpretation:
Hans-Joachim Gernentz: Konrad von Würzburg. Charakter und Bedeutung seiner Dichtung. In: Weimarer Beitr. 7, 1961, S. 27—45

Barbara Könnecker: Erzähltypus und epische Struktur des *Engelhard*. Ein
Beitrag zur literarhistorischen Stellung Konrads von Würzburg. In: Euph.
62, 1968, S. 239—277

Hubertus Fischer, Paul-Gerhard Völker: Konrad von Würzburg: ,,Heinrich
von Kempten". Individuum und feudale Anarchie. In: Literaturwissenschaft und Sozialwissenschaften 5, Literatur im Feudalismus. Hg. v. Dieter
Richter, Stuttgart 1975, S. 83—130

Thomas Cramer: Minnesang in der Stadt. Überlegungen zur Lyrik Konrads
von Würzburg. In: Literatur-Publikum-historischer Kontext, Bd. 1, Frankfurt 1977, S. 91—108

6. Märendichtung

Gattungsaspekte

Die deutsche hochhöfische Literatur (ca. 1180–1220) kannte kaum
das Genus der Kleinepik. Vorherrschend waren einerseits großepi-
sche Formen wie besonders der Artusroman (neben ihm die anver-
wandelte Heldendichtung eines *Nibelungenliedes* und das einstilisier-
te Geschichtsepos eines *Willehalm*) und andererseits die kunstvollen
lyrischen Strophengebilde des Minnesangs. In diesen beiden Haupt-
gattungen verständigte sich der am großen Hof versammelte Adel,
im Rahmen zeremonieller Vortragskunst, über Verhaltensbedingun-
gen seines Herrendaseins. An den beiden Grundmodellen des nicht
nur für sich selbst, sondern für den Hof kämpfenden Aventiure-
ritters und des im beständigen Dienst des Frauenpreises sich bewäh-
renden Minneritters entfaltete der Feudaladel die Programmatik
und die Deutungsmöglichkeiten der sog. höfischen Tugenden, in
denen höchst widersprüchlich Autonomie und Unterwerfung, Herr-
schaftspotenz und geregeltes Gebaren, Gewaltfähigkeit und Gewalt-
einschränkung, selbständige und ständisch eingebundene Grundher-
renexistenz auf einen Nenner gebracht werden sollten. Die wenigen
Belege für kürzere epische Formen wie Hartmanns *Armer Heinrich*
und *Gregorius* nehmen daher eine Sonderstellung ein, die man in
intentionaler, strukturaler und thematischer Hinsicht eher wohl als
Ableger des großen Epos begreifen darf und weniger, wie oft angenommen, als Derivat der Gattung Legende; geht es doch auch in
ihnen um Grundprobleme höfisch-adliger Herrschaftslegitimierung,
in der ausgeweiteten Dimension laikal-religiöser Bestimmung.

In der ersten Hälfte des 13. Jahrhunderts tritt plötzlich und sogleich in größerer Anzahl eine neue Gattung auf, der Typus der
kürzeren weltlichen Verserzählung, dessen Beliebtheit sich über drei
Jahrhunderte erstreckt. Daß dieser Erzähltypus weiten Anklang findet, bezeugt nicht nur die Zahl von mehr als 200 erhaltenen Stücken
aus dem 13. bis 15. Jahrhundert, sondern auch die Überlieferungs-
dichte, die mit dem durchschnittlichen Erfolg der weltlichen Groß-
epik durchaus vergleichbar ist. Über die literaturgeschichtliche Her-

kunft ist bis heute nichts Endgültiges ausgemacht. Die Beziehungen zur mittellateinischen Vagantendichtung, die besonders Schirmer aufgedeckt hat[1], beschränken sich auf einzelne und, bezüglich der Beliebtheit von Parodie und Streitgespräch, meist spätere Stücke. Das altfranzösische *fabliau*, das etwa gleichzeitig entsteht, läßt sich trotz verwandter Motive der Komik nur in wenigen Fällen als direkte Quelle nachweisen.[2] Größere Wahrscheinlichkeit hat die Vermutung für sich, die neue Gattung gründe sich auf vielfach in unliterarischer Form vorhandene Schwankmotive und besonders auf die literarische Form des Predigtmärleins, d.i. einer Erzählung als Bestandteil der Predigt in der Funktion eines Exemplums.[3] Eine solcherart angenommene Herkunft gibt schon einen ersten Hinweis auf den lehrhaften Charakter der Verserzählungen, dessen Konsequenzen für die Einzelinterpretation und für die Gliederung der Gattung im folgenden verdeutlicht werden sollen.

Seit den grundlegenden Studien von Hanns Fischer (1968) hat sich als Gattungsbezeichnung endgültig der Terminus *das Märe* durchgesetzt — ein germanistisches Kunstwort; denn das mhd. Neutrum *daz maere* = Kunde, Bericht, Erzählung wandelt sich im Spätmhd. durch häufigen Gebrauch des Plurals *diu maere* in ein Femininum Singularis, und nur in dieser Form, als „die Mär", ist uns das Wort noch einigermaßen geläufig, etwa aus Luthers bekannter Kirchenliedzeile: *ich bring euch gute neue Mär* (*gute Mär* = frohe Botschaft = exakte Übersetzung von ‚Evangelium'). Das Märe hat also nichts mit dem Märchen zu tun. Es ersetzt als neutraler Begriff die früher viel verwendete Bezeichnung Novelle, und dies aus gutem Grund: Die aus Boccaccio und zeitgenössischen Erzählungen abgeleiteten Novellentheorien eines Goethe, Tieck oder Paul Heyse sind zur formalen und strukturellen Beschreibung des mittelalterlichen Märes ungeeignet. Dagegen steht schon die Vielfalt an Formen, Aufbauprinzipien und Themen, die der Märendichtung eigen ist. Ebendiese Vielfalt läßt freilich auch die Einheit der Gattung als problematisch erscheinen.

Den mittelalterlichen Texten und ihrer Überlieferung ist kein festes Gattungsbewußtsein zu entnehmen. Nicht nur wird der Begriff *maere*, wenn er denn überhaupt als Bezeichnung für in Versen Erzähltes auftaucht, auch auf Großepen angewendet und kann im Austausch stehen mit anderen Begriffen, besonders dem der *rede*, der alle möglichen nichtgesungenen Gattungsformen kennzeichnet; auch die großen Sammelhandschriften, denen wir die Kenntnis der meisten Mären verdanken, nehmen nichts weniger als eine reinliche

Scheidung vor. Einige Beispiele: Die Heidelberger Pergamenthandschrift 341 (erstes Drittel des 14. Jhdts.) stellt die Mären zwischen Marienmirakel, religiöse Lehrgedichte, Tierfabeln und weltliche Didaxe; die Wiener Papierhandschrift 2885 (Ende des 14. Jhdts.) enthält neben den Mären Minnereden, geistliche Gedichte und weltliche Lehrgedichte; die Karlsruher Papierhandschrift 408 (um 1430) bringt unterschiedslos durcheinander Mären, Bispel, Wundergeschichten, Streit- und Scherzreden sowie geistliche Erzählungen und Reden.[4] Hieraus kann man zumindest erkennen, daß dem Mittelalter jedenfalls wenig gelegen ist an einer scharfen Trennung zwischen geistlicher und weltlicher Thematik oder den Formen des Märes (erzählend) und der Rede (erörternd).

Dennoch ist es Usus geworden, mit Hanns Fischer das Märe einzugrenzen auf die kürzere Verserzählung, die weder religiösen noch chronikalischen Inhalts noch Fabel ist; ,kürzer' wird hierbei interpretiert mit der Faustregel: bis zu 2000 Versen. Läßt man sich auf diese Definition ein, so ergeben sich noch immer zahlreiche Grenzfälle bei der Zuordnung einzelner Stücke. Den interessantesten Fall bildet das *Bispel* (aus mhd. *bî-spel* = Bei-Erzählung), in welchem die Erzählung als Gegenstand einer ausführlicher entfalteten Auslegung dient. Da mehr als zwei Drittel aller Mären ebenfalls eine am Ende der Erzählung ausgesprochene, freilich meist kürzere Nutzanwendung (genannt: Epimythion) aufweisen, ist Fischers Ausscheidung des Bispels aus dem Märencorpus nicht unbestritten geblieben. Jüngste Forschungen haben indes gezeigt, daß die Zweiteiligkeit des Bispels statt nur in quantitativer Hinsicht genauer dahingehend definiert werden kann, daß der Bildteil keinen Selbstzweck besitzt, sondern um der allegorischen Auslegung willen erzählt wird, während im Märe die Erzählung den didaktischen Kern direkt mitteilt, wobei eine angefügte Lehre möglich, aber nicht nötig ist.[5]

Angesichts der erwähnten Schwierigkeiten hat man des öfteren den Versuch unternommen, das Problem der Gattungsbestimmung mit Hilfe einer soziologischen Globalthese zu lösen, die das Auftreten der neuen Gattung auf die Ausbildung eines eigenständigen bürgerlichen Selbstbewußtseins, mithin auf ein neues, nämlich bürgerliches Publikum zurückführt. Es macht dabei wenig Unterschied, ob etwa früher Gustav Ehrismann unter Berufung auf eine angebliche „realistische Lebensauffassung" das „Emporkommen bürgerlicher Lebensstimmung" unterstellt oder heute Hans Joachim Gernentz das „Aufkommen einer frühbürgerlichen Literatur seit der Mitte des 13. Jahrhunderts" daran erkennen will, daß in den Mären „immer mehr Elemente einer sich entwickelnden bürgerlichen Ideologie" in den Vordergrund treten.[6] Diese These soll unter mehreren Aspekten kurz überprüft werden, weil dabei zugleich Methodisches zur Sprache gebracht werden kann. Wir betrachten sie vom Autor und vom Publikum her sowie an Hand der Begriffe ‚Realismus' und ‚Bürgertum'.

Ein beträchtlicher Teil der Mären ist anonym überliefert; für viele andere lassen sich immerhin die Verfasser mit einiger Sicherheit ermitteln. Zu den bekanntesten und produktivsten Märenautoren zählen: Der *Stricker*, ein Berufsliterat, der wohl nach 1230 in Österreich seine Mären verfaßt und als erster namentlich bekannter deutscher Märendichter, ja als eigentlicher Schöpfer der Gattung gilt; *Heinrich Kaufringer*, vermutlich ein Angehöriger des gebildeten Mittelstands in Augsburg oder Landsberg (um 1400); *Hans Rosenplüt*, Handwerksmeister in Nürnberg (Mitte des 15. Jhdts.); *Hans Folz*, Meister der Wundarzneikunst, gleichfalls in Nürnberg (zweite Hälfte des 15. Jhdts.). Was hier auf den ersten Blick, auf Grund der ständischen Zuordnung der Autoren, wie eine Stütze der Auffassung vom ‚bürgerlichen' Charakter des Märes aussieht, stellt sich bei einer Gesamtschau anders dar. Rosenplüt und Folz sind nicht typisch für das Autorenspektrum des Märes und kennzeichnen allenfalls eine Sonderentwicklung der Gattung in ihrer spätesten Phase. Beteiligt an der Produktion des Märes sind sowohl Mitglieder des Adels (Beispiel: *Herrand von Wildonie*) und des Hofbeamtentums als auch der städtischen Mittelschicht mit hohen Bildungsansprüchen, besonders aber Berufsliteraten, über deren sozialen Status man sehr wenig weiß, der jedoch beträchtliche Spannweite besitzen dürfte, zumal wegen des im Einzelfall schwer zu entscheidenden Unterschieds zwischen fest ansässigem und fahrendem Berufsdichter. Grundsätzlich ist es ohnehin unzulässig, vom rechtlichen und sozialen Stand eines Autors auf die Bewußtseinsformen und thematischen Aussagen seines Werks zu schließen. Märendichtung will keine direkte oder indirekte Autobiographie des Verfassers sein; sie ist über die längste Zeit ihrer immer neuen Entstehung Vortragsdichtung, kollektiv eingebunden in die Interessen ihrer jeweiligen Zuhörerschaft. Sie gibt daher viel mehr über das Selbstverständnis des Publikums zu erkennen als über eine davon isolierte, subjektive Erfahrungswelt des Autors. Das verweist um so dringlicher auf den Adressaten.

Obwohl die Quellen für eine Publikumsbestimmung spärlich sind, läßt sich doch aus den wenigen Angaben über Auftraggeber einzelner Mären und aus den zahlreicheren Hinweisen auf die Besteller und Mäzene der Sammelhandschriften erschließen, daß das Märenpublikum im 13. Jahrhundert fast ausschließlich dem Adel angehört, daß im 14. Jahrhundert das städtische Patriziat hinzutritt, ohne vorherrschend zu sein, und erst im 15. Jahrhundert eine größere stadtbürgerliche Beteiligung anzunehmen ist. Auf textimmanenter Ebene bezeugen die oft begegnenden Anspielungen auf die vorausliegende höfische Literatur, die ernsthaften oder parodistischen Zitate, daß das Publikum mit der klassischen Dichtung vertraut gewesen sein muß. Bedenkt man weiter, daß das Patriziat nicht nur in seinem literarischen Geschmack von einer weitgehenden Identität mit dem Adel hinsichtlich seiner Lebensformen und Interessen geprägt gewesen ist, so kann man die Mären nicht mehr aus einer ,,bürgerlichen Gesinnung'' heraus verstehen wollen. Märendichtung ist, zumindest im 13. und 14. Jahrhundert, Teil der höfischen Literatur; daraus erwächst die schwierige, für die Interpretation geforderte Aufgabe, das, was an ihr neu ist gegenüber der hochhöfischen Literatur, als literarische Ausdrucks- und Verarbeitungsform des Adels zu begreifen.

Zu dem Neuen gehört gewiß nicht ein früher häufig, heute seltener in die Mären hineingelesener sog. ,,Realismus''. Wenn die Tatsache, daß im Gegensatz zur ritterlichen Dichtung nun auch Personen aus anderen Ständen auftreten wie Pfaffen und Studenten und Bauern usw., daß die Szenerie vom Adelshof und Turnierfeld auf den Marktplatz oder ins Bauern- und Bürgerhaus verlegt werden kann, wenn diese Tatsachen als realistisch gedeutet werden, so liegt eine unzutreffende Parallelisierung zweier kategorial verschiedener Oppositionen vor: Ständisch hohe − ständisch niedere Handlungsebene und Typisierung − Realismus. Im Märe werden auch die nichtadligen Figuren durchweg typisch, ohne Seelenzergliederung oder psychologische Motivationen, als Repräsentanten ihres Standes dargestellt. Vom Alltagsleben eines Bauern oder niederen Klerikers erfahren wir so wenig wie von dem eines Ritters im höfischen Epos; ,stilisiert' sind beide Bereiche. Gewiß gibt es eine Unzahl von Situationen, die das krasse Gegenteil zur repräsentativen Herrlichkeit feudaladliger Kampf- und Festszenen bilden; sie sind darum noch nicht alltäglich. Der Kleriker, der sich vor dem eifersüchtigen Ehemann im Käse- oder Fischkorb verbergen muß (*Der Pfaffe im Käskorb, Der Pfaffe in der Reuse*), befindet sich in einer märentypischen, aber sicher nicht in einer lebensgewöhnlichen Lage; im Rahmen der Negativ-Didaxe besitzt das Bild negativ-repräsentative Funktion. Der Begriff des Alltäglichen ist dem Mittelalter so fremd wie die Vorstellung von einem Ereignis oder Individuum ,als solchem', welches nicht über sich hinausweist.

Ein neuer Grundzug der Mären ist hingegen die Eigenschaft der Klugheit und des listigen Handelns, die auffällig vielen Protagonisten zugesprochen wird. Wird diese Fähigkeit als spezifisch bürgerliche Tugend interpretiert, so liegt dem in der Regel ein historisch ungenauer und nicht konkretisierter Begriff von ,Bürgertum' zugrunde, der es erlaubt, bürgerliche Wertvorstellungen des 18. und 19. Jahrhunderts auf das Mittelalter zu projizieren. Soweit überhaupt die in sich deutlich gegliederte mittelalterliche Stadt an der Rezeption der Märendichtung beteiligt ist, kommt dafür bis ins 15. Jahrhundert nur die oberste städtische Schicht, das Patriziat in Frage, und dies steht mit seiner auf persönlichen Privilegien beruhenden feudalen Existenzform dem Adel ungleich näher als den übrigen städtischen Schichten (weiteres hierzu unten S. 000). Da fehlt jede historische Basis für die Ausbildung eines genuinen bürgerlichen Bewußtseins. Die Konsequenzen solcher Überlegungen veranschaulicht die Forschungsdebatte, die um die Verserzählungen des Strickers und seinen Schwankroman vom *Pfaffen Amîs* geführt wird. Schon diese frühesten deutschen Mären thematisieren über Handlungsführung und Begrifflichkeit als zentrale Kategorien *kündekeit* und *list.* Wo diese mit bürgerlicher Rationalität und Intellektualität gleichgesetzt werden, ist der Schritt nicht mehr weit zur Annahme eines antifeudalen oder antihöfischen Affekts beim Stricker (Wolfgang Spiewok, Barbara Könneker). Die Frage, wie sich ein höfisches Publikum das zu eigen machen könnte, führt dabei in unlösbare Widersprüche. Die Gegenposition beharrt auf der adligen Intention der Strickerschen Didaxe und untersucht von daher an den Texten genauer, welchem Ziel bezüglich feudaler Normvorstellungen die vorgeführte Klugheit dient. Sie kann sich darauf berufen, daß die *kündekeit* in den Mären des Strickers das Beiwort *gevüege* oder *mit fuoge* erhält, was so viel heißen will wie: Klugheit im Rahmen höfischer Verhaltensnormen.[7] Generell ließe sich hieraus der methodische Ansatz entwickeln, den Mären nicht vorschnell Elemente bürgerlicher Denkformen zu unterstellen, sondern sie auf ihre Relevanz für das adlige, später auch adlig-patrizische Selbstverständnis zu befragen.

Zum Problem der Einteilung der Mären

Die genannte Perspektive dürfte noch am wenigsten Schwierigkeiten bereiten bei jener kleineren Gruppe von Mären, die in ihrer Thematik direkt an die Problemstellungen der hochhöfischen Literatur anknüpfen oder sie weiterentwickeln; für die Hauptmasse der Mären, die einen neuen Themenfächer ausbilden, ist die Aufgabe nur erst in spärlichen Ansätzen geleistet. Unter dieser Fragestellung erscheint die *Binnengliederung* der Märengattung, die Hanns Fischer vorgenommen hat, als fragwürdig und unzureichend, so eingängig sie auf den ersten Blick auch ist und so sehr sie inzwischen auch, mangels besserer Möglichkeiten, allerorten nachgesprochen wird. Fischer unterscheidet drei „Grundtypen": das schwankhafte, das höfisch-galante, das moralisch-exemplarische Märe. Zum genaueren Verständnis der recht undeutlichen Begriffe (nach Fischer): schwankhaft = auf das Lachen berechnet, höfisch-galant = die Themen von Rittertum und Minne vorbildlich abhandelnd, moralisch-exemplarisch = falschem Weltverhalten warnend. Mit der Formulierung einiger Bedenken gegen dies Schema soll im folgenden der Versuch gemacht werden, andere Gesichtspunkte für eine Ordnung des Märenbestandes zu benennen.

In der von Fischer vorgeschlagenen Dreiteilung werden heterogene Kriterien, die sich logisch gar nicht gegenseitig ausschließen, miteinander vermischt; inhaltliche (höfisch-galant) und wirkungsästhetische Merkmale (schwankhaft, moralisch) werden unzulässig auf eine Ebene gerückt. Exemplarisch ist auch das höfische und das schwankhafte Märe; Lehrhaftigkeit bildet ja einen Grundzug mittelalterlicher Dichtung, kann daher nicht einer gesonderten Märengruppe vorbehalten bleiben. Schwankhafte Elemente finden sich sowohl in den sog. moralischen als auch in den höfischen Mären. Die Folge der theoretischen Unstimmigkeit wird daran sichtbar, daß Fischer gezwungen ist, neben den drei Grundtypen zusätzlich neun Mischtypen zu etablieren, womit sich der praktische Nutzen der Gliederung selbst aufhebt.

Den Schwierigkeiten liegt letztlich das ungeklärte Verhältnis von Komik und Didaxe zugrunde. Geht man von der Bedeutung des Wortes *Schwank* aus (aus mhd. *swanc* = schwingende Bewegung, Hieb, Streich oder Erzählung eines ‚Streichs'; seit dem 15. Jh. literarischer Begriff für ‚scherzhafte Rede oder Erzählung', seit dem 19. Jh. für ‚kleines lustiges Schauspiel'), so scheint in der Tat das schwankhafte Märe dadurch definiert, daß es Lachen erzeugen, daß es unterhalten und entspannen will (Fischer). Es müßten jedoch schon die vielen lehrhaften Epimythia, die den Schwankmären angefügt sind und nicht einfach als Pflichtübungen des Autors abgetan werden dürfen, zu denken geben, ebenso der oben erwähnte Befund, daß die Sammelhandschriften ungeniert Schwankhaftes und Didaktisches, Geistliches und Weltliches vereinigen. Die Komik kann offenbar der Lehre dienen, statt in striktem Gegensatz zu ihr zu stehen. Aus den Predigt-märlein, die wahrscheinlich eine Vorstufe der Märengattung darstel-len, ist ein solcher Funktionszusammenhang schon äußerlich direkt nachweisbar; das komische Exempel wird dort in den Dienst from-mer Erbauung gestellt. An diesem Modell läßt sich studieren, daß Unterhaltung (*delectatio*) nicht als Selbstzweck, sondern als eines von mehreren zur Verfügung stehenden literarischen Mitteln zur Er-reichung des eigentlichen Ziels der Lehre (*utilitas*) begriffen wird. Wenn sich ein entsprechender Funktionszusammenhang für das Schwankmäre als konstitutiv herausstellen würde (was im Einzel-fall zu untersuchen ist), dann ergäbe sich die Möglichkeit, die Mären nach ihrer thematisch-didaktischen Intention neu zu ordnen, statt es mit dem gebannten Blick auf das formale Mittel der Komik bei einem Sammelsurium zu belassen. Ob ein Märe mehr oder weniger oder keine schwankhaften Züge aufweist, wäre dann eine sekundäre Frage.

Was Komik im Märe zu leisten vermag, demonstriert etwa Kauf-ringers *Der Schlafpelz*. Da wird eine Frau vom Ehemann überrascht, verbirgt ihren Liebhaber unter der Bettdecke und rettet ihn durch eine List, indem sie ihren Mann fragt, was er täte, wenn er einen Liebhaber bei ihr entdecken würde, und was sie selbst dann wohl täte; ehe er zu antworten vermag, stülpt sie ihm ihren Schlafpelz über den Kopf und drückt ihn fest an sich, so daß der Liebhaber unbemerkt fliehen kann. Die Pointe zielt zunächst auf die Findig-keit (*gscheidikait*) der Frau, wie auch das Promythion generalisie-rend hervorhebt, daß eine Frau ihren Mann bei sehenden Augen blind machen könne. Das Lachen aber gilt eigentlich dem Opfer, dem *ainfaltigen man*, der sich aus Dummheit überlisten läßt. Der implizite Warncharakter des Promythion fixiert auf den Ehemann (*narr*) das gemeinte Fehlverhalten, welches im Lachen des Publi-kums erkannt und überwunden wird. Die Lehre, die gar nicht mehr direkt ausgesprochen wird, tritt gleichwohl in der Funktion der Komik klar zutage; das bezeugt auch das ältere Märe *Der Ritter mit den Nüssen*, welches dasselbe Motiv in derselben Tendenz verwendet, mit seinem ausdrücklich die Ehemänner belehrenden Epimythion. Demnach gehören beide Mären zur Gruppe der Verserzählungen, die die Rolle von Mann und Frau in der Ehe thematisieren (dazu weiter unten). Komik entbindet Erkenntnis: Die Überlistung des *tumben* durch den *wîsen* — ein Grundmodell des Schwankmäres — nagelt das Fehlverhalten des *tumben* fest und überantwortet es der Öffentlichkeit gemeinsamen Lachens bis zur gänzlichen Vernichtung der *tumpheit*. Die Vernichtungsabsicht des Lachens wird in des Strickers *Die drei Wünsche* vom Märenpublikum auf die in Szene gesetzten Augen- und Ohrenzeugen innerhalb des Märes übertragen und mit eindrucksvollem Ergebnis vorgeführt. Ein armer Mann, dem seine gottgewollte Armut nicht recht ist, erhält auf inständiges Bitten von einem Engel drei Wünsche zu freier Wahl; da seine Frau die erste Chance mit dem recht unergiebigen Wunsch nach einem kostbaren Kleid rasch vertut, gerät der Mann in Zorn und wünscht ihr fluchend das Kleid in den Leib; nun muß er unter den Drohungen der Freunde den letzten freibleibenden Wunsch dazu verwenden, die Frau von ihrer Leibesqual zu befreien. Das höhnende Lachen der Freunde und aller, die von seiner Torheit hören, treibt ihn daraufhin buchstäblich in den Tod. Zur Deutung des Märes gilt es übrigens auch hier darauf zu achten, was denn durch den öffentlichen Spott sanktioniert werden soll: Es ist der die Standesgrenzen überspringende Wunsch des Mannes nach großem *guot*, einem Reichtum, der gemäß adligem Verständnis eine an die Person gebundene ständische Qualität besitzt; das Scheitern des Mannes, der von seinem Status her keine Befähigung im Umgang mit dem Reichtum haben kann, erscheint daher als geradezu naturnotwendig und gottgewollt. Wenn dies die eigentliche Lehre des Märes ist, könnte es zu den Stücken gestellt werden, die das Problem der sozialen Mobilität aus adliger Sicht behandeln.

Eröffnet sich auf diese Weise die Möglichkeit, Fischers Definition des Schwankmäres („Erheiterungs-Intention") wegen ihrer unspezifischen Allgemeinheit und ihrer Vernachlässigung der Erkenntnis-Intention als gruppenbildendes Kriterium zu überschreiten zugunsten der Chance, thematische, aus den Einsichtsprozessen des Publikums entwickelte Zusammengehörigkeiten herauszuarbeiten, so scheint dies Verfahren noch deutlicher geboten bei der Gruppe der moralisch-exemplarischen Mären. Ihre Inkonsistenz, die auch Fischer selbst nicht behaglich war, ist offensichtlich. Für die wenigen Mären dieser Gruppe — sie machen nur fünf Prozent des Gesamtbestandes aus — nützt das angegebene Bindeglied „Demonstration allgemeinmenschlicher Laster" kaum etwas, weil es entweder für fast alle Mären gelten könnte oder umgekehrt für gar keines, sofern nämlich allgemeinmenschliches und ständisches Denken im prinzipiellen Gegensatz zueinander stehen. Einige Beispiele, die aus dieser Gruppe genommen sind, mögen das erläutern.

Strickers *Edelmann und Pferdehändler* demonstriert mehr als die bloße Warnung vor dem Geiz. Die Kritik am Geiz des reichen Edelmanns bedeutet zunächst sehr viel spezifischer den Appell an die genuin adlige Herrschertugend der *milte* (= Freigebigkeit). Auf den Rat der Verwandten, die um sein öffentliches Ansehen besorgt sind, erklärt sich der Herr bereit, ein vortreffliches Pferd zu erwerben. Der Pferdehändler, der sich von der vorgespiegelten Kaufabsicht des Edelmanns täuschen läßt und völlig umsonst große Kosten in die Suche nach einem angemessenen Streitroß steckt, dient dem Epimythion zu der Lehre, es sei falsch, einem Ungetreuen zu Diensten zu sein. Hier wird, ähnlich wie im Tierepos *Reinhart Fuchs* (12. Jh.), die für den Adelsstand zerstörerische *untriuwe* durch den didaktischen Hinweis auf die Reaktion der Umwelt beleuchtet, welche die Inkarnation der *untriuwe* zum Zuge kommen und erfolgreich sein läßt. Zudem wird an der Gestalt des Edelmanns auf aufschlußreiche Weise der Zusammenhang von *milte* und *triuwe* demonstriert: Der absolute Mangel an Freigebigkeit, das sparsame Hocken auf dem Besitz unterminiert feudaladlige persönliche Bindungen.

Der Schlegel von *Rüdeger dem Hinkhofer* (Ende des 13. Jhs.) berichtet von einem Mann, der seinen Besitz vorzeitig an seine Kinder verteilt, danach von ihnen schlecht behandelt und sehr kurz gehalten wird, bis eine List ihm zu neuem Ansehen bei den Erben verhilft; eine heimlich angefertigte kostbare Kiste des Alten läßt sie auf zusätzliches Erbe hoffen, so daß sie sich in Zuvorkommenheit überbieten. Die Enttäuschung ist groß, als nach dem Tod des Vaters die Kiste geöffnet wird; statt des erwarteten Schatzes enthält sie nur einen Schlegel und die briefliche Botschaft, es solle mit ebendiesem Prügel erschlagen werden, wer alle seine Habe den Kindern überläßt und selber Not leidet. Die übliche Kennzeichnung des Märenthemas: Kindesundank als Verstoß gegen das vierte Gebot, abstrahiert von der genaueren Konkretheit der Darstellung, indem sie nur einen Satz des Promythions herausgreift. Der Held ist ein reicher Kaufmann, der wie seine Kinder ein geradezu adlig-repräsentatives Leben führt. *guot, schaz, gewin* sind Signalwörter für das Themaproblem; es ist die Besitzsucht der Kinder, die sie in den Zustand der Untreue treibt, welche sich diesmal als Gefährdung der für die Feudalgesellschaft elementaren Familien- und Verwandtschaftsbindungen erweist. An den *ungetriuwen kinden* bewährt sich die Klugheit des Vaters, der ihre Gier ausnützt, um sich gegen ihre *untriuwe* zur Wehr zu setzen.

Ganz isoliert, sowohl innerhalb der Pseudo-Gruppe der moralischen Mären als auch innerhalb der gesamten Märentradition, steht der *Helmbrecht* von *Wernher dem Gartenaere* da (zweite Hälfte des 13. Jhs.). Diese heute berühmteste und weitaus am meisten interpretierte Verserzählung unterscheidet sich in vielerlei Hinsicht vom normalen Genre des Märes. Sie enthält viele konkrete zeitgeschichtliche Bezüge und verarbeitet direkt Details der Landfriedensgesetzgebung in Österreich und ihrer Durchsetzung. Sie konzentriert sich nicht, wie sonst das Märe, auf die ausschnitthafte besondere Situation oder eine eng zugespitzte Handlungspointe, sondern beschreibt den breit ausgezogenen Lebensweg des Helden, von seinem Aufbruch bis zu seinem schlimmen Ende. Der Bauernsohn Helmbrecht, der sich höfische Attribute zulegt und das Leben eines Adligen über den Anschluß an eine Raubritterbande glaubt erreichen zu können, erfährt eine unheimlich sich steigernde, wie ein Naturgesetz sich vollziehende Sanktionierung, die ihn gesellschaftlich und körperlich demontiert bis zur totalen Vernichtung. Wer seinen Stand verläßt, wird zur Un-Person — diese vom Adel im 13. Jahrhundert vielfach beschworene Lehre wird mit außerordentlich kunstvollen Mitteln der Beschreibung, verzweigter symbolischer Querverweise, Spiegelungen erzeugender Aufbauprinzipien und einer raffinierten Erzählstrategie veranschaulicht. Die aspektreichen Wechselbeziehungen zwischen der literarischen Gestaltung und den historisch-gesellschaftlichen Erfahrungsmomenten können hier, im Rahmen einer kurzen Einführung in die Gattung Märe, nicht ausgebreitet werden. Der Verweis auf einschlägige Interpretationen[8] rechtfertigt sich auch deshalb, weil der *Helmbrecht* untypisch ist für das mittelhochdeutsche Märe.

Der Vorschlag, die alte Dreiteilung der Märengattung zurückzustellen und stattdessen Themenzusammenhänge zwischen einzelnen Mären zu ermitteln, meint nicht die Erfassung gemeinsamer stofflicher Motive. Ein Motiv kann für sehr verschiedene Lehren herhalten. Man braucht sich nur einige der von Hanns Fischer katalogisierten „stofflichen Generalnenner"[9] vor Augen zu halten, um zu erkennen, daß mit ihnen über das Problem und die Intention des einzelnen Märes kaum etwas ausgesagt ist: Listiges Arrangement des Ehebetrugs — Verführung und erotische Naivität — Schelmenstreiche und schlaue Betrügereien — Komische Mißverständnisse — Ritterliche Aventiure — Treue Minne — Demonstration allgemein-menschlicher Laster. Die Verschiedenartigkeit der hier eingeordneten Mären zeigt, daß Motivzusammenhänge und Themenzusammenhänge keineswegs identisch sind. Unter dem Thema verstehen wir die jeweilige zentrale Problemstellung eines Märes, die sich in ihren historischen Konturen oft nur durch sorgfältige Einzelanalysen erschließt. In dieser Hinsicht steht die Erforschung der Märendichtung noch einigermaßen am Anfang. Daher kann im folgenden weder eine vollständige Gliederung entworfen noch ein strukturierter Gesamtüberblick geboten werden. Die Darstellung geht vielmehr in doppelter Hinsicht exemplarisch vor. Einmal werden aus dem sehr viel breiteren Spektrum zwei Themenkomplexe herausgegriffen, die ritterliche Treue und die eheliche Treue, um an ihnen die Möglichkeit der Konstituierung eines problemorientierten Zusammenhangs zu erproben; zum andern steht innerhalb dieser Komplexe die ausführliche Interpretation eines Märes im Vordergrund, weil nur so das Zentrum der Problemstellung aufgeschlüsselt werden kann.

Ritterliche Treue

Die *Rittertreue*, auch *Der dankbare Wiedergänger* genannt, ist ein Märe aus dem Ostmitteldeutschen, um 1250—1270 entstanden.[10]

Es erzählt vom vorbildlichem Grafen Willekin von Muntabur, dessen Qualitäten sich schon zu Beginn dadurch offenbaren, daß er ohne Unterlaß, entsprechend dem Gebot seines Standes, an aufwendigen Turnieren und Kämpfen teilnimmt: *ze ritterschaft stuont ie sîn muot* (37; sein ganzes Trachten ging auf Ritterschaft). Die ökonomische Basis solch ehrenvoller Lebensweise, die Grundherrschaft, wird allerdings nicht mehr, wie im hochhöfischen Epos, einfach als unversiegbare Quelle vorausgesetzt; nachdem zwei Drittel des väterlichen Besitzes verbraucht sind, muß Willekin fünf Jahre untätig zu Hause sitzen, wodurch er — schlimmes Los für einen Adligen — bei seinen Standesgenossen in Vergessenheit gerät. Der Autor hütet sich, des Grafen Besitzverschleiß zu kritisieren; er hält vielmehr, wie der Fortgang zeigt, unbeirrt an dem Gebot der Freigebigkeit fest. Die Lösung tut sich alsbald wie gerufen kund, ähnlich wie auch im Artusepos die Aventiure dem auserwählten Ritterhelden als glückliches, ihn auszeichnendes Schicksal im rechten Augenblick zufällt. In der Ferne läßt nämlich eine sehr reiche und demgemäß sehr schöne und höfische Landesherrin ein Turnier um ihre Hand ausrufen. Willekin, noch einmal mit der Summe von siebzig Mark (etwa 35 Pfund Silber) ausgestattet, reitet zum Turnierort und findet bei dem reichen Münzmeister der Stadt Aufnahme. Der fordert freilich zuvor, der Graf möge die Schuld eines fremden Ritters in Höhe von siebzig Mark begleichen, welcher in seinem Haus gestorben und, weil seine Verwandten nicht für ihn einstehen wollten, im Stallmist verscharrt worden sei. Natürlich gibt Willekin seine letzte Habe hin und sorgt mit einer prächtigen Bestattung des Toten für die Wiederherstellung der ritterlichen Standesehre. Er leiht sich vom Münzmeister große Geldsummen, verteilt danach zur Mehrung seines Ruhms großzügige Geschenke an sein angeworbenes Gefolge sowie die staunende Menge und rüstet sich für das Turnier. Es fehlt ihm nur noch das richtige Pferd. Ein unbekannter Ritter, der im Besitz eines überstarken Turnierrosses ist, will es ihm abtreten, wenn der Graf bei seiner *triuwe* verspricht, jeden mit Hilfe des Pferdes erworbenen Gewinn mit ihm zu teilen. Willekin geht nach einigem Zögern darauf ein und erringt in der Folge auf ruhmreiche Art den Turniersieg. Die Vermählung mit der Landesherrin wird festlich begangen. Am Abend nach dem ersten Beilager tritt ihm vor der Kammer der Frau plötzlich der unbekannte Ritter entgegen und verlangt unter Berufung auf das gegebene Versprechen seinen Anteil. Mit der Hälfte des Landes ist er nicht zufrieden, er fordert auch den Anteil an der Braut und will die zweite Nacht mit ihr verbringen. Willekin versucht verzweifelt, ihm das auszureden. Als dies nicht gelingt, überläßt er ihm schließlich, um nicht wortbrüchig zu werden, die Kammer der Frau. Da gibt sich der Unbekannte als Geist jenes verstorbenen Ritters zu erkennen, dessen Leichnam Willekin aus dem Mist befreit hatte, verzichtet auf seine Ansprüche und entschwindet als Engel zu Gott. Der Graf beschenkt den Münzmeister mit viel mehr Silber, als er je entliehen hat. Im Epimythion wird er als ein Vorbild der Treue für alle Ritter gerühmt.

In der Handlung treten vornehmlich zwei Grundqualitäten des Grafen zutage, die in der Exemplarität eines superlativischen Stils, der genuiner Bestandteil normorientierter Didaxe ist, herausgearbeitet werden: seine Freigebigkeit und seine Treue. Die Freigebigkeit bis zur ruinösen Selbstverausgabung gilt als positive Wesensbestimmung adligen Verhaltens, sichtbar noch an kleinen Nebenzügen wie der Szene, in der der Knappe des Grafen dem Münzmeister die siebzig Mark Silber übergibt; während der Münzmeister das Empfangene auf einer Waage genau kontrolliert, wendet sich der Knappe ganz im Geist seines Herrn ab: *des wegens nam er kleine war* (360; er verfolgte das Abwiegen mit keinem Blick). Der Graf rechnet nicht, zählt keine Quantitäten, für ihn ist Reichtum noch eine Standesqualität, keine in den gleichmachenden Tausch eingehende Quantität. Immerhin ist er genötigt, die Hilfe des Münzmeisters in Anspruch zu nehmen, und sein finanzieller Engpaß, den erst sein gewaltiger Turniersieg endgültig beseitigt, wird zu Anfang der Geschichte nicht durch einen von außen kommenden Schicksalsschlag begründet, sondern ausgerechnet mit der Praxis verschwenderischer Ritterexistenz, deren Loblied gleichzeitig fortwährend gesungen wird. Die Frage, ob die derart unbedingt geforderte *milte* ökonomisch überhaupt zu leisten sei, beantwortet sich im Fortgang der Erzählung durch den unerschütterlichen Glauben, eine noch höher gesteigerte *milte*, gepaart mit der Bereitschaft, für die Standesehre alles wegzugeben, hebe die Bedingungen ihrer Gefährdung auf. Hierin schlägt sich der historisch bezeugte Widerspruch zwischen feudaler Repräsentation und ökonomischer Krise eines Teils des Adels im 13. Jahrhundert nieder. Die weit verbreitete Verschuldung von Adligen, die unter anderem mit dem Übergang von der Naturalwirtschaft zur Geldwirtschaft zusammenhängt, erschwert immer mehr die kostspielige Selbstdarstellung der Herrschaftsfähigkeit, deren überzeugendster Ausdruck die Freigebigkeit ist. Dem Adel muß die strukturelle Ursache solcher Widersprüche verborgen bleiben; deshalb erscheint ihr Reflex zwar nun auf der Oberfläche des Textes, wird aber nur begriffen als eine Frage der Tugend-Realisierung des Einzelnen.

Bliebe man allerdings hierbei stehen, ginge das Hauptthema des Märes, die Treue, verloren. Der Autor sieht die anfängliche Verarmung des Grafen als Ausnahmefall — das ist in der Tat seine Form der Verarbeitung historisch neuer Erfahrungen — und faßt sie dann als erzähltechnische Voraussetzung für das Zustandekommen des ihm wichtigen Treue-Versprechens. Willekin muß arm sein, damit er überhaupt nach einem Turnierpferd Ausschau hält und so zu dem Versprechen der Gewinnteilung gebracht werden kann. Um dies Versprechen, genauer: um die Chance seiner Einlösung dreht sich die Erzählung, was nebenher durch die einhämmernde Akzentuierung des Begriffs *triuwe* (allein dreimal in den Epilogversen 856—59, 17 mal in der gesamten Schlußpassage 700—862) bestätigt wird. Es ist daher, um der Erzählpointe gerecht zu werden, genauer nach dem Inhalt der Treue zu fragen.

Es ist behauptet worden, die hier vorgeführte Treue sei ein rein ideeller Wert, dem materiellen Denken des Münzmeisters entgegengesetzt; oder auch: sie sei auf ein sehr spezielles Treueverhalten eingeengt. Dafür scheint zunächst einiges zu sprechen. Zieht man den Treueid im Lehnsvertrag zum Vergleich heran, so geht es hier nicht um eine Vasallitätsverpflichtung, sondern um die scheinbar nebensächliche Abmachung um ein Pferd; als Inhalt der Zusage erscheint nicht Hilfe und Rat (*auxilium et consilium*), sondern die Teilung von Land und Frau. Besonders die letztere Verpflichtung, die als erzählerischer Gipfel durch einen nahezu dramatischen Dialog um die wechselseitige Inanspruchnahme des Schlafgemachs der Frau hervorgehoben wird, will dem heutigen Leser wie eine Karikatur ‚getreuen‘ Verhaltens vorkommen; ist doch die Überantwortung der eben anvermählten Frau an den Unbekannten offenbar nicht nur ein rücksichtsloser Akt der Frau gegenüber, sondern das gerade Gegenteil vorbildhaften Verhaltens, so daß der Autor zur wunderhaften Pseudo-Lösung greifen muß, den fremden Ritter und mit ihm seine harte Forderung schleunigst zu entmaterialisieren.

Läßt man sich auf den Wortlaut des Textes ein, so stellt man fest, daß diese neuzeitlichen Beurteilungskriterien nicht greifen. Die Teilung der Frau wird nirgends als Tabu, als moralisch unmögliche Forderung gesehen. Daß sie selbst dadurch betroffen sei oder gar gefragt werden müßte, tritt nicht ins Blickfeld. Das läßt sich leichter verstehen, wenn man die Rolle der adligen Frau als Besitz- und Ehrobjekt des Mannes bedenkt. Einer der deutlichsten literarischen Belege findet sich im *Reinhart Fuchs* von *Heinrich dem Glichesaere*, wo die Vergewaltigung der Wölfin Hersant nur als unerhörte Ehrkränkung Isengrins relevant ist und nur in dieser Bedeutung zum Rechtskasus am Hof des Königs Vrevel wird. So auch hier; relevant ist nur, was die Forderung für den Grafen bedeutet. Für ihn ist die Abtretung der Frau das größte Treue-Opfer, das ihm zu bringen abverlangt wird. Lieber will er sein Leben (718) oder das ganze Land dahingeben (756). Die Treue-Verpflichtung erscheint so als Steigerung der Vasallentreue, nicht als Umdeutung ihres Inhalts. Sie enthält mit ihrem Zugriff auf die Frau mehr als die übliche Vasallenverpflichtung, Mittel für den Heereszug aufzubringen und das Leben für den Lehnsherrn einzusetzen, steht aber in dieser Reihe; sie ist das höchste Maß an Opfer und damit die entschiedenste Form der Hintanstellung des Eigeninteresses. Daß dem Grafen am Ende die Verwirklichung seiner Opferbereitschaft erspart bleibt, steht dem nicht entgegen; es korrespondiert dem gängigen Erzählmuster, daß der ritterliche Held, der im Kampf freiwillig sein Leben aufs Spiel setzt und sich bewährt, schließlich doch, durch Gottes und des Erzählers Fügung, am Leben bleibt.

Das Opfer der Frau als höchste Form der Preisgabe des Eigeninteresses: Der Erzähler weiß sehr gut, daß lehnsrechtliche Treuebeziehungen immer gefährdet sind, zumal wenn das Eigeninteresse stärker ist als die eingegangene Verpflichtung. Die Treue des Vasallen ist ja nicht eine Pflicht gegen das gesellschaftliche Ganze, sondern gegen einen bestimmten Herrn, und ihre Labilität liegt in der Art der Abhängigkeit begründet. Einerseits wird die Abhängigkeit des Vasallen durch die Gewährung eines Lehens hergestellt, andererseits aber durch ebendenselben Akt zugleich in Frage gestellt, da das Lehen dem Empfänger ökonomische Unabhängigkeit verleiht und damit ihm überhaupt erst die Möglichkeit gibt zu militärisch-politischer Selbständigkeit, auch gegenüber dem eigenen Lehnsherrn. Da es keine übergeordnete Rechts- und Gewaltinstanz gibt, kann die Allgemeinverbindlichkeit der Lehnsverpflichtungen nur postuliert, nicht aber generell durchgesetzt werden; die Einhaltung der Lehnspflicht muß vielmehr im Einzelfall vom Lehnsherrn selbst, notfalls durch persönliche Gewalt herbeigeführt werden. Um so wichtiger für das Funktionieren der Feudalgesellschaft und für das Selbstverständnis des Feudaladligen ist die Ausformulierung einer Treue-Norm, deren

Kern in der freiwilligen Zurückstellung des Eigeninteresses besteht. Der Autor hat den neuralgischen Punkt des Lehnssystems durchaus getroffen, wenn er zur Rettung der Treue die Lehre verkündet, der Ritter habe das selbständige Herrendasein einzusetzen bis zur extremsten Selbstpreisgabe, wo immer es in Kollision zur Treueverpflichtung gerät.

Es zeigen auch andere Elemente der Erzählung, daß es sich bei der geforderten Treue Willekins nicht um die vergleichsweise unbedeutende Tugend des privaten Worthaltens handelt. Willekin bekommt nicht irgendein Pferd, sondern das ihm gemäße beste Streitroß, das die Voraussetzung für den Turniersieg und damit den Herrschaftserwerb wird. Er verspricht umgekehrt als Gegenleistung das halbe Land, und das ist — weit entfernt davon, nebensächlich-privaten Inhalts zu sein — eine öffentliche und hochpolitische Zusage, Rechtsakt bezüglich eines ausgedehnten Herrschaftsgebiets. Der Inhalt der Treueverpflichtung ist schließlich keine von der Person abstrahierbare Sachübereignung; Willekin muß mit seiner ganzen Existenz und Person dafür einstehen, ebendas lehrt ihn gerade der Anspruch auch auf die Frau. Man kann an den Ritus der Selbstübergabe beim Lehnsvertrag erinnern, wo das Einlegen der Hände in die des Herrn die Übergabe der ganzen Person des Vasallen symbolisiert. Gefordert ist in der *triuwe* dieselbe Totalität der Person, die wir noch heute als historisches Relikt in der durch Gerichte interpretierten Beamtentreue vorfinden (es habe der Beamte „jederzeit", „mit seiner ganzen Person" für Staat und Grundgesetz einzutreten).

Insoweit ist Willekins Teue vorbildlich für jeden Lehnsnehmer; der Text rühmt ihn entsprechend:

794   *wâ vünde man nû einen*
        der daz selbe taete?
        des triuwe diu was staete.
        (Wo fände man heute jemanden, der dasselbe tun würde? Des Grafen Treue aber war unerschütterlich.)

Das Wunder, daß der fremde Ritter schließlich als märchenhafter Geist Gottes alles zum Guten wendet, ist eine Bekräftigung der Treue, nicht ihre Transzendierung. Denn die durchaus auf Erden zu praktizierende und zu belohnende Treue ist ein Adelsgebot so gut wie ein Gottesgebot, und es wäre bedenklich, aus diesen Polen eine Alternative zu konstruieren, wo wir doch wissen, daß auch im klassischen Artusepos die höfisch-diesseitigen Normen vom Artushof und zugleich vom „höfischen Gott" (Hartmann von Aue) garantiert und honoriert werden.

Es läßt sich allerdings bei aller Parallelität zwischen der *triuwe* im Märe und der Struktur der Lehnsverpflichtung nicht übersehen, daß der Autor besondere und sehr massive Mittel zur Veranschaulichung adliger Treue einsetzt. Er begnügt sich nicht mit dem höchsten Symbol der Lehnstreue, dem freiwilligen Tod für den Herrn, sondern überbietet es noch mit dem Bild des Frauenopfers, das in der Art seiner Überbietung sogleich problematisch wird; bedeutet doch der geforderte Treue-Akt, die Übergabe der Frau an den Fremden, zugleich einen Angriff auf die Ehre des Mannes. Der darin verborgene Widerspruch, die größte Treue könne sich im Ehrverlust erweisen — im Gegensatz zu allen Akten der Lehnstreue, die immer nur Ruhm und Ansehen mehren —, bleibt im Text unausgesprochen. Er wird auch dadurch umgangen, daß Willekin sein Versprechen zur Teilung des Gewinns, wie ausdrücklich betont, unwissend und aus Versehen auf seine zukünftige Frau ausdehnt (516). Die angestrengte Verschärfung des Normenappells, die in der Preisgabe der Frau als Steigerung der Selbstpreisgabe im Kampf zum Ausdruck kommt, weist sich damit als Indiz dafür aus, daß sie offenbar nötig geworden ist. Der Text signalisiert an mehreren Stellen, daß es in der Gegenwart des Autors mit der Treue nicht so weit her ist. Dies dürfte mehr sein als die übliche *laudatio temporis acti* (Lob der Vergangenheit). Im 13. Jahrhundert macht die dem Lehnswesen von Anfang an innewohnende Tendenz, persönliche Verpflichtungen in Sachleistungen umzuwandeln, große Fortschritte; Lehnspflichten können mehr und mehr durch Geldzahlungen abgedeckt werden. Die beginnende Ausbildung von Landesherrschaften reduziert die rechtliche Selbständigkeit des Adligen, die Entwicklung der Lokalmärkte seine ökonomische Unabhängigkeit. Bei solcher tendenziellen Entpersönlichung der Beziehungen ist weniger Raum für die personale *triuwe* als gesellschaftliche Grundlage des Handelns. Die Literatur der Zeit ist voll von Klagen über die Umkehr der feudalen *triuwe*; zitiert sei nur eine Sentenz aus Freidanks Spruchsammlung *Bescheidenheit* (um 1230): *man sibt nû leider selten / mit triuwen triuwe gelten* (44, 11; Es wird leider nicht mehr oft Treue mit Treue entgolten).

Klagen dieser Art zielen neben dem Lehnsverhältnis auch auf andere Treuebeziehungen, die für den gesellschaftlichen Zusammenhang konstitutiv sind, etwa auf das Verhältnis von Herr und *dienestman*, Herr und Knecht, Vater und Sohn usw. Der historische Grund ihrer Gefährdung ist mit der angedeuteten Entwicklung gleichermaßen gegeben; die Verdinglichung der Treuepflichten erlaubt die Trennung der Person von dem Inhalt ihrer Treuepflicht, so daß die Untreue als nur quantitativer Mangel an Sachleistungen auftreten kann. Hiergegen setzt die Literatur die bildliche Beschwörung einer *triuwe*, in der nicht die Sachen einer Person auf dem Spiel stehen, sondern sie selbst in ihrer Ehre und Identität. So kann in der *Rittertreue* der wesentliche Kern der *triuwe* durchaus an einem Modell exemplifiziert werden, das kein direktes Lehnsverhältnis darstellt und in seiner Nutzanwendung wohl auch nicht darauf beschränkt sein will. Seine Eignung für die Intention des Autors erweist sich in der Möglichkeit einer aufs Äußerste zugespitzten Herausarbeitung des persönlichen Opfers als Bestimmung der Treue-Tugend.

Im etwa gleichzeitigen Märe *Heinrich von Kempten* von *Konrad von Würzburg* (um 1260) findet sich ein paralleles Beispiel für die überakzentuierte Treue-Forderung. Die Erzählung hat ihren Höhepunkt in der heldenmütigen Befreiung des Kaisers aus der Gefahr eines verräterischen Überfalls ungetreuer Bürger. Der Ministeriale Heinrich vollbringt die Rettungstat unter verschärften Bedingungen, die seinen außerordentlichen Mut hervorheben. Zunächst steht er wegen einer früher begangenen Gewalttat gegen den Kaiser unter dessen Banngebot, was zur Folge hat, daß seine bloße Annäherung an den Kaiser ihn in zusätzliche Lebensgefahr bringt. Sodann stürzt er, der die gefährliche Situation in einem Zuber badend bemerkt, sich nackt in den Kampf, und das ist kein lustiges Schwankmotiv, sondern die Betonung des Zustandes ständischer Nichtidentität und totaler Schutzlosigkeit; er wagt es sogar, aller ritterlichen Attribute entkleidet und ohne Rüstung zu kämpfen. Drittens tritt er allein gegen eine Übermacht der Bürger an, und viertens steht er zum Kaiser in keinem direkten Verhältnis der Treuepflicht, da sein eigentlicher Lehnsherr der Abt von Kempten ist. In dem letzten Punkt kommt ein weiteres Moment der *triuwe*-Interpretation zum Vorschein, das schon in der hochhöfischen Literatur vorbereitet wird und auch in der *Rittertreue*, bei Willekins selbstlosem Eintreten für die Standesehre des im Mist Verscharrten, sichtbar ist; Heinrichs ritterliche Tapferkeit bewährt sich nicht nur in der Selbstbehauptung und dem Einsatz für den direkten Lehnsherrn, ihre Krönung erfährt sie, wo sie dem Repräsentanten des gesamten Standes gilt. Die Lehnstreue wird im zweiten Teil der Erzählung zur Standestreue ausgeweitet.

Es könnte fruchtbar sein, von hier aus die thematischen Beziehungen weiter zu verfolgen. Dabei ist einerseits die Gestaltung der Treue-Norm im höfischen Roman nicht außer Acht zu lassen. Im *Iwein* etwa, Hartmanns letztem Artusepos, restituiert der Held seine ihm öffentlich abgesprochene *triuwe* durch Erlösungstaten für Adlige, zu denen er in keinem lehnsrechtlichen oder verwandtschaftlichen Verhältnis steht; der spätere *Engelhard* von Konrad von Würzburg illustriert extremste Opferbereitschaft am Modell der Freundestreue. Andererseits lassen sich Mären heranziehen, die entweder die Treue in ganz konkreten Sozialfunktionen wie dem Hofbeamtentum thematisieren (*Alexander und Anteloie, Der dankbare Lindwurm*) oder das gewählte Sozialmodell als Muster für Dienstverhältnisse verschiedener Art auslegen (wie im oben erwähnten *Edelmann und Pferdehändler*).

Eheliche Treue

Um Treue geht es auch in dem Märe *Die zwei Kaufleute*, das *Ruprecht von Würzburg* um 1300 verfaßt hat.[11] Eine Analyse dieser Erzählung und ihrer Beziehung zu zahlreichen weiteren Mären soll zeigen, daß der Begriff hier einen ganz anderen Bedeutungsgehalt besitzt als die ritterliche Treue und auf einen Bereich zielt, den wir vorläufig umschreiben können mit dem Stichwort: Rollenverhalten in der Ehe.

Zwei reiche und mächtige Kaufleute namens Gilot und Gillam, die den Rat der Stadt Verdun beherrschen, vermählen ihre Kinder Irmengart und Bertram miteinander. Dem mit aller höfischen Pracht begangenen Hochzeitsfest folgen zehn Jahre, in denen Bertram mit Handelsgeschäften den Reichtum seines Hauses vergrößert. Dann reist er eines Tages zur Messe von Provins und führt kostbare Stoffwaren im Wert von über zehntausend Mark mit sich. Im vornehmen Gasthaus entwickelt sich nach dem Essen ein Gespräch unter Kaufleuten über ihre Ehefrauen; alle haben nur Negatives zu berichten außer Bertram, der seine Frau in den höchsten Tönen rühmt. Das veranlaßt den ebenfalls sehr reichen Besitzer der Herberge mit Namen Hogier, Bertram eine Wette anzubieten des Inhalts, daß er Irmengart innerhalb eines halben Jahres verführen könne. Wetteinsatz: das gesamte Vermögen beider Männer. Die Wette gilt, und Hogier reist nach Verdun. Dort versucht er, auf Irmengart Eindruck zu machen, zuerst mit wertvollen Geschenken an sie und durch seine Freigebigkeit gegenüber dem Gesinde, dann mit direkten Geldofferten, die er von einhundert bis auf tausend Mark steigert. Bei dieser unerhörten Summe ist der kritische Punkt erreicht; die Zofe Amelin rät Irmengart zur Annahme des Angebots, ebenso raten die Verwandten zu, Gillam und Gilot sogar mit mächtigen Drohungen: Bertram werde ihr andernfalls die Augen ausstechen oder sie umbringen. In ihrer Not gibt ihr Gott, der ihre *grôze triuwe* erkennt, einen *guoten rât* ein (690). Amelin tauscht mit ihrer Herrin die Kleider und verbringt an ihrer Stelle die Nacht mit Hogier, der mit den Liebeswonnen auch der Täuschung erlegen ist. Am Morgen schneidet er ihr einen Finger als Beweismittel ab und kehrt zu Bertram nach Provins zurück. Da dieser der Erfolgsmeldung nicht traut, begeben sich beide nach Verdun, wo auf einem großen

Fest die Wette öffentlich bekannt gemacht wird. Hogier kann zwar den abgetrennten Finger vorweisen, Irmengart aber übertrumpft ihn mit dem Vorzeigen ihrer unversehrten Hände. Sein gesamter Besitz fällt an Bertram; dafür wird er als Verarmter wenigstens mit Amelin verheiratet. Das Epimythion rät allen Frauen zu *kiuschelîchen siten* (keusche Treue).

Auf den ersten Blick scheint der Sinn des Märes ganz eindeutig zu sein: Die hohe Tugend der Frauentreue (*kiusche*) wird dem schnöden Geld entgegengesetzt; es soll nicht alles käuflich sein. Die Lehre enthielte dann einen Protest gegen die Erfahrung, die der reiche Jedermann bei Hofmannsthal so ausdrückt: „Da ist kein Ding zu hoch noch zu fest, das sich um Geld nicht kaufen läßt." Man könnte auf den Tatbestand verweisen, daß das Geld im 13. Jahrhundert über Arbeitsteilung, Märkte und Austausch in die Poren der Feudalgesellschaft dringt, daß es zudem eine der ökonomischen Grundlagen bildet für die hohe Position patrizischer Kaufleute in den Städten, also auch Gillams und Gilots. Die Entwicklung der Tauschwerte und Geldverhältnisse fördert notwendig die Entwicklung allgemeiner Käuflichkeit. Die zeitgenössische Literatur beschreibt in der Tat vielfältig die verheerende Wirkung des Geldes, wie schon die Sprüche Freidanks zeigen, etwa *Pfenninesalbe wunder tuot, / si weichet manegen herten muot* (147, 17 f.; Bestechungsgeld wirkt Wunder, es löst bei vielen die beständige Gesinnung auf), oder *Man minnet schatz nû mêre / dan got, lîp, sêle und êre* (147, 1 f.; Geldreichtum liebt man nun mehr als Gott, Leben, Seele und Ansehen).

Danach wäre Irmengart, die die Treueprobe besteht, ein leuchtendes Vorbild tugendhafter Unbestechlichkeit. Bei genauerer Betrachtung trifft das aber gar nicht die Intention des Märes. Zunächst ist zu beachten, daß das Geld in der Erzählung keineswegs negativ bewertet wird. Der Autor billigt, daß die Kaufleute durch ihren Reichtum politische Macht errungen haben, er lobt das Profitstreben Bertrams, er findet den riesigen Vermögenseinsatz bei der Wette nicht anstößig, er geht in allen Erzählpartien von der selbstverständlichen Hochschätzung des Geldes aus. Warum wird dann die Treue in Gegensatz zu dem — gar nicht verurteilten — Geld gebracht? Weiter gibt auch die merkwürdige ‚Lösung' des Konflikts zu denken, die der Autor anbietet: Irmengart lehnt die verlockende Schlußofferte Hogiers nicht einfach ab und opfert sich angesichts der Drohungen ihrer Verwandten für das Ideal der Treue, was doch das einzig konsequente Verhalten wäre; vielmehr gewinnt sie durch eine (obendrein von Gott eingegebene) List beides, sie heimst die tausend Mark ein und bewahrt ihre Treue, womit nebenher das Vermögen ihres Mannes durch die

Wette nahezu verdoppelt wird. Da scheint die List die Sittlichkeit zu überrunden; wäre Treue ein rein ethisches, immaterielles Ideal, es wäre durch solche Lösung eher diskreditiert als demonstriert.

Was also bedeutet die Treue? In einer neueren Studie zu unserem Märe ist die These aufgestellt worden, die eheliche Treue werde verherrlicht, weil sie für das Patriziat die Ansehenslücke zum Adel schließe, erklärbar aus der realen und ideellen Konkurrenz zwischen Handelspatriziat und Adel.[12] Die Frage nach dem Verhältnis zwischen dem adligen und dem patrizischen Selbstverständnis ist für die Literatur dieses Zeitraums wichtig; darum soll hierauf mit einigen Bemerkungen eingegangen werden. Die These geht von dem Gedanken einer konkurrierenden Anpassung des Patriziats an den Adel aus und unterstellt damit, das Patriziat übernehme, was ihm eigentlich nicht gemäß sei. Dabei wird übersehen, daß das ausgeprägte ständische Bewußtsein der städtischen Oberschicht — in unserem Text in den Repräsentationsszenen, bei der Hochzeitsschilderung, mit den Schranken gegen die unteren Schichten plastisch ausgedrückt — eine reale Basis in ihrer rechtlichen und politischen Stellung hat. Wenn der Text die Hochzeit in die Nähe eines höfischen Artusfestes rückt (173 ff.), so ist das keine ideologische Hochstilisierung des Patriziers, sondern legitimer Ausdruck seiner exklusiven Position in der Stadt. Denn adlige Herrschaft und Stadtherrschaft beruhen auf gemeinsamen Grundlagen, die scharfe soziale Grenze verläuft zwischen der grundbesitzenden, am Fernhandel beteiligten städtischen Oberschicht und der Masse der Handwerkerbevölkerung. Handeltreiben ist längst ein Privileg geworden; die rechtlichen Schranken, die das Patriziat dem Außenstehenden unzugänglich machen, entsprechen der feudalen Produktionsweise im 13. Jahrhundert. Die Produktion bleibt trotz vermehrten Geldumlaufs der Konsumtion untergeordnet; nur die Überschußproduktion wird zur Ware, das Kapital wirkt und vermehrt sich lediglich in der Zirkulationssphäre. Der Handel der Patrizier beruht auf der feudalen Produktion; damit ist auch die ständische Gliederung für den Kaufmann vorausgesetzt und nicht etwa durch ihn aufgehoben. Insofern entsprechen die ständischen Verhaltensweisen und Normen der Patrizier ihrer eigenen ökonomischen und politischen Existenz, sie brauchen nicht aus Anpassungsbestrebungen an ein ihnen ganz Fremdes hergeleitet zu werden. Für den Treue-Begriff in unserem Märe bedeutet das, daß eine Erklärung in seinem positiven Inhalt selbst liegen müßte und nicht in Übernahme-Theorien.

Einen Fingerzeig gibt der Ratschlag der Verwandten, das verführerisch hohe Geldangebot Hogiers anzunehmen. Obwohl er nach Meinung des Autors offensichtlich falsch ist, wird er nirgend direkt verurteilt; auch Bertram findet ihn nach seiner Rückkehr keiner Erwähnung wert. Er setzt nämlich voraus, daß die erreichbaren tausend Mark natürlich an Bertram gehen müßten. Das Verführerische des Geldangebots liegt demnach nicht in einem Appell an persönliche Eitelkeit oder geldsüchtigen Egoismus Irmengarts, sondern gerade in der Chance, für Bertram Gut zu erlangen. Die Ratschläge enthalten insofern einen wahren Kern; eine Ehefrau sollte wirklich den Reichtum des Mannes fördern, wo sie kann. Damit stehen sich nicht einfach Untreue und Treue gegenüber, vielmehr zwei verschiedene Formen, dem Ehemann zu nützen. Die Besonderheit und sehr präzis beschriebene Ausweglosigkeit des Konflikts, in dem Irmengart steht, ergibt sich daraus, daß die eheliche Treue selbst ein materielles Element besitzt. Sie ist nicht ein rein Ideelles gegenüber Hogiers Geldofferten, sondern konkurriert auf gleicher Ebene. Sie ist weder Liebe im Sinn gefühlsmäßig-individueller Bindung noch Versatzstück adliger *triuwe*.

Diese Deutung der Treue läßt sich aus dem Text nachweisen und konkretisieren. Irmengart definiert ihre Treue und Liebe auf folgende Weise:

876   *si sprach: vil herzelieber man,*
        du gedenke, daz ich undertân
        dir von kinde gewesen bin,
        und daz ich den willen dîn
        z'aller zît ervüllet hân.
        (Sie sagte: Mein lieber Mann, denke daran, daß ich mich dir von klein auf untergeordnet habe und daß ich jederzeit getan habe, was du verlangt hast.)

Sie stellt damit ihre eheliche Treue in den größeren Zusammenhang des ehelichen Gehorsams. Absolute Unterordnung rühmt auch der Vater Gilot an seiner Ehefrau:

124   *saelec sîstu, liebez wîp,*
        wan dû mit allem dînem lîp
        mir alle zît bist undertân!
        dâvon muoz ich dich immer hân
        liep biz an mînes tôdes zil,
        wan dîner zühte derst sô vil.
        (Du sollst gesegnet sein, liebe Frau; denn du bist mit deiner ganzen Existenz mir stets gehorsam. Ebendarum werde ich dich bis an meinen Tod lieben, weil du voller Ergebenheit bist.)

Der Ehefrau wird, wie aus vielen anderen Mären gleichfalls ersicht-
lich, immer wieder und zu allererst die Rolle der gehorsamen Unterwerfung zugewiesen. Das Adjektiv *undertân* ist eines der beliebtesten
Signalwörter für diesen Sachverhalt. Sexuelle Treue der Ehefrau wird
darum nicht als Eigenwert oder als Ausdruck partnerschaftlicher
Liebe begriffen, sie gilt als Ausweis der grundsätzlichen Unterordnung unter den Mann; sie ist nur einer, wenn auch der symbolträch-
tigste von mehreren Anwendungsbereichen, in denen die Frau die
Herrschaft des Mannes anerkennt. Dem entspricht die Umkehrung,
daß der Ehebruch der Frau — natürlich nicht der des Mannes — im
mittelalterlichen Strafrecht als zugespitzter Tatbestand verletzten
Eherechts aufgefaßt wird. Wie genau der Inhalt von Treue und sogar von Liebe in der Norm des Gehorsams aufgeht, zeigen die zitierten Worte Gilots; um der Unterwerfungshaltung willen und in Identifikation mit dieser vorgegebenen Rolle liebt die Frau und wird sie
vom Mann geliebt.

Das Gehorsamsgebot für die Ehefrau ist nun keine freischweben-
de Ideologie. In welchem konkreteren Kontext es zu sehen ist, auch
darüber gibt das Märe von den *Zwei Kaufleuten* Auskunft. Sehr aufschlußreich sind die drei negativen Charakterisierungen, die die mit
Bertram tafelnden Kaufleute in Provins von ihren Ehefrauen zum
besten geben. Die drei Frauen, Prototypen des *übelen wîbes*, sind
vom Autor bewußt konzipierte Gegenbilder zu Irmengart. Die eine
ist zänkisch, die andere untreu, die dritte dem Trunk ergeben. Da
werden scheinbar sehr allgemeine und unterschiedliche Laster benannt. Doch ist ihnen in der Auswirkung der Gehorsamsverweige-
rung, in der Art, „wie die Frauen in ihrem Haus leben" (325), eines
gemeinsam, auf das es sehr ankommt. Von der ersten heißt es: *si ist
ein tiuvel und niht ein wîp* (328); das Kennwort *tiuvel* interpretiert
sich durch seine Verbindung zu anderen Mären, in denen die Frau
episch-ausführlich als *Teufelin* beschrieben wird, so in dem bekannten Märe *Die böse Frau*, wo sie ihrem Ehemann wahre Prügelschlach-
ten liefert, oder in dem Märe *Die böse Adelheid*, wo sie permanent
dem Ehemann widerspricht und jeweils, einschließlich sinnloser
Geldverschwendung, das genaue Gegenteil tut — Bilder einer total
nichtfunktionierenden Ehe- und Wirtschaftsgemeinschaft. Von der
zweiten Frau erzählt der Ehemann: „Kaum bin ich abgereist, schon
fühlt sie Erbarmen mit ihren Mitchristen, wie es gottgefällig ist, und
deswegen ziehe ich nun zwei uneheliche Kinder auf." (338–41) Der
ironische Hinweis auf die unehelichen Kinder bezieht sich auf ein
Schwankmotiv, das etwa im Märe *Das Schneekind* entfaltet ist; an

ihm kann man sehen, was an der Untreue der Frau besonders schäd-
lich ist: die Entstehung beträchtlicher Unkosten. Denn dort wird der
Bastard kostspielig aufgezogen und dann vom schlauen Gatten — List
gegen List — in der Ferne zum doppelten Preis der investierten Auf-
wendungen verkauft. Die dritte schließlich trinkt, bis ihr die Zunge
schwer wird; die Folge: *alsus mîn wîp besorgen kan / mîn hûs und
allez, daz ich hân* (349), d.h. sie kümmert sich nicht um die Erfor-
dernisse des Hauses und verpulvert den Besitz. In ähnlicher Weise als
Eigentumsschädigung wird das Motiv der heimlich schlemmenden
und trinkenden Frau im *Seifried Helbling* und in den Fastnachtsspie-
len ausgedeutet.

Untreue also ist Ungehorsam, und Ungehorsam ist Verfehlung gegen das Haus. Entsprechend liegt die positive Bestimmung der Aufgaben der Ehefrau nicht bloß in der sexuellen Treue, sondern im gehorsamen *hûs besorgen*, und das eine kann für das andere stehen.
Irmengarts Treue erweist sich auch daran, daß sie in den zehn Jahren
ihrer Ehe das Interesse des Hauses im Auge behält und besonders
während der Abwesenheit Bertrams sich vorbildlich um das Haus
kümmert (244, 449). Insofern steht sie in der großen Versuchungs-
szene gar nicht vor der Alternative zwischen materiellem und ideel-
lem Wert; ihr Konflikt ergibt sich aus zwei in der gegebenen Situation unvereinbaren Anforderungen, die eigentlich dasselbe Ziel haben, die Beförderung des familiären Nutzens. So verliert auch die
von Gott erdachte List, die Irmengart erfolgreich praktiziert, ihr An-
stößiges und wird verständlich: mit ihrer Hilfe bringt Irmengart in
schwierigster Lage höchst vorbildlich beide Anforderungen unter
einen Hut, die Wahrung der Treue und die Erlangung der tausend
Mark. Da sie letztlich demselben Ziel dienen, hat der Autor eine
durchaus organische Lösung vorgeführt und mit ihr genau das demonstriert, was er demonstrieren wollte: Gott ermöglicht das nütz-
lich-richtige, das optimale Handeln der Ehefrau.

Das international verbreitete Motiv der Keuschheitswette, das
den *Zwei Kaufleuten* zugrunde liegt, wird keineswegs immer mit
dem Kontext der richtigen Hausführung durch die Frau verbunden; Boccaccios Novelle *Bernabò und Ambrogiuolo* (Decameron
II, 9) und Shakespeares Schauspiel *Cymbeline* etwa sind zentriert
auf die Rolle des zu Unrecht eifersüchtigen Ehemanns und die lang-
wierige Geschichte der Wiedervereinigung der getrennten Liebenden, und da Pontes/Mozarts *Così fan tutte* ironisiert im Masken-
spiel der Liebe die Leichtfertigkeit der Frauen. Unser Märe hingegen stellt sich als gezielte Ehelehre dar, in der die Rolle der Frau in

der Ehe unter den Prämissen von Treue, Gehorsam und Nützlichkeit festgeschrieben wird. Von hier aus ergeben sich zahlreiche thematische Querbeziehungen zu anderen Mären, in denen die verschiedenen Aspekte dieser einen grundlegenden Ehekonstellation durchgespielt werden. Denn dem Idealbild der untertänigen, den Interessen des Hauses dienenden Frau korrespondiert natürlich die *meister*-Rolle des Ehemannes, und beide Pole können sowohl im Modus der Vorbild-Didaxe als auch der Negativ-Didaxe exemplarisch auf vielfältige Weise vorgeführt werden.

Neben die schon erwähnten Rollenverfehlungen der Frau, die das gottgewollte Gewaltverhältnis umkehrt (*Die böse Frau*) oder dem Ehemann widerspricht (*Die böse Adelheid*), tritt besonders häufig der listig herbeigeführte und ebenso schlau verborgen gehaltene Ehebruch (*Der Ritter unter dem Zuber, Der Schlafpelz, Der Ritter mit den Nüssen, Der Pfaffe im Käskorb, Der Koch* und viele andere), dessen pointierte Beschreibung die weibliche Raffinesse als Ursünde Evas mystifiziert und in der didaktischen Intention meist eher warnend an den Mann gerichtet ist, der nicht so dumm sein soll, sich seine Herrengewalt aus der Hand winden zu lassen. Die Diskussion der Ehethematik in den Mären bildet demgemäß von Anfang an auch die Gestalt des männlichen Negativ-Helden heraus, der seiner *meister*-Rolle nicht genügt. Schon in des Strickers *Der begrabene Ehemann* wird der Gatte, der sich seiner Frau blindlings unterordnet und ihr alles aufs Wort glaubt, ebenso wie das Publikum durch das böse Ende belehrt, daß auch die falsche Duldsamkeit eine gravierende Norm-Verletzung ist. Im Märe *Die zwei Beichten*, wo die Frau am Ende den Mann mit einem Besenstiel gewaltig prügelt, bringt der Schreiber einer der überliefernden Handschriften den grundsätzlichen Ordo-Verstoß auf die bündige Formel: *Daz hailet nimer mer / wa ain man von wiben würt geslagen* (niemals kann die Ehe-Ordnung hergestellt werden, wenn ein Mann von Frauen geschlagen wird).[13] Das Züchtigungsrecht des Mannes dagegen ist im Eherecht des Mittelalters fest verankert und wird in den Mären als notwendiges Mittel betrachtet, die Frau in die Rolle gehorsamer Nützlichkeit zu zwingen (sehr anschaulich in Sibotes *Frauenerziehung*). Wo in diesen Zusammenhängen von Liebe die Rede ist, meint sie genau das Aufgehen in der vordefinierten Rolle des Ehe-Verhaltens. Liebe realisiert die objektiv richtige Beziehung zwischen zwei ständisch gleichwertigen Personen; denn geliebt wird nicht der besondere innere Wert des Individuums, sondern die in ihm erfüllte Standesnorm, die sich bereits in Körperlichkeit, Kleidung und Gestus der Person ausdrückt und den Ehepartner in seinem Status bestätigt. Dies zeigt sehr deutlich das kleine Märe *Die gezähmte Widerspenstige* (14. Jh.); eine aufsässige und keifende Frau wird von ihrem Mann auf brutale Weise gezwungen, unter Pferdegeschirr im Paßgang zu schreiten; er schlägt sie und treibt ihr die scharfen Sporen tief in den Körper — alles unter dem Beifall des Autors —, bis sie schließlich beteuert, ihm stets untertan zu sein und allen Geboten zu gehorchen, wenn er sie nur am Leben ließe. Das Ergebnis des Dressuraktes: ,,So wurde die Frau fügsam und liebte ihren Gatten zärtlich, wie auch er sie wieder liebte." (203–05)

Um das Bild der ebenso ungleich wie definitiv verteilten Rechte und Pflichten zu vervollständigen, sei noch auf eine interessante Variante in der Behandlung der Ehethematik hingewiesen, die die Kritik am Ehemann nicht aus seiner Schwäche, sondern umgekehrt aus Willkür, falschen Anforderungen und zu großer Einengung des Wirkungsbereichs der Ehefrau herleitet. Der Mann, der seine Frau ohne Grund und damit willkürlich halbtot prügelt (Strickers *Der Gevatterin Rat*), wird ebenso kritisiert und durch — diesmal berechtigte — weibliche List dem öffentlichen Spott ausgeliefert wie der Mann, der von seiner Frau absurderweise sexuelle Treue auch nach seinem Tod fordert (Strickers *Das erzwungene Gelübde*); im letzteren Fall belehrt ihn die Frau mit trickreichen Mitteln, daß es nur auf sein Wohlergehen zu seinen Lebzeiten ankommt und er mit seiner Über-Forderung den Bestand der Ehe gerade in Frage stellt. Treue über den Tod hinaus ergibt keinen Sinn, wenn ihre Grundlage doch die Erhaltung und Förderung der ehelichen Wirtschaftsgemeinschaft ist. Die positiven Aufgaben der Frau verdichten sich in der Ausübung der Schlüsselgewalt, an der sie nicht gehindert werden darf. Als Beleg kann das Märe *Das Almosen* (13. Jh.) dienen, in dem ein Mann aus übermäßigem Geiz seiner Frau alle hauswirtschaftlichen Güter versperrt und ihr die Schlüsselgewalt verwehrt; dann ist sogar ihre mitleidsvolle sexuelle Hingabe an einen Bettler gerechtfertigt, da sie über kein anderes ,,christliches" Almosen verfügt und durch diesen Erziehungsakt obendrein den Ehemann zur nötigen Einsicht bringt.

Die Texte geben nicht immer den Zusammenhang zwischen dem richtigen Eheverhalten und den ökonomischen Notwendigkeiten ausdrücklich zu erkennen; der Aspekt des förderlichen Haus-Haltens fließt nur gelegentlich ein, in späteren Mären häufiger und deutlicher als in der Frühphase. Das beruht zunächst nur darauf, daß dieser Zusammenhang dem Wirtschaftsdenken der Zeit so selbstverständlich ist, daß er keiner eigenen Explikation bedarf. Die mittelalterliche Ökonomik ist nach Ausweis der Hausväterliteratur speziell die Lehre vom ‚Haus‘ im umfassenden Sinn; das Haus wird verstanden als Familien- und Wirtschaftseinheit, in welchem die menschlichen Sozialformen fest geregelt sind. Die Herrschergewalt des Hausvaters über die Frau, die Kinder, das Gesinde usw. hat darin ebenso ihren Platz wie die auf das Haus beschränkte Aufgabenzuweisung an die Frau. Die enge Verzahnung von Familie und materieller Produktion, die sich in dem Stichwort *hûs* als Bezeichnung für ein eigenständiges Sozialgebilde ausdrückt, gilt über die Standesgrenzen hinaus sowohl für den Adligen, der in körperlicher Präsenz seine Grundherrschaft ausübt, als auch für den Bauern und nicht zuletzt auch für den Kaufmann oder Handwerker in der Stadt, wo noch keine Trennung zwischen Haushalt und Betrieb existiert. Darin liegt der Grund für die Tatsache, daß die Mären die Ehethematik an verschiedenen Ständen exemplifizieren können. Ob das richtige Eheverhalten am Beispiel eines Ritters, eines Patriziers oder eines Bauern vorgeführt wird, seine Relevanz bleibt ungeschmälert für ein adliges oder adlig-patrizisches Publikum, dem die Neuformulierung ehelicher Verhaltensnormen zum Problem geworden ist. Der Übergang von der Abstammungsgemeinschaft zur Wirtschaftsgemeinschaft, von der Sippenfamilie zur Hausfamilie als Gemeinschaft von Wohnung und Besitz läßt im 13. Jahrhundert die Literatur zur Hauslehre aufleben und bringt auch für die Ehefrau einen Aufgabenzuwachs mit sich, der über die repräsentative und die Fortpflanzungsfunktion hinausgeht. Die größere Beteiligung der Frau an der Ökonomie des Hauses schlägt sich unter anderem in geringen Verbesserungen ihrer Rechtsstellung nieder wie der erweiterten Schlüsselgewalt oder dem Vermögensrecht in Gütergemeinschaften. Bei solcher Entwicklung muß der Gesichtspunkt der patriarchalischen Vorherrschaft des Mannes mit dem Aspekt des nützlichen Verhaltens der Ehefrau, der *hûsvrouwe* in ursprünglicher Bedeutung, neu in Einklang gebracht werden. Wie schwierig das ist, beweisen die vielen Unterwerfungsappelle in den Mären, die sich bei abweichendem Verhalten der Frau zu angstbesetzten Verteufelungen steigern können. Eheliche Treue und Ehebruch der Frau, die beliebtesten Themen der Märendichtung überhaupt, werden jedenfalls nicht als bloßer Fall der persönlichen Gefühle und Bindungen abgehandelt, sondern im wortwörtlichen Sinn „öko-nomisch“, also unter den Bedingungen und Möglichkeiten des gesamten Hauswesens (griechisch: *oikos*) beurteilt.

Anmerkungen

1 Karl-Heinz Schirmer: Stil- und Motivuntersuchungen zur mhd. Versnovelle. Tübingen 1969, S. 299—329

2 Zum *fabliau* vgl. Oskar Roth: Vom Lai zum Fabliau und zur Novelle. In: Europäisches Spätmittelalter, hrsg. von Willi Erzgräber (= Neues Handbuch der Literaturwissenschaft Bd. 8). Wiesbaden 1978, S. 189—204

3 Zum Predigtmärlein vgl. Erich Straßner: Schwank (Slg. Metzler 77). 2. Aufl. Stuttgart 1978, S. 28—33

4 Zum Komplex der Überlieferung vgl. Arend Mihm: Überlieferung und Verbreitung der Märendichtung im Spätmittelalter. Heidelberg 1967

5 Vgl. Hedda Ragotzky: Gattungserneuerung und Laienunterweisung in Texten des Strickers. Tübingen 1981, S. 181—185

6 Gustav Ehrismann: Geschichte der deutschen Literatur bis zum Ausgang des Mittelalters. Schlußband. München 1935, S. 100 f.; Hans Joachim Gernentz: Der Schwanritter. Deutsche Verserzählungen des 13. und 14. Jhdts., 2. Aufl. Berlin 1979, S. 8 und 10

7 Zum ganzen Komplex beim Stricker vgl. Hedda Ragotzky, a.a.O., S. 83 —167

8 Vgl. etwa die Literaturangaben und Darstellungen bei: Wernher der Gartenaere: Helmbrecht. Mhd. Text und Übertragung, hrsg. von Helmut Brackert, Winfried Frey, Dieter Seitz (= Fischer Tb. 6024). Frankfurt/Main 1972; Gerhard Schindele: Helmbrecht. Bäuerlicher Aufstieg und landesherrliche Gewalt. In: Literatur im Feudalismus, hrsg. von Dieter Richter. Stuttgart 1975, S. 131—211

9 Hanns Fischer: Studien zur deutschen Märendichtung. Tübingen 1968, S. 93—101

10 Hier zitiert nach der Ausgabe von Lutz Röhrich: Erzählungen des späten Mittelalters, 2. Bd., Bern und München 1967, S. 156—166

11 Hier zitiert nach der Ausgabe von Helmut de Boor: Die deutsche Literatur. Texte und Zeugnisse. Bd. 1 Mittelalter. 2. Teilbd., München 1965, S. 1438 —1451

12 Winfried Frey: Tradition und bürgerliches Selbstverständnis. Zu Ruprechts von Würzburg Märe ‚Von zwei Kaufleuten‘. In: Literatur in der Schule. Bd. II, hrsg. von Helmut Brackert u.a., München 1976, S. 93—129 (hier S. 114 —117)

13 V. 80, Lesart des Donaueschinger Cod. 104; vgl. Neues Gesamtabenteuer Nr. 9 (s. Literaturhinweise).

Literaturhinweise

Neben den Textsammlungen zur Märendichtung gibt es eine größere Anzahl von Einzelausgaben, die hier nicht genannt werden können. Die zum Teil verstreuten Druckorte der Mären lassen sich am einfachsten über das Verzeichnis von Hanns Fischer (Studien zur deutschen Märendichtung, Tübingen 1968, S. 296—378) ermitteln.

Textsammlungen und Übersetzungen:

Friedrich Heinrich von der Hagen: Gesammtabenteuer. Hundert altdeutsche Erzählungen. 3 Bde., Stuttgart und Tübingen 1850 (Nachdruck: Darmstadt 1961)

Neues Gesamtabenteuer: Das ist Fr. H. von der Hagens Gesamtabenteuer in neuer Auswahl. Die Sammlung der mhd. Mären und Schwänke des 13. und 14. Jahrhunderts. Bd. 1, hrsg. von Heinrich Niewöhner. 2. Aufl. hrsg. von Werner Simon. Dublin/Zürich 1967

Die deutsche Märendichtung des 15. Jahrhunderts, hrsg. von Hanns Fischer. München 1966

Erzählungen des späten Mittelalters und ihr Weiterleben in Literatur und Volksdichtung bis zur Gegenwart. Sagen, Märchen, Exempel und Schwänke, hrsg. von Lutz Röhrich, 2 Bde., Bern und München 1962—1967

Der münch mit dem genßlein. 13 spätmittelalterliche Verserzählungen, aus dem Codex Karlsruhe 408 hrsg. und erl. von Rolf Max Kully und Heinz Rupp (= Reclam Universal-Bibliothek 9379—81). Stuttgart 1972

Maeren-Dichtung, 2 Bde., hrsg. von Thomas Cramer. München 1979

Der Stricker: Verserzählungen. Bd. I—II hrsg. von Hanns Fischer; Bd. I, 3. Aufl. besorgt von Johannes Janota (= ATB 53). Tübingen 1973; Bd. II, 2. Aufl. besorgt von Johannes Janota (= ATB 68). Tübingen 1977

Konrad von Würzburg: Kleinere Dichtungen, Bd. I—II hrsg. von Edward Schröder. 3. Aufl. mit einem Nachwort von Ludwig Wolff. Berlin 1959

Heinrich Kaufringer: Werke, hrsg. von Paul Sappler. Bd. 1. Tübingen 1972

Schwankerzählungen des deutschen Mittelalters, ausgewählt und übersetzt von Hanns Fischer. Darmstadt 1967

Deutsche Verserzählungen des Mittelalters, ins Neuhochdeutsche übertragen von Ulrich Pretzel. München 1971

Konrad von Würzburg: Heinrich von Kempten. Der Welt Lohn. Das Herzmaere. Mhd. Text nach der Ausgabe von Edward Schröder, übersetzt von Heinz Rölleke (= Reclam Universal-Bibliothek 2855). Stuttgart 1968 (1976)

Der Schwanritter. Deutsche Verserzählungen des 13. und 14. Jahrhunderts, hrsg. und aus dem Mhd. übertragen von Hans Joachim Gernentz. 2. Aufl. Berlin 1979

Helmut de Boor: Die deutsche Literatur im späten Mittelalter, 1. Teil: 1250 —1350 (= Geschichte der deutschen Literatur von den Anfängen bis zur Gegenwart, Bd. 3,1). 4. Aufl. München 1973 (darin Überblick zur Märendichtung S. 221—297)

Hanns Fischer: Studien zur deutschen Märendichtung. Tübingen 1968

Karl-Heinz Schirmer: Stil- und Motivuntersuchungen zur mittelhochdeutschen Versnovelle. Tübingen 1969

Gerhard Köpf: Märendichtung (= Slg. Metzler 166). Stuttgart 1978

Erich Straßner: Schwank (= Slg. Metzler 77). 2. Aufl. Stuttgart 1978

Hedda Ragotzky: Gattungserneuerung und Laienunterweisung in Texten des Strickers. Tübingen 1981

7. Ständelehre und Ständekritik

Vorüberlegung

wie man zer welte solte leben (*Walther von der Vogelweide* 8, 10),
das ist seit Angebinn der uns überlieferten Geschichte und bis heute
ein Problem, das jede Generation von neuem und jede Generation
anders zu bewältigen versucht. Dennoch ist auch dies ein Gebiet
des menschlichen Handelns, das seine eigene Geschichte hat — aber
nicht ohne die allgemeine Geschichte der Menschheit zu verstehen
ist.

Sich dieser Vergangenheit zu vergewissern, heißt zugleich den
Versuch wagen, Probleme der Gegenwart aus ihrer Genese zu begreifen. Denn was uns als ethisch-moralische Norm entgegentritt, Zustimmung fordert oder Ablehnung provoziert, ist kein zu einem bestimmten Zeitpunkt (etwa durch die Elterngeneration) ein für allemal festgelegtes und starres System, wie es oft scheint (und aus meist
durchsichtigen Gründen verteidigt wird). Es entstammt auch nicht
einem wie weit auch immer zurückdatierten ‚Gesellschaftsvertrag‘
(Rousseau).

Ethisch-moralische Normen sind der über Jahrtausende geworde-
ne Versuch, die jeweilig vorgefundene Gesellschafts- und Rechts-
form zu interpretieren, sie zu legitimieren und sie schließlich den
nächsten Generationen zu tradieren. So sind in ihnen immer Elemente der Aufklärung und Kritik, aber auch Elemente der Statik und des
Konservativismus enthalten.

Das Mittelalter verdient, was die Texte mit dem Hauptziel der
ethisch-moralischen Belehrung betrifft, seinen Namen zurecht; es
vermittelt und bündelt einerseits Traditionsströme aus griechisch-
lateinischer Antike und jüdisch-christlicher Religion zur Belehrung
mittelalterlicher Menschen und legt damit andererseits den Grund-
stock für die Ethik der Neuzeit, auch noch für die des zwanzigsten
Jahrhunderts. Diese Texte heute zu betrachten und zu interpretieren
heißt also nicht nur, die Probleme der Gegenwart aus ihrer Genese
zu verstehen, es heißt auch, diese Texte als Dokumente eines Geschehens, dessen Voraussetzungen und Ergebnisse bekannt sind, aus der

Distanz mehrerer Jahrhunderte zu beobachten. Im Vorgang der Interpretation sind also Ferne, die weitgehend emotionsfreies Abwägen erlaubt, ebenso enthalten wie beunruhigende Nähe, die Betroffenheit auslösen kann und damit ein Interesse an der Erkenntnis der Zusammenhänge, die jene Betroffenheit erst erzeugen.

Allerdings besagt ein verbreitetes Vorurteil, es sei inzwischen eine Generation herangewachsen, für die der zweite Weltkrieg schon fast so weit zurückliege wie die Steinzeit. Angehörigen dieser Generation (einmal unterstellt, es gäbe sie so, wie das Vorurteil es will) könnte dann das letzte Argument leicht als an den Haaren herbeigezogen erscheinen. Doch gerade das Gebiet des Ethisch-Moralischen erlaubt es, die irritierende Nähe des scheinbar längst Vergangenen einsichtig zu begründen.

Ethisch-moralische Anschauungen wandeln sich zwar, aber nicht alle paar Jahre grundlegend, mag sich die ökonomische Basis noch so hurtig umwälzen. Es hat zum Beispiel Jahrhunderte gedauert, ehe der moderne Mensch seiner selbst als Individuum gewahr wurde, d.h. auch seiner Gottähnlichkeit (vor der ihm nun bange zu werden scheint).

Woran liegt das? Biologen, die die Entwicklung der Spezies beobachten und untersuchen, rechnen nicht in Jahren, weil dieses abstrakte Maß für jede Spezies unterschiedliche Bedeutung hat und daher für alle unangemessen ist. Biologen rechnen nach Generationen, weil jede Generation ihre Erbmasse weitergibt auf dem Wege der *generatio* (Zeugung). Legt man probeweise diesen Maßstab an die Geschichte der Menschen, dann wird vieles begreiflicher. Natürlich erwerben die Menschen den Großteil ihrer Verhaltensweisen und Charakterzüge nicht auf dem Wege der *generatio*, sondern auf dem der *educatio* (Erziehung). Wir wissen, daß die Grundlagen für Charakter und Verhalten in der Kindheit gelegt werden. Prinzipielle Änderungen des einmal erworbenen Grundstocks sind kaum möglich, und selbst partielle Änderungen, wären sie noch so ratsam und vernünftig, werden oft mit Neurosen bezahlt. Möglicherweise sind solche Änderungen in der Zeit multipler Beeinflussung des Menschen häufiger geworden, aber bis weit in das 19. Jahrhundert hinein waren die Erziehungsinstitutionen überschaubar und äußerst konventionell geprägt: Familie, Schule, Kirche; vor dem 18. Jahrhundert für die meisten Heranwachsenden nur die Kirche, die Familie und die relativ kleine soziale Gruppe.

Rechnet man mit einer menschlichen Generation von zwanzig Jahren (das ist für unseren Zweck wegen der geringeren Lebenserwartung in früheren Jahrhunderten eher angebracht), dann kommen auf ein Jahrhundert fünf Generationen. Seit dem Ende des 13. Jahrhunderts sind dann gerade fünfunddreißig Generationen vergangen, bei Gott keine lange Zeit. Rechnet man so, dann ist der große Einfluß der mittelalterlichen Ethik auf die unsere bei allen Modifikationen leicht einsehbar. Die scheinbar so eindrucksvolle historische Distanz schrumpft. So exotisch fern ist das Mittelalter nicht. Es mag wohl so sein, daß das gesellschaftliche Sein das Bewußtsein der Menschen bestimmt, aber doch nur in letzter Instanz, und es ist leicht einsehbar, daß gesellschaftliches Sein und menschliches Bewußtsein zu Zeiten weit auseinanderklaffen können. Die scheinbar unerklärlichen ‚Rückfälle‘, in der Geschichte und Gegenwart allenthalben zu beobachten, sind − auf Generationen bezogen − gar nicht so verwunderlich. Was da zwischen den nicht zu leugnenden Fortschritten immer wieder aufbricht, war latent vorhanden und keineswegs verschwunden. Atavismen sind eher die Regel als die Ausnahme, und der neue, vernünftige Mensch der Aufklärung ist (leider) ebensowenig die Norm geworden wie (leider) bislang der soziale der sozialistischen Utopie.

Das bisher Gesagte könnte als Einleitung in eine allgemeine Kulturgeschichte des Mittelalters und der Neuzeit münden. Doch ist hier weder der Ort dafür, noch ist es intendiert. An einem kleinen Ausschnitt dessen, was man Kultur nennt, soll exemplarisch das Gemeinte verifiziert werden.

Bestimmung des Gegenstandes

Der kleine Ausschnitt heißt ‚Ständelehre und Ständekritik‘, und schon der Name ist problematisch. Denn Didaxe und Kritik sind im Mittelalter so wenig wie heute auf eine bestimmte Textsorte beschränkt. Belehren will *Hartmann von Aue* in seinen Artusromanen ebenso, wie er in seinen nur scheinbar frömmelnden Legenden ätzende Kritik am Stand der Landesherren übt. Die Lehren *Gurnemanz'* und *Trevrizents* in *Wolframs Parzival* sind nicht weniger didaktisch, als Wolframs Beschreibung des (nicht nur französischen) Adels im *Willehalm* ständekritisch, selbst die Lyrik ist ebensooft Ständelehre wie Ständekritik. Die Autonomie der Kunst ist dem Mittelalter noch nicht denkbar und auch aus der historischen Distanz nur in Ansätzen greifbar.

Der Autor eines vor wenigen Jahren erschienenen Handbuches zu diesem Thema versucht, dem Dilemma zu entkommen, indem er einen komplizierten Titel erfindet: „Lehrhafte Literatur. Lehre in der Dichtung und Lehrdichtung im deutschen Mittelalter." Natürlich entgeht er dem Dilemma nicht, denn unter diesem Titel muß er alle Literatur aufnehmen, die in deutscher Sprache im 13. Jahrhundert aufs Pergament kam, natürlich auch Hartmanns *Erec* und *Iwein*, seinen *Gregorius* und seinen *Armen Heinrich*, Wolframs *Parzival* und seinen *Willehalm*; die Lyrik nicht zu vergessen.

Gehen wir zur Verdeutlichung von einem Problemchen des 20. Jahrhunderts aus. In einer populären Frauenzeitschrift gibt es seit Jahren eine Rubrik für allgemeine Lebenshilfe. In einem ‚Fall‘ („Für Sie" Nr. 16, 19.7.79) beklagt sich eine Frau, daß ihr ansonsten lieber und liebenswerter Mann mangels Benimm überall so anecke, daß niemand sich an dem ‚ungeschliffenen Edelstein‘ erfreuen könne. Die Antwort der Beraterin kann man sich fast denken: dem Edelstein von Mann fehlt nur der Schliff. Die Begriffe, die dabei fallen, sind aber aufschlußreich: Formen, Benimm, Höflichkeit. Woher die Wohlverhaltensregeln des 20. Jahrhunderts kommen, läßt sich aus der Etymologie des letzten Begriffes ableiten, den die Zusammenlebensberaterin als offenbar ‚natürlichen‘ Charakterzug begreift und gleich viermal benutzt. Aber Höflichkeit ist kein natürlicher Charakterzug. Höflich ist ein Mensch, der weiß, wie man sich bei Hof benimmt. *hoveliche* handelt im Mittelalter einer, der sich, wie das Wörterbuch sagt, „dem hofe angemessen, auf feine, artige, unterhaltende weise" benimmt. Und der *hof* ist nach Lexers Beschreibung die „wohnstätte, aufenthaltsort eines fürsten, der fürst mit seiner vornehmen umgebung". Die Etymologie verweist deutlicher als der heutige Sprachgebrauch auf die sozialen Hintergründe, die soziale Hierarchie. Ein Bauer ist nicht höflich, er benimmt sich tölpelhaft – das Wort Tölpel heißt ‚Dorfbewohner‘ (*dörper – dörpel – Tölpel*). Regeln des Benimms sind damals wie heute auch Hinweise auf den sozialen Status derer, die sie kennen, bewahren, fordern, wie derer, die sie nicht kennen, ablehnen, sich über sie hinwegsetzen: der Fauxpas kann noch immer gesellschaftlich tödlich sein. Oder anders: Umgangsformen hängen mittelbar, mitunter auch unmittelbar mit Oben und Unten, mit Privilegien und Mangel, mit Herrschaft und Unterdrückung zusammen.

Als Auswahlkriterium könnte daher gelten: Texte, die sich explizit mit den Regeln für das Zusammenleben der Menschen befassen und uns damit Hinweise geben auf Stabilisierung von Herrschaftsformen durch gesellschaftliche Konventionen, aber ebenso auch Hinweise auf Veränderung von Konventionen durch soziale Veränderungen.

Doch ist dies nur eine Seite der Medaille. In den Regeln fürs Zusammenleben steckt auch ein Humanum, das, von dem Prinzip der Erziehbarkeit des Menschengeschlechts ausgehend, den sozialen Fortschritt ermöglicht und den Prozeß der Zivilisation erlaubt. Dieses Humanum kann zu Zeiten den realen Verhältnissen als Ideal entgegengestellt werden, es kann ihnen als Utopie um Dezennien, auch um Jahrhunderte vorauseilen, Movens der Geschichte ebenso wie ihr Ergebnis. Das Ethos kann sich hinter einer menschenfeindlichen Rigorosität verstecken und es kann in voller Klarheit hervortreten. Dafür je ein kurzes Beispiel:

1. „Gegen die Verwilderung der Sitten braucht man ein außergewöhnlich starkes Mittel, um die eingewurzelten Übel zu vernichten: durch philosophische Lehrsätze kann man erreichen, daß die überkommene falsche Lebensanschauung mit Stumpf und Stil ausgerottet wird. Geben wir diesen Lehrsätzen noch Vorschriften, Trostworte und Ermahnungen mit auf den Weg, dann können sie wirken; allein für sich sind sie unwirksam. Wollen wir Menschen zu Pflichtgefühl erziehen und sie aus den Fesseln des Bösen reißen, dann müssen sie erst einmal lernen, was Gut und Böse ist. Sie müssen erkennen, daß alles in der Welt − außer der Tugend − seinen Namen ändern, bald ein Gut, bald ein Übel werden kann ...

Angenommen, jemand tut, was er muß: er wird es nicht ständig tun, nicht gleichmäßig, denn er kennt den Grund seines Handelns nicht. Manche Tat wird durch Zufall oder Gewohnheit an sich richtig ausgehen, aber der Mensch hat doch die Regel nicht zur Hand, nach der man seine Taten prüft, und die ihm die Gewißheit der rechten Handlungsweise verschafft. Wer nur durch Zufall sittlich gut handelt, bietet keine Gewähr für immer. Ferner werden die Vorschriften dem Menschen vielleicht die Notwendigkeit seines Handelns, aber nicht dessen Art vor Augen stellen − damit aber führen sie nicht zur Tugend. Ich gebe zu: wer gemahnt wird, tut, was er soll; aber das ist zu wenig, denn ein Lob verdient nicht die Tat, sondern die Art des Handelns ...

Alle Ziele, denen wir zustreben, müssen das höchste Gut ins Auge fassen: ihm muß jede Tat, jedes Wort entsprechen − wie die Seefahrer ihren Kurs nach einem bestimmten Stern richten. Ein Leben ohne festen Plan ist wie ein Rohr im Winde. Da man auf jeden Fall einen Lebensplan aufstellen muß, sind Lehrsätze unvermeidlich."[1]

2. „DRey Bücher haben den Namen Salomonis. Das erste ist / Prouerbia / die Sprüche / welchs billich ein Buch heissen mag / von guten Wercken / Denn er darin leret ein gut Leben füren / für Gott vnd der Welt.

VND sonderlich nimpt er fur sich / die liebe Jugent / vnd zeucht sie gantz veterlich zu Gottes geboten / mit tröstlichen Verheissungen / wie wol es den Fromen gehen solle / vnd mit drewen / wie die bösen gestrafft werden müssen. Denn die Jugent von jr selber zu allem Bösen geneigt / Dazu als ein vnerfaren

Volck / der Welt vnd Teufels list vnd bosheit nicht verstehet / vnd den bösen Exempeln vnd ergernissen widerzustehen / viel zu schwach ist / vnd sich selbs ja nicht vermag zu regieren / Sondern / wo sie nicht gezogen wird / ehe sie sich vmbsihet / verderbet vnd verloren ist.

DARumb darff sie wol / vnd mus haben Lerer vnd Regierer / die sie vermanen / warnen / straffen / züchtigen vnd jmer zu Gottes furcht vnd Gebot halten / dem Teufel / der Welt vnd Fleisch zu wehren."[2]

Es muß also ein zweites Kriterium sein, das die Texte befragt nach ihrem Impetus in Richtung auf eine menschlichere, gerechtere, humanere Gesellschaft.

Aber selbst die nach diesen Kriterien auszuwählenden Texte sind noch zu zahlreich. Eine engere Auswahl wird dezisionistisch verfahren müssen: die Texte sollen sich über einen gewissen Zeitraum erstrecken und sie sollen die moralisch-ethischen Appelle durch Verschiedene an verschiedene Gruppen der Gesellschaft repräsentieren.

Der notwendigen Beschränkung wegen bieten sich an *Thomasîn von Zerclaere* und *Berthold von Regensburg*.

Thomasîn von Zerclaere: Der welhische Gast

Der Name des Autors und der ebenso eigentümliche Titel dieses Lehrgedichtes bedürfen zu allererst der Erläuterung. Lassen wir den Autor selbst sprechen:

67   *ob ich an der tiusche missespriche,*
    ez ensol niht dunken wunderliche,
    wan ich vil gar ein walich bin:
    man wirtes an mîner tiusche inn.
    ich bin von Frîûle geborn
    und lâze gar âne zorn
    swer âne spot mîn getiht
    und mîne tiusche bezzert iht.
    ich heiz Thomasîn von Zerclaere:
    boeser liute spot ist mir unmaere.
    (Wenn ich die deutsche Sprache nicht voll beherrsche, darf das niemanden wundern, denn ich bin ein richtiger Italiener — man merkt es an meinem Deutsch. Ich bin in Friaul geboren und es macht mir nichts aus, wenn jemand mein Werk ohne Spöttelei in ein besseres Deutsch bringt. Ich heiße Thomasin von Zerclaere. Das Gewitzel böser Leute wäre mir jedoch ärgerlich.)

Thomasin stammt aus dem Friaul, also aus der heutigen Nordostecke von Italien, er ist Italiener aus städtischem Adel.

Als Geistlicher stand er mit großer Wahrscheinlichkeit in enger Verbindung zum Hof des Patriarchen von Aquileja, *Wolfger von Ellenbrechtskirchen* (der *Walther von der Vogelweide* das Geld für einen Pelzrock geschenkt hat, vgl. Bd. I, S. 264) und hat wohl in diesem Umfeld sein Lehrgedicht geschrieben, das er wie einen Gast nach Deutschland schickt:

87　　*Tiusche lant, enpbâbe wol,*
　　　als ein guot hûsvrouwe sol,
　　　disen dînen welhschen gast
　　　der dîn êre minnet vast.
　　　(Land deutscher Sprache, empfange diesen deinen italienischen Gast, der deinen Ruf vermehren will, so wie es einer guten Gastgeberin ziemt.)

Damit ist zugleich angegeben, an wen der Autor sich richtet. Nicht an Kinder oder Jugendliche, sondern an alle (Adeligen, wie wir ergänzen müssen), und nicht an die Menschen einer bestimmten Gegend, etwa Friaul (obwohl Erfahrungen aus dieser Grafschaft in den Text eingegangen sind), sondern an alle (Adeligen, s. o.) in Deutschland. Die Intention seines Lehrgedichtes könnte er bei *Seneca* gefunden haben, den er aus den Florilegien seiner Zeit kannte:

24　　*nu ist zît daz ich sagen wil*
　　　waz vrümkeit und waz zuht sî
　　　und waz tugende unde wî
　　　beidiu wîp unde man
　　　swerz von im selben niht enkan,
　　　ze guoten dingen komen sol.
　　　swer zübte lêre merket wol,
　　　ez mag im vrumen an der tugent
　　　bêdiu an alter unde an jugent.
　　　(Nun wird es Zeit für mich zu sagen, was Tüchtigkeit und Schicklichkeit ist, und welche Charaktereigenschaften Frauen und Männer, die sie nicht aus sich selbst entwickeln können, an den Tag legen sollen. Wer Erziehungsmaximen befolgt, der wird sein ganzes Leben lang für seinen Charakter davon profitieren.)

Was Thomasin dann in aller Breite versucht, ist nichts anderes als die Verknüpfung der praktischen Ethik der griechisch-römischen Antike, für die uns Seneca stellvertretend stand, mit dem christlichen Dualismus, den die Bibel repräsentierte. (Nur um Mißverständnisse zu vermeiden: Thomasin kann natürlich in diesem Bemühen auf die Werke von Vorgängern zurückgreifen, die letztlich alle auf *Augustinus* und *Boethius* zurückgehen).

190

Er beginnt gleichsam mit der Klippschule der Ethik, mit Anweisungen für den täglichen Gebrach von Jugendlichen: man soll nicht in den Tag hinein leben, man soll sich seines Erfolges bei Frauen nicht rühmen, man soll sich an Vorbildern orientieren, frau soll nicht flirten, frau soll nicht laut sprechen, man soll sich merken, was einem gesagt wird, frau soll die Beine nicht übereinanderschlagen, man soll beim Reden nicht gestikulieren, man/frau soll sich anständig anziehen und beim Essen nicht sprechen – die Liste ließe sich fortsetzen. Aber neben diesen Anstandsregeln, sie übergreifend und überformend, steht der Versuch Thomasins, den Menschen und sein Verhalten einzuordnen in die Spannung zwischen Himmel und Hölle. Nicht in einem kruden Dualismus, sondern im Bewußtsein des freien Willens wie der Verführbarkeit des Menschen. Er weiß, daß man von den Dingen, die Gott einem gegeben hat, den richtigen oder falschen Gebrauch machen kann. Dabei faßt er zunächst einmal alles in das Gegensatzpaar *staete/unstaete*. Die Unbeständigkeit ist unsere Erbsünde. Adam hatte Vernunft und daher *staete*. Er hat sie mit Willen und daher schuldig verloren, *sît muose wir unstaete sîn* (2559; seitdem war es Menschenlos unbeständig zu sein), aber Gott *hât uns vrie wal gegeben: wir mugen swie wir wellen leben* (2577 f.; er hat uns einen freien Willen gegeben: wir können in allem so leben, wie wir wollen). Gott kann und will den Menschen nicht daran hindern, gegen seine Gebote zu verstoßen. Bevor der Autor aber in Buch V dieses Thema quasi für die Mittelstufe ausfaltet, gestaltet er in Buch III den *ordo*-Gedanken, durchaus in apologetischer Absicht. Nur einige Beispiele:

Der Arme ist übel dran wegen der Armut, der Reiche ist übel dran wegen seines Reichtums. Warum? Niemand wird durch Reichtum tugendhaft, aber auch niemand durch bloße Armut. Ergo: nur der Reichtum im Himmel ist gut (2953 ff.). Wer Herrschaft ausübt, ist zu bedauern, denn er muß immer grübeln *wie er rihte wol* (3076; wie er gerecht richten soll): *swaz dem volke wirret, muoz er eine umbe haben sorge und arbeit* (3086 f.; er allein hat Mühe und Plage wegen der Sorgen der Bevölkerung). Aber das Volk, der große Flegel, will *herre wesen* (3099; Herr sein), doch das schadet ihm nur wie jedem, der *ûz sînr natûre komen wil* (3101; der aus dem ihm von der Natur = Gott zugewiesenen Stand ausbrechen will). Als Beispiel nennt Thomasin die Bauern. Herrschaft *an sich* ist nicht gut, sondern ist gut nur in der Hand des dafür Geeigneten ...

Oder weiter: Macht und Machtlosigkeit bringen beide *kumber*, dennoch *ist dem unmehtgen baz* (3293; geht es dem besser, der keine Macht über andere hat). Warum? Es folgt eine präzise aber dennoch herkömmlich typisierende Beschreibung feudaler Anarchie[3]: jeder *mehtege* will die weniger *mehtegen* unterwerfen. Er kenne, sagt Thomasin, Grafen, die ihre Grafschaft verloren haben, Markgrafen verloren ihre Mark, Bischöfe ihre Bistümer, Herzöge ihre Herzogtümer, jüngst habe ein König, der vor Zeiten Kaiser war, seine Königswürde verloren, *wan deheiner mac niht die andern alle überwinden* (3344 f.; denn keiner kann sich alle andern unterwerfen). Moral: die Macht verrät denjenigen, der sich auf sie verläßt, da ist es schon besser, man bleibt *unmehtec* — Verdammung und Apologie der Macht zugleich. Das wird in Buch IV ausführlich und mit vielen Beispielen thematisiert, indem (für die ohne Macht) auf Gottes ausgleichende Gerechtigkeit im Jenseits verwiesen wird.

Buch V bringt den schon angekündigten Versuch, das Bisherige theoretisch zu fassen und zu systematisieren. Es gibt zweierlei ‚Güter‘, zweierlei ‚Übel‘ und etwas, das ‚sowohl als auch‘ sein kann. Das erste und oberste ‚Gut‘ ist Gott, das andere ‚Gut‘ sind ‚Tugenden‘. Das schlimmste ‚Übel‘ ist der Teufel, zu dem das andere ‚Übel‘, die ‚Untugenden‘ hinführen.

5743 *Daz vümfte ist übel unde guot,*
als mich bewîset mîn muot.
ich mein diu sehs dinc, adel, maht,
gelust, name, rîchtuom, hêrschaft.
si sint gerlîch guot niht,
wan ez eim übeln manne geschiht
daz er si hât, daz ist wâr.
sô sint si ouch niht übel gar,
wan si hât dicke ein wol gemuot.
sô sint si übel unde guot.
(Das fünfte ist, wie ich genau weiß, sowohl böse als auch gut. Ich meine die sechs Dinge: Herkunft aus edlem Geschlecht, Gewalt, Begierde, Rang, Reichtum, Ausübung obrigkeitlicher Gewalt. Sie sind dann wahrlich keine erstrebenswerten Güter, wenn sie einem bösen Menschen zugefallen sind. Sie sind andererseits ganz und gar nicht böse, wenn sie einem zugefallen sind, der sie richtig zu gebrauchen weiß. Also sind sie sowohl böse als auch gut).

Die Tugenden führen zu Gott, die Untugenden zum Teufel. Nur — Tugend und Untungend sind dem freien Willen des Menschen anheimgegeben und fließen aus dem richtigen oder falschen Gebrauch von *adel, maht, gelust, name, rîchtuom, hêrschaft* in der Welt. Thomasin verdeutlicht das durch das Bild der ‚Tugendleiter‘, die zwischen Himmel und Hölle gespannt ist. Der Illustrator der Heidelberger

Handschrift hat das eindrucksvoll wiedergegeben: der Mensch, auf dem Wege vom *orbis terrarum*, dem Erd*kreis*, zum Himmel wird von Teufeln mit Haken verfolgt und — *helft ich han in erwischt*, ruft der eine — zur Hölle gezogen, denn die Stufen zur Hölle geben keinen Halt — sie sind gebrochen:

5881   *ir sult wizzen, swelich man*
              sich dervor niht büeten kan,
              daz er kumt in kurzer zît
              dâ daz niderst übel lît,
              wan der man slîfen muoz
              der ûf die stiege setzt den vuoz.
              (Ihr müßt wissen: alle die sich nicht davor bewahren können, kommen augenblicklich in die Hölle, weil jeder ins Rutschen kommt, der auf diese Stiege seinen Fuß setzt).

Man kann sich das auch mit folgendem Schema verdeutlichen:

Tugenden	„Haken"	Untugenden
armuot/diumuot	*hêrschaft*	*übermuot*
milte	*guot*	*gierd/erge*
liebe	*adel*	*nît*
senfte	*maht*	*zorn*
reht	*gelust*	*unreht*
wârheit	*ruom/name*	*meineit/lüge*
Himmel		Hölle

Deutlich ist, daß Thomasin nicht in einer Zeit und für einen Adel schreibt, denen Adelsqualitäten unzweifelhaft geblieben wären. Adel ist nicht länger (war er es je?) a priori edel, er hat sich durch sein Verhalten vor Gott und unter den Menschen als edel zu beweisen, Adel wird zur Aufgabe, der sich jeder Adelige erst unterziehen muß, bevor er ,von Gottes Gnaden' seinen Platz legitim einnehmen darf. Die Standards ,feudalherrscherlichen Verhaltens' sind mit ,weltlichprofan ausgerichteten Selbstverständigungskonzepten' (vgl. Bd. 1, S. 45 f.) allein nicht mehr zu legitimieren angesichts des bedrohlichen Anwachsen von Armutsbewegung und Ketzerei (s. u., S. 204 f.), die Herrschaft nur ertragen können und wollen, wenn sie in Demut auf Gott ausgerichtet ist oder doch wenigstens scheint. 1215/16, als Thomasin schrieb, waren die Minderbrüder schon über ganz Italien verbreitet, war vom Laterankonzil der Kreuzzug gegen die Ketzer beschlossen. Wer da herrschen wollte, mußte über alle Zweifel erhaben orthodox sein und seine Adelsqualitäten in den Dienst der

Der himel

warhait
vorht
diemvt
liebe
scham
armuet

helfe vch im in mvge halt
der werlt lvst halt
der hoh fart
gvet
roub
hazz
neit
girschaft

Die stiege zem oberisten gvt
Chomen mvg. swer hat den mvt.
Daz er dar avf chomen wil.
Der mvz gedenchen hart vil.
Wie er di stiege machen sol.
Daz er dar avf stiege wol.
Als iegeleich staphel mvz sein.
Als anz von ainer tvgent. daist mein.
Wille. vnde avch mein rat.
Swann man dar avf danne gat.
So mag man varen sicherleichen.
Doch sol man varen sterleichen.
Swer di stiege machen wil.
Der sol sich des avch vleizzen vil.
Daz di vntvgent chomen nihr.
Derzv. wan ob daz geschiht.
So neint daz in einwern mvt.
Daz si zem oberisten gvt.
Nimmer wol geraichen mach.
Ja sol der naht vnd der tach.
Nimmer man ander chomen.
Ich enhan ez avch nie vernomen.
Daz ez nach were vmb mitten naht.
Wan der vinster hiet di maht.
Daz si scheinen moeht wol.
Des doch niht wesen sol.
Sam mach der tvgent daist war.
Mit der vntvgent schar.
Niht ensamt wesen wol.
Swer di stiege machen sol.
Div hinz em oberisten gvt.
Raiche. der habe so rainen mvt.

Dev helle

(nicht nur) franziskanisch bestimmten Tugenden stellen. Dies fordert auch Thomasin, und er konkretisiert seine Forderungen nun auf höchster Ebene.

Im achten Buch kommt er nach einigen Beispielen allgemeiner Art sehr bald auf Herren zu sprechen. Unser bekanntes Sprichwort, daß Hochmut vor dem Fall komme (der ‚Haken' der *hêrschaft* macht aus *diumuot übermuot*), illustriert Thomasin in Beispiel und Gegenbeispiel an zwei allerhöchsten Herren, einem Herrn *Otte* und einem, den er *unser kint* (10579) nennt und erst viele Verse später mit seinem Namen: *Edel künic Friderîch* (11787). Wir sind mitten im staufisch-welfischen Thronstreit (vgl. Bd. 1, S. 200), denn *Otte* ist Kaiser *Otto IV.* von Braunschweig/Poitou, und das berühmte *kint von pülle* (Apulien) ist der Staufer *Friedrich II.* Aber wir sind auch schon mitten in der Endphase des Streites zwischen *imperium* und *sacerdotium*.

Nach der allgemein gehaltenen Mahnung an den Adel, daß nicht gleich ganze Rosenfelder im Schild führen soll, wer Rosen als Zeichen trägt, denn *daz ist ân bezeichenunge niht, wan ez bezeichent zaller vrist daz ouch innerthalben ist* (10438 ff.; das ist nicht ohne genaue Bedeutung, denn es steht immer für das, was der Mensch denkt), geht er ins Beispiel. Mehr als acht Wochen habe er, Thomasin, (wohl im Gefolge des Patriarchen, 1209) am Hofe Ottos verbracht. An dessen Schild waren 3 Löwen und ein halber Adler. Beides sei *unmaezlîche* (10481; unangemessen/vermessen). Denn ein Löwe sei genug, um sich an seinem Symbolgehalt auszurichten, und ein halber Adler könne nicht fliegen. Ottos Schild habe damit in der doppelten *unmâze* das spätere Geschehen vorausgedeutet. Kein Wunder also, daß der Welfe den Kürzeren ziehen mußte. Ganz anders dagegen der Staufer; den habe Gott beispielhaft erhöht, weil er aus einer *wurze geslaht* (10575; aus edlem Geschlecht) gewachsen sei, die sich auszeichne durch Unterwerfung unter Gottes (= des Papstes!) Willen.

Hier zeigt sich, wie sehr bei aller Abstraktheit der Ständedidaxe der *Wälsche Gast* mit der Realität verknüpft ist. Denn nicht nur dokumentiert Thomasin mit dem Beispiel Otto-Friedrich den Gehalt und das Gewicht seiner Lehre, sondern er interpretiert die Realität durch seine Lehre, und zwar durchaus parteiisch. Indem er dem Welfen Otto die *geslahte wurze* abspricht, spricht er ihm mit dem Adel auch sein Herrscherrecht ab, macht er Propaganda für den jungen Staufer und darüber hinaus für die Suprematieanspruch des Papstes. Das *Tiusche lant, enphâhe wol* der Vorrede hat seinen Sinn an dieser

Stelle enthüllt. Nicht nur Sitten- und Ständelehre sind zu empfangen, sondern diese nur als Proömium zur propagandistischen Weltinterpretation eines päpstlich orientierten Klerikers.

Nicht zufällig macht Thomasin an dieser Stelle einen größeren Exkurs. Warum geht alles durcheinander in der Welt und gerade im 2. Jahrzehnt des 13. Jahrhunderts, warum richten sich des Friaulers (und nicht nur seine) Hoffnungen auf den jungen Staufer? Weil die Welt sich nicht nach ihrem Oberherrn, dem Papst richtet. Und wer dem nicht gehorcht, *der verworht ouch gotes hulde* (11110; der verscherzt sich damit die Gnade Gottes). So einen Verworfenen kennt auch Thomasin seit Jahren, einen Kollegen sozusagen. Der behauptet immer wieder, daß ihm der Papst und sein Vorgehen nicht gefalle, ja er greift den Papst sogar direkt an, weil dieser (zur Finanzierung eines neuen Kreuzzuges) überall hat Opferstöcke aufstellen lassen:

11191   *Nu wie hât sich der guote kneht*
an im (i.e. dem Papst) *gehandelt âne reht,*
der dâ sprach durch sînn hôhen muot
daz der bâbest wolt mit tiuschem guot
vüllen sîn welhischez schrîn!
(Wie sehr hat dieser Ehrenmann dem Papst Unrecht getan, als er mutwillig behauptete, dieser wolle seine italienische Schatztruhe mit deutschem Geld füllen).

Nun war auch dem letzten Zuhörer klar, wer dieser unfromme Literat war, der dem Papst so böse antwortete — Walther von der Vogelweide (vgl. Bd. 1, S. 264), der noch kurz vor Entstehung des *Wälschen Gastes* in Ottos Diensten, dessen Propagandist gegen den Papst gewesen war. Und offenbar ein sehr erfolgreicher, denn Thomasin klagt, daß

11223   *... er hât tûsent man betoeret,*
daz si habent überhoeret
gotes und des bâbstes gebot.
(Er hat unendlich viele Menschen verführt, so daß sie Gottes und des Papstes Anordnungen nicht befolgten).

Scheinbar wendet sich Thomasin nun von Walther ab und allgemeinen Problemen zu. Dennoch ist deutlich, daß er Menschen wie den Vogelweider (und Otto!) meint, wenn er sagt:

11265   *wizzet daz ein toerscher man,*
der nicht guotes raten kan,
gît er einen boesen rat,

196

> *man volget im des also drât.*
> *Da von ist ketzer alsô vil,*
> *ich sagez, swerz vernemen wil.*
> (Ihr sollt wissen, daß ein Narr, der nichts Vernünftiges raten kann,
> trotzdem mit seinem schlimmen Ratschlag alsbald Anhänger findet.
> Daher gibt es so viele Ketzer, ich sage es allen, die es hören können).

Das Ketzerproblem, das große religiös-soziale Problem der Zeit, wird
in engen Zusammenhang gebracht mit dem jahrhundertelangen Zwist
zwischen Kaisertum und Papsttum, der seinem Höhepunkt und Ende
zustrebt: wer den Papst ist, ist gegen Gott, wer gegen Gott ist,
ist ein Ketzer. Ketzer werden im 13. Jahrhundert ‚dem Fegefeuer
übergeben‘, daß heißt verbrannt. In diesem Zusammenhang gerät der
sonst so moderate kirchliche Agitator in ein uns unheimliches
Schwärmen:

> 12683   *Lamparten waere saelden rîche,*
> *biet si den herrn von Ôsterrîche,*
> *der die ketzer sieden kan.*
> *er vant ein schoene geriht dar an;*
> *er wil niht daz der vâlant*
> *zebreche sîn zende zehant,*
> *swenner si ezze, dâ von heizet er*
> *si sieden unde brâten sêr.*
> (Die Lombardei [eines der Zentren der ‚Ketzerei‘] könnte man
> glücklich preisen, wenn es dem Herzog von Österreich gehörte, der
> es versteht, die Ketzer abzukochen. Er erfand ein gutes Küchen-
> rezept: weil er nicht will, daß der Teufel sich die Zähne an ihnen
> ausbricht, wenn er sie frißt, befiehlt er, sie gut gar zu kochen und
> zu braten).

Es ist nicht zufällig oder belanglos, wenn Thomasin nach dem Exkurs wieder auf Walther zurückkommt; der wird dadurch deutlich
(und nicht ungefährlich für ihn) in den Ruch der Ketzerei gebracht.
    Abgehoben von den Ketzern Otto und Walther wird nun Fried-
rich II. gemahnt, sich seiner neuen Würde würdig und gewachsen zu
zeigen und sich auf des Papstes Geheiß auf den am 25.7.1215 in
Aachen versprochenen und im November 1215 auf dem Laterankonzil kirchlicherseits beschlossenen Kreuzzug zu begeben. Auch in
diesen Abschnitten (IX und X von Buch VIII) argumentiert Thomasin in deutlich voneinander getrennten, hierarchisch gestuften Ebenen. Zunächst wendet er sich in einer Art traditionellen Kreuzzugspredigt einschmeichelnd an den niederen Adel:

11347 *Vernim mir, tiuschiu rîterschaft:*
   ich weiz wol daz dîn kraft
   und dîn lop ist gebreitet wît,
   wan du bist zaller zît
   diu tiurest rîterschaft gewesen
   von der wir an den buochen lesen.
   (Höre mich an, deutsche Ritterschaft: du bist so zahlreich und berühmt, weil du von jeher die beste Ritterschaft gewesen bist, von der
   man in den Büchern lesen kann).

Wer hörte so eine captatio benevolentiae nicht gerne? Solcherart um-
garnt, bekommt die Ritterschaft zu hören, der Christenheit werde
Gewalt angetan, weil *die heiden mit übermuot habent unser lant be-
sezzen* (11356 f.; die Heiden in ihrer Vermessenheit unser Land [ge-
meint ist Palästina!] besetzt haben), weil sie den Zutritt zum Heiligen Grab verweigern. Diese heidnische Provokation könne Gott nicht
hinnehmen: *nu ist sîn wille und sîn gebot daz manz in niht vertra-
gen sol* (11372 f.; es ist sein Wunsch und Gebot, daß man sich das
von den Heiden nicht gefallen lassen darf). Und nach alter Tradition
(vgl. Bd. 1, S. 26 ff.) verweist auch diese Kreuzzugspredigt auf den
Lohn im Himmel: *man sol dâ niht verzagen dâ man daz lop mac
bejagen daz nimmer sol haben ende* (11393 ff.; man darf nicht dort
den Mut verlieren, wo man die ewige Seligkeit gewinnen kann).
 Auf der nächsten Ebene wendet Thomasin sich mit neuen Argumenten an die Fürsten. Sie sollen den inneren Zwist (des seit *Heinrichs VI.* Tod schwelenden Thronstreites) vergessen und gemeinsam
für Gott kämpfen; in diesem Kampf sei ihnen der Sieg sicher. Aber
wenn sie nicht kämpfen, so sollen sie doch wenigstens Gott von ihrem *guot* geben, da sie es ja von ihm haben – eine Anti-Walther-Re-
de. Hatte der gehöhnt: *Sagt an, hêr Stoc, hât iuch der bâbest her ge-
sendet, daz ir in rîchet und uns Tiutschen ermet unde pfendet? ...
ich waen des silbers wênic kumet ze helfe in gotes lant* (34, 14, 15
+ 20; in Wapnewskis Übersetzung: Sagt, Herr Opferstock, hat euch
der Papst aus dem Grunde hergesandt, daß ihr ihn reich und uns
Deutsche arm macht und ausnehmt? ... Ich glaube, von diesem Silber wird nicht eben viel zur Hilfe ins Heilige Land kommen), so fordert Thomasin nun:

11775 *dâ sol vliezen ûz den handen*
   der edelen vürstn von tiuschen landen
   rîchlîch silber unde golt.
   swer durch êre hie gap solt,
   der sol sich des dâ vlîzen sêre,
   wan dâ gewinnet er guot und êre.

([Für den Kreuzzug] soll aus den Händen der deutschen Fürsten Gold und Silber im Übermaß fließen. Wer bisher Geld ausgegeben hat, um Ansehen in der Welt zu erwerben, der soll noch viel mehr für das Jenseits ausgeben, denn dort gewinnt er Schätze und ewigen Ruhm).

Nun erst, auf der dritten Ebene und mit den gewichtigsten Argumenten, wendet er sich an den König. Der muß anders überzeugt werden — mit den politisch-religiösen Inhalten der Herrscherlegitimation. Zunächst wird der *edel künic Friderîch* (11787) an seinen vom Status erforderten/gesicherten *wîstuom* (11795; Weisheit) erinnert, der sich darin zeige, daß er allezeit Gott diene. Darauf verweist Thomasin auf Friedrichs *wurze geslaht*: Er erinnert an zwei Vorfahren, die auf den Kreuzzug gegangen seien. Nur sei der eine, der *keiser Friderîch* (11799), nicht ganz bis Palästina gekommen (*Barbarossa* ertrank 1190 in der heutigen Südosttürkei), und der andere, sein *veter* (hier: Onkel) *Friedrich von Schwaben*, hatte nicht vollen Erfolg (er wurde Anfang 1291 ,,vor den Toren Akkons von einer Seuche hingerafft"[4]). Die Vollendung soll dem jungen König gelingen:

11807   *du bist der dritte und solt volkomen*
      und voltuon. ich hân vernomen
      daz an der dritten zal ist
      ervollunge zaller vrist.
      gotes ervollunge lît
      an drîn namen zaller zît
      dâ bî muget ir wizzen wol
      daz dâ gebrest niht wesen sol.
      sît an der zal niht gebrist
      und sît duz der dritte bist,
      sô hân ich wol geding ze got
      daz du volvüerest sîn gebot.
      ein ieglîch werc ân missewende
      hât anegenge und ouch ende.
      daz anegenge wart gegeben
      dînem enen bî sînem leben:
      dîn veter vuor doch vürbaz
      hin umb die mitte, wizze daz:
      sô solt du daz ende hân,
      ob dirz got geruochet lân.
      daz ende ervüllet daz werc gar
      und du bist der dritte, daz ist wâr,
      und daz ende ist daz dritte teil:
      hie vert zuo allenthalben heil.
(Du bist der dritte und du wirst ans Ziel kommen und das Werk vollenden. Ich habe gelernt, daß drei die vollkommene Zahl ist. Gottes Vollkommenheit ist an der Dreizahl der Namen abzulesen — und

wißt: sie ist makellos. Da nun die Zahl ohne Makel ist, und da du der dritte bist, so bin ich voll Gottvertrauen, daß du seinen Auftrag erfüllst. Jede vollkommene Tat hat einen Anfang und ein Ende. Der Anfang dieses Werkes wurde deinem Großvater mit seinem Tod zuteil. Dein Onkel ging bis zur Mitte, darum soll dir das Ende sein, wenn Gott es dir schenkt. Das Ende macht das Werk vollkommen, und du bist unbezweifelbar der dritte, und das Ende ist der dritte Teil: alles Glück fließt hier zusammen.)

Es ist beeindruckend, mit welcher Raffinesse der Kleriker Thomasin dem König (und als Propagandist seinem Publikum) die Aufgabe und ihre göttliche Legitimation vor Augen stellt. Ohne eine ausdrückliche Beziehung herzustellen, bringt er die Dreizahl der kreuzfahrenden Staufer mit der göttlichen Trinität in Verbindung, heiligt er damit das Geschlecht ebenso wie die vorgestellte Aufgabe, beweist er die Gottgewolltheit des Kreuzzuges und die Auserwähltheit des jüngsten Staufers. Das hat allenfalls Parallelen in der Dreifaltigkeitspassage in Wolframs von Eschenbach Eingangsgebet zum *Willehalm* (vgl. Bd. 1, S. 201) und in der spielerisch-häretischen Gleichsetzung des Liebesaktes mit dem liturgischen Vollzug der Messe bei *Gottfried von Straßburg* (vgl. Bd. 1, S. 254).

Hier, auf der höchsten Ebene seiner Ständelehre, die eine Herrenlehre ist, sind Ethos, Christentum, Adel, Herrentum und Legitimation der Herrschaftsausübung ungemein geschickt miteinander verknüpft. Thomasin aber legitimiert und stabilisiert nicht nur seine Welt, er interpretiert sie nicht nur, sondern er gestaltet sie, indem er ihr von neuem ein altes Ideal vorführt, fordernd, weisend, nicht weniger ein Propagandist als Walther von der Vogelweide und kaum ein ungeschickterer. Ethos und Agitation, Aktualität und intendierte Überzeitlichkeit sind untrennbar miteinander verknüpft: präzise argumentiert Thomasin ad hoc, indem er die ihm verfügbare Argumentation aufnimmt und in seinem Sinn (das heißt auch im Sinne des Patriarchen von Aquileja) umformt.

Exkurs über den Esel[5]

Im neunten Buch, das vor allem staatspolitisch orientiert ist, gibt Thomasin Anweisungen für die richtige Herrschaftsausübung. Er verlangt von einem Herren, daß er *lebe mit sînn lantliuten wol* (12425; mit seinen Untertanen in Eintracht lebe), daß er mit den Besitzlosen Mitleid habe (12427), daß er über Mächtige und Machtlose gleiches

Recht spreche und sich darin weder durch *minne* (Geschenk) noch durch *vorht* (Furcht) beeinflussen lasse. Der Fürst soll bei allen Angelegenheiten sich beraten und dabei 1. aufmerksam den Ratgebern zuhören, 2. den besten Rat erkennen, 3. diesen Rat schnellstmöglich in die Tat umsetzen, denn daran erkennt man den energischen und entschlossenen Regenten:

13257   *sîn drôn mir sicherheit gît,*
         swer âne werc dreut zaller zît,
         wan er tuot drônde ûf vil gar
         daz er mit werc niht tuon getar.
         (Wenn einer immer nur droht und nichts tut. dann gibt mir sein Drohen Sicherheit vor ihm, denn in seinem Drohen offenbart er, daß er sich nicht traut, Taten folgen zu lassen).

An dieser Stelle fügt er als Beispiel die Geschichte vom Esel Balduin ein: Balduin freut sich auf der Weide seines Lebens und schreit vor Lust so laut, daß alle Tiere sich fürchten. Der Löwe, selbst verunsichert, schlägt vor, einen Kundschafter auszusenden. Der Wolf wird ausgesandt. Furchtsam nähert er sich dem Esel, den er für den Teufel in Person hält. Ein Blick Balduins genügt, um den Wolf in die Flucht zu schlagen. Doch der, mutig und kühn (13288), erinnert sich an den Rat seines Vaters, nur dann zu fliehen, wenn er verfolgt werde. Da Balduin nichts dergleichen tut und auch nicht schreit, traut sich der Wolf immer näher heran, beißt den Esel schließlich zaghaft ins Hinterbein — und bringt sich furchtsam in Sicherheit. Hätte Balduin, sagt Thomasin, sich dem Wolf gestellt, der wäre sicher geflohen, *des entet er aver niht* (13343; er tat aber nichts). So traut sich der Wolf wieder, beißt den Esel, wo er kann und sagt sich: und wenn einer noch so schreit, ich habe keine Angst, wenn er mir nichts tut. Die Tiere sind es zufrieden, nicht einmal der Hase hat mehr Angst vor Balduin. Thomasins Moral: kein Herrscher *sol sich dem Baldewîne gelîchen* (13360; darf sein wie Balduin).

Die Geschichte von Balduin geht auf eine äsopische Fabel zurück, die seit der Antike mehrfach variiert und satirisch zugespitzt wurde. Thomasin benutzt sie, um seine trockene Lehre vergnüglich zu untermauern entsprechend dem alten *Horaz*ischen Lehrsatz: *aut prodesse volunt aut delectare poetae, aut simul et iucunda et idonea dicere vitae* (Ars poetica, 333 ff.; die Dichter wollen entweder belehren oder erfreuen, oder zugleich Unterhaltendes und für das Leben Brauchbares sagen).

Daß man mit dem gleichen Stoff unter anderen Umständen und mit anderen Zielen auch quasi subversiv arbeiten kann, das zeigt der

Stricker, ein Autor, der um die Mitte des 13. Jahrhunderts im bayrisch-österreichischen Raum gearbeitet hat.

Der Stricker schildert schwankartig, bildreicher als Thomasin. Der Esel ist bei ihm nicht einfach ein Langohr, sondern ein Lastesel, der unter seiner Bedrückung verzweifelt. Er hört von einem Land, wo man keine Esel kennt. Er denkt sich, daß er dort nicht unterdrückt wäre, sondern zu Ansehen und Würde kommen könnte. Dabei hofft er auf die Wirkung seiner gewaltigen Stimme. Er macht sich auf den Weg, kommt an eine große Stadt (ein signifikanter Unterschied zu den früheren Fassungen!) und fängt auf einer Wiese vor der Stadtmauer an zu weiden. Der Besitzer der Wiese (bei Thomasin hatte die Wiese keinen Besitzer!) will ihn vertreiben und wird von der lauten Stimme des Esels vertrieben. Er läutet die Sturmglocke, alle Bürger laufen zusammen und bestaunen den Esel, das *vreislich tier* (43)[6]; das furchterregende Tier). Dem wird angesichts der gaffenden Menge wohl, und er schreit so, daß alle Hals über Kopf hinter die Stadtmauer fliehen, wobei Kinder und Greise zu Tode getrampelt werden. Da der Esel aber keinen beißt, fassen einige Mut, gehen hinaus *und geviengen den toren bi der manen und bi den oren* (131 f.; und ergriffen ihn an der Mähne und an den Ohren). Dann beratschlagen sie, was mit dem Tier zu tun sei — und beschließen, ihn Säcke tragen zu lassen. Des Strickers Moral: *swer da heime ein tore sî, der enheve sich niht in vremdiu lant* (152 f.; wer zu Hause schon ein Narr ist, der begebe sich nicht in die Fremde), denn dort gehe es ihm nur noch schlimmer.

So weit, so herrschaftskonform. Aber in die Darstellung selbst flicht der Stricker eine so beißende Kritik am Adel, daß die Schlußmoral fast ganz entwertet wird. Es ist die Szene, wo alles koppheister in die Stadt flüchtet:

> 91 *do chomen die hersten*
> *in die stat zemersten*
> *und besluzzen ir burgetor*
> *und liezzen die armen dervor*
> *und enruhten, waz den geschach.*
> *do daz arme volch gesach,*
> *daz in der wech was enzwei,*
> *do wart ein solich geschrei*
> *uzzerhalp von den armen,*
> *ez mohte got erbarmen …*
> 114 *do si gesahen in der stat,*
> *daz er bi den liuten gie*
> *und si doch ungebizzen lie,*
> *do begunden si vil sere swern:*

daz enmohte in niemen erwern,
sine wolten fur daz tor gen
und wolten bi ir friunden sten,
durch daz si mit in dolten,
swaz si da liden solten.
die daz tor besluzzen ê,
den tet diu schande nu so we,
daz si lougen begunden,
so si flizziclichest chunden
— wand si daz laster muete —,
swaz der esel nu geluete,
in enwolt doch niemen fliehen.

(Die adligen Herrschaften kamen als erste in die Stadt, schlossen das Stadttor und ließen die kleinen Leute davor stehen, ohne sich um ihr Schicksal zu kümmern. Als die Volksmenge merkte, daß ihr Weg versperrt war, da schrien die kleinen Leute vor der Stadt so laut, daß es Gott erbarmen mußte ... Als die Vornehmen in der Stadt merkten, daß der Esel zu den Leuten hinging, ohne sie zu beißen, da fingen sie an hundert Eide zu schwören: niemand könne es ihnen wehren, hinauszugehen vor das Tor und ihren Brüdern beizustehen, mit ihnen zu erdulden, was immer ihnen passieren würde. Die das Tor nicht schnell genug zubringen konnten, die schämten sich nun so, daß sie logen, was sie nur konnten — so sehr schmerzte sie die Schande —, der Esel könne nun schreien wie er wolle, keiner würde vor ihm fliehen).

Kaum jemals im 13. Jahrhundert ist an der Herrenschicht so präzise und beißende Kritik geübt, die Verlogenheit des *ordo*-Denkens so heftig angegriffen, das Gemeinsamkeitsgedusel der Herrschenden so brutal zerpflückt worden wie in dieser Schilderung des gleichen Stoffes, der Thomasin noch zur Rechtfertigung von Macht und Herrschaft diente.

Tempora mutantur, alte Strukturen werden brüchig, die Gesellschaft diversifiziert sich, die Stadt tritt als gewichtiger Faktor auf und geht als solcher in die Literatur ein. Die Didaxe, die didaktische Literatur muß darauf reagieren. Und das tut sie.

Berthold von Regensburg: Die Predigten

Bestimmend für die Veränderung war der Einfluß einer Bewegung, die ihre Wurzeln im 11. und 12. Jahrhundert hat, aber erst im 13. Jahrhundert zu Macht und Einfluß kam. Die Macht der Kirche und ihrer Fürsten (‚Kirchenfürst' ist noch keine Metapher, sondern Bezeichnung der Realität) führte zu beider Verweltlichung, der Suprematieanspruch des Papsttums entfremdete es mehr und mehr seinem apostolischen Ursprung. Der Aufschwung der Städte, zunächst in Italien und Frankreich, dann auch in Deutschland, die damit verbundene größere Arbeitsteilung, der beginnende Handels- und Wucherkapitalismus führten in den ‚industriell' führenden Gegenden Europas zu religiösen Bewegungen, die die feudalisierte, Macht beanspruchende und demonstrierende kirchliche Hierarchie ablehnten, in Christi und der Apostel Armut ein Vorbild sahen und deren Lehren ohne die *missio canonica* der Kirche durch Predigten zu verkündigen suchten. Die erste (und radikalste) der Gruppen, die sich überregional ausbreiteten, nannten sich die Reinen, nach dem griechischen Wort für rein (*katharós*): Katharer.

Unmittelbar gerieten diese Gruppen in Konflikt mit den weltlichen und geistlichen Herren. Beide reagierten wie alle verunsicherten Herrschaftsträger − mit Verboten. Papst *Lucius III.* erließ im Einvernehmen mit Friedrich Barbarossa 1184 ein Dekret *ad abolendam diversarum heresum pravitatem, quae in plerisque mundi partibus modernis cepit temporibus pullulare* (zur Ausrottung des verderblichen Einflusses verschiedener Häresien, die in vielen verschiedenen Teilen der modernen Welt begonnen haben, sich auszubreiten). Und damit man die Häretiker, die man in Deutschland nach ihren berühmtesten Vertretern, den Katharern, Ketzer zu nennen begann, auch erkennen konnte, zählte das Dekret verschiedene Kriterien auf: die unbefugte Predigt, den Widerspruch gegen die Sakramentenlehre und (Gummiparagraph!) alles, was von den Bischöfen zur Ketzerei erklärt wurde.

Geholfen hat das nicht viel. Es bedurfte zweier herausragender Gestalten, um feudale Kirche und Armutsbewegung zu verbinden. Die eine war Papst *Innozenz III.*, die andere war *Giovanni Bernardone*. Letzterer war der Sohn eines reichen Tuchhändlers und führte das aufwendig-oberflächliche Leben eines solchen. Bis er in Perugia im Gefängnis sein Damaskuserlebnis hatte und beschloß, nur noch dem höchsten Herrn zu dienen, und ‚Frau Armut' zu seiner Minnedame machte. Der junge Mann aus Assisi, nach seiner Angewohnheit, provençalische Liebeslieder zu trällern, *Francesco* (Französchen) genannt, machte Furore. „Er predigte die Buße im gleichen Atemzug mit der Schönheit der Welt, lobsang der Schwester Sonne und all den Sternen. Junge Leute, seine Freunde, folgten ihm. Er sandte seine Jünger mit Sacktuch bekleidet und mit leeren Händen auf die großen Straßen, wie Jesus es mit den Seinigen getan hatte. Sie sollten mitten unter den Armen leben, sich auf Gütern oder in Werkstätten anheuern lassen und ihren Gefährten des Abends die aus der Demut erwachsende vollkommene Freude singen. Und wenn sie einmal keinen Lohn fanden, sollten sie ihr Brot erbetteln: Gott würde sie nicht sterben lassen."[7]

Nach dem Dekret von 1184 waren Franziskus und die Seinen Ketzer. Aber als sie 1209 nach Rom zogen, trafen sie auf einen Papst, der genial die Chancen der Kirche erkannte: ,bekämpfe den Feind mit seinen eigenen Waffen'. Innozenz III. anerkannte die Gruppe der kleinen Brüder, wie sie sich nannten (*fratres minores*; daher der Name Minoriten oder Minderbrüder), als Orden mit dem Auftrag, gegen die Ketzer zu predigen. Die Minoriten verbreiteten sich sehr rasch über ganz Europa. Aber bald mußten sie sich integrieren. „Erleuchtete Vorsänger und Gottbesessene waren dem Papst weniger nützlich als Logiker und Doktoren. Gegen den Willen Franzens und eines ganzen Teils seiner Anhänger zwang der Heilige Stuhl den Minoritenorden, sich nach dem Vorbild des Predigerordens in eine Miliz von Priestern und Intellektuellen zu verwandeln. Die Franziskaner wurden fest in den Konventen angesiedelt und von ihrem bisherigen Weg, der sie in lyrischer Vagabondage die anmutige umbrische Landschaft hatte durchstreifen lassen, abgebracht. Man gab ihnen Bücher und Professoren. In Paris und den anderen Schulzentren wurden studia für sie eingerichtet. Nach 1225 konstituierten sie auf Befehl des Papstes eine zweite Armee des Wissens. Sie hatten innerhalb der zu erobernden Städte im klerikalen System der katholischen Unterdrückung ihren Platz eingenommen."[8]

Von einem deutschen Franziskaner, genannt Berthold von Regensburg, sind uns eine Menge Predigten in lateinischer und deutscher Sprache überkommen. Die Überlieferung ist nicht eindeutig, und der Streit geht bis heute, ob die lateinischen Predigten die Originale seien und die deutschen nur (eventuell von ihm selbst durchgesehene) Nachschriften.[9]

Für uns sind diese Predigten auf jeden Fall lehrreiche Dokumente der kirchlichen Reaktion auf Veränderungen in Wirtschaft und Gesellschaft des 13. Jahrhunderts, Dokumente auch des Versuchs, diese Entwicklung zu stabilisieren und sie in die alte Ordnung zu bringen — wodurch sich die alte Ordnung verändert. Nicht zuletzt aber sind diese Predigten, ob nun von Berthold oder von einem Redaktor, Beispiele der besten deutschen Prosa vor Luther!

Über die Person des Regensburgers wissen wir wenig, noch nicht einmal, ob er aus Regensburg stammt. Um 1210 wird er geboren sein, am 14.12.1272 ist er als *magnus predicator* (großer Prediger) gestorben. Zwischen diesen Daten liegen lange Wanderjahre: „Vor 1253 predigte er in Böhmen, im Nov. 1253 in Landshut, im Jan.

1254 und wieder im Jan. 1255 in Speyer, 1255 in Colmar. In demselben Jahr zog er zum ersten Mal durch die Schweiz ... und reiste dann in die Steiermark ... Urban IV. bestimmte ihn und Albertus Magnus 1263 als Kreuzprediger gegen die Häretiker, worauf Berthold Deutschland (1263/64), Frankreich ... und die Schweiz durchwanderte."[10] Wenn auch die überlieferte Zahl von bis zu 200.000 Zuhörern übertrieben ist, so hatte er doch ungeheuren Zulauf.

Aber wessen Anwalt ist Berthold eigentlich? Der der vielen Zuhörer oder der der adeligen Damen und Herren, die seine Predigten abschreiben lassen und aufbewahren: einer Pfalzgräfin bei Rhein und Herzogin in Baiern, einer Gräfin, eines Ritters? Gewiß, seine Predigten sind, wie die des heiligen Franz, zunächst Bußpredigten, und er verschont niemand.

58,15[11]   *Ir rouber, ir abbrecher, unrehte vögte und unrehte rihter und ir*
    gîtigen wuocherer, waz wellet ir gote ze antwürte geben an dem
    jungesten tage, sô disiu armen gotes kinder über iuch ruofent an dem
    jungesten tage? Wan der sitzet maniger vor mînen ougen, der iezuo
    hundert pfunt solte hân von sînen arbeiten, der hât sô vil niht, daz
    er sich des frostes müge ernern ...

58,31   *Nû seht. ir armen liute, wie maniger leie sie ûf iuwer arbeit setzent,*
    unde davon habet ir sô wênic an und ... wirt iu kûmeclîche mit
    noeten als vil, daz ir niht vil baz gezzent danne iuwer swîn, unde
    hât ez got durch iuwern willen als wol geschaffen als durch den
    irn.

    (Ihr Räuber, ihr Hinterzieher, ungerechten Schutzherren und ungerechten Richter und ihr habgierigen Profitmacher, was wollt ihr Gott sagen beim Jüngsten Gericht, wenn diese bekümmerten Kinder euch anklagen am Jüngsten Tag? Denn viele sitzen vor meinen Augen, die für ihre Mühe und Arbeit hundert Pfund verdient hätten und nicht soviel haben, daß sie sich vor der Kälte schützen können ... Schaut, ihr kleinen Leute, was sie euch alles abnehmen von [dem Lohn] eurer Arbeit, und deshalb seid ihr so erbärmlich angezogen ... und bekommt mit Not gerade so viel, daß ihr euch nicht besser damit ernähren könnt als eure Schweine, und doch hat Gott alles um euretwillen genauso erschaffen wie um ihretwillen.)

Vor niemand schreckt Berthold zurück:

361,32   *Her bâbest, unde waeret ir hie, ich getorstez iu wol sagen: alle die*
    sêle die ir dem almehtigen gote verlieset oder verlorn werdent von
    iuwern schulden, als verre und irz erwenden soltet und möhtet, ir
    müezet sie gote gelten mit iuwerm grôzen schaden ...

362,19   *Ir erzebischöve und ir andern bischöve, waeret ir hie, ich getorstez*
    iu wol sagen: swenne ir iuwer bistüeme versûmet als verre ir sie
    behüeten unde bewarn sült, ir müezet gote drumbe antwürten. Ir
    erzepriester etc.

> (Herr Papst, wäret ihr hier, ich traute mich wohl euch zu sagen: alle
> Seelen, die durch eure Schuld, ob mit Vorsatz oder fahrlässig, dem
> allmächtigen Gott verloren gehen, soweit ihr es hättet verhindern
> müssen und können, die müßt ihr Gott teuer bezahlen ... Ihr Erzbi-
> schöfe und ihr sonstigen Bischöfe, wäret ihr hier, ich traute mich
> wohl euch zu sagen: wenn ihr eure Bistümer soweit herunterkom-
> men laßt wie ihr sie eigentlich beschützen und erhalten solltet, ihr
> seid Gott dafür verantwortlich. Ihr Erzpriester etc.)

Nur eben: *waeret ir hie* — sie sind aber nicht da, der Appell trifft sie
nicht. Der Zweck dieser Übung ist (selbst wenn es dem Prediger
nicht bewußt sein sollte), dem Volk vorzuspiegeln, der Minorit geißle
die Laster aller Schichten und Stände, wo er doch nur seine Zuhörer
meint. Aber durch die scheinbare Gleichheit aller vor seinem Zorn
weckt er die Bereitschaft seiner Zuhörer, seine Ansprüche an *sie* willig zu akzeptieren. Das wird in der Literatur über Berthold oft übersehen, man nimmt ihn zu sehr beim Wort und liest zu wenig zwischen den Zeilen. Da steht nämlich ganz dick zu lesen: Berthold
lehnt vehement jegliche soziale Veränderung ab. Sein Ziel ist eine
Welt, in der alles wieder seine gottgewollte (= herrschaftskonforme)
Ordnung hat. Nehmen wir als Beispiel die zweite Predigt *Von den
fünf Pfunden.*[12] Sie beginnt mit dem Gedanken, daß vor Gott alle
Menschen gleich sind — an ihrem Platz: *Alle die zuo ir tagen komen
sint, den hât unser herre fünf pfunt bevolhen unde ... er wil des niht
enbern von dekeinem menschen ..., er müeze unserm herren diu fünf
pfunt widergeben, er sî rîch oder arm, gelêrt oder ungelêrt, frouwe
oder man, edel oder unedel* (12, 12 ff.; Mit Beginn des Erwachsenen-
alters hat unser Herr allen Menschen fünf Pfunde anvertraut, und ...
er wird es keinem Menschen erlassen ..., ihm die fünf Pfunde wieder-
zugeben, er sei reich oder arm, Gelehrter oder Analphabet, Frau oder
Mann, adelig oder nichtadelig). Aber die Gleichheit vor Gott widerspricht nicht der Ungleichheit in der Besitz- und Machtverteilung.
Damit ist die Gleichheit nicht von dieser Welt (und auch nicht der
Anspruch darauf wie ein halbes Jahrtausend später in der amerikani-
schen Unabhängigkeitserklärung), sondern erst zu verwirklichen im
Reiche Gottes. Im Diesseits muß die Ungleichheit freudig ertragen
werden. Zwar hat der Mensch einen freien Willen, aber er hat ihn
nur, um sich freiwillig dem Willen Gottes zu unterwerfen: Ochse und
Esel müssen arbeiten, ob sie wollen oder nicht. Der Mensch, in Erkenntnis des Guten und Bösen, hat von Gott die Aufgabe, seinen
freien Willen zu bezähmen (13, 11 ff.). Hier ist der alte Dualismus
wieder: Der Mensch hat nur die Wahl, mit freiem Willen sich Gottes

Gesetzen zu unterwerfen (die von den Priestern interpretiert werden, vgl. 305, 9—19), oder aber in die Hölle zu fahren.

Diese Unerbittlichkeit zeigt sich bei dem zweiten Pfund, das den Menschen anvertraut ist, dem *amt* (dem von der göttlichen Ordnung festgelegten Beruf/Stand). Der Mensch darf nicht willkürlich seinen Stand wechseln oder irgendeinen Beruf ergreifen: ‚Da Gott die Welt weise geordnet hat, hat er auch das menschliche Zusammenleben geordnet, und zwar so wie *er* will und nicht, wie *wir* wollen. Der eine möchte lieber ein Graf sein, aber er muß ein Schuhmacher sein, du da wolltest lieber Ritter sein, aber du mußt Bauer bleiben und für alle das Korn und den Wein anbauen. Wer sollte denn das Land bebauen, wenn ihr alle Adelige wäret? ... Jeder muß das sein, was Gott will. Den einen hat er zum Papst geschaffen, den andern zum Kaiser oder zum König oder zum Bischof oder zum Ritter oder zum Grafen oder zu diesem und jenem‘ (14, 1—12).

Man erkennt leicht den apologetischen Charakter dieser Aufzählung: Aufstiegswille, Veränderungsstreben werden nicht mit dem Argument abgelehnt, daß sie die Privilegien der Mächtigen gefährden, sondern sie werden viel wirksamer als Verstoß gegen die ewige Weltordnung interpretiert. Andererseits weiß Berthold, daß das von ihm verteidigte, scheinbar statische System des Feudalismus mit seinem Postulat des ‚Schuster bleib bei deinem Leisten‘ schon lange nicht mehr funktioniert, daß große Gruppen der Bevölkerung durch arbeitsteilige Produktion und Ausweitung des Handels, durch neue soziale Formationen insbesondere in den Städten auf Kosten ihrer früheren *ebengenôzen* (Standesgenossen) aufsteigen, Reichtümer und Machtbefugnisse ansammeln können, daß der Ruf nach gerechter Verteilung des Reichtums bei den Armen auch gegenüber den Vertretern der ‚alten‘ Ordnung nicht von ungefähr kommt. Zugunsten der herrschenden Schichten und Stände muß er aber auf seinem Ordnungsprinzip beharren, um zu retten, was zu retten scheint. Die bittere Realität, das Leiden der unteren Stände unter dem Druck der sie exploitierenden Mächte, muß er daher diesen gegenüber rechtfertigen und sie gleichzeitig trösten. Das tut er auf verschiedene Weise.

1. Die von ihm zugegebenen Verbrechen der *herren* am *armen volkelech* (84, 25 u.ö.; ‚Völkchen‘ — man spürt die arrogante Herablassung des angeblich Volkstümlichen bis in die Sprache), seien sie nun Unterdrückung durch brutale Gewalt oder eher das, was wir heute *white collar criminality* nennen würden, werden nicht so sehr als Verstöße gegen die soziale Gerechtigkeit interpretiert, sondern als

Sünden, die im Jenseits ihre Sühne finden. Deutlich wird das daran, daß Berthold dutzendfach *die gîtigen* (die habgierigen Geizhälse), die die Menschen am meisten schädigen (man sieht, die Hauptsünden haben den Platz gewechselt, vgl. o. S. 000), als die halsstarrigsten Sünder bezeichnet, die sich noch seltener bekehrten als die Ketzer. Die von ihnen Geschädigten müssen aber warten, bis das Jenseits besorgt, was hier nicht möglich sein darf: Vergeltung. Denn

2. schärft der Minorit immer wieder den Zukurzgekommenen ein, sie sollten kein *gewerre* (Streit, Aufruhr) machen. Die Untaten der Herren werden den Unterschichten zum *ungelücke* (Mißgeschick) verfremdet oder zum Fatum hypostasiert:

253,36   ... *sô ir daz guot verlieset von dieben unde von roubern oder von unrechtem gewalte oder von anderm ungelücke, sô sît ebt gedultic dar umbe und ergebet ez gote als der guote Iob.*
(Wenn ihr euer Hab und Gut verliert durch Diebe, Räuber, ungerechte Gewalthaber oder anderes Mißgeschick, dann ertragt es mit großer Geduld und gebt es Gott anheim wie Hiob)

426,18   *Nimt dir der diep ein schillinges wert oder fünf schillinge wert oder eines pfundes, oder der rouber oder der hagel oder fiwer oder unrehte rihter oder swelher hande ungelücke daz sî, bist dû âne sünde daz dû dich vor allen grôzen sünden wilt hüeten, ez gît dir got tûsentvalt wider ...*
(Stiehlt dir ein Dieb Gegenstände im Wert eines Schillings oder im Wert von fünf Schillingen oder eines Pfundes, oder nimmt es dir ein Räuber oder der Hagel, das Feuer oder ungerechte Gerichtsherren oder was für Mißgeschicke sonst, wenn du frei von Todsünden bist, wird Gott dir tausendfach vergelten ...)

In der zweiten Predigt lautet das so: „wenn du von geringem Stand bist, dann sollst du nicht denken und sagen: ‚O Gott, warum hast du mir so ein mühseliges Leben gegeben und anderen so großes Ansehen und großen Reichtum?‘. Das sollst du nicht tun. Du sollst sagen: ‚Herr, Lob sei dir für alles, was du mir geschenkt hast und noch schenken willst‘. Denn wenn er dich in einen besseren Stand hätte setzen wollen, er hätte es getan. Da er dir aber einen niederen Stand gegeben hat, so sollst du dich um Gottes Willen in deinem Stand erniedrigen, dafür wird er dich droben im Himmel in einen hohen Stand versetzen" (14, 15–24).

Läßt sich die aus den krassen ökonomischen Unterschieden erwachsene soziale Unruhe mit Predigten allein nicht mehr aus der Welt schaffen, treten, wie ein verängstigter Bourgeois des 19. Jahrhunderts sagt, Schwärmer auf „und nehmen den Verarmten das Letzte, was sie besitzen, die Zufriedenheit mit ihrem Lose"[13], dann weiß auch der Bettelmönch mit dem großen Prügel zu drohen. In der Ketzerlehre der 25. Predigt, die in der Form einer Klimax gehalten ist, erscheint als letztes und wichtigstes Kennzeichen des Ketzers die Forderung nach Umverteilung gesellschaftlichen Reichtums. Ketzer ist, *swer dâ sprichet, swer zwêne röcke habe, der sulle durch got einen geben: swer des niht tuo sî êwiclîche verlorn. Pfî, unsaeliger ketzer! sô möhte halt nieman behalten werden, weder geistlîche noch werltlîche liute: jâ ist einem etewenne nôt, daz er den dritten dar zuo habe* (406, 33—37; jeder der behauptet, daß alle, die zwei Röcke [Oberbekleidungsstücke] haben, einen davon Gott zu Ehren abgeben müssen, und wer das nicht tue, sei auf ewig verdammt. Pfui, Unheil stiftender Ketzer! Wenn das stimmte, könnte niemand in den Himmel kommen, weder Priester noch Laien. Es gibt manchmal sogar Fälle, wo einer drei Röcke nötig hat).

Was mit Ketzern zu geschehen hat, wissen wir von Thomasin. Aber auch Berthold gibt Bescheid: *swâ sie iu ze handen koment, sô sult ir stille swîgen unde sie iuwerm pfarrer künden. Der sol sie danne der werlte rihter antwürten unz an den bischof* (295, 33—35; wo immer ihr Ketzer findet — ihr sollt nichts sagen, sondern sie eurem Pfarrer melden. Der soll sie dann dem weltlichen Richter überantworten bis zum Bischof) — *Pfî, unsaeliger ketzer! ob man dich danne ê ûf einer hürde verbrennete, ê danne dû einigen ketzer gemachest!* (404, 9—11; Pfui, Unheil stiftender Ketzer! Hoffentlich verbrennt man dich auf dem Scheiterhaufen, bevor du auch nur einen Menschen zur Ketzerei verführst).

3. Zum Ausgleich für den Verzicht auf soziale Umwälzungen verweist der Minorit auf den Ausgleich im Jenseits. In der 16. Predigt entwirft er ein Bild der Zustände dort: ewige Jugend, Omnipotenz jedes einzelnen, ewige Freude, ungefährdeter Reichtum, Unsterblichkeit, ewige Gesundheit, unwandelbare Liebe, makellose Schönheit, Weisheit, Glück, Ansehen, Treue, Verläßlichkeit. Was immer sich Menschen in Träumen und Utopien vorstellen können, ist versammelt. Die wahllose Mischung ist symptomatisch. Wie das Leid hypostasiert wird zum Fatum, so die Freude zum erst jenseitigen Glück. Aber Armut allein gibt noch kein Anrecht auf himmliche Seligkeit. Das vierte Pfund, das Gott jeden Menschen anvertraut, ist seine Habe. Er soll sie für sich verbrauchen und für Gott (Almosen, gute Werke). Wer nichts hat, dem rät der Prediger: ,Tu was ich dir sage; ich kann dich lehren, ein großes Almosen zu geben mit der Habe, die du nie erworben hast und nie erwerben wirst, ... du sollst damit Almosen geben, indem du freiwillig arm bist. Und du sollst beten:

Herr, Erbarmen. Wäre ich Besitzer der Stadt und des Landes, das gäbe ich zu deinem Ruhm hin, und um deiner Ehre willen wollte ich darauf verzichten und auf immer so arm sein, wie ich schon bin, der ewigen Seligkeit wegen'. (25, 34—26, 7; vgl. 257, 18—20; 465, 2—24; 477, 9—11)

Die humane Radikalität der Bergpredigt wird umgesetzt in eine Unterwerfungslehre für die niederen Stände. Der Grundsatz, von dem die 2. Predigt ausgegangen war — ,Vor Gott sind alle gleich' — wird nicht erfüllt in der Forderung nach sozialer Gleichheit und Gerechtigkeit, sondern er wird im Einklang mit der kirchlichen Doktrin zum Instrument der Verteidigung sozialer Unterschiede. Der Freund der Armen erweist sich bei näherem Zusehen als Stütze der Reichen und Mächtigen, die scheinbar allgemein gehaltene Bußpredigt als Sedativ für die leidende Mehrheit. Der durch die Predigt geschaffene Konsens ist ein scheinbarer, da er den Herren ihre Privilegien als quasi-natürliche Eigenschaften beläßt, kein Wunder, daß Bertholds Predigten Herzoginnen, Gräfinnen und Ritter begeistern konnten.

Wo bleibt das Positive?

Es scheint von *Platon* (Politeia, 8. Buch, 563a) bis heute die *laudatio temporis acti*, das Lob und daher die Verteidigung der früheren, besseren Zeiten, ein Grundzug didaktisch geprägter Literatur zu sein. War, um bei unseren Beispielen zu bleiben, Thomasins *Wälscher Gast* eine Herrenlehre, die andere Stände nur am Rande, als abschreckendes Beispiel oder abzulehnende Lebensform, zur Kenntnis nahm, also letztlich, bei allem Involvieren politischer Realität, retrospektiv blieb, so reagiert Berthold auf soziale und ökonomische Veränderungen. Seine Predigten wenden sich ,,an abgebrühte Sünder, geißeln handgreifliche Laster, vor allem Habsucht, Unzucht, Wucher, sie reden von Schmieden, Schustern, Webern und Krämern, von Landstreichern und fahrenden Musikanten, von Soldaten und Dirnen, von Dieben und Mördern"[14]. Wir haben aber gesehen, daß er nicht eigentlich im positiven Sinn volkstümlich ist, schon gar keiner, der im Sinne gesellschaftlichen Fortschritts agiert hätte, sondern einer, der ,,im klerikalen System der katholischen Unterdrückung" (Duby) seinen Platz hatte.

Wo bliebe dann aber das Humane, das uns mit ein Auswahlkriterium war? Wenn Thomasin in seinem Bild von der Treppe zwischen

Himmel und Hölle ‚Tugenden' und ‚Untugenden' nennt, die Stufen zum Himmel oder zur Hölle sind, dann bezeichnet er damit innerhalb des oft beschworenen Prozesses der Zivilisation den Punkt, an dem die Herrschaftslegitimation des alten Adels, die unmittelbare Gewalt (vgl. Bd. 1, S. 58 ff.), ihren Wert verliert, ‚Untugend' wird, Sünde wider Gottes Gebot. Nicht mehr Gewalt soll fürderhin „den gesellschaftlichen Zusammenhang ‚feudaler Adel' "[15] konstituieren, auch nicht die Werte der ‚höfischen' Kultur wie *triuwe, mâze, hôher muot* u. a., sondern deren noch in religiöse Termini gefaßte Transzendierungen in das, was erst viel später als Seele, Geist, Charakter, Moral Inhalt weltlicher, d. h. menschlicher Kultur wird, nicht mehr äußerliches Attribut einer Herrenschicht, sondern inhärentes Kennzeichen aller Vernünftigen, ‚die das Gute tun, weil es das Gute ist, nicht weil willkürliche Belohnungen darauf gesetzt sind, die ihren flatterhaften Blick ehedem bloß heften und stärken sollten, die inneren bessern Belohnungen desselben zu erkennen'[16]. Noch bedarf das Gute des Substrates der (nun nicht mehr nur adeligen, sondern vor allem edlen) Elite und der Hoffnung auf Belohnung oder der Furcht vor Bestrafung im Jenseits. Aber nach den langen Jahrhunderten der Dunkelheit[17] glänzt in den zur Pflicht erhobenen Tugenden Thomasins ein Ideal auf, das zu verwirklichen auch noch am Ende des zwanzigsten Jahrhunderts eine Aufgabe bleibt.

Und der Minorit? Ist er zu ‚retten'? Irmela von der Lühe und Werner Röcke haben herausgearbeitet[18], daß Berthold bei aller Apologie des Bestehenden dieses doch in einer Weise beglaubigt, die neu und in die Zukunft weisend ist:

„a) Arbeit und Arbeitsteilung werden zur Grundlage gesellschaftlicher Abhängigkeit und gesellschaftlicher Ordnung, sowie zur Maßeinheit gottgewollten und d. h. richtigen Verhaltens.

Nicht mehr individuelle Ethik und — im Falle der Verfehlung — eine mystifizierende Höllenstrafe determinieren menschliches Verhalten, sondern allgemeine gesellschaftliche Verantwortung ...

b) Bemessungsgrundlage treuer Arbeit und untrügerischen Verkaufs ist die Äquivalenz zwischen Produkt und Preis"[19], also ein neuer Wahrheits- und Rechtsbegriff, der auf menschlicher Tätigkeit und nicht auf göttlichem Gesetz beruht.

Noch in der ängstlichen Abwehr des Neuen etabliert sich das Neue im Alten. Zwar wird das Alte verteidigt, aber im Postulat der Brüderlichkeit, das Ungleichheit zuläßt, ist das Ideal der Gleichheit keimhaft vorhanden; jene Gleichheit, die, auf den Fahnen der Revolution vorangetragen, Jahrhunderte später zur Richtschnur des Bürgertums wird, das im 13. und 14. Jahrhundert seine historische Lehrzeit absolviert. Aber das Ideal der allgemeinen menschlichen Verantwortung für das Schicksal der vergesellschafteten Menschen führt über den Klassenegoismus der einmal etablierten Bourgeoisie hinaus und wird zum Postulat einer Klasse, die letztlich auch der Unruhefaktor des 12. und 13. Jahrhunderts war, des Proletariats: „Die Industriebevölkerung vermehrt sich ständig und zu rasch, um Traditionen zu haben ... Das Proletariat tritt in Erscheinung, bestehend ... aus all jenen, die aus irgendeinem Grund keinen sicheren und anerkannten Status erlangen können. Sie leben in einem Zustand beständiger Not und Angst und bilden das labilste Element der mittelalterlichen Gesellschaft ... Da nach dem Evangelium die Heiligkeit vor allem im Verzicht auf die Reichtümer dieser Erde besteht, sehen die Armen und Entrechteten in ihrem Elend das mystische Zeichen ihrer Erwähltheit. Die Rand- und Überschußbevölkerung der großen Städte betrachtet sich als in besonderem Maße von Gott auserwählt. Der Hunger nach den Gütern dieser Welt verwandelt sich in die Entschlossenheit, eine neue Ordnung aufzubauen."[20]

In der Negation ist diese Ordnung bei dem Regensburger Prediger aufzuspüren. Sie zu verwirklichen bleibt noch immer eine Aufgabe.

Anmerkungen

1 L. Annaeus Seneca: Briefe an Lucilius, Gesamtausgabe II (Briefe 81—124), übers. und hrsg. von Ernst Glaser-Gerhard (Rowohlts Klassiker der Literatur und der Wissenschaft, Latein. Lit., Bd. 11), o.O. 1965, S. 110 ff.
2 D. Martin Luther: Vorrede auff die Bücher Salomonis. In: D.M.L., Die gantze Heilige Schrifft Deudsch, Wittenberg 1545, hrsg. von Hans Volz, Darmstadt 1972, S. 1093
3 Vgl. Werner Röcke: Feudale Anarchie und Landesherrschaft. Wirkungsmöglichkeiten didaktischer Literatur: Thomasin von Zerklaere ‚Der Wälsche Gast'. (Beiträge zur Älteren Deutschen Literaturgeschichte Bd. 2) Bern, Frankfurt, Las Vegas 1978
4 Karl Jordan: Investiturstreit und frühe Stauferzeit. In: Bruno Gebhardt, Handbuch der deutschen Geschichte, Bd. 1, 8. Auflage, Stuttgart 1959, S. 328
5 Daniel Rocher herzlichen Dank für die Anregung
6 Zitiert nach: Wolfgang M. Moelleken, Gayle Agler, Robert E. Lewis: Die Kleindichtung des Strickers, Bd. III (Göppinger Arbeiten zur Germanistik 107, III,1), Göppingen 1975, Nr. 70
7 Georges Duby: Die Zeit der Kathedralen, Kunst und Gesellschaft 980 —1420. Frankfurt 1980, S. 243 f.
8 Georges Duby, a.a.O., S. 246

9 Näheres bei Frank G. Banta: Artikel ‚Berthold von Regensburg'. In: Die deutsche Literatur des Mittelalters, Verfasserlexikon, 2. Auflage, Bd. 1. Berlin, New York 1978, Sp. 817—823

10 Frank G. Banta, a.a.O., Sp. 818

11 Zitiert wird nach: Berthold von Regensburg, Vollständige Ausgabe seiner Predigten mit Anmerkungen von Franz Pfeiffer. Nachdruck der Ausgabe Wien 1862, mit einem Vorwort von Kurt Ruh. Bd. 1. Berlin 1965 (mit Seiten- und Zeilenzahl)

12 Titel und Inhalt beziehen sich auf das Gleichnis Matth. XXV, 14—30

13 Max Scheinert: Der Franziskaner Berthold von Regensburg als Lehrer und Erzieher des Volkes. Diss. Leipzig, Dresden 1896, S. 8

14 Dieter Richter: Die deutsche Überlieferung der Predigten Bertholds von Regensburg. München 1969, S. 222

15 Peter Czerwinski: Das Nibelungenlied. In: Winfried Frey, Walter Raitz, Dieter Seitz u.a.: Einführung in die deutsche Literatur des 12. bis 16. Jahrhunderts. Bd. 1. Opladen 1979, S. 61

16 Gotthold Ephraim Lessing. Die Erziehung des Menschengeschlechts, § 85

17 Über einen der ersten ‚Aufheller' vgl. Peter von Moos: Hildebert von Lavardin, 1056—1133. Humanitas an der Schwelle des höfischen Zeitalters. (Pariser Historische Studien III). Stuttgart 1965

18 Ständekritische Predigt des Spätmittelalters am Beispiel Bertholds von Regensburg. In: Dieter Richter (Hrsg.): Literatur im Feudalismus. Stuttgart 1975, S. 41—82

19 Ebda., S. 55

20 Jean Servier: Der Traum von der großen Harmonie. Eine Geschichte der Utopie (Hist. Taschenbücher der Wissenschaft, Politik, Bd. 1555). München 1971, S. 73 f.

Literaturhinweise

Der wälsche Gast des Thomasin von Zirclaria. Herausgeben von Heinrich Rükkert. Quedlinburg und Leipzig 1852. Nachdruck mit einer Einleitung und einem Register von Friedrich Neumann. (Deutsche Nachdrucke, Reihe: Texte des Mittelalters). Berlin 1965

Berthold von Regensburg. Vollständige Ausgabe seiner Predigten. Band 1, herausgeben von Franz Pfeiffer. Wien 1862. Nachdruck mit einem Vorwort von Kurt Ruh. (Deutsche Nachdrucke, Reihe: Texte des Mittelalters). Berlin 1965

Frank G. Banta: Artikel ‚Berthold von Regensburg'. In: Die deutsche Literatur des Mittelalters. Verfasserlexikon. Zweite Auflage. Band 1. Berlin — New York 1978, Sp. 817—823

Bruno Boesch: Lehrhafte Literatur. Lehre in der Dichtung und Lehrdichtung im deutschen Mittelalter. (Grundlagen der Germanistik, Bd. 21). Berlin 1977

Georges Duby: Die Zeit der Kathedralen. Kunst und Gesellschaft 980—1420. Frankfurt am Main 1980

Irmela von der Lühe/Werner Röcke: Ständekritische Predigt des Spätmittelalters am Beispiel Bertholds von Regensburg. In: Literatur im Feudalismus, hrsg. von Dieter Richter. (Literaturwissenschaft und Sozialwissenschaften 5). Stuttgart 1975, S. 41—82

Dieter Richter: Die deutsche Überlieferung der Predigten Bertholds von Regensburg. Untersuchungen zur geistlichen Literatur des Spätmittelalters.
München 1969

Daniel Rocher: Thomasin von Zerklaere. Der Wälsche Gast (1215—1216).
Lille-Paris 1977

Werner Röcke: Feudale Anarchie und Landesherrschaft. (Beiträge zur älteren
deutschen Literaturgeschichte, Bd. 2). Bern, Frankfurt am Main, Las Vegas
1978

Volker Schupp: Er hât tûsent man betoeret. Zur öffentlichen Wirkung Walthers von der Vogelweide. In: Poetica 6, 1974, S. 38—59

Jean Servier: Der Traum von der großen Harmonie. Eine Geschichte der Utopie. (hist. Taschenbücher der Wissenschaft, Politik, Bd. 1555). München
1971

Bernhard Sowinski: Lehrhafte Dichtung des Mittelalters. (Sammlung Metzler
103). Stuttgart 1971

Hans Teske: Thomasin von Zerclaere. Der Mann und sein Werk. (Germani-
sche Bibliothek, 2. Abt., Band 34). Heidelberg 1933

8. Jans Enikel und die Weltchronistik im späten Mittelalter

> *Ich wil die red nû lâzen sîn.*
> *sî ieman der nû spotte mîn,*
> *daz ich daz buoch getihtet hân,*
> *der sî des tievels kappelân*
> *und müez sîn der helle kint.*
> *an den ougen werd er blint.*
>
> Jans Enikel

Vorbemerkung*

Die *Weltchronik* des *Jans Enikel* ist ein unhandlicher Gegenstand. Zum Kanon der mittelalterlichen Texte, „auf die es in einem Grundkurs zunächst einmal ankommt" (so das Vorwort zum Band I dieser Einführung), zählt sie gemeinhin nicht. Ihr Gesamtumfang wirkt mit seinen fast 30 000 Versen abschreckend und unübersichtlich, ist verwinkelt und vollgekramt mit sonderbaren Geschichten, hat Prosa-Einschübe und einen ungewissen Schluß. Ihre Machart hat neuzeitliche Leser und Handbuchautoren auch selten zufriedengestellt. Den Historikern war sie nicht historisch, den Literaturwissenschaftlern nicht poetisch genug angelegt.[1] Doch gibt es für eine nähere Beschäftigung mit dem *buoch* (v. 111) des *Jansen Enikel* (v. 87) gute Gründe. So fremd und abseitig die Chronik dem modernen Leser zunächst erscheinen mag, in der literarischen Landschaft des Spätmittelalters war sie eine vertraute Größe. Der Typus der deutschsprachigen Reimchronik, den sie vertritt, war populär. Von ihr führen viele Wege „zu jener breiten Masse spätmittelalterlicher Weltchronistik des 14./16. Jahrhunderts" (de Boor), deren „fast epidemische Verbreitung" (Grundmann) die frühere Forschung oft hat zurückschaudern lassen.[2] Enikels etwas schlichte Darstellungsweise brachte qualitätsbewußte Literaturhistoriker dazu, ihn nicht als ‚Dichter', sondern nur als ‚Geschichtenerzähler' gelten zu lassen. Gerade seine Erzählfreude dürfte aber heutigen Lesern den Zugang erleichtern, ähnlich wie sie ihn auch den laienhaft gebildeten Lesern des Spätmittelalters erleichtert hat, bei denen das Werk beliebt war.

Die *Weltchronik*, von dem Wiener Bürger Jans Enikel im späten 13. Jahrhundert verfaßt (s. u. S. 000), steht in der Anfangsphase

216

eines Prozesses der Verschriftlichung, der in den beiden folgenden Jahrhunderten über viele Lebensbereiche sich ausgebreitet und in der Chronistik ein besonders reiches Schriftmaterial hinterlassen hat. Bis heute ruht ein guter Teil davon noch unerschlossen in Handschriften. Enikels Buch knüpft an die hochmittelalterliche Weltchronistik an, ohne doch ihr selbst noch zuzugehören; und es geht den spätmittelalterlichen Reimchroniken voran, ohne schon in deren geschichtskompilatorischer Masse zu verschwinden. Es liegt im Überschneidungsbereich einer älteren Weltchronistik, die sich, verkürzt, als eine ‚gelehrt-aristokratische' bezeichnen läßt, und einer jüngeren Chronistik, die, ebenso verkürzt gesehen, einen ‚populären' Zuschnitt hat. Diese Position gibt dem Enikelschen Werk einen exemplarischen Wert. Es hat Eigenschaften, die ein genaueres Textstudium lohnen.

Die *Weltchronik* ist schon seit langem in einer guten Edition an exponierter Stelle greifbar. Bereits 1891 hat Philipp Strauch sie innerhalb der Monumenta Germaniae Historica als 3. Band der Deutschen Chroniken herausgegeben. Dennoch ist sie bislang wenig untersucht worden.[3] Was ich im folgenden darstelle, kann deshalb nicht eine Summe gesicherter Forschungsergebnisse sein. Ich möchte Anregungen geben und Gesichtspunkte herausarbeiten, die den Leser dieses Beitrags veranlassen könnten, mit Enikels Chronik sich näher zu beschäftigen.

Meine Darstellung hat vier Abschnitte. Der erste Abschnitt wird sich mit der Gesamtkonzeption des Werkes befassen. Die Abschnitte II und III werden jeweils ausgewählte Textpartien erörtern und von dort aus auf die übergreifenden Fragen der Konzeption, der Arbeitsweise des Autors, der historischen und sozialen ‚Stelle' der *Weltchronik* lenken. Resultate und Überlegungen, die aus den Textbeobachtungen hervorgegangen sind, soll schließlich der Abschnitt IV in einen umfassenden Zusammenhang bringen.

I. *Grundzüge der Weltchronistik und ihre Geltung bei Enikel*

1. Weltreichslehre und Zeitalterschema

Die mittelalterliche Weltchronistik verdankt ihren Ursprung und ihr Grundmuster den Auseinandersetzungen des Christentums mit der heidnischen Spätantike. Den frühchristlichen Gemeinschaften mußte daran gelegen sein, „den Vorrang und das höhere Alter ihrer Geschichte" (Grundmann, 18) gegenüber den nicht-christlichen Gemeinschaften zu belegen. Beweisgrundlage war die alttestamentliche Überlieferung, die den heidnisch-antiken Traditionen gegenübergestellt wurde. Die im Alten Testament aufgezeichnete Abkunft des „Gottesvolkes" sollte älter sein als die der heidnischen Dynastien.

217

Dauerhaft verbürgt wurde diese Anschauung durch die im 4. Jahrhundert angelegten Zeittafeln des *Eusebius von Caesarea* und des *Hieronymus*, die die biblische mit der antiken Geschichte synchronisierten. Das Nebeneinander zweier Stränge, des biblischen und des außerbiblischen, ist ein Hauptmerkmal der christlichen Weltchronistik. Es ist wirksam in den beiden folgenreichsten Geschichtstheologien des spätantiken Christentums, in *Augustins De Civitate Dei* (Vom Gottesstaat) und in des *Orosius Historiae adversus paganos* (Historien gegen die Heiden). Beide Werke wurden unter dem Eindruck der Eroberung Roms durch die Westgoten (410) verfaßt und sollten den Vorwürfen begegnen, das Christentum habe den Niedergang des römischen Reiches verschuldet. Augustin stellte die gesamte Weltgeschichte als das Nebeneinander zweier *civitates* (Staaten, Reiche) dar: der dauerhaften *Civitas Dei* (der Gemeinschaft der Gläubigen) und der dem Verfall preisgegebenen *Civitas terrena* (der Welt des Unglaubens und der Nichtgläubigen). Die Geschichte treibe unabwendbar auf das Jüngste Gericht und damit das Ende der Zeitlichkeit zu. Dies Geschichtsziel, das, was wir Zukunft nennen würden, ist für Augustin wie für alle späteren Weltchronisten ein fester Bestandteil der *Historia* und gibt dem ganzen Geschehen überhaupt erst seinen Sinn. Weltgeschichte ist für die mittelalterlichen Historiker grundsätzlich Heilsgeschichte, „ein zwischen Schöpfung und Gericht, zwischen Ewigkeit und Ewigkeit eingefügter, zeitlicher, übersehbarer, keineswegs unendlicher Vorgang" (Lammers, XLII). Hatte Augustin seine *Civitas Dei* vor allem auf die Heilsgeschichte ausgerichtet, also theologisch orientiert, so übernahm es sein Zeitgenosse Orosius, die Profangeschichte aus christlicher Sicht zu beleuchten. Ihm kam es in seiner Wendung *adversus paganos* darauf an zu zeigen, daß die Zeiten vor Christus noch weit schlimmer gewesen seien als die Gegenwart, daß also die Christen das Elend der Welt nicht vergrößert, sondern verkleinert hätten. Seiner Intention gemäß setzt sich die nichtchristliche Profangeschichte aus einer Folge von Katastrophen zusammen. „Den eigentlichen Stoff ergeben Kriege, Seuchen, Unwetter, Gotteslästerungen und Häresien" (v. d. Brincken, 84). Im Mittelalter hatte diese Katastrophengeschichte, weil sie leicht faßlich und einprägsam war, große Verbreitung. Ihr Charakterzug, Geschichte zu schildern, die zwar oft vom Heilsweg abführt, das aber auf eine spannende Weise tut, hat indirekt vielleicht auch Enikels Darstellung beeinflußt (s. u. S. 000).

Es gehört zu den Kardinalaufgaben des mittelalterlichen Chronisten, den Punkt innerhalb des welthistorischen Prozesses zu bezeichnen, den seine eigene Gegenwart besetzt. Dabei stehen ihm in der Regel zwei Periodisierungssysteme zur Verfügung: das Schema der sechs Weltalter und das der vier Weltreiche.

Die Weltalterlehre geht von der Vorstellung aus, der Geschichtsverlauf sei im Sechstagewerk der Schöpfung präfiguriert. Nach Augustin (*Civitas Dei*, XXII, 30) reicht das erste Weltalter von *Adam* bis zur Sündflut, das zweite von der Sündflut bis *Abraham*, das dritte von Abraham bis *David*, das vierte von David bis zur Babylonischen Gefangenschaft, das fünfte bis zu Christi Geburt. Das sechste „dauert noch an und ist nach keiner Zahl von Geschlechtern bemessen. Denn es steht geschrieben: ‚Es gebührt euch nicht zu wissen die Zeit, die der Vater seiner Macht vorbehalten hat‘.“ Danach wird als siebentes Weltalter „unser Sabbat“ kommen, schließlich das achte, ewige, der „Tag des Herrn“.

Die Lehre von den vier Weltreichen, die neben der von den Weltaltern verwendet wurde, orientierte sich am *Buch Daniel* (Kap. 2 und 7), zuweilen auch an heidnisch-antiken Quellen (v. d. Brincken, 47 f.). Die *Chronica* des *Otto von Freising* (Buch II, Kap. 13; verfaßt 1143—46) erklärt das erste Weltreich als das der Babylonier, das vierte als das der Römer. Dazwischen hätten sich an zweiter und dritter Stelle die Reiche der Perser und der Griechen eingeschoben. Nach einer andern Aufteilung seien die Reiche „den vier Himmelsrichtungen entsprechend“ geordnet: im Osten das babylonische, im Süden das afrikanische, im Norden das makedonische, im Westen das römische.

Beide Periodisierungen enthalten den Gedanken des Alterns, der linearen Entwicklung auf ein Ende hin; und in beiden Systemen sind die Abschnitte so eingeteilt, daß die Periode nach Christus, also die Gegenwart des Chronisten, im letzten Zeitabschnitt vor dem Weltende liegt. Beim Vier-Reiche-Schema kommt, wie Otto von Freising andeutet, noch ein geographisches Moment hinzu: Die Weltgeschichte wandert sozusagen von Osten nach Westen, von Babylon nach Rom, vom Morgen- ins Abendland und hat im römischen Reich die Westgrenze der Welt erreicht. Das Endzeitbewußtsein und der Gedanke an das Seelenheil, das es letztlich zu bewahren oder zu gewinnen gilt, ist den Grundmustern der mittelalterlichen Weltchroniken fest eingeprägt. Die beiden Periodisierungen nach Weltreichen und Weltaltern schlossen einander nicht aus, wurden nebeneinander benutzt, zuweilen auch kombiniert (v. d. Brincken, 46—49). In aller Regel fassen die Chronisten die Totale des Weltgeschehens in den Blick: Dem Beginn der Weltalter und Weltreiche stellen sie stets das Schöpfungswerk Gottes voran, das alles Weitere schon im Keim enthält.

Die Weltchroniken halten — wie auch die sonstige historisch orientierte Literatur des Mittelalters — das Erfundene vom historisch

Verbürgten, das Fiktive vom Faktischen nicht nach neuzeitlichen, quellenkritischen Gesichtspunkten getrennt. Viele Sagen und Legenden werden unbezweifelt als Tatsachen dargestellt, viele real-historische Begebenheiten mit legendär-fabulösen Zügen ausgestattet. Die Weltchroniken bilden den Kernbereich eines breiten Spektrums mittelalterlicher Werke, die in den Handbüchern gewöhnlich als „Geschichtsdichtung" (de Boor, III, 1, 187) bezeichnet sind. Als historische ‚Quellen' im strengen Sinn haben sie wenig Wert. Nicht über die Geschichte, wie sie gemacht, wohl aber über die Geschichte, wie sie gedacht worden ist, können sie wertvolle Aufschlüsse geben.

2. Die Umrisse der Weltgeschichte bei Enikel

a. Inhaltsübersicht

In der folgenden Inhaltsübersicht markiere ich die Einteilung der Weltalter. Denn Jans Enikel ist diesem Verteilungsschema in groben Zügen gefolgt, wenn es auch zweifelhaft ist, ob es für ihn sehr wesentlich war. Das wird nachher zu erörtern sein. In der Regel kennzeichne ich nur die Textpartien, die einen größeren Versumfang haben. Dabei berücksichtige ich die Bezeichnungen, die Strauch für sein Inhaltsverzeichnis (S. 812—14) gewählt hat, übernehme das Verzeichnis aber nicht insgesamt.

Kaiser Friedrich II. und Herzog Friedrich d.
Streitbare v. Österreich

b. Vers und Prosa

Eine lateinische Prosanotiz (hinter v. 10 165) über die *mundi tertia etas*, das dritte Weltalter, sowie eine Reihe weiterer deutschsprachiger Notizen beglaubigen, daß Enikel das Bauschema der lateinischen Weltchronistik gekannt und in seinem Werk geltend gemacht hat. Man gewinnt bei näherem Hinsehen allerdings den Eindruck, hier sei nur äußerlich einer Konvention Genüge getan, mit dem eigentlichen Organisationsprinzip dieser Chronik habe die Periodisierung nicht wesentlich zu tun. Die Zeitaltergrenzen sind durch kurze Prosaeinschübe innerhalb eines durchgereimten Kontextes markiert, sie sind in den epischen Text nicht integriert und für dessen Aufbau nicht genutzt.

Das Verhältnis von Vers und Prosa in Enikels Chronik erfordert eine eigene Untersuchung, die sich hier nicht einschieben läßt. Denn außer den zitierten Prosasätzen enthält das Buch noch eine Reihe weiterer, ähnlich gestalteter Bemerkungen, die mit der Großgliederung des Werkes nichts zu tun haben, zuweilen aber im Kleineren abschnittbildend wirken (s. u. S. 236). Dazu kommen im letzten Teil der Papstkatalog und die beiden längeren Prosapartien über die deutschen Könige und über die Babenbergische Genealogie. Alle diese Prosastücke haben gemein, daß sie in knapper Form fast ausschließlich Namen und Jahreszahlen nennen. Sie übermitteln Daten und damit gerade diejenigen Geschichtsinformationen, die vom gereimten Text weithin übergangen werden (s. u. S. 237). Wie die Verteilung von Vers und Prosa zu beurteilen ist, ob damit vielleicht eine wechselseitige Ergänzung von Geschichtsdaten (in Prosa) und Geschichtserzählung (in Versen) intendiert ist, kann ich hier nicht beurteilen. In jedem Fall verstärken die Prosaeinschübe den *Buch*charakter von Enikels Aufzeichnungen und lenken von einer bei den Verspartien denkbaren mündlichen Vortragsform weg.

II. Geschichte in Geschichten

1. Gehorsam, Liebe und Teufel auf der Arche *Noah*

Auf die Geschichte der Arche Noah hat Enikel viel Raum verwendet
(v. 1671–2770), insgesamt 1100 Verse. Er schildert darin die bekannten Vorgänge: die Ankündigung der Sintflut, den Bau der Arche, die Einschiffung von Menschen und Tieren, den großen Regen
und schließlich die Landung. Den größten Raum aber, nämlich 761
Verse (v. 1821–2582), nimmt eine Erzählung vom Leben an Bord
der Arche ein. Folgendes hat sich dort zugetragen:

Noah hat Verhaltensmaßregeln aufgestellt, darunter ein striktes Beischlafver-
bot. Das Verbot, obwohl ausdrücklich als *gotes bot* (v. 1853) bezeichnet, wird
mehrfach übertreten, und Noah muß nochmals alle Mitreisenden ermahnen:
dô lobten si gemeine, si waeren kiusch und reine (1866 f.). Noah, trotzdem
noch mißtrauisch, trifft Sicherheitsmaßnahmen. Er bringt Männer und Frauen
getrennt unter und streut um alle Betten Asche aus, um gegebenenfalls Misse-
täter an der Fußspur erkennen zu können. Nun war aber versehentlich ein
Teufel mit an Bord der Arche gekommen, dem es gelingt, einen von Noahs
Söhnen in Versuchung zu führen. Er trägt den Mann über die ausgestreute
Asche hinweg zu dessen Frau ins Bett, bricht aber nachher nach Teufels Art
sein Versprechen und trägt ihn nicht wieder zurück. Nach vielem Wehklagen
nimmt Noahs Sohn schließlich seinen Rückweg zu Fuß durch die Asche. Noah
entdeckt am Morgen die Spur und ist erzürnt; noch mehr aber ist er erstaunt,
weil nur eine einzige Spur vom einen Bett zum anderen führt und trotzdem
Mann und Frau sich in getrennten Betten befinden. Er beschließt endlich, den
beiden Liebenden jegliche Schuld zu vergeben, wenn sie ihm nur erklären, wie
die Fußspur zustandegekommen ist. Schließlich soll der Teufel als der eigentlich Schuldige ins Wasser gestoßen werden, was aber nicht ganz gelingt.

Bemerkenswert an dieser Erzählung ist zunächst einmal ihr Platz.
Denn Nachrichten über das Leben an Bord der Arche bietet die übliche chronikalische Tradition sonst nirgendwo. Das Alte Testament
berichtet kein Wort vom Bordleben. Die *Chronica* Ottos von Freising vermeldet nur knapp, Gott habe „den gerechten Noah ... samt
Frau und Söhnen und deren Frauen, zusammen acht Seelen", in
der Arche gerettet, „die übrigen rottete er durch die Sintflut aus"
(I, 3). Auch die deutschsprachige Reimchronik des *Rudolf von Ems*
(verfaßt um 1240) weiß vom Leben und Treiben auf der Arche
nichts, sondern hat nur ausführlich den großen Regen beschrieben.
Bis heute hat sich für Enikels Erzählung keine schriftliche Quelle
finden lassen. Man ist zu der Annahme gezwungen, Jans habe aus
mündlicher Überlieferung geschöpft, vielleicht aus einer jüdischen,

weil in der rabbinischen Lehre die Noah-Erzählung wenigstens äußerlich einen Anhaltspunkt findet (Strauch, 36 A.3). Es spricht alles dafür, daß Enikel die Erzählung auf eigene Faust in den Bericht von der Sintflut eingefügt hat. Eine chronikalisch gewichtige Stelle, den Beginn des zweiten Weltalters, hat er mit einem kräftig gewürzten Schwank besetzt und diesen auch nicht nur nebenbei hinerzählt, sondern zur breit ausgestalteten Hauptsache gemacht.

Es ist dies eine Beobachtung, die unmittelbar auf die Frage nach den organisierenden Prinzipien der Enikel-Chronik führt. Denn gerade das Verfahren, ins chronikalische Gerüst gänzlich ‚ahistorische' Episoden einzubauen, hat Enikel den Ruf eines bloßen „Geschichtenerzählers" eingebracht. „Wo sich Historie nicht zur spannenden Geschichte steigern läßt", so de Boor (III, 1, 192), da „hört seine Anteilnahme auf". Lange Zeit war es allgemeine Überzeugung, Enikels Werk stelle im Grunde „eine große, lockere Anekdotensammlung" dar, „wobei es dem Dichter, wenn man ihn so nennen darf, oder Erzähler weit mehr auf das Einzelne und die anschauliche Erzählung, die gelegentlich auch einen pikanten oder schlüpfrigen Beigeschmack hat, als auf große geschichtliche Darstellung ankommt" (Schmeidler, 577).

In der jüngsten Zeit bahnt sich demgegenüber eine Neubeurteilung an. Denn das Verfahren, „Geschichte durch Geschichten" darzustellen (Kleinschmidt, Geith), hat sich in der Chronistik des Spätmittelalters seit dem 13. Jahrhundert offenbar breit entfaltet, war keine Eigentümlichkeit einzelner Autoren.[5] Es fehlt hierzu an Detailstudien. Doch darf man offenbar mit Geith davon ausgehen, daß Enikels Erzählfreudigkeit nicht die Naivität eines Einzelgängers bezeugt, sondern einer Methode von allgemeinerer Geltung entspricht; wobei Jans, zeitlich gesehen, mit seiner Art des Chronikenschreibens nicht einer unter vielen wäre, sondern die Position eines Vorreiters eingenommen hätte.

2. Neue Geschichten vom Kaiser Karl

In einer Untersuchung der Enikel-Verse über Karl den Großen kam Geith zu dem Ergebnis, Enikel habe mehrfach „die älteste und einfachste Version" exempelhafter Erzählmotive geboten, die in der späteren Literatur feste Bestandteile der Karlslegende geworden seien (Geith: Karl d. Gr., 237). Dazu gehört auch die Geschichte von Karls sündhaftem Umgang mit seiner toten Gattin (v. 26269–26382):

Künic Karl hatte den Leichnam seiner *hûsfrowen* einbalsamieren lassen und *muost al naht mit ir umbe gân, / als ein man mit einem wîb tuot.* Denn *ein zouber hêt si bî ir gar / under der zungen / des tiufels ordenunge, / dâ von er sie niht moht lân.* Eines Tages wurde einem Bischof, während er vor dem Kaiser die Messe las, Karls Sünde offenbart, und zwar durch einen Brief, den eine Taube auf den Altar legte. Der Bischof entdeckte und entfernte den Zauber. Der Leichnam zerfiel zu Staub und Karls Liebe hörte auf, doch behielt er ein körperliches Gebrechen zurück.

Geith hat gezeigt, daß diese Erzählung eine Episode aus der Aegidius-Legende mit einer anderweitig verbreiteten Zaubergeschichte kombiniere, womit im Bereich der deutschsprachigen Literatur Enikel „die älteste und, nach Inhalt und Struktur, auch die am meisten geschlossene Gestaltung" vorgelegt habe (Geith: Karl d. Gr., 235). Ähnliches gilt für die Erzählung von der Gerichtsglocke (v. 26382– 26532). Hier handelt es sich um eine Episode, die die Gerechtigkeit eines Herrschers veranschaulichen soll und in dieser Funktion mehrfach in Exempelsammlungen überliefert, in der Regel dem Kaiser Theodosius zugeordnet ist. Gegenüber den anderen Versionen hat Enikel stark umgebaut, hat verlebendigt und veranschaulicht. Allem Anschein nach war es dabei seine eigene Idee, die Erzählung auf Karl zu übertragen. Er habe damit, resümiert Geith (Karl d. Gr., 237), „einen neuen Bestandteil der Karlslegende geschaffen".

3. ... *und ein teil wil dâ von sagen:* Des Autors Absichtserklärung im Prolog

Jans Enikel hat seinem Werk einen Prolog vorausgeschickt, worin er — was auch sonst in Weltchroniken üblich ist — Gottes Hilfe erbittet und sein eigenes Unvermögen eingesteht:

9   *wie sol ich mich des nemen an,*
       daz ich daz buoch wil slihten,
       nâch mînem sinne rihten
       ûf die genâd der gotheit.

Auf sich allein gestellt, meint Jans, sei er *ze kranc* (8; zu schwach), auch nur einen Teil vom Wirken Gottes zu erfassen. Das sind Bescheidenheitsfloskeln, wie man sie ähnlich auch in den Prologen anderer Werke finden kann. Doch ist es nicht nur Bescheidenheit, was sich da artikuliert. Denn aus seiner Einsicht, alles menschliche Bemühen könne nur Stückwerk bleiben, folgert Enikel alsbald, es könne auch nur seine Aufgabe sein, Stückwerk darzubieten. Da es unmöglich sei, alle Wunder Gottes zu berichten (*gar gesagen diu wunder, / diu got alliu besunder / mit sîner kraft beschaffen hât*, 19—21), kann er, *ein tumber man* (23), im besten Falle *ein teil ... dâ von sagen* wollen (25). Es klingt demütig und doch zugleich auch selbstbewußt, wenn der Autor seine Beschränktheit immer noch einmal in Worte faßt:

39   *Wil mir nû got bî gestân,*
        sô wil ich mich nemen an,
        daz ich daz buoch wil slihten,
        nâch mînem sinne rihten
        ûf die genâd der gotheit.

Nâch mînem sinne, das heißt: so gut ich kann, so gut ich es verstehe mit meinem bescheidenen Verstand; es könnte aber zugleich auch bedeuten: mein eigenes Verständnis ist das Richtmaß dieser Weltchronik, nicht eine ferne, geschichtstheologische Systematik.

a. Die Teile und das Ganze

In den Prologen staufischer Weltchronisten, die Enikel voraufgegangen sind, lagen die Akzente anders. Otto von Freising sah sich in seinem Vorwort, auch wenn er darin beiläufig seine Unerfahrenheit beteuerte, in ganz anderem Maße dem Geschichtsganzen verpflichtet, war ohne Zögern um die Gesamtkonturen der Welt- und Heilsgeschichte bemüht:

„Ich habe mir vorgenommen, die Händel und Nöte des Erdenlebens, wenn Gott es fügt, bis zu unserer Zeit herab zu schildern, auch über die Hoffnung auf das zukünftige Reich, soviel ich aus den Schriften werde zusammentragen können, nicht zu schweigen, sondern auch der in diesem Leben pilgernden Bürger des Gottesstaates zu gedenken." (I, Vorwort an Isingrim)

Im Anschluß an die Werke des Augustin und des Orosius wolle er die Weltgeschichte als ein Ganzes darstellen,

„damit der fromme Hörer erkenne, wovor man sich in irdischen Dingen der nicht abreißenden elenden Veränderlichkeiten wegen hüten muß, und damit der lernfreudige, wißbegierige Forscher eine wohlgeordnete Folge der vergangenen Ereignisse finde." (ebd.)

Rudolf von Ems, der es ca. 30–40 Jahre vor Enikel unternommen hat, eine Weltchronik in deutschen Versen anzufertigen, ordnete sich zwar auch bescheiden der *chunst* Gottes unter, weil sie unendlich sei und *anegenge nie gewan* (63), faßte aber dennoch *anegenge und endis zil* (65) der Schöpfung in den Blick und verzichtete keineswegs von vornherein auf eine umfassende Systematik. Mit Gottes Hilfe (*wan ih beginnen wil mit dir / ze sprechinne und ze tihtinne*, 72 f.) hoffte er den Bogen lückenlos über die ersten fünf Weltalter, von der Schöpfung bis zu Christi Geburt, und über die Weltreiche bis zum Römischen Reich schlagen zu können.

b. Figurale und additive Ordnung

Enikels Absicht, mit *teilen* sich zu begnügen, bedeutet keine Absage an jeden chronikalischen Zusammenhalt. Sie scheint mir aber zu der Tatsache zu stimmen, daß Jans mit einem vergleichsweise einfachen Bauschema ausgekommen ist. Er arbeitete additiv. Er machte keine Ansätze zu einer figuralen Ordnung, wie sie der älteren Geschichtsschreibung eigen war. Das will ich erläutern. Für Otto von Freising z. B. war das babylonische Reich eine Präfiguration, eine Vorausdeutung, es war die „Figur" des römischen Reiches. Das Reich des *Augustus* seinerseits war die Figur der *Ecclesia*, der Christenheit, und diese schließlich war die Figur der künftigen ewigen Civitas Dei. „Das heißt also", erklärt Lammers, „nicht aus dem kausalen, horizontalen Kontinuum sind die geschichtlichen Ereignisse zu begreifen, sondern aus einer Kausalität, die von der göttlichen Sinngebung stammt und welche die Weltgeschichte sich in ihrem realen Ablauf selbst vordeuten (präfigurieren) und erfüllen läßt" (Lammers, LXI). Die figurale Ordnung verstärkt über die Aufteilung nach Weltaltern und Weltreichen hinaus die innere Kohärenz der Chronik, schafft recht eigentlich eine ‚Weltgeschichte als System'.

Enikel hat von diesem strukturbildenden Mittel, soweit ich sehe, keinen Gebrauch gemacht. Sein Verfahren, das *getiht* auf weltgeschichtliche Dimensionen zu bringen, ist allem Anschein nach das der Addition. Entlang dem grob vorgegebenen welthistorischen Raster, dessen er sich zuweilen in kurzen Prosaeinschüben versichert, reiht er Episoden aneinander. Dabei hat für ihn die Einheit einer Erzählung offensichtlich Priorität vor einem etwa übergreifenden Fakten- und Zeitsystem. Nicht selten schiebt sich ein Erzählzusammenhang über eine traditionelle Zeitabschnittsgrenze hinweg. Die

Fuge z. B. zwischen dem dritten und dem vierten Weltalter wird durch die Geschichte von der Ehe Davids mit *Sauls* Tochter überlappt und folglich beginnt das Vierte Weltalter mit dem schlichten Vers: *Eines tages künic Saul sprach* (10166).

In der Regel sind die aufeinanderfolgenden Abschnitte durch Floskeln aneinandergefügt, die einen historischen Fortgang eher verhüllen als hervorkehren. Oft steht einfach nur *Dar nâch* oder *Dô* oder *Ze den zîten* oder eine Bemerkung wie die folgende:

4907   *Nû lâz wir die red stân*
        und grîfen zuo Jacobens kinden an,
        diu wir haben vor genant.

Auf diese Weise entsteht der Eindruck eines einräumigen Kontinuums; von zeitlicher Tiefe merkt man nichts, alles Berichtete, sei es über die Arche Noah oder über Karl den Großen, scheint vom Chronisten gleich weit entfernt zu liegen. Es ist von daher nur folgerichtig, daß Enikel kein ‚Geschichtsziel‘ in einer heilsgeschichtlichen Gesamtperspektive ansteuert.

Seine Episodenreihung hat in ihrer offen addierenden Bauweise etwas von der *mutabilitas rerum*, dem ewig sinnlosen Wandel alles Irdischen, worin die christliche Geschichtstheologie seit Augustin das Hauptmerkmal der *civitas terrena* gesehen hatte. Enikels Werk besitzt auch etwas vom Charakter einer ‚Katastrophengeschichtsschreibung‘ nach Art des Orosius. Doch beschränkt sich Jans ausdrücklich nicht auf die gottesferne Sphäre des Irdischen, sondern zieht die Geschichte der christlichen *Ecclesia*, der Gemeinde Gottes, als Episodenlieferanten gleichermaßen heran. Allerdings läßt er dabei bemerkenswert oft jeglichen Hinweis auf eine heilsgeschichtliche Bedeutsamkeit vermissen. Seine Darstellung endet im Partiellen, seine Weltsicht verengt sich auf die eigene regional begrenzte Gegenwart zu: Enikel lebte in Wien. Also lassen die späteren Chronikpartien dem Prosastück über die deutschen Könige eine Genealogie der Babenberger folgen; und in die Geschichten der hochmittelalterlichen Kaiser, gegen Ende der Chronik, spielen Österreichs Herzöge hinein.

4. Der Autor Jans Enikel — ein ungelehrter Laie?

Nach allem, was ich bisher an Nachrichten und Beobachtungen zusammentragen konnte, ist die gesamte Anlage der Enikelschen Weltchronik nicht allein von den chronikalischen Traditionen bestimmt, sondern mindestens ebenso stark von dem spezifischen Gesichtskreis ihres Autors. Es ist also an der Zeit, daß wir uns nach dem Autor selbst erkundigen. Man weiß nicht viel von ihm, obwohl er sich im Prolog der Chronik mit einigem Selbstbewußtsein vorgestellt hat:

83   *Der ditz getiht gemachet hât,*
      der sitzt ze Wienn in der stat
      mit hûs und ist Johans genant.
      ...
      der Jansen enikel sô hiez er.[6]

Die zitierten und ein paar ähnlich lautenden Bemerkungen in seinem zweiten Werk, dem sogenannten *Fürstenbuch*, sind die einzigen sicheren schriftlichen Nachrichten, die wir von Enikel haben. Seine Lebensverhältnisse waren nicht so exponiert, daß sie in erhaltenen Urkunden sich festgesetzt hätten. Seine Lebensdaten sind nur indirekt erschließbar. Man setzt sie zwischen 1230/40 und etwa 1290 an. Die *Weltchronik* ist vermutlich nach 1277 abgefaßt; zumindest gilt das für die Partien ab Vers 22703, weil die dortige Nachricht von einem Papst, den eine Mauer erschlagen habe, sich ziemlich sicher auf den Tod von *Johannes XXI.* (1277) bezieht. Enikels *Fürstenbuch* ist Fragment. Es bietet im wesentlichen die Geschichte der österreichischen Herrscher von Markgraf *Albrecht* (1025) bis zu *Friedrich dem Streitbaren* und bricht nach 4258 Versen ab. Das *Fürstenbuch* ist wahrscheinlich, aber nicht mit letzter Sicherheit, nach der *Weltchronik* abgefaßt.

Ich konzentriere mich hier auf diejenigen biographischen Merkmale, die für die Machart der Enikel-Chronik wichtig sein könnten; vor allem auf die Frage, wieweit der Horizont der mittelalterlichen Weltchronistik für den Autor in seiner Situation überhaupt verfügbar und wieweit verbindlich gewesen sein kann:

Die Weltchronistik hat wie die gesamte Geschichtsschreibung des Mittelalters alle wesentlichen Formen im lateinischen Sprachraum ausgebildet. Die deutsche Geschichtsschreibung und -dichtung ist der lateinischen durchweg nachgeordnet.Sie entwickelt zwar Sonderformen, bleibt aber prinzipiell den lateinischen Modellen und Vorbildern verpflichtet. Dennoch muß nicht jeder deutschsprachige Reimchronist des Lateinischen mächtig gewesen sein. Er kann aus Übersetzungen, aus deutschsprachigen Nachbildungen geschöpft haben. Bei Jans Enikel steht fest, daß er lateinische Quellen benutzt hat. Strauch, der Herausgeber, betrachtet als die „eigentliche Grundlage ... für Enikels Weltchronik" das dritte Buch der *Imago Mundi* des *Honorius Augustodunensis* (Strauch, LXIV) und nimmt daneben die Benutzung lateinisch geschriebener österreichischer Annalen an. Allerdings veranschlagt er die Lateinkenntnisse seines Autors gering, was unmittelbar mit dem geringen sozialen Stand zusammenhängt, den er Enikel zugewiesen hat. Er vermutete in ihm einen Kürschner oder einen Kaufmann, der mit Kürschnerei zu tun hatte.[7] Seitdem hatte Jans für die Forschung das Profil eines „ungelehrten Mannes" (Schmeidler, 579), der beim Umgang mit lateinischen Quellen endlos viele „Mißverständnisse" produziert hat, wofern er nicht ganz und gar auf die „Vermittlung und Übersetzung" gelehrter Freunde angewiesen war, die man unter den Mönchen des Wiener Schottenklosters vermutet.

In einer jüngeren Untersuchung hat nun aber der Historiker Otto Brunner auseinandergelegt, daß Jans Enikel dem „Kreis der führenden Wiener Ritterbürger" angehört oder doch zumindest nahegestanden haben müsse und damit zu einer schmalen Oberschicht der Stadtbevölkerung gehört habe, für die „die Kenntnis des Schreibens und auch des Lateinischen unentbehrlich gewesen" sei (Brunner, 249 und 263). Mit Recht folgert jüngst Geith daraus, Enikel habe vermutlich doch stärker mit schriftlichen, zumal lateinischen Aufzeichnungen gearbeitet, als früher angenommen wurde (Geith: Enikel, 567). Man wird auch zu prüfen haben, ob die zahlreichen „Mißverständnisse", die Strauch in den Anmerkungen seiner Edition angezeigt hat, nicht doch sinnvolle eigenständige Aussagen des Autors enthalten.

Nach allem ist jedenfalls wahrscheinlich dem Wiener Bürger Jans die schriftliche Tradition der mittelalterlichen Weltchronistik nicht unvertraut gewesen. Die beträchtlichen Differenzen, die Enikels Werk von der lateinischen Chronistik trennen, die Verwischungen und Vereinfachungen des Bauschemas lassen sich nicht einfach auf die Unbedarftheit des Verfassers zurückführen.

5. Weltgeschichtsschreibung und Weltpolitik

In de Boors Literaturgeschichte wie auch in anderen Handbüchern erscheint Enikels *Weltchronik* als ein eigentümlich anachronistisches Unternehmen. Da hat einer, „ein Laie, kaum des Lateins mächtig, ein Stadtbürger" (de Boor, III, 1, 192) mit unzureichenden Mitteln den Versuch einer Weltgeschichtsdarstellung gemacht, als die Zeit dafür eigentlich schon vorbei war. Im späten 13. Jahrhundert, nach dem Zusammenbruch des Stauferreiches und nach dem Interregnum, mitten im Zerfallsprozeß der Zentralgewalt und im Vordrängen der Partikulargewalten, der Territorialmächte und der Städte, hätten universalgeschichtliche Entwürfe nicht mehr gelingen können, liest man. Das mag aufs große Ganze gesehen richtig sein. Ich bezweifle aber, ob für Enikels Unternehmen der unmittelbare Bezug auf die politische Reichsgeschichte den richtigen Maßstab hergibt. Denn alle Hinweise auf die zentrifugalen Tendenzen der spätmittelalterlichen Reichspolitik können nicht an der Tatsache vorbeilenken, daß das Anfertigen von Weltchroniken im Spätmittelalter sich über alle Maßen verbreitet hat und keineswegs mit Jans Enikel aus der Mode gekommen ist. Jans selbst mag zwar einen recht begrenzten Gesichtswinkel gehabt haben, seinem Selbstverständnis, seinem eigenen Anspruch nach schrieb er eine *Weltchronik*. Er hat sein Geschäft gewiß nicht im Zerbröseln universalgeschichtlicher Entwürfe gesehen, sondern im Gegenteil sich vorgenommen, verstreut Liegendes in einen umfassenden Zusammenhang einzubringen. Er hat sich ohne Zweifel eine Integrationsaufgabe gestellt. Aber vermutlich hat er, als er *daz buoch nâch sînem sinne rihten* wollte (vgl. 41 f.), andere Ziele im Auge gehabt als ein Gutteil der älteren und besonders der lateinischen Chronisten. Zwar schweigt er selbst sich über die Verwendungszwecke seines Buches aus. Doch lassen sich zunächst einmal in anderen Chroniken Zwecke namhaft machen, die für Enikel mit Sicherheit nicht galten. Die bereits zitierten Chronisten Otto von Freising und Rudolf von Ems etwa arbeiten mit Ansprüchen, die Enikel gewiß fremd waren.

Otto von Freising gehörte zur engsten Familie des staufischen Kaiserhauses. Seine *Chronica* widmete er seinem Neffen *Friedrich Barbarossa* und empfahl ihm,

„daß Ihr die Taten der Könige und Kaiser der Vergangenheit kennenlernen wollt, um daraus Nutzen zu ziehen nicht nur für den Schutz des Staates durch Waffengewalt, sondern auch für die Gestaltung seiner inneren Form durch Gesetze und Gerichte". (2 f.)

Otto überblickte die Weltgeschichte aus der Perspektive eines Kaiserhauses, dem der Fortbestand des Imperiums — und der war gleichbedeutend mit dem Fortbestand der Welt — die oberste Sorge zu sein hatte. In den *Gesta Friderici*, die Otto in seinen letzten Lebensjahren verfaßte, hat er es ausdrücklich als die Aufgabe der Staufer bezeichnet, „den Untergang der Welt mit der Regierung des römischen Reiches aufzuhalten".[8]

Die Chronik des Rudolf von Ems kam unter ähnlichen Vorzeichen zustande. Sie war, mit den Worten Brackerts, „Fürstenlehre für den jungen Stauferkönig Konrad IV." und sollte ihm die *warheit der lere* vor Augen stellen, wie sie „vor allem aus den Exempla der Geschichte erfahren werden kann" (Brackert: Rudolf von Ems, 8).

Vor derartig imperiale Aufgaben dürfte der Wiener Bürger Jans Enikel sich schwerlich gestellt haben. Mochte er auch zu den besten Kreisen des Stadtbürgertums gehören, von der Spitze der Reichshierarchie war er himmelweit entfernt. Es ist möglich, daß auch Enikel seine Chronistenpflicht vor allem darin sah, belehrend zu wirken. Doch bleiben die Adressaten und auch die Inhalte seiner Lehre einstweilen ungewiß. Hier ist die genauere Durchsicht weiterer Textpartien der Chronik erforderlich.

III. Weltgeschichte, von unten gesehen

Im folgenden betrachte ich die Ausschnitte näher, die Enikel über die Herrschaft des *Julius Cäsar* und des Augustus verfaßt hat. Diesen Geschichtsabschnitt haben die mittelalterlichen Chroniken fast immer besonders sorgsam behandelt, weil in ihn mit Christi Geburt die Zeitenwende zwischen der fünften und der sechsten Welt, zwischen dem Alten und dem Neuen Bund fiel und weil darin zugleich das Römische Reich zum Weltreich sich herausformte.

1. Ein Kampf um Rom. Anonyme Geschichtsträger neben Julius Cäsar

In den Versen 20943–20986 liefert Jans die Beschreibung von etwas, das man die Schaltzentrale des römischen Imperiums nennen könnte: 72 *râtgeben* (gemeint ist der Senat) sind dort in einem *palast* (dem Kapitol) versammelt und überwachen die Geschehnisse in den unterworfenen Ländern. Zu ihrer Verfügung steht im Saal ein Alarmsystem, das wie ein drahtloser Telegraph funktioniert. Es besteht aus einer Reihe von Standbildern, von jedem Land eines, an denen jeweils eine *schelle* befestigt ist. Sobald eine der Schellen erklingt, weiß man, daß in der betreffenden Region ein Aufstand ausgebrochen ist. Diese Alarmanlage, die aus anderen Quellen als *Salvatio Romae* bekannt ist, bildet für Julius Cäsars Geschichte den Ausgangspunkt:

Ze den zîten sei nämlich ein Mann namens Grassus *zuo dem Rîn*, an den Rhein also gesandt worden, damit er dort *die Diutschen* zur Raison bringe. Doch es mißlang ihm, er wurde erschlagen. Den Fehlschlag meldete die Glocke dem *rât* in Rom und dieser schickte nun ein stärkeres Truppenkontingent unter dem *houbtman Julium* an den Rhein (21039–074). Julius besiegte zunächst die *Swâben*, dann *Franken unde Polân* und machte *guoten fride sus / über al der Diutschen lant*, wurde also als Herrscher akzeptiert (21074–094). Danach bezwang er *daz werd Beierlant*, unterwarf nebenbei die Brüder *Ingram und Poymunt*, die *ûz Ormenienlant* stammten, und besiegte die *Sahsen* (21095–118). Nicht genug damit: *Dar nâch fuor er zehant / in der platfüezen lant. / die wârn griulîch gestalt* (21119–21). Auch *die einougen* stellten sich ihm

233

noch in den Weg.[9] Doch machte er mit den beiden exotischen Völkerschaften, da sie *waerlich beiden* waren, kurzen Prozeß und verjagte sie *in daz verr Indiâ* (21119—21146). Danach stiftete er am Rhein *bürg unde stet*, nämlich *Megunz* (Mainz), *Bockbarten, Ingelheim, Oppenheim*, ließ eine Brücke über den Fluß schlagen und nahm auch die Stadt *Trier* ein (21167—174).

Nach vollendeter Mission, die immerhin sieben Jahre in Anspruch genommen hat, kehrt er nach Rom zurück, wird dort aber übel empfangen: Die *Roemær* lassen ihn nicht in die Stadt, weil er zu lange fort gewesen sei. Julius holt sich vom Rhein *di tiutschen fürsten* zur Verstärkung und erobert mit ihrer Hilfe Rom. Die römischen *râtgeben*, darunter *Catô, Platô, Rigidus* und *Pompejus*, fliehen nach Ägypten (21175—216).

In Rom zur Herrschaft gelangt, gebietet Julius bei Todesstrafe, daß man ihn nicht mehr „Duzen", sondern nur noch „Ihrzen" dürfe (*daz er in nant niht dû wan ir*). Die *diutschen fürsten*, seine Hausmacht, belohnt er reich mit Gold, Silber, Kleinodien und Privilegien: Auch sie dürfen nur noch mit „Ihr", nicht mehr mit „Du" angesprochen werden. Überdies behalten sie ihre eigene Gerichtsbarkeit (21217—270). Die Herrschaft des Julius währt dann aber nur noch fünf Jahre. Denn nachdem er auch angeordnet hat, man dürfe ihn nurmehr *keiser* nennen, erschlagen ihn *die Roemaer* (21271—21294).

Ze den selben zîten werden die deutschen Fürsten durch die Nachricht beunruhigt, die Römer seien in *Zeciljenlant* eingedrungen. Da tritt *ein kündic man* auf den Plan. Gegen gute Belohnung wolle er das Wiedererstarken der Römer verhindern und *diu bild ze Rôm schier brechen* (21320), also das römische Alarmsystem zerstören. Er wisse, wie er das erreichen könne und brauche als Ausstattung nur 12 Knappen und 200 Goldmark. So gerüstet reist er nach Rom, übernachtet in einer Herberge vor der Stadt und vergräbt dort heimlich 15 Mark. In der nächsten Nacht vergräbt er bei einer andern Herberge 60 Mark, in der dritten Nacht bei einem Wirtshaus nahe dem *palast* des römischen Rates 100 Mark. Dann dient er sich den *râtgeben* als ein außergewöhnlich kundiger Schatzsucher an und spürt für sie nacheinander die drei vergrabenen Geldsummen auf. Die Römer, auf den Geschmack gebracht, wollen weiteres Gold finden und lassen sich einreden, der größte Schatz sei direkt unter dem *palast* vergraben, in dem die Alarmstatuen stehen (21468). Der Mann, der in der ganzen Geschichte ohne Namen bleibt, nur öfter auch *der meister* genannt wird, erbietet sich mit seinen Gesellen, die Grundmauern des Palastes so mit Balken abzustützen, daß man das Gebäude risikolos untergraben könne. Gesagt, getan. Als die Römer in die Grabung hinuntergestiegen sind, um den Schatz zu suchen, zündet der *meister* die Stützbalken an: *dâ muost der palast nider gân* (21517). Die Standbilder sind also mitsamt den *râtgeben* ausgeschaltet. Der *kündic man* kehrt zu den deutschen Fürsten zurück und wird reich belohnt.

Bemerkenswert an dem hier wiedergegebenen Erzählabschnitt sind zunächst einmal seine Proportionen. Die Taten des ‚historischen' Julius Cäsar folgen einander rasch und in gedrängter Kürze. Innerhalb von 300 Versen sind Aufstieg und Fall des großen Julius vollzogen. Demgegenüber hat der anonyme *meister* für sein schwankhaftes Kommandounternehmen verhältnismäßig viel mehr Raum zur Verfügung (ca. 250 Verse). Man könnte hierin einen Beleg für die Handbuch-Meinung sehen, Enikel habe den chronikalischen Rahmen nur als eine Hilfskonstruktion benutzt, weil er darin viele witzige Histörchen unterbringen konnte. Doch hätte man dabei die Tatsache mißachtet, daß der Autor den Schwank vom untergrabenen Palast durchaus in den historischen Fortgang einzubauen versucht hat. Das Aktionsziel des listigen *meisters* wäre blind ohne die vorausgegangenen Informationen über die *Salvatio Romae* und über die Gegnerschaft zwischen dem römischen Rat und den deutschen Fürsten. Die List des vergrabenen Geldes ist nicht einfach nur deshalb ein durchschlagender Erfolg, weil am Schluß ein Palast zusammenbricht, sondern im weiteren Kontext vor allem deshalb, weil sie den Streit zwischen Julius und den Deutschen auf der einen, dem römischen Senat auf der anderen Seite mit Nachdruck zu entscheiden vermocht hat.

Daß Enikel seinen Julius Cäsar von der gesicherten Realhistorie sträflich weit wegführte, darf man ihm nicht anlasten. Jans hat die Koalition zwischen Cäsar und den Deutschen nicht selbst erfunden[10], in den mittelalterlichen Geschichtswerken wurde noch viel größerer ‚Unsinn‘ für wahr gehalten. Jedoch geht es auf Enikels Konto, daß die Episode vom unterwühlten Palast des Lesers Aufmerksamkeit von der geschichtsmächtigen Gestalt des Kaisers Julius weg und auf das Wirken eines anonymen Meisters hinüberzieht. Cäsars Feldzüge, so getreulich sie aufgezählt sind, dem Bürger Jans sind die recht blaß und fern geblieben. Daß sein Hauptmann Julius nicht nur Baiern und Sachsen, sondern auch Plattfüße und Einaugen besiegt hat, auf diese Würze mag er zwar nicht verzichten. Doch kümmert er sich nicht darum, wie das im einzelnen zusammenpaßt. Die Stimmigkeit in den Haupt- und Staatsaktionen der Weltgeschichte ist nicht sein Problem, fällt nicht in seinen Kompetenzbereich; er scheint da ganz seinen Quellen zu vertrauen, bleibt völlig unkritisch. Wach und aufmerksam wird er aber bei allen Angelegenheiten, die in den Erfahrungshorizont des ‚einfachen Bürgers‘ hineinreichen könnten. Hier sorgt er für Stimmigkeit bis ins Kleinste. Zum Beispiel hat er darauf geachtet, daß jener anonyme *meister* nicht die gesamten ihm anvertrauten Goldmark vergrub, sondern nur 175. Denn den Rest des Geldes mußte er aufwenden, um die Wirtsleute samt Gesinde betrunken zu machen, weil sie von der Vergrabungsaktion nichts merken durften. Er hat des weiter darauf geachtet, daß dem Gebälk, das die Grabung unter dem Palast abstützen sollte, ausreichend Stroh beigestopft wurde, weil sonst die Holzkonstruktion nicht rasch genug Feuer gefangen hätte.

Beobachtungen, wie ich sie im vorigen mitgeteilt habe, lassen sich in ähnlicher Art auch in zahlreichen andern Abschnitten der Chronik machen. Man hat es hier mit einer Darstellungstechnik zu tun, die für Enikels Werk charakteristisch ist. Es ist in gewissem Sinne eine ‚Weltgeschichte, von unten gesehen', die Jans da in Verse gebracht hat. Verfolgen wir den Text noch ein Stück weiter und prüfen den anschließenden Abschnitt bis zum Ende der Zeit des Augustus.

2. Erzählung vom Generationenkonflikt. Anonyme Geschichtsträger und Augustus

Ein kurzer Prosaeinschub, der darüber informiert, die Römer hätten nach Romulus über insgesamt 243 Jahre hin *siben keiser* gehabt, *dar nâch aber râtliut*, trennt die vorige Erzählung von der folgenden. Diese handelt von einem Generationenkonflikt bei den Römern (21537–21800).

Nach siegreichen Unterwerfungsfeldzügen nehmen bei den Römern sowohl die *altherren* als auch die *jungen* für sich in Anspruch, das Beste zum Sieg getan zu haben. Die Alten leiten den Sieg *von irem râte* (21549), die Jungen *von ir manheit* (21553) her. Der Konflikt verschärft sich so sehr, daß die Jungen ihre Väter totschlagen. Doch nun, da ihnen *der rât* der Alten fehlt, kommen sie gegen ihre Feinde in Bedrängnis und suchen dringend einen weisen Führer. Glücklicherweise hat einer der Jungen seinen alten Vater aus Mitleid am Leben gelassen und versteckt. Der Vater erweist sich nun als Retter. Dank seiner Lebensweisheit bringt er *die Roemer ûz der nôt* (21798). Am Ende der Geschichte wird er, der bis dahin wie alle andern Beteiligten anonym geblieben war, mit einem Namen und einer kaiserlichen Identität versehen: *Anthonius* heißt er, nachher *Augustus* genannt (21795 f.). Die ‚Eignungsprüfung' des späteren Kaisers hatte aber nicht in staatsmännischen Heldentaten bestanden, sondern in der — breit erzählten — Lösung eines Schwankrätsels. Der Alte hatte nämlich als einziger erklären können, daß das Treueste, was der Mensch besitze, sein Hund sei, das Treuloseste die Ehefrau, und *der liebste spilman* sein Kind. Der Hund bleibe nämlich seinem Herrn auch dann noch treu, wenn der ihm eine Pfote abgehackt habe. Die Ehefrau sei hingegen so treulos, daß sie ihrem Mann, wenn er sie einmal verprügelt habe, gleich Böses wünsche. Ein fröhliches Kind schließlich sei unterhaltsamer als die besten Spielleute.

Der langen Vorgeschichte (260 Verse) folgt über die ‚historischen' Taten des Kaisers Augustus ein Abschnitt (21801–950), der mit insgesamt 150 Versen noch erheblich kürzer ausgefallen ist als vorher der entsprechende bei Julius Cäsar. Augustus wird als ein ausnehmend weiser und mächtiger Herrscher vorgestellt, dem die ganze Welt untertan gewesen sei (*im was diu werlt gar / undertân, daz ist wâr*, 21807 f.). Der knappen Meldung, *ze den zîten* sei auch *Marien sun Jesus Krist* geboren (21812–15), folgt der Hinweis, Pfaffen und Juden stritten bis heute darüber (*noch ... ze aller zît*), ob die damalige Friedenszeit *von Augustus gewalt* oder *von Jesu Krist geschehen* sei. Einzelne Nachrichten zur Herrschaft des Augustus schließen sich an, die untereinander keinen großen Zusammenhang haben.

3. Zum Prinzip der „Vergegenwärtigung" von Geschichte

a. Weltgeschichte und Allerweltsgeschichten

Was im Abschnitt über Julius Cäsar zu bemerken war, bestätigt sich im Augustus-Passus: Jans hat den anonymen Handlungsträgern mehr Spielraum gegeben als der ‚historischen' Kaisergestalt. Solange Augustus noch der namenlose *wise* Alte war, der sich in einem Hinterzimmer mit klugen Ratschlägen durchzubringen hatte, bleibt die Erzählung breit und detailliert. Kaum ist der alte Mann aus der Anonymität hervorgetreten und zum mächtigen Herrscher geworden, geht Enikel in ein sprunghaftes Zusammenraffen vermischter Nachrichten über, die den Augustus nur noch aus großer Entfernung sehen lassen. Weder bei Cäsar noch bei Augustus hat sich Enikel um die großen Zusammenhänge imperialer Politik gekümmert. Von den Regierungstätigkeiten nennt er überwiegend solche, die die Sphäre des einfachen Bürgers berühren, und selbstverständlich läßt er seinen regionalen Standort merken, übergeht nicht die Gründungen deutscher Städte, wo immer sie sich namhaft machen lassen.

Das Nebeneinander von offiziellen Geschichts- und anonymen Geschichtenträgern vollzieht sich in Enikels Chronik nicht überall so deutlich und in derselben Weise wie in den Textpassagen über Cäsar und Augustus. Doch dürften die Schlußfolgerungen, die sich hieraus haben ziehen lassen, verallgemeinerbar sein. Wenn man Enikels Text über längere Strecken hin verfolgt, bemerkt man allenthalben das Bestreben des Autors, die universalgeschichtlichen Prozesse zu „vergegenwärtigen" und sie an die Erfahrungswelt des ‚Durchschnittsbürgers' heranzurücken. Von Enikel wird man mit einer Formulierung de Boors sagen dürfen, er habe den großen und fernen Lauf der Weltgeschichte „handgreiflich nahe und mitten im Alltag sehen, spüren und besitzen" wollen. De Boor hat diese Kunst der Vergegenwärtigung vor allem in der spätmittelalterlichen religiösen Literatur wirken sehen und sie einer neuen Art „handfester, grob zugehauener Frömmigkeit" zugeschrieben (de Boor: Geschichtsdenken, 13). Doch ist diese Darstellungstechnik fraglos auch im Bereich der profanen Historie zur Geltung gekommen. Für besonders bemerkenswert halte ich in diesem Zusammenhang aber, daß im chronikalischen Bereich auch die Umkehrung gilt: Da wird nicht nur Historisches vergegenwärtigt, sondern zugleich wird auch Gegenwärtiges historisiert. Das handgreiflich Nahe erhält seinen Platz in der Weltgeschichte. Das Erfahrungswissen des ungelehrten Laien wird über seine bloße Gegenwärtigkeit hinausgetragen und zu einem geschichtsbildenden Faktor gemacht. Dahinter steht vermutlich keine programmatische Absicht des Autors. Aber es ist eine Konsequenz jener ‚Doppelbesetzung' des welthistorischen Verlaufs, die Jans an vielen Stellen seiner Chronik vorgenommen hat. Im Nebeneinander der bekannten historischen Gestalten und der unbekannten Vertreter einer anonymen Geschichte ist nach meiner Auffassung ein wichtiges Charakteristikum der Enikel-Chronik gegeben. Dies Nebeneinander ist es auch, was Enikels Buch prinzipiell von einer ,,Anekdotensammlung'' unterscheidet und ihm das chronikalische Gepräge bewahrt. Die anonymen Geschichtsträger treten selten ganz isoliert in Erscheinung, fast immer sind sie Gestalten oder Begebenheiten zugeordnet, deren Daten und Positionen durch die chronikalische Traditon verbürgt sind.

An die Großtaten und Großereignisse der Weltgeschichte hat Jans die Welt der Alltagserfahrungen, der Handlungsmöglichkeiten des Herrn Jedermann herangerückt. In die Weltgeschichte schieben sich Allerweltsgeschichten hinein: Begebenheiten, die zwar außergewöhnlich sind, im Prinzip aber überall und jederzeit vorkommen könnten und an kein hochstehendes Personal gebunden sind. Der ‚Alltag' ist dabei natürlich nicht selbst zum Thema gemacht. Aber die Sphäre des Alltäglichen, des täglich Erfahrbaren gibt vielen Geschichten ihr spezifisches Muster, prägt ihre Feinstruktur. Die anonymen ,Helden' operieren ohne große Ausstattung, haben keine Machtfülle, brauchen keine repräsentative ständische Stellung und keine idealen Tatmotive. Sie arbeiten mit geringen Mitteln, mit Witz und einer gehörigen Portion gesunden Menschenverstandes, und die Aussicht auf eine Geldbelohnung genügt, sie zum Handeln zu bewegen. Die Weltgeschichte vollzieht sich auf diese Weise in einer Dimension des praktischen Handelns, das jedem ,Durchschnittsmenschen' nachvollziehbar ist.

b. Moralisch-didaktische Einheit?

Enikels Werk gehört in einen Zeitraum, in dem die moralisch-didaktische Literatur an Boden gewinnt (de Boor, III, 1, 375 f.). Hat Jans die hergebrachte Geschichtskonzeption vielleicht deshalb vernachlässigt, weil er ein durchgreifendes moraldidaktisches Konzept verfolgte? Das müßte erst noch näher untersucht werden, aber ich zweifle daran, ob ein wirkliches Lehrprogramm bei Enikel sich wird greifen lassen. Ich wüßte nicht viele Stellen zu nennen, an denen der Autor seine Darstellung auf einen deutlichen Lerneffekt, auf eine moralische Pointe hingedrängt hat. In aller Regel beläßt er es bei einer abgeklärten Erfahrungsweisheit, die unaufdringlich im Hintergrund bleibt: Die Welt ist schlecht, Geld regiert die Welt, und derjenige kommt am besten durch, der einen gesunden Menschenverstand hat. Oder was wären aus der Geschichte von der Arche Noah, was aus der Erzählung vom sündigenden Kaiser Karl oder aus der vom unterwühlten Palast für besondere Lehren zu ziehen? Zweifellos haben viele der Geschichten einen moralischen Zug, aber ihr zügiger Fortgang ist wichtiger und läßt sich unter einen Nutzeffekt nicht zwängen.

c. Erfahrungshorizont des ‚einfachen Bürgers'

Wenn meine Charakterisierung der Enikel-Chronik zutrifft, kann ich noch einmal auf die Frage zurücklenken, wessen Erfahrungen es gewesen sind, auf die Jans seine Reimchronik ausgerichtet hat. Ich habe bisher für die Markierung des sozialen Umfeldes die Hilfsbezeichnung des ‚Laien', des ‚Durchschnittsmenschen', des ‚einfachen Bürgers' benutzt. Keine der Bezeichnungen trifft die Sache ganz, auch läßt sich damit der soziale Einzugsbereich der Chronik nur nach oben einigermaßen abgrenzen: Enikel hat, anders als ein Otto von Freising oder ein Rudolf von Ems, nicht für die Kreise geschrieben, die an den Haupt- und Staatsaktionen der Weltgeschichte unmittelbar beteiligt waren. Seine soziale ‚Gruppe' wird vom Wiener Bürgertum gestellt. Sein Wirkungsbereich wird sich aber innerhalb des städtischen Gefüges nicht weit nach unten ausgedehnt haben. Jans Enikel verkehrte, das steht wohl fest, in den besten Wiener Bürgerkreisen. Es ist anzunehmen, daß es auch die Leute dieser Kreise waren, deren Welt und deren Weltanschauung er kannte und zu formulieren vermochte. Das waren vermutlich Menschen, deren Erfahrungshorizont im wesentlichen von praktischer Tätigkeit (eingeschlossen Handels- und Finanzgeschäfte) geprägt gewesen sein dürfte, die zugleich aber nicht ohne Bildung waren, zumindest lesen und schreiben konnten und eine Ahnung von dem gelehrten Wissen hatten, das ihnen fehlte.

5. Schwänke statt Legenden: Enikels Verhältnis zur *Kaiserchronik*

Bei der Anfertigung des Cäsar- und des Augustus-Abschnittes hat Jans — wie insgesamt bei seiner Darstellung der römischen Kaisergeschichte — die *Kaiserchronik* zur Grundlage gehabt.[11] Die beiden Chroniken sind bisher nur sehr summarisch verglichen worden. Ein breiterer Vergleich wäre lohnend. Ich beschränke mich hier darauf, ein paar Unterschiede anzuzeigen, die die Eigenart der Enikel-Chronik in ein helleres Licht rücken.

Legt man Enikels Cäsar-Abschnitt neben den entsprechenden Teil der *Kaiserchronik* (KChr 209—602), so fallen Akzentunterschiede auf. Bei der Beschreibung der Standbilder mit den Schellen ist Enikel in den technischen Details (wie die Statuen gegossen wurden etc.) ausführlicher, in der Darstellung von Cäsars Eroberungszügen ist er knapper als die *Kaiserchronik*. Auch hat Jans sich weitgehend auf den deutschen Raum beschränkt, wogegen die *Kaiserchronik* noch von den Feldzügen im außerdeutschen Raum berichtet hatte. Der Zug, den Cäsar mit den Deutschen gegen den römischen Senat unternahm, ist in der *Kaiserchronik* weit kriegerischer und mit mehr Interesse für den militärischen Verlauf geschildert als bei Jans. In mannigfachen Einzelheiten hat Enikel seine Darstellung mehr auf den Erfahrungshorizont des friedlichen ‚Durchschnittsbürgers‘ zugeschnitten, als Verfasser und Bearbeiter der *Kaiserchronik* das vor ihm getan hatten.

Den Hauptunterschied zwischen *Kaiser-* und Enikel-Chronik macht aber die Erzählung vom untergrabenen Palast. Denn von dieser Geschichte, die Jans so breit ausgeführt hat, enthält die *Kaiserchronik* nicht die geringste Andeutung! Die Hereinnahme des listigen Anonymus als zweite Hauptgestalt neben Julius Cäsar geht augenscheinlich allein auf Enikels Rechnung. Ähnliches läßt sich im Augustus-Abschnitt und in den weiteren Textpassagen über die römischen Herrscher beobachten. Des öfteren hat Enikel den Namenträgern der Profangeschichte dort anonyme Geschichtenträger zur Seite gestellt, wo die *Kaiserchronik* sich mit den in der Chronik-Tradition verbürgten Namen begnügt hatte.

Doch sind damit die Unterschiede noch nicht ausgeschöpft. Soweit ich sehe, ist Jans von der *Kaiserchronik* nicht nur zufällig, sondern recht systematisch abgewichen. Episoden hat er nicht nur hinzugefügt, sondern eine ganze Reihe auch weggelassen; und zwar sind es besonders häufig Legendenpartien, die er kürzte oder gar nicht berücksichtigte. Ich nenne Beispiele:

Von der in der *Kaiserchronik* breit ausgeführten *Sylvester*legende (KChr 7806—10633) ist bei Enikel nur die Heilung des Kaisers *Constantin* übriggeblieben (dessen Aussatz verschwand, als er von *sant silvester* getauft wurde, 25249—25520). Die weiteren legendenhaften Episoden: wie Sylvester mit den 12 jüdischen Gelehrten disputiert; wie er als Wahrheitsbeweis einen toten Stier erweckt; wie *Helena* das heilige Kreuz findet und den heiligen Rock nach Trier sendet — das alles hat Jans mit keinem Wort erwähnt.

Aus der *Gregor*legende (KChr 5839—6096) übernimmt Jans nur das Resultat, die Errettung von *Trajans* Seele, aber ohne alle legendenhaften Züge (24753—762).

Wo die *Kaiserchronik* die Legende von *Peter und Paul* erzählte (KChr 4155—4426), bricht bei Jans der gereimte Text, der bis dahin der *Kaiserchronik* recht treu gefolgt ist, ab und geht in eine dürre Prosanotiz über (nach 23432): *Nerô der griulîch künic und aehter der kristenheit, der kriuzet sant Peter. sant Pauls enthoubt er* ... Die *Faustinianus*legende, die *Crescentia*legende, die *Veronica*legende und andere erwähnt Enikel nicht. Beim Kaiser *Domitian*, dem die *Kaiserchronik* die *Johannes*legende zuordnet, erzählt Enikel stattdessen die Geschichte vom Knaben *Antiochus*, die nichts Legendenhaftes hat.[12]

Gerade vor dem Hintergrund der *Kaiserchronik* fällt Enikels Desinteresse an den Legendenstoffen besonders auf. Denn es war just die Hereinnahme von Legenden, die der *Kaiserchronik*, wie Ohly zeigt, ihr besonderes Gepräge gegeben hat. Für die *Kaiserchronik* steht seit Ohlys Studie fest, daß sie den relativ „geschlossenen Bereich" der traditionellen lateinischen Chronistik überschritten und „neuartige Stoffe" hereingezogen hat, wobei vor allem „das weite Feld der Heiligenlegende ... in seiner grundlegenden Bedeutung für die Quellenfrage und den Aufbau der Kaiserchronik" sich hat erschließen lassen (Ohly, 8). Enikels Abweichen vom Heilspfad der *Kaiserchronik* ist umso auffallender, als im Aufbau, in der Machart der beiden Werke durchaus Ähnlichkeiten bestehen. Eine „parataktisch Episode an Episode reihende Form", wie die *Kaiserchronik* sie hat (Ohly, 6), weist auch die Enikel-Chronik auf. Wenn Ohly bemerken konnte: „Wo andere Chroniken mit zunehmender Nähe zur Gegenwart breiter zu werden pflegen, wird die Kaiserchronik knapper", so trifft das auch auf Jansens Text zu. Wie die *Kaiser*-, so hat auch die Enikel-Chronik aus einer „weiträumigen Quellandschaft" Zuflüsse erhalten und „neuartige Stoffe" in den chronikalischen Bereich geholt. Doch diesmal, bei Jans, sind es keine Legenden, sondern schwankhafte Erzählungen, weltliche Historien, oft von ungewisser Herkunft.

Die *Kaiserchronik* ist im Ganzen stark frömmigkeitsgeschichtlich ausgerichtet. Gute Argumente sprechen für eine Interpretation, wonach die Erzählungen dieser Chronik sich dem Grundgedanken des „heilsgeschichtlich Bedeutsamen der sittlichen und natürlichen Welt" unterordnen (Schwietering) und „als Beweisstücke für die Ausbreitung der Civitas Dei in der Welt" zu gelten haben (Ohly, Klassen).[13] In Enikels Weltchronik dürfte man eher die gegenläufige Tendenz bemerken. Der Großteil seiner Geschichten ist wenig fromm und läßt, wenn überhaupt auf eine transzendentale Größe, dann mehr auf die Ausbreitung des Teufelsreiches, der *Civitas Diaboli*, als auf die des Gottesreiches schließen. Nur ist es eben fraglich, ob Jans seinen Text überhaupt einem derartigen Grundgedanken verpflichten wollte, da er auf heilsgeschichtliche Bezüge fast nirgendwo Gewicht gelegt hat und oft auch bei der Schilderung der gräßlichsten Geschichten indifferent geblieben ist.

6. Korrupte und andere Päpste. Kirchenkritisches bei Enikel

In der *Riuzen lande*, berichtet Jans 26677 ff., habe einmal ein verwitweter König darauf bestanden, er wolle keine Frau mehr nehmen, es sei denn seine eigene Tochter. Die *herren* des Landes fanden das Begehren widernatürlich. Doch war ihnen darum zu tun, einen männlichen Thronfolger zu erhalten, also schickten sie eine Abordnung zum Papst, die dessen Erlaubnis zur Vater-Tochter-Hochzeit mit Gold erkaufen sollte:

26741   *des volgt in der bâbst dô,*
         wan er des schatzes was frô,
         dâ von er was dem künig holt
         und erloubt im sicherlîch
         ze nemen sîn tohter wunneclîch.

Der Papst, der höchste kirchliche Würdenträger, steht hier in keinem günstigen Licht; und die Fortsetzung der Erzählung läßt seine Käuflichkeit noch peinlicher hervortreten. Denn die Tochter widersetzt sich der vom Papst abgesegneten Heirat und läßt sich lieber in einem Faß in den Fluß werfen.

Die negative Zeichnung hoher Kirchenmänner ist in Enikels Chronik kein Einzelfall; im Gegenteil. Papstgeschichten, die Jans zu berichten weiß, nehmen fast durchweg eine wenig fromme Wendung. In den Versen 22285—22320 hat Jans eine ganze Reihe von Papstgeschichten und -nachrichten zusammengestellt. Seine Galerie der Päpste leiten folgende Verse ein:

22285   *Under den baebsten gemein*
        was einer unrein.
        ob die andern waeren
        reht mit ir gebaeren
        ...
        des kan ich reht gewizzen niht.

Der erste Papst, den Enikel daraufhin vorstellt (22295–22320), war eigentlich keiner, sondern *was ein wîp ... und het sich gestellt als ein man.* Weil niemand ihr Geschlecht erkannte, wurde die Frau zum Papst gewählt. Über ihre Amtszeit, sagt Jans, wisse er nichts, könne lediglich noch melden, daß sie, als man schließlich doch ihrer *wîpheit inne wart*, mit Spott verjagt worden sei. Der nächstgenannte Papst (22321–22678) sei vorher *ein spilær* gewesen: *aller tugend was er lær.* Sehr gelehrt zwar, aber durchs Würfelspiel heruntergekommen, habe er mit dem Teufel einen Pakt geschlossen: der habe ihm zunächst die Papstwürde, dann aber ein schreckliches Ende verschafft. Der nächste Papst (22679–690) *was genant Leô.* Den hätten die Römer geblendet und ihm die Zunge herausgeschnitten. Es folgt (22691–702) ein Papst, *der got niht moht gevallen*, weil er viel Unrecht getan habe; was im einzelnen, weiß Jans nicht. Jedenfalls sei der Papst *des tiufels gewin* geworden. Vom darauffolgenden Papst heißt es (22703–710) lediglich, er sei von einer Mauer erschlagen worden. Vom Letzten in seiner Päpste-Reihe endlich weiß Jans: *der selb hêt grôz hôchfart.* Er habe sich ein gewaltiges Haus in Rom bauen lassen, dann aber ein jähes Ende genommen.

Es ist ein rechtes Gruselkabinett, das Enikel hier zusammengestellt hat. Nun waren negative Papsthistorien in der mittelalterlichen Chronistik nicht ungewöhnlich. Der weibliche Papst, von dem Jans Nachricht hat, war vom 13. bis ins 15. Jahrhundert unter dem Namen der Päpstin *Johanna* allenthalben als eine geschichtliche Tatsache gebucht. Auch der Papst mit dem Teufelspakt war in den spätmittelalterlichen Chroniken eine vertraute Größe und trug den Namen *Gerbert-Sylvester*; gemeint war der historische *Sylvester II.* (999–1003). Keine der Papstnachrichten ist, für sich allein gesehen, ungewöhnlich. Aber die Bündelung der Horrormeldungen läßt aufhorchen. Denn Enikel hat die Nachrichten höchstwahrscheinlich selbst ausgewählt und zusammengestellt, hat sie nicht en bloc aus einer Quelle übernommen. Im besonderen die Kenntnis einer Päpstin war im späten 13. Jahrhundert noch kaum vorhanden, wurde erst im 14. Jahrhundert mit den sog. *Martins-Chroniken* weit verbreitet, vielleicht gefördert vom Dominikanerorden, der Spannungen mit dem Heiligen Stuhl hatte (Döllinger).[14] Für die Nachricht von einer Frau als Päpstin bietet Jans den frühesten deutschsprachigen Beleg. Enikel nannte seine Päpste (mit einer Ausnahme[15]) nicht beim Namen, auch nicht in der ausführlichen Geschichte des Gerbert-Sylvester. Das entspricht seiner (oben erörterten) Tendenz, anonyme Gestalten zu Geschichtsträgern zu machen. Darüber hinaus hat hier die Anhäufung düsterer Nachrichten, die durch keine Zeit- und Namenangaben relativiert sind, wohl noch eine weitere Funktion. Denn die Papstgeschichten folgen unmittelbar im Anschluß an einen Papstkatalog, den Enikel, ohne ihn in Verse zu fassen, in den gereimten Text eingeschoben hat, und zwar im Anschluß an Verse über den Apostel Petrus, den ersten Papst. Der Katalog ist, mit zahlreichen Abweichungen, aus Honorius Augustodunensis übersetzt (Strauch, 428 A.1) und enthält 170 Eintragungen nach folgendem Muster:

> *Victor lebt XI jar, III manod, XXI tag.*
> *Severinus lebt IX jar, II manod, X tag.*

Liest man den Katalog und die anschließenden Papstnachrichten hintereinander, so wirken die gruseligen Geschichten wie eine Erläuterung der gesamten Namensliste und setzen so die ganze lange Kette der historischen Päpste in ein düsteres Licht. Daß dieser Effekt den Absichten des Autors entgegenkommt, zumindest ihnen nicht zuwiderläuft, bezeugen zwei Textstellen. Ausdrücklich ist Jans sich nur der schlechten Nachrichten sicher, die er bringt. Von guten Päpsten mag er nicht reden, denn *ob die andern wæren reht* (22287 f.), weiß nur der Himmel. Etwas später dann (22711–718) bekennt er, in einen *grôzen zorn* habe ihn unverständiger Leute Meinung versetzt, daß sämtliche Päpste, ganz gleich wie schlecht sie gewesen seien, *genesen* und also in den Himmel gekommen wären. Dem kann Jans niemals zustimmen: *daz widerred ich ze aller zît*, schreibt er; eine sehr entschiedene Stellungnahme für einen Autor, der sonst unermüdlich seine Skepsis oder sein Nichtwissen bekundet.

Haben wir in Jans Enikel einen heimlichen Feind der Kirche, gar einen offenen Ketzer vor uns? Man muß so weit nicht gehen. Kritik am Klerus, auch an seinen höchsten Repräsentanten, war verbreitet und längst kein Beweis dafür, daß der Kritiker außerhalb der Kirche stand. Für Enikel sind relativ enge Beziehungen zum Wiener Schottenkloster verbürgt. *Ze den Schotten tet mirz der apt bekant*, schreibt er von einer Nachricht, die er in seinem *Fürstenbuch* (1090 ff.) verarbeitet hat. In einen programmatischen Gegensatz zu kirchlichen Instanzen hat Jans sich zweifellos nicht begeben. Vermutlich teilte er aber die romkritische Einstellung, die im süddeutschen Raum des späten 13. Jahrhunderts verbreitet war[16] und die etwas später auch in der Österreichischen Landeschronik des *Ottokar von Steiermark* zur Geltung kam (cf. de Boor, III, 1, 198 f.).

Zu prüfen wäre, ob Enikels Buch sich von einer der sozialreligiösen Strömungen berührt zeigt, die es in damaliger Zeit außerhalb wie innerhalb des kirchlichen Gefüges gab. Ein naiv gläubiger Christ, den nichts weiter als eine „grob zugehauene Frömmigkeit" geprägt hat (de Boor), dürfte Jans schwerlich gewesen sein. Nicht nur die papstkritischen Episoden sprechen dagegen. Mehr noch tut das die freizügige Anlage seiner Erzählungen und seine allenthalben durchschlagende Überzeugung, mit Geld sei in der Welt alles zu erreichen. Der Skeptizismus, den Enikel an vielen Stellen zur Schau trägt, gibt seiner Weltchronik eine Grundstimmung, die jedenfalls recht weit von einer Heilsgewißheit entfernt ist, wie sie in der legendendurchwobenen *Kaiserchronik* sich ausgebreitet hatte.

7. Weitere Themenbereiche in Enikels Weltchronik

Angesichts der gewaltigen Textmasse der Enikel-Chronik wird, wer sich mit dem Werk näher beschäftigt, immer eine Auswahl aus dem Ganzen treffen müssen; zumal auch, wenn die Chronik Gegenstand des akademischen Lehrprogrammes sein soll. Die additive Bauweise des Textes macht das Herauslösen einzelner Textpartien aber auch nicht allzu schwierig, und ein ernster Substanzverlust ist dabei nicht zu befürchten. Ich weise hier noch auf einige Chronikabschnitte hin, die ich im vorigen nicht erwähnen konnte, die mir aber für ein näheres Studium lohnend erscheinen. Im Schöpfungsbericht und in den ersten beiden Weltaltern fallen die Passagen über die Erfindung der Handwerke und über den Ursprung der Standesunterschiede auf. Die umfangreichen Partien des alttestamentarischen Stoffbereiches enthalten eine Fülle bemerkenswerter ‚vergegenwärtigender' Episoden (z.B. bei *Joseph*, bei *Moses*, bei *Salomo*). In Enikels farbiger Version des Trojanerkrieges ist alles andere wichtiger als der Krieg. Die Geschichten von *Cyrus*, von *Alexander dem Großen*, von *Eraclius* und *Focas*, von *Kosdras'* Wunderturm, vom Höllenloch, vom Knaben Antiochus, vom Zauberer *Virgilius* und andere haben stoffgeschichtlich wie in ihrer Machart ein Eigenprofil, das Interesse verdient. Der „Völker- und Sprachenspiegel" im letzten Chronikteil ist ebenso eine eigene Untersuchung wert wie die Geschichten des experimentierfreudigen Kaisers *Friedrich II.* es sind. Unter den abschnittübergreifenden Fragen treten die nach dem Verhältnis von Vers und Prosa und die nach der Rolle des Geldes in Enikels Darstellung hervor; im Hinblick auf die zahlreichen bebilderten Handschriften auch das Verhältnis von Text und Bild.

1. Die Erweiterung des chronikalischen Stoffbereiches

Enikel hat eine erhebliche Menge von Erzählstoffen in seine Chronik hereingenommen, die bis dahin noch nirgends chronikalisch fixiert waren. Mehr noch: Nicht wenige dieser Stoffe waren offenbar vorher überhaupt noch nicht schriftlich niedergelegt oder zumindest noch nicht in deutscher Sprache festgeschrieben worden. Für die Geschichte von der Päpstin Johanna, für die Parabel von den drei Ringen (bei Jans ist es allerdings ein dreigeteilter Tisch) und für eine ganze Reihe anderer Episoden oder zumindest für deren Varianten darf Enikel im deutschen Sprachraum das Urheberrecht beanspruchen. An auffallend vielen Stellen muß sich die Quellenforschung bislang mit der Annahme einer „mündlichen Überlieferung" behelfen oder sich auf die Hypothese zurückziehen, Jans habe „internationales Erzählgut" frei bearbeitet (Geith: Enikel, 567).

Der Autor hat sich die Mühe gemacht, für seine Chronik Stoffe aufzubereiten, die eigentlich chronikfremd und einem universalhistorischen Entwurf nicht angemessen waren. Er hatte es oft mit schwankhaften oder exempelhaften Stücken zu tun, die, für sich besehen, keinerlei historische Qualität hatten. Er unternahm es also, eine Literatur zu chronikalisieren, die ihrem Ursprung und ihrer Anlage nach nicht in die historischen Literaturgattungen gehörte. Damit hat er sich eine Aufgabe gestellt, die einem Otto von Freising vermutlich nicht in den Sinn gekommen wäre. Er ist dabei auch weiter gegangen als der Verfasser der *Kaiserchronik*. Der hatte zwar ebenfalls einen Quellenbereich erschlossen, der ursprünglich von der Chronistik getrennt gewesen war, aber er hatte es vor allem mit Sagen und Legenden zu tun gehabt, also mit einer Literatur, die ihrerseits bereits eine historiographische Qualität besaß.

Formal gesehen befindet sich Enikels Ausgreifen auf nicht chronikalisierte Stoffe in einer Traditionslinie, die so alt wie die Weltchronistik selbst ist. Bereits die frühchristlichen Chronisten hatten das Problem, daß sie disparate Stoffgebiete, Bibel und heidnisch-antike Überlieferung in eines zusammenbringen mußten. Die weltchronistischen Grundgerüste waren seitdem immer neuen Belastungsproben ausgesetzt, mußten immer wieder neu sich bildende, noch nicht chronikkonforme Geschichtserfahrungen aufnehmen. Das führte zwangsläufig zu Aufschwellungen, die irgendwann ein kritisches Stadium erreichen und das Grundkonzept sprengen mußten. Nach der

Auffassung mancher Literarhistoriker ist dies Stadium mit Jans Enikels Geschichtenkompilation bereits erreicht. Doch das stimmt nur bedingt. Denn was die Kompilationen angeht, steht Jans erst am Anfang einer stürmischen Entwicklung in der spätmittelalterlichen Reimchronistik.

2. Geschichtskompilationen. Ein Ausblick auf die spätmittelalterliche Weltchronistik

Enikels Chronik war im 14. und 15. Jahrhundert verbreitet. Das bezeugen die etwa 40 überlieferten Handschriften des Werkes. Seine 30 000 Verse wurden allerdings meist nicht geschlossen weitergegeben. Die Abschreiber und Bearbeiter lösten oft größere und kleinere Partien heraus. Die waren damit aber nicht in die literarische Eigenständigkeit entlassen, sondern wurden in Geschichtskompilationen hinübergeführt, die nicht selten noch weit umfangreicher als Enikels Text waren. In diesen sogenannten ‚Schwellhandschriften' wurde Enikels Chronik besonders häufig mit der des Rudolf von Ems und mit der *Christherre-Chronik*[17] kombiniert. Eine Handschrift des 14. Jahrhunderts (Strauchs Nr. 9) mischte überdies noch Ausschnitte aus *Konrads von Würzburg Trojanerkrieg* und aus der *Alexandreis* des *Ulrich von Eschenbach* dazu. Seine größte Ausdehnung dürfte das kompilierende Verfahren in der *Weltchronik* des *Heinrich von München* (1. Hälfte des 14. Jahrhunderts) erreicht haben. Dort sind neben der *Christherre-Chronik* und den Weltchroniken Rudolfs von Ems und Enikels auch jüngere Rezensionen der Kaiserchronik und eine Reihe epischer Dichtungen vertreten: der *Trojanerkrieg* des Konrad von Würzburg, Ulrichs von Eschenbach *Alexandreis, Ottes Eraclius,* das Karlsepos des *Stricker,* der *Willehalm*-Zyklus und *Philipps Marienleben* (cf. Ehrismann: Hch. von München, 316). Heinrichs Chronik hat in ihrer umfangreichsten Gestalt mehr als 100 000 Verse erreicht.

Enikels Verse wurden nicht selten auch in Prosa aufgelöst, Teile des Karlsabschnittes z. B. in die Prosa der *Weihenstephaner Chronik* übernommen. Andere Teile finden sich in ‚Historienbibeln' eingearbeitet, freien Nacherzählungen der Bibel, die teils in Prosa, teils in Versen gehalten waren. Eine Wolfenbütteler Handschrift des 15. Jahrhunderts (Strauchs Nr. 8) enthält neben andern Texten die Verse 1–9396 der Enikel-Chronik; eine jüngere Hand hat davor die Überschrift gesetzt: *heir geit de bibel an.*

247

Die Geschichtsforschung hat diese Art der ‚Schwellchronistik‘ stets negativ beurteilt. Das Zusammenhäufen verschiedener Chroniken und das Untermischen poetischer Stücke schien ihr der beste Beweis dafür, daß die „Kraft zu einer weltgeschichtlichen Konzeption" versiegt und „der Tatsachensinn früherer Chronisten ... einer Vorliebe für Fabeln und Geschichten" gewichen war (Grundmann, 22). Die Tendenz zur Geschichtskompilation war nicht auf die deutschsprachige Reimchronistik beschränkt, sie herrschte auch im lateinischen Bereich. Hier sind es vor allem die Kompendien der Bettelmönche, die *Martins-Chroniken*. Sie haben, nach Grundmann (23), „in fast epidemischer Verbreitung, bald auch in die Volkssprachen übersetzt, jahrhundertelang den geschichtlichen Sinn eher erstickt als gefördert." In den *Martins-Chroniken*, die auf den Dominikaner *Martin von Troppau* (gest. 1278) zurückgehen, erscheint das alte synchronistische Nebeneinander von biblischer und heidnischer Geschichte transformiert in zwei parallel laufende Reihen von Päpsten und Kaisern. Diese beiden Reihen bilden ein denkbar einfaches und robustes Grundmuster, sozusagen ein Strickleitersystem, in das alles Erdenkliche sich einhängen ließ.

Nach herrschender Auffassung ist in all den Geschichtskompilationen jeglicher Gedanke an Systematik und Geschlossenheit verlorengegangen. Von den Lektüreerfahrungen mit Jans Enikel her könnte man hier jedoch zu einer etwas andern Einschätzung kommen; und zwar dann, wenn man die Schwellhandschriften als einen Teilbereich im Prozeß der Verschriftlichung auffaßt, der im 13. bis 15. Jahrhundert auf immer weitere Lebensbereiche ausgriff und Erfahrungs- und Kommunikationszusammenhänge zu prägen begann, die vorher ohne Schrift ausgekommen waren.

Viel ist über die kompilierten Weltchroniken noch nicht bekannt, weil die Handschriften größtenteils noch unerschlossen sind. Aber nach allem, was darüber bekannt ist, haben die Hersteller der ‚Schwellhandschriften‘ darauf hingearbeitet, die verschiedenen ihnen greifbaren Versionen eines Stoffbereiches ineinanderzuarbeiten, *eine* zusammenhängende Fassung daraus herzurichten, sie in einen umfassenden *Buch*zusammenhang zu integrieren. Ihrer handschriftlichen Aufmachung nach wirken die Kompilationen meist auch keineswegs wie Anthologien, wirken nicht zusammengestückelt. Autoren wie Schreiber haben sich offenbar alle Mühe gegeben, ihr Werk zumindest an der Oberfläche als ein geschlossenes und repräsentativ ausgestattetes Ganzes darzubieten. „Die Weltchroniken waren dazu prädestiniert, Repräsentationsstücke mittelalterlicher Hausbibliotheken zu sein" (Ott, 1216). Wenn es aber den Kompilatoren wirklich darauf ankam, Verschiedenartiges, Gegensätzliches, die ganze ‚Fülle der Erscheinungen‘, die sie kannten und fanden, in das Schriftkontinuum ihrer Weltchroniken einzubinden, dann wird man ihnen dabei ein gewisses Systemdenken nicht absprechen können. Es wäre allerdings ein Denken, das viel und vielleicht allzuviel Vertrauen auf die integrierende und systematisierende Kraft der Buchform gelegt hat. Es wäre ein Denken, dem alles bereits dadurch koordiniert erscheint, daß es einen festen Platz im Buch eingenommen hat; eine Überzeugung, die in der Schriftenkompilation der Bibel eine unterstützende Denkfigur gehabt haben könnte.

Es ist möglich, daß die Chroniken des 14. und 15. Jahrhunderts wesentlich von einer Tendenz geprägt wurden, deren Frühstadium bereits in Enikels Text zu beobachten war. Ähnlich wie bei Jans, nur sehr viel weiter noch scheinen die späteren Weltchronisten von der Systematik abzurücken, deren Konsistenz in der heilsgeschichtlichen Ausrichtung auf das Geschichtsziel gewährleistet gewesen war. Ähnlich wie bei Jans, nur viel deutlicher noch scheint die Zusammensetzung und der Zusammenhalt einer Weltchronik vom Standpunkt des jeweiligen Chronisten bestimmt zu sein. Damit ist das Stichwort für meinen Schlußabschnitt gegeben.

3. Noah schließt die Arche selbst

Den Wandel des Welt- und Geschichtsverständnisses im ausgehenden Mittelalter hat Rupprich (IV, 1, 138) mit den folgenden Sätzen beschrieben: ,,Der hochmittelalterliche Standpunkt einer bis ins einzelne reichenden unmittelbaren göttlichen Weltordnung wird aufgegeben. ... Die Beweggründe des Geschehens werden aus den Bereichen der Bestimmtheit durch Gott oder den Einflüsterungen des Teufels verlagert in die persönliche Willenssphäre des Menschen". Das ist zweifellos sehr abstrakt und schlägt einen raschen Bogen über eine Entwicklung, die im konkreten Geschichtsverlauf nur langsam und widersprüchlich vorangekommen ist. Ein Geschichtsverständnis ist damit bezeichnet, das erst in der Neuzeit herrschend wurde, aber schon lange vorher als eine Möglichkeit an einzelnen Punkten sich angedeutet hatte. Jans Enikels Weltchronik enthält solche Punkte. In ihren Episoden geschieht es nicht selten, daß der Gedanke an die göttliche Fügung völlig verdrängt ist und die handelnden Figuren allein das Feld beherrschen. Das geschieht nicht programmatisch, eher beiläufig aus dem Erzählfortgang heraus, aber es geschieht immerhin. An den Erzählungen, die ich erörtert habe, war das hier und da abzulesen. Doch greife ich zur Verdeutlichung, und weil es einen guten Abschluß ergibt, noch einmal auf den Textabschnitt von der Arche Noah zurück, von dem ich anfangs bereits einen Teil wiedergegeben habe:

In der Bibel hatte Gott dem Noah eine genaue Bauanleitung für die Arche gegeben (1. Mose 6, 14—16), Enikels Noah hingegen muß sich die Schiffskonstruktion selbst ausdenken:

1757   *Dô gie Noê und trahte,*
        wie er ein arc machte,
        die guot und nütz waere.

Seine Eigenständigkeit bewahrt sich Jansens Noah auch im weiteren Fortgang der Geschichte. Denn während im Bibeltext Gott selbst es gewesen war, der als der eigentliche Bauherr die Arche verschlossen und auf den Weg geschickt hatte (1. Mose 7, 16), ist das bei Enikel anders. In seiner Schilderung hat *Noê* beim Bau der Arche soviel Eigendynamik entwickelt, daß für Hinweise auf Gottes Hereinwirken gar keine Gelegenheit mehr war. So blieb denn die Hand Gottes aus dem Spiel und Noah selbst tat das Nötige (1821):

    Dô slôz Noê die arc zuo.

Anmerkungen

* Dieser Beitrag ist Professor Dr. Karl Stackmann zum 21. März 1982 gewidmet. Hartmut Kugler

1 „Der historische Wert der Schriften Enikels ist äußerst gering" (Strauch, LXXVII). „Es fehlt die Würde, die Auffassung ist unhöfisch. ... Auch der Stil entspricht dieser gesellschaftlichen Stufe (sc. des Stadtbürgers), er ist kunstlos ohne literarische Muster aus der ritterlichen Epik". (Ehrismann, 432).

2 De Boor, III, 1, 194. Grundmann, 23. Derartige Stellennachweise füge ich, um den Anmerkungsapparat zu entlasten, im weitern in den laufenden Text ein.

3 In Abhandlungen über die mittelalterliche Chronik ist Enikels Weltchronik öfter mitberücksichtigt. Es hat aber im 20. Jahrhundert noch keine längere Abhandlung gegeben, die die Weltchronik zum Hauptthema gehabt hätte. Literaturangaben s. bei Geith: Enikel, 569. Zu Enikels Fürstenbuch neuerdings U. Liebertz-Grün.

4 In der Kaiserchronik, der Enikel hier in der Hauptlinie folgt, ist Christi Geburt als Geschichtseinschnitt ähnlich undeutlich markiert. Allerdings be-

ansprucht die Kaiserchronik auch nicht, eine Weltgeschichte zu sein, die den ganzen Rahmen der sechs Weltalter umspannt. Zum Verhältnis von Enikel zur Kaiserchronik s. u. S. 000.

5 Siehe dazu Kleinschmidt: Herrscherdarstellung, 177; Geith: Karl d. Gr., 240 f.; Geith: Enikel, 569.

6 In der 1. Auflage des Verfasserlexikons (cf. Schmeidler) wurde Jans Enikel noch als „Jans" im Buchstaben J geführt, in der 2. Auflage des Lexikons ist er nun als „Enikel" beim Buchstaben E eingereiht (cf. Geith). Ich folge der neueren Auffassung, wonach „Enikel" sich zum Nachnamen entwickelt hat.

7 Strauch: Studien, 38—41.

8 Otto von Freising: Gesta Friderici I, 8; cf. Lammers, XXXIII.

9 Quellengeschichtlich verbirgt sich dahinter der Kyklop, dem Ulysses das Auge ausgestoßen hat.

10 Die Koalition Cäsars mit den Deutschen hat die Kaiserchronik bereits aus dem Annolied (Abschnitt 24—28) übernommen. Wie die Geschichtsversion dort zustandekam, ist ungeklärt. Cf. E. Nellmann: Das Annolied, hrsg., übersetzt und kommentiert, Stuttgart: Reclam 1975, 97 f.

11 Die Kaiserchronik ist im Band 1 dieser Einführung behandelt, und zwar in Hartmut Kokotts Beitrag: „Frühhöfische" Dichtung, S. 13—21. — Enikel kannte vermutlich nicht die heute am leichtesten greifbare Fassung A der Kaiserchronik (hg. von Edward Schröder), sondern die jüngere Fassung B, die um etwa 1600 Verse gekürzt war.

12 Ich erinnere daran, daß die Geschichte des Kaisers Karl mit der toten Gattin ihr Hauptmotiv aus einer Legende bezogen hat, bei Jans von einer Legende aber nichts mehr zu bemerken ist (s. o. S. 226).

13 Ohly, 5, referiert E. Klassen: Geschichts- und Reichsbetrachtung in der Epik des 12. Jahrhunderts, 1938. Dem voraus gehen Überlegungen Schwieterings und Scheunemanns.

14 Joh. Jos. Ign. v. Döllinger: Die Papstfabeln des Mittelalters, München 1863 (Nachdruck Frankfurt/M. 1968), über die Päpstin Johanna S. 1—45.

15 Die Geschichte des Papstes Leo III. folgt später im Abschnitt über Karl den Großen (26181—26240). Der Papst gilt dort als der Bruder Karls, spielt aber gegenüber dem Kaiser eine ganz untergeordnete Rolle.

16 Im Jahr 1287 wies das Nationalkonzil zu Würzburg unter der Führung des Erzbischofs Siegfried von Mainz die Geld- und Machtansprüche des Papstes (Honorius IV., 1285—87) zurück.

17 Die Christherre-Chronik ist in der 2. Hälfte des 13. Jahrhunderts, vermutlich in Thüringen, entstanden. Sie ist Fragment, reicht ursprünglich nur bis ins Buch der Richter, wurde aber in jüngeren Handschriften oft fortgesetzt. Anders als Enikels Chronik lehnt sie sich sehr viel stärker an ihre lateinischen Vorlagen an, v. a. an Gottfried von Viterbo und an des Petrus Comestor Historia scholastica, aus der der Verfasser ausdrücklich *von latîne in tiutsch* übertragen zu haben angibt. Der Historia scholastica folgend bringt die Christherre-Chronik über die heidnische Geschichte nur knappe Notizen. Siehe Norbert Ott: Christherre-Chronik, 1214 f.

Literaturhinweise

Aurelius Augustinus: Vom Gottesstaat. De civitate dei. Übers. v. Wilhelm Thimme, Zürich 1977

Jans Enikel: Weltchronik. In: Jansen Enikels Werke, hg. von Philipp Strauch, (Nachdruck der 1. Aufl. von 1891), S. I—C und 1—596. (= Monumenta Germaniae Historica, Deutsche Chroniken 3. Bd.), Dublin/Zürich 1972

Otto von Freising: Chronik oder die Geschichte der zwei Staaten/Chronica sive historia de duabus civitatibus, übersetzt v. Adolf Schmidt, hg. von Walther Lammers. (= Ausgewählte Quellen zur deutschen Geschichte des Mittelalters, Frh. vom Stein-Gedächtnisausgabe, Bd. XVI), Darmstadt 1961

Rudolf von Ems: Weltchronik, hg. von Gustav Ehrismann, (1. Aufl. 1915). (= Deutsche Neudrucke, Reihe Texte des Mittelalters), Dublin/Zürich 1967

Helmut de Boor: Geschichte der deutschen Literatur III, 1: Die deutsche Literatur im späten Mittelalter. Zerfall und Neubeginn, 1. Teil (1250—1350). München 1967

Helmut de Boor: Der Wandel des mittelalterlichen Geschichtsdenkens im Spiegel der deutschen Dichtung. In: ZfdPh, Sonderheft 1963, 6—23

Helmut Brackert: Rudolf von Ems. Dichtung und Geschichte. Heidelberg 1968

Anna-Dorothee v. den Brincken: Studien zur lateinischen Weltchronistik bis in das Zeitalter Ottos von Freising. Düsseldorf 1955

Otto Brunner: Das Wiener Bürgertum in Jans Enikels Fürstenbuch. In: O. B., Neue Wege der Verfassungs- und Sozialgeschichte. Göttingen 1968, 242—265

Gustav Ehrismann: Geschichte der deutschen Literatur bis zum Ausgang des Mittelalters. 2. Teil: Die mittelhochdeutsche Literatur. Schlußband, München 1935

Gustav Ehrismann: Heinrich von München. In: Verfasserlexikon, 1. Aufl., Bd. 2, 316 f.

Karl-Ernst Geith: Jans Enikel. In: Verfasserlexikon, 2. Aufl., Bd. 2, 565—569

Karl-Ernst Geith: Carolus Magnus. Studien zur Darstellung Karls des Großen in der deutschen Literatur des 12. und 13. Jahrhunderts. Bern/München 1976

Herbert Grundmann: Geschichtsschreibung im Mittelalter. Gattungen — Epochen — Eigenart. 2. Aufl. Göttingen 1965

Erich Kleinschmidt: Herrscherdarstellung. Zur Disposition mittelalterlichen Aussageverhaltens. Bern/München 1974

Ursula Liebertz-Grün: Bürger, Fürsten, Dienstherren, Ritter und Frauen. Gesellschaftsdarstellung und Geschichtsbild in Jans Enikels Fürstenbuch. In: Euphorion 74, 1980, 77—94

Lammers siehe unter Otto von Freising (Quellen)

Ernst Friedrich Ohly: Sage und Legende in der Kaiserchronik. Untersuchungen über Quellen und Aufbau der Dichtung. 2. Aufl. Darmstadt 1968

Norbert H. Ott: ‚Christherre-Chronik‘. In: Verfasserlexikon, 2. Aufl., Bd. 1, 1213—17

Hans Rupprich: Geschichte der deutschen Literatur IV, 1: Die deutsche Literatur vom späten Mittelalter bis zum Barock. 1. Teil: Das ausgehende Mittelalter, Humanismus und Renaissance, 1370—1520. München 1970

Bernd Schmeidler: Jans Enikel. In: Verfasserlexikon, 1. Aufl., Bd. 2, 575—580

Strauch siehe unter Jans Enikel (Quellen)

Philipp Strauch: Studien über Jans Enikel. In: ZfdA 28, 1884, 35—64

9. Johannes von Tepl: *Der Ackermann aus Böhmen*

Einführung

Der Ackermann aus Böhmen[1] ist ein um 1401 entstandener, in früh-
neuhochdeutscher Prosa verfaßter Text; sein Autor ist, wie wir seit
der Auffindung des Widmungsbriefes im Jahre 1933 wissen, der als
Stadtschreiber, Notar und Schulrektor in *Saaz*, später als Notar in
Prag tätige *Johannes von Tepl*. Der Text entstand im Umkreis des
mit dem Frühhumanismus sympathisierenden Prager Hofes zur Zeit
vorreformatorischer Auseinandersetzungen in *Böhmen* (1400 Prie-
sterweihe von *Hus*).

Die mit 16 Handschriften und 17 frühen Drucken reiche Überlieferung dokumentiert das bereits zeitgenössisch große Interesse an unserem Text. Sie setzt allerdings erst fast ein halbes Jahrhundert später außerhalb seines böhmischen Entstehungsraumes ein, so daß eine
in allen Einzelheiten gesicherte Rekonstruktion des Originals schwerlich zu erreichen sein dürfte, wie die zahlreichen, z. T. recht verschiedenen kritischen Textausgaben belegen[2].

Um einem Wunsch seines lieben Jugendfreundes zu entsprechen,
so führt der Autor im Widmungsbrief aus, habe er dieses sein *‚unge-
pflegtes und bäuerisches, aus deutschem Geschwätz zusammenge-
stoppeltes Machwerk‘* (S. 84) verfaßt, und der mit den literarischen
Gepflogenheiten der damaligen Zeit nicht vertraute Leser kann leicht
übersehen, wie ambitioniert bereits der Brief versucht, das Gegenteil
unter Beweis zu stellen. Die wortgewaltige Beteuerung mangelnder
Kunstfertigkeit wie die entschuldigenden Formeln für die Unzuläng-
lichkeit der Sprache gehören zum rhetorischen Standardrepertoire,
sind Ausdruck ‚affektierter Bescheidenheit‘[3]. Johannes von Tepl
hat besondere Gründe, diese Tradition aufzunehmen: Angesichts der
Wertschätzung der lateinischen Sprache, die in Humanistenkreisen
als ideale Kunstsprache galt, geriet volkssprachliche Dichtung unter
Legitimationsdruck, zumal wenn sie entgegen der zeitgenössischen
Literaturerwartung nicht in Versen, sondern in Prosa verfaßt war
(vgl. II, 13 ff.)[4].

In dem in 32 Kapitel gegliederten Streitgespräch will der den Verlust seiner jungen Frau beklagende Ackermann dem personifizierten Tod den Prozeß machen: er fordert Rückgabe bzw. Schadenersatz für die verlorene Gattin. Der Tod verteidigt sich gegen die zunächst in juristischen Formen erhobenen Anklagen und geht schließlich selbst zum Angriff über. Die 33. Rede bringt das Urteil Gottes. Das Werk schließt mit einem litaneiartigen Fürbittgebet des Ackermanns für seine Frau.

Dieser Text bewegt sich, von der Prosaform abgesehen, durchweg in traditionellen Bahnen, er verweist auf lateinische und deutschsprachige Streitgespräche, auf traditionelle Argumente in der Auseinandersetzung mit dem Todesproblem, er verkörpert die gesamte rhetorische und stilistische Tradition des gelehrten Mittelalters – und dennoch ist dieser durch und durch traditionelle Text zugleich beunruhigend neu.

Diese Mehrdimensionalität des Textes hat zu äußerst widersprüchlichen Forschungsaussagen in der Beurteilung seiner geschichtlichen Ortung, seiner formal-stilistischen wie inhaltlichen Momente geführt. Als wenig fruchtbar erweist sich eine an der nur punktuell bekannten Biographie des Autors orientierte Interpretation. Es mag eine Übereinstimmung der vom Ackermann beklagten Situation des Verlustes der Gattin mit derjenigen des Autors geben. Dennoch kann ein Text, der nach allen Regeln der Redekunst aufgebaut ist und so nachdrücklich die Distanz zwischen spontaner Empfindung und deren literarischer Stilisierung demonstriert, schwerlich als unmittelbare Erlebnisdichtung aufgefaßt werden. Diese Einsicht hat bei einigen Interpreten, die sich insbesondere auf den Widmungsbrief stützen, in dem Johannes von Tepl seine stilistisch-rhetorischen Ambitionen zum Ausdruck bringt, zur extremen Gegenposition geführt, es handle sich überhaupt nicht um ein Kunstwerk, sondern lediglich um ein an einem mehr oder weniger zufälligen Sujet konstruiertes rhetorisches Schulbeispiel. Auf dem Hintergrund der neueren Rhetorikforschung erweist sich diese Alternative, wie weiter unten erläutert werden soll, als unhaltbar[5].

Kontrovers in der Forschungsliteratur sind auch die historischen Einordnungen des Textes. Z.T. wird er insgesamt dem Mittelalter zugeschlagen, z.T. wird das Neue in der unabhängig vom Inhalt betrachteten stilistischen Perfektion gesehen, gängiger sind allerdings epochenmäßige Zuordnungen der beiden Dialogfiguren. Hier gilt der Ackermann durchweg als Vertreter der frühhumanistischen bzw. renaissancehaften Bestrebungen gegenüber dem auf mittelalterlichscholastischen Positionen beharrenden Tod[6]. Bei dieser Betrachtungsweise wird unterschlagen, daß bei beiden Kunstfiguren widersprüchliche Ebenen der Argumentation angelegt sind, daß beide im Verlauf des Streitgesprächs aufeinander einwirken und ihre Positionen einer Entwicklung unterliegen. Dies erlaubt gerade nicht deren statische Fixierung, wie dies für die Tradition der Streitgespräche z.T. adäquat ist. Der Text läßt es nicht zu, die Kontrahenten isoliert zu betrachten bzw. sie in ihrer zunächst gegebenen Selbständigkeit zu belassen. Vielmehr ist mit Nachdruck auf die von Hahn hervorgehobene Dynamik im Prozeß der Auseinandersetzung zu verweisen. Dem widerspricht nicht, daß trotz der Dynamik des Gesprächs, die eine Veränderung der Positionen und eine Verlagerung der Thematik mit sich bringt, ein argumentativer Grundbestand beider Kontrahenten festzustellen ist, an dem durchweg festgehalten wird, der im Gesprächsverlauf also nicht aufgeht bzw. verschwindet. Hahn hat dies mit den Termini ‚Ordnung des Todes‘ und ‚Ordnung des Ackermanns‘ gekennzeichnet.

Die unterschiedlich zu charakterisierenden Diskursstile haben dazu geführt, den Autor mit einer seiner beiden Kunstfiguren zu identifizieren, sei es mit dem Ackermann oder aber mit dem Tod[7]. Hier ist jedoch die Komposition des Streitgesprächs ernst zu nehmen, die insgesamt der Strategie des Autors zuzurechnen ist und dazu zwingt, den Text als geschlossenes Werk zu betrachten. Dieses endet keineswegs mit dem ‚Unentschieden‘ des Gottesurteils, sondern findet erst im Schlußgebet des Ackermanns seinen abschließenden Ruhepunkt.

Darstellung und Wertung des Todes

Das Streitgespräch setzt ein mit dem in dreimaliger Wiederholung formelhaften, dennoch zutiefst verzweifelt anmutenden Zetergeschrei des Ackermanns, dessen leidenschaftliche Klage und Anklage sich zur Vernichtungsforderung steigert, bei der Gott und seine gesamte Schöpfung als Zeugen angerufen werden: *Grimmiger tilger aller leute, schedlicher echter aller werlte, freissamer morder aller menschen, ir Tot, euch sei verfluchet!* (I, 1 ff.)[8]. Mit ironischer Verwunderung reagiert der Tod, der seiner unbelangbaren Stellung sicher ist; im pluralis majestatis postuliert er seine Rechtmäßigkeit, die er, den Ernst der Klage respektierend, mit herablassendem Gestus zu belegen sich bereit findet. Dem blind in seinem Schmerz befan-

255

genen, sich in erneuten Verwünschungen Luft machenden Ackermann entgegnet der Tod mit rationalen Argumenten, die er gleichwohl nicht trocken auflistet. Zunächst den besonderen Fall durchaus in Betracht ziehend, stellt er sein Wirken als segensreich dar: in
der Stadt Saaz habe er sein Gnadenwerk vollbracht an jener, die der
Ackermann offenbar ohne jeden Grund beklage, denn makellos sei
sie ins Paradies eingegangen. Angesichts der unnachgiebigen Haltung
seines Kontrahenten jedoch zieht er sich auf seine unangreifbare
Position zurück: *Wir tun als die sunne, die scheinet vber gut vnd
bose* (VI, 12 f.); als Naturgewalt, die unparteiisch und unbestechlich, ohne Ansehen der Person in erhabener Gerechtigkeit walte,
sei er wahrlich keine Rechenschaft schuldig über jede einzelne Krea-
tur, die da kreucht und fleucht. *Der mechtig aller werlte herzog*
habe ihn als Herrn über die irdischen Lande gesetzt, *das wir alle vber-
flussigkeit ausreuten vnd ausjeten sullen* (VIII, 6 ff.), als kosmische
Ordnungsmacht sei er Objektivation göttlichen Willens, deren all-
umfassender Wirkung nichts widerstehen könne, des Ackermanns
geliebte Gattin sowenig wie er selber (X). Dieser Logik vermag sich
auch der Ackermann nicht gänzlich zu entziehen: seine Mordan-
klage wandelt sich zum Vorwurf, sein tödliches Wirken mache ihn
zu *aller leute eebrecher*. Zögernd erkennt er den Tod seiner Frau
an, stellt jedoch um so erbitterter die Gerechtigkeit des Todes in
Frage: *Ee der zeit…, zu fru …, allzu schiere* (vor der Zeit, zu früh, allzu schnell) sei seines Lebens Wonne ihm genommen (XIII, 14—16).
Noch einmal läßt sich der Tod herab, den zur Rede stehenden Einzelfall zu legitimieren: gnadenvoll sei es gewesen, gnadenvoll auch
der Zeitpunkt. In der Blüte ihrer Jahre, zu segensreicher Stunde, *des
jares do die himelfart offen was*, sei die selige Märtyrerin *in ewige
freude, in immerwerendes leben vnd zu vnendiger ruwe* (Ruhe) *nach
gutem verdienen genediglich kumen* (XIV, 18 ff.). Den göttlichen Auftrag erneut in Abrede stellend, provoziert der Ackermann den Tod
zu einer umfassenden Selbstdarstellung, deren widersprüchliche Ebenen der Legitimation neue Angriffspunkte bloßlegen. Von Gott
selbst sei er eingesetzt, *ein rechte wurkender meder* (Mäher), im Pa-
radiese geschaffen als der Sünde Sold, Straf- und Naturordnung,
heilsgeschichtliches, ethisches und utilitaristisches Prinzip zugleich.
Parallel zur theologischen Perspektive, die den Tod als Übergang zu
einem anderen Leben im Jenseits auffaßt, stellt er sich, die heilsgeschichtliche Perspektive negierend, als unfaßbares Nichts, *des nicht-
wesens anfang* dar (XVI, 20), der alles dem Prozeß *von ichte zu
nichte* (von etwas zu nichts) unterwirft. *Ellende bawen alle leute auf*

erden (XX, 17 f.), in der Fremde befinden sie sich, dem Tod verfallen von Geburt an. Die Selbstbehauptung des Todes gipfelt schließlich in dem Diktum: *das leben ist durch sterbens willen geschaffen* (XXII, 9 f.), nichtig und eitel ist alles menschliche Tun. Folgerichtig leitet er aus seiner Orientierung alles Lebendigen hin auf Sterben und Zernichtung die Sinnlosigkeit des Lebens selbst ab.

Dieser Argumentationszusammenhang ist, darauf wird in der Sekundärliteratur zu Recht hingewiesen, in der Tat traditionell. *Bernhards von Clairvaux* (1090—1153) *De contemptu mundi* und *Heinrichs von Melk Memento mori* (etwa 1160, vgl. Bd. 1, S. 88 ff.) bleiben Grundmotive mittelalterlicher Theologie und Literatur. Weltverachtung und Jenseitsorientierung werden als Leitprinzipien eines heilsamen Lebens propagiert. Als Ausdruck der Reform von *Cluny* wie der *Hirsauer* Bewegung gibt sich die geistlich-asketische Literatur zugleich als Reaktion auf Verfalls- und Krisenerscheinungen der mittelalterlichen Kirche zu erkennen, und dies verbindet sie mit den vorhussitischen Kirchenreformbestrebungen Böhmens[9].

Wohl verstärkt die allgemeine Mobilisierung des Reichtums — die Durchsetzung von Ware-Geld-Verhältnissen und die Entstehung von Handels- und Wucherkapital — den päpstlich-kirchlichen Machtapparat, untergräbt zugleich jedoch die Grundlagen, auf denen die Macht der Religion beruhte. Die Kirche als reichste feudale Institution gerät entschieden in Widerspruch zur eigenen Legitimationsgrundlage und diskreditiert sich selbst, indem sie das Heil zum Gegenstand des Schachers macht. Vergleichbar mit der vorreformatorischen Situation in Deutschland ein Jahrhundert später, ist die Rückkehr zur machtlosen Urkirche, zumal seit dem abendländischen Schisma (1378), zentrale Forderung innerkirchlicher wie häretischer Armutsbewegungen Böhmens, komplementär zur Gier des Adels nach Kirchengut[10].

Vor dem Hintergrund dieser Erfahrungen verbindet sich die polemische Entwertung des Diesseits auf der Grundlage radikaler Weltverneinung und Jenseitsorientierung in der Argumentation des Todes mit der Entwertung menschlichen Glücksverlangens schlechthin, gestützt auf die mit dem Frühhumanismus zu neuer Geltung gelangte stoische Affektlehre (XXII). Dies entspricht nicht der christlich-dogmatischen Position der mittelalterlichen Kirche, wie dies die Forschung mitunter unterstellt hat[11]. Gerade in der Vermittlung von Natur und Übernatur, Sünden- und Gnadenstand, Diesseits und Jenseits bestand die Leistung der scholastischen Theologie, die der Tod hier entschieden attackiert. Weltfreude und Genuß waren keineswegs unvereinbar mit einem christlichen und gottgefälligen Leben, und nicht ohne Berechtigung konnte die adlige Standesliteratur den notwendigen Zusammenhang beider postulieren. Der Tod erschien nicht durchweg als Ende leidvoller Pilgerfahrt im irdischen Jammertal, und sein Stellenwert in Denken und Literatur hing allemal ab von den Lebenschancen ihrer Träger.

Wie sehr Darstellungs- und Erfahrungsmöglichkeiten des Todes klassenspezifischen Bestimmungen unterliegen, zeigt sich gerade in deren vermeintlicher Aufhebung: *Mors omnia aequat* (der Tod macht alles gleich), diese Formel betrifft, wie selbst ihre sozialkritische Wendung aus der Sicht eines von *Machiavelli* zitierten Wollarbeiters im 14. Jh. einbekennt, einzig die Todverfallenheit des Kreatürlichen. *Zieht uns unsere Kleider aus,* so ruft er den Revoltierenden zu, *und Ihr werdet uns alle gleich sehen*[12]. Nur um den Preis der Reduktion des Menschlichen auf nackte Natur, auf die sich der Tod im folgenden denn auch beruft, läßt sich unter den gegebenen Verhältnissen die Gleichheit aller Menschen ableiten, die im Diesseits freilich so wenig existiert wie im Jenseits. Daß sich Natur und Kultur nicht auseinanderdividieren lassen, macht die These von der Gleichheit vor dem Tod zur ideologischen Schutzbehauptung. De facto nehmen die Mächtigen und Reichen als Lebende ihre privilegierten Betstühle in der Kirche mit derselben Selbstverständlichkeit ein, mit der sie, zumal dank der Monetarisierung kirchlicher Gnadenmittel, eine ihrer sozialen Stellung angemessene Placierung im himmlischen Jerusalem beanspruchen dürfen. Die testamentarische Übereignung der *temporalia*, der zeitlichen Güter, an die Kirche ermächtigt zugleich zum dergestalt legitimierten diesseitigen Genuß dieser Güter. Die standesgemäßen Bestattungsrituale demonstrieren nachdrücklich und für jedermann sinnfällig die Verlängerung gesellschaftlicher Hierarchie ins Jenseits hinein[13].

Im Vergleich zu zeitgenössischen Todesvorstellungen ist nun das Erstaunliche am *Ackermann*text, daß das Seelenheil kaum zur Rede steht, und dessen irdische Vermittlerin, die Kirche, überhaupt keine Erwähnung findet. Den wiederholten Hinweisen des Todes, die betrauerte Gattin sei in ewigen Frieden eingegangen, begegnet der Ackermann mit bitterer Ironie; den Ermahnungen, daß auch er selbst dem Tod nicht entgehen werde, schenkt er nicht die geringste Beachtung.

Der Tod nahestehender Personen ist traditionellerweise Anlaß zu *Vanitas*betrachtungen und zum *memento mori*, beim *Teichner* (um 1310–1372/78) etwa: *vnd wan ich ainen begraben sich, / So ge-*

dench ich zu hant an mich, / daz ich auch da bin muezz nisten (Und
wenn ich sehe, daß einer begraben wird, dann denke ich sogleich an
mich, daß ich auch dort meine Stätte suchen muß)[14], in der spekula-
tiven Tradition wohl auch zum Versuch der Überwindung der
Todesfurcht im Verlangen nach immerwährender *unio mystica*,
bei *Petrarca* ästhetisiert zu bittersüßer Todessehnsucht — beim
Ackermann findet sich nichts von alledem. Gänzlich befangen im
eigenen Schmerz, interessiert ihn die himmlische Glückseligkeit seiner Gattin herzlich wenig. Hier auf Erden soll sie zusammen mit ihm
glücklich sein wie ehedem.

Die Trauerarbeit des Ackermanns

Der Tod seiner Gattin stürzt den Ackermann in tiefste Verlassenheit.
Allen Unbilden fühlt er sich hilflos ausgeliefert, er erfährt sich als
orientierungs- und schutzlos: *Also treibet mich der wint, ich swimme
dahin durch des wilden meres flut, die tunnen* (Wogen) *haben vber-
hant genumen, mein anker haftet nindert* (III, 21–24). Bilderreich
beschwört er seinen Verlust, nun da *die finster nacht ist allenthalben
vor meinen augen ..., mein rechte furender leitestab vnbarmherzig-
lich mir aus den henden wart gerucket*, da *zu meines heiles verne-
wendem jungbrunnen mir der weg verhawen* (V, 9 ff.). Trostlos über
die Maßen will er sich nicht trösten lassen, er will sich sein *vngehe-
wer sinneleit, vernunftleit vnd herzenleit aus den augen, aus den
sinnen vnd aus dem mute* nicht schlagen lassen (XI, 6–8).

Diese Zurückgeworfenheit auf sich selbst und sein Leiden macht
ihn unzugänglich für jede reflektierende Betrachtung seiner Situation; die Einwendungen des Todes prallen ungehört ab und provo-
zieren ihn nur um so mehr zu Verwünschungen und Fluchkaskaden.

Die strukturelle Spannung des Textes liegt nun in der allmähli-
chen Aufhebung des sich jeder Objektivation entziehenden Aufbe-
gehrens des Ackermanns, in seiner sukzessiven Anerkennung der
Realität und ihrer psychischen Verarbeitung, psychoanalytisch gesprochen in seiner ‚Trauerarbeit'. Zunächst wird seine gesamte Ener-
gie durch die Hingabe an Trauer und Schmerz absorbiert; die wüten-
den Angriffe auf den Tod wirken kaum entlastend. Ohne seine Gattin erscheinen ihm die Welt und das Leben arm, trostlos und leer:
*vnmenschlich tet ich, wo ich solch lobeliche gotes gabe, die niemant
dann got allein geben mag, nicht beweinte..., billichen klage ich*
(VII, 5 ff.), hält er den Ermahnungen des Todes entgegen. Genau

dieses jedoch bestreitet der Tod: *Er ist tumm, der beweinet die totlichen. Laß ab!* (VIII, 20 f.). Diese radikale Negation seines Klage- und Trauerrechts kann der Ackermann nicht unwidersprochen lassen. Wenngleich er auf die sachlichen Argumente des Todes noch nicht eingeht, faßt er seinen Gegner nun schärfer ins Auge. Beschwö- rend vergegenwärtigt er sich sein verlorenes Glück, erinnernd versetzt er sich zurück in die Situation des Zusammenlebens mit seiner Gattin, deren Qualitäten er idealisierend überhöht. Dieses reprodu- zierende Erinnern mahnt ihn an die Unwiederbringlichkeit seines Verlustes, erstmals stellt er das jenseitige Glück seiner Gattin Gott anheim (XI), ringt sich schließlich zum zögernden Akzeptieren ihres Todes durch (XIII), ohne jedoch die Angriffe auf den Gegner einzu- stellen. Entschieden versucht er den Tod gegen Gott auszuspielen bis hin zu der Behauptung, dieser *betrubet vnd verruret* (verfinstert und zerstört) *dir alle dein irdische herschaft* (XV, 26 f.).

Im einzelnen will er dies nun unter Beweis stellen: *Darvmb weste ich gern, wer ir weret, was ir weret, wie ir weret, von wann ir weret vnd warzu ir tuchtig weret* (XV, 13—15). Damit weitet sich auch sein Argumentationshorizont ins Allgemeinere, der Tod seiner Gattin wird als exemplarischer Fall der behaupteten Ungerechtigkeit des Todes einer Beispielsreihe hervorragender Personen subsumiert (XVII).

Angesichts der Uneinsichtigkeit des Ackermanns verliert der Tod die Geduld. Ironisch identifiziert er seinen Kontrahenten mit den Helden heils- und weltgeschichtlicher Großtaten seit dem Sündenfall, verspottet ihn als Inkarnation aller Weisheit und übermenschlichen Könnens. Doch der Ackermann zahlt nicht in gleicher Münze heim, scheinbar macht er Zugeständnisse, gibt sich großmütig, ist zur güt- lichen Beilegung des Streits bereit — vorausgesetzt, daß der Tod sein Unrecht einsieht und wiedergutmacht. Noch einmal setzt der Tod zur Unterweisung im Guten an, fast sieht es so aus, als lenke der Ackermann ein, um den Tod gleich darauf allerdings um so gründli- cher ins Unrecht zu setzen. Gerechtem Tadel wolle er sich nicht ent- ziehen, wüßte er nur, wie er *so vnsegeliches leit, so jemerlichen kum- mer, so aus der massen grosse betrubnuß aus dem herzen, aus dem mute vnd aus den sinnen ausgraben, austilgen vnd ausjagen sulle* (XXI, 5—8). Trauer jedoch sei ein übermächtiger Naturzwang, dem selbst unvernünftige Tiere unterlägen. Dergestalt für seine Sache wer- bend, beharrt er entschlossen auf seiner Forderung: *Hilfe, rates vnd widerbringens seit ir mir pflichtig, wann ir habt mir getan den scha- den* (XXI, 21—23)[15].

Der Tod ist um Rat nicht verlegen. Ungehalten verweist er, sich irrtümlicherweise auf *Aristoteles* berufend, auf die stoische Affekt-lehre: *treib aus dem herzen, aus dem sinne vnd aus dem mute liebes gedechtnuß, allzuhant wirstu traurens vberhaben* (alsbald wirst du des Trauerns enthoben sein; XXII, 34 ff.).

Diese Zumutung bringt den Ackermann zu einer Aussage, mit der der Tod eigentlich zufrieden sein könnte: *Ist sie mir leiblichen tot, in meiner gedechtnusse lebet sie mir doch immer* (XXIII, 30 f.).

War er zu Beginn, völlig in seinem Schmerz befangen, einzig auf Rache und Vernichtung aus, hatte er sich dann in seinen Angriffen auf den ungerechten Zeitpunkt konzentriert, so akzeptiert er hier endlich den Tod seiner Gattin und will ihr ein ehrendes Andenken bewahren. Der Anlaß des Streitgesprächs, der Tod *Margarethas*, ist damit beigelegt und wird im weiteren Verlauf nicht mehr aufgenommen. Der Ackermann hat sich in einem langwierigen schmerzhaften Prozeß mit dem Verlust seiner Gattin abfinden müssen und realisiert erst jetzt eigentlich seine neue Situation in vollem Umfang. Diese ist gekennzeichnet durch ein historisches und literarisches Novum: Er steht ganz alleine da, ohne alle sozialen und kirchlichen Bindungen. In vergleichbaren Texten wird der Tod wie das Leben eingebettet gezeigt in kollektive Zusammenhänge. Der Trauernde ist umgeben von seiner Familie, seinen Verwandten, von Nachbarn, Mitgliedern seiner Berufsgruppe, von Seelsorgern. Der Ackermann dagegen ist auf sich allein zurückgeworfen in seiner Verarbeitung des Verlusts wie in der Suche nach neuen Orientierungen. Bisher, so geht aus sei-ner Retrospektive des gemeinsamen Ehelebens hervor, war es aus-schließlich die hingebungsvoll-liebende Gattin, die eine umfassende Befriedigung seiner Bedürfnisse gewährleistet hatte. Ihre lobpreisen-de Schilderung konzentriert sich denn auch auf ihre existenz-, lust- und sinnstiftenden Funktionen für ihn; auf deren idealer Erfüllung basiert seine starke emotionale Bindung: *Vur alles wee vnd vnge-mach mein heilsame erzenei, gotes dienerin, meines willen pflegerin, meines leibes auswarterin, meiner eren vnd irer eren tegelich vnd nechtlich wachterin was sie vnuerdrossen* (XI, 10—14). War sie es, die darin aufgegangen war, seine Ich-Identität herzustellen und zu garantieren, so stürzt ihn ihr Tod nun in eine Krise, die allererst Individuationsprozesse in Gang zu bringen vermag.

Die Ablösung vom verlorenen Liebesobjekt erfordert unter dem Diktat der Realitätsprüfung die Freisetzung und Bereitschaft für ein neues Leben. So muß das Akzeptieren des Verlusts zwangsläufig zur Reflexion einer neuen Existenzmöglichkeit führen. Es ist der Tod, der mit seinem vernichtenden Urteil über die Erbärmlichkeit des Menschen den Selbstfindungsprozeß des Ackermanns vorantreibt. Gegen dessen *memento mori* setzt er nun sein *memento vivere*, gegen die *miseria* die *dignitas* des Menschen.

Dein kurze vernunft, dein abgesniten sinne, dein holes herze wellen aus leuten mer machen, dann sie gewesen mugen (XXIV, 7–10), schleudert der Tod dem Ackermann entgegen. In einer nicht enden wollenden Schimpfkanonade schmäht er den Menschen als ekelerregendes, stinkendes Kotfaß. *Es merke wer da welle: ein iegliches ganz gewurktes mensche*, im Neutrum wohlgemerkt, *hat neun locher in seinem leibe, aus den allen fleusset so vnlustiger vnd vnreiner vnflat, das nicht vnreiners gewesen mag* (XXIV, 23–27). Er reduziert den Menschen auf physisch-schleimige Materie, auf den kreatürlichen Leib ohne jede Geistigkeit.

Nun freilich gewinnt der Ackermann die Oberhand. Schwerste Gotteslästerung sei es, seine Schöpfung, zumal sein *aller hubschestes werk*, den Menschen, den der Höchste nach seinem Ebenbilde geschaffen und ihm die Erde untertan gemacht habe, derart zu schänden. Welches Wunderwerk sei beispielsweise das menschliche Haupt: das Auge, das bis zum Himmel reiche, die Ohren zur unterscheidenden Wahrnehmung süßer Töne, die Nase zum wonniglichen Riechen, des Mundes Zähne zur lustsamen Geschmacksempfindung wie als Medium zur Kommunikation, darüber hinaus die inneren Sinne wie die Vernunft, die einzig dem Menschen verliehen sei. Gegen das Ausfließen übelster Säfte und Exkremente in der Menschenschelte des Todes setzt der Ackermann das lustvolle Aufnehmen der Welt und ihrer Wonne, das er zuvor schon als Bedingung aller Tugend gepriesen hatte (XXIII). Der Mensch erscheint als harmonisches Wesen, bei dem alle Fähigkeiten, von der unmittelbaren sinnlichen Erfahrung bis hin zur vernünftigen Erkenntnis, vermittelt durch jene *aus herzengrunde geende sinne, mit den ein mensche, wie ferre er wil, gar snelle reichet* (XXV, 48 f.), aufs Schönste vereinigt sind.

Dieser uneingeschränkte Panegyrikus scheint dem Gattungswesen Mensch schlechthin zu gelten, bei genauer Betrachtung jedoch erweist sich, daß sich unter den sozialen Bedingungen der damaligen

Zeit nur wenige jene aristokratisch-konsumierende Lebensform, jene Art und Weise der Welt- und Selbsterfahrung, wie sie der Ackermann beschreibt, leisten konnten. Dieses Klassenwesen ist nicht der produktive *homo faber*, der durch seiner Hände Arbeit die Welt verändert und dadurch Selbstbewußtsein gewinnt. Die Aneignung der Welt wird hier als durch die Sinnes- und Verstandesorgane vermittelter Rezeptionsprozeß geschildert, dessen Charakterisierung Topoi mystischer Visionen aufnimmt. Es ist die Empfänglichkeit der Sinne, der körperlichen und wahrnehmenden wie der inneren, geistigen, die den Menschen als Menschen konstituiert. Als solcher ist der Mensch *das aller achtberst, das aller behendest vnd das aller freieste gotes werkstuck*, als solcher heißt es von ihm: *in die gotheit vnd darvber gar klimmet der mensche mit den sinnen* (XXV, 25—27, 49—51).

Das Menschenlob des Ackermann zeigt hierin charakteristische Parallelen zur *oratio* (1486) des *Pico della Mirandola*, die unter dem Titel *De dignitate hominis* (Die Würde des Menschen; Rede) als eines der bedeutendsten Zeugnisse des italienischen Humanismus im Quattrocento berühmt geworden ist. Pico läßt den Schöpfergott zu *Adam* sagen:

Ich habe dich in die Weltmitte gestellt, damit du umso leichter alles erkennen kannst, was ringsum in der Welt ist. Ich habe dich nicht himmlisch noch irdisch, nicht sterblich noch unsterblich geschaffen, damit du dich frei, aus eigener Macht, selbst modellierend und bearbeitend zu der von dir gewollten Form ausbilden kannst. Du kannst ins Untere, zum Tierischen entarten; du kannst, wenn du es willst, in die Höhe, ins Göttliche wiedergeboren werden.[16]

Die Würde des Menschen ist nicht mehr eine mit der Schöpfung *per se* naturgegebene, erst die Kultivierung des Menschen, die mit Willen und Bewußtsein erfolgende Konstituierung des Selbst als eines primär Geistigen läßt ihn die Gottesebenbildlichkeit erreichen. Die ihm *in potentia* eigene Würde verwirklicht sich erst durch sich bildende und die rohe Natur überwindende Tätigkeit. Pico postuliert:

Wir sind unter der Bedingung geboren, das zu sein, was wir wollen und darum sollen wir dafür sorgen, daß auf uns das Wort nicht zutrifft, wir seien, da wir in Ansehen standen, unverständig gewesen wie das vernunftlose Vieh; sondern vielmehr das Wort des Propheten Asaph: ‚Ihr seid Götter und allzumal Kinder des Höchsten'; damit uns die Wahlfreiheit, diese überreiche Gabe Gottes des Vaters, nicht durch eigene Schuld statt zum Heil zum Verderben ausschlägt. Ein heiliger Ehrgeiz sollte uns ergreifen, uns nicht mit dem Mittelmäßigen zu begnügen, sondern uns unter Anspannung aller Kräfte anzustrengen (denn wir vermögen es, wenn wir wollen), das Höchste zu erreichen.[17]

Es steht außer Frage, daß das Menschenlob des Ackermanns durchdrungen ist vom renaissancehaften Mythos produktiver und sich selbst durch angespannte Geistigkeit produzierender *humanitas*. Aber ist die Menschenschelte des Todes, die ein präzises Gegenbild beschwört, deshalb schon zwingend dem ‚finsteren' Mittelalter zuzurechnen? Ich meine nein. Bedenklich sollte schon stimmen, daß sich beide, der Tod in seiner Menschenschelte und der Ackermann in seinem Menschenlob, auf eine gemeinsame Quelle stützen können, auf das *Buch der Liebkosung* des *Johannes von Neumarkt*[18]. *Miseria et dignitas hominis*, beide finden darüber hinaus schon ihre Berechtigung in der Urquelle biblischer Verheißung. Die Genesis verkündet die Schöpfung des Menschen nach Gottes Ebenbild und seine Verfluchung aufgrund des Sündenfalls, sie berichtet von der Bestimmung des Menschen in der Heils- und in der Strafordnung göttlicher Providenz, deren vermittelndes Moment in der Menschwerdung Christi besteht, die die Gottesebenbildlichkeit des Menschen erneuert und so die Verheißung des Alten Bundes im Neuen Bund einlöst.

August Buck hat diese Doppelbödigkeit des humanistischen Lebensgefühls des sich seiner selbst bewußt werdenden Menschen analysiert, das aus der Begegnung mit der neu und anders rezipierten Antike die Normen für eine neue Gestaltung des individuellen wie gesellschaftlichen Daseins schöpft. Optimistische wie pessimistische Konzeptionen leiten sich daraus ab; die Erfahrung des Eigenwerts von Mensch und Welt wird von Anfang an begleitet von der Erfahrung der Unbeständigkeit alles Irdischen[19]. Indem der Mensch seinen festen Platz im mittelalterlichen *ordo* verliert, sein Leben nicht mehr a priori normiert ist, gewinnt er Freiheit zur Selbstverwirklichung, zugleich aber ist seine Existenz nun bedroht und gefährdet worden. Der *Ackermann*text kündet so vom Janusantlitz aller Zivilisation, von der Freiheit als Befreiung von allen Bindungen wie von allen Sicherheiten. Der Mensch, der nun keine in ihren Bestimmungen und Funktionen vorab festgelegte Stellung in der Schöpferordnung mehr einnimmt, muß sich als Weltmitte neu setzen, gleichwohl noch innerhalb religiöser Deutungsmuster.

Diese neu erworbene *dignitas* ist Voraussetzung des Disputs zwischen Ackermann und Tod, wobei die anfangs naive Selbstbehauptung des Ackermanns im Verlauf des Streitgespräches durch Reflexion eingeholt wird. Gegenüber der Auffassung des Todes, der sich auf den Leib in seiner Kreatürlichkeit bezieht, auf den Menschen als physisches Triebwesen, reduziert auf nackte Natur (XXIV, XXX), gegenüber einer Position, die Gutes im Menschen nicht aufgrund sittlicher Anlagen, sondern aus der Furcht vor dem Tode behauptet und das menschliche Dasein als Widerwärtigkeit über Widerwärtigkeit definiert (XXXII), legt der Ackermann sein entschiedenes Veto ein.

Er ist keiner, der die Welt aktiv umgestaltet im Sinne bürgerlicher Naturbeherrschung. Als Gegentypus zum Mäher Tod, der die Ernte in die himmlische oder höllische Scheuer einfährt, umschreibt er mit der Ackermann-Metaphorik seine geistig-ästhetische Produktivität. Er ist der Intellektuelle, der genießend Kontemplative: *Ich bins genant ein ackerman, von vogelwat ist mein pflug* (vom Vogelkleid ist mein Pflug (= Federkiel; traditioneller Schreibersspruch), III, 1 f.); und im Widmungsbrief heißt es, einem altehrwürdigen Topos folgend: *Die Liebe, die uns Männer in blühender Jugend vereinte, mahnet und nötiget mich, im Gedenken an Euch Trost zu sagen und Euch die Neuheit zu verehren, die Ihr kürzlich (...) aus dem Acker der erbaulichen Redekunst begehret habt, auf dem ich, nachdem ich die Ernte versäumet, Ähren lese*; und: *Schließlich werde ich Euch mit lateinischen Ähren erquicken, die aus meinem unfruchtbaren Acker hervorragen* (S. 84 f.).

Die Wandelbarkeit der Welt

Wenngleich sich der Ackermann nach seinem Metier, der Schreibkunst, nennt, ist ihm die Arbeit doch nicht Selbstzweck und Sinn des Lebens: *Wunnesam, lustsam, fro vnd wolgemut ist ein man, der ein bider weib hat, er wandere wo er wander. Einem ieden solchen man ist auch lieb nach narung zu stellen vnd zu trachten* (XXVII, 21–25). Der Erwerb der standesgemäßen Subsistenzmittel ist funktional bezogen auf das soziale Zusammenleben, in dem er allein bisher glaubte, sich verwirklichen zu können. Nun jedoch sieht er sich in die Situation der als überaus bedrohlich empfundenen Vereinzelung versetzt.

Sein Wehklagen über den erlittenen Verlust wird durchzogen von bitterlicher Zeitklage:

wo sint die frumen, achtberen leute, als vor zeiten waren? Ich wene, ir habet sie hin. Hin mit in ist auch mein lieb, die vseln (wertlose Aschenstäubchen) *sint och vber beliben. Wo sint sie hin, die auf erden wonten vnd mit gote redten, an im hulde, genade, auch reichtum erwurben? Wo sint sie hin, die auf erden sassen, vnder dem gestirne vmbgiengen vnd entschieden die planeten? Wo sint sie hin, die sinnereichen, die meisterlichen, die gerechten, die frutigen* (verständig, tüchtig, rüstig) *leute, von den die kroniken so vil sagen? Ir habet sie alle vnd mein zarte ermordet; die snoden sint noch alda,* so lautet die elegische Passage des XVII. Kapitels, und ähnlich später:

Sider freude, zucht, scham vnd ander hubscheit sint aus der werlte vertriben, sider ist sie bosheit, schanden, gespottes, vntrewe vnd verreterei zumale vol worden; das sehet ir tegelichen" (XXIII, 18—22).

Laus temporis acti, das Lob der vergangenen Zeit, wird hier exerziert, altehrwürdig auch dieser Topos. *Warzu sol ich mich nu wenden? ... In zweifel bin ich, wo ich bin keren sulle: mit gebrechen ist bekummert aller leute anstal* (Stellung, Stand, Lebensform). *Herre Tot, ratet! Rates ist not!* (XXVII, 8 ff.), so lautet seine vergebliche, evtl. ironisch gemeinte Hilfeforderung. Der Tod weiß nicht zu raten und zu helfen:

Die erde vnd alle ir behaltung ist auf vnstetigkeit gebawet. In diser zeit ist sie wandelber worden, wann alle dinge haben sich verkeret: das hinder hervur, das voder hin hinder, das vnder gen berge, das ober gen tale, das ebich (Böse) an das rechte, das rechte an das ebich hat die meist menige volkes gekeret (XXXII, 5—11),

so klagt auch er. In einer großartigen, zweigliedrig argumentierenden Passage zeichnet er das Bild einer expandierenden Gesellschaft, in der Sittenverfall und Naturausbeutung Hand in Hand gehen:

„Merke, prufe, sich vnd schawe, was nu der menschen kinder auf erden haben: wie sie berg vnd tal, stock vnd stein, walt vnd gefilde, alpen vnd wiltnuß, des meres grunt, der erden tiefe durch irdisches gutes willen in regen, winden, doner, schawer, sne vnd in allerlei vngewiter durchfaren, wie sie schechte, stollen vnd tiefe gruntgruben in die erden durchgraben, der erden adern durchbawen, glanzerden suchen, die sie durch seltsenkeit willen vur alle dinge lieb haben ..., vil knechte vnd meide haben, hohe pfert reiten, goldes, silbers, edel gesteines, reiches gewandes vnd allerlei ander habe heuser vnd kisten vol haben, wollust vnd wunnen pflegen, darnach sie tag vnd nacht stellen vnd trachten — was ist das alles? Alles ist ein eitelkeit vnd ein serung (Schädigung) *der sele, ein vergenglichkeit als der gesterig tag, der vergangen ist. Mit kriege vnd mit raube gewinnen sie es"*,

Geiz und Raffgier treiben die *totliche menschheit ... stete in engsten, in trubsal, in leide, in sorgen, in forchten, in scheuhung, in weetagen, in siechtagen, in trauren, in arbeit, in betrubnuß, in jamer, in kummer vnd in mancherlei widerwertigkeit* (XXXII); Geiz hier nicht im Sinne akkumulierender und reinvestierender Sparsamkeit, sondern im Sinne der Gier nach einer repräsentativen Lebensführung, im Sinne einer unproduktiven Verschwendung, im Sinne genießenden Reichtums. Ein knappes Jahrhundert später wird *Paul Schneevogel* in seinem *Gericht Jupiters* (um 1495) die Anlage von Bergwerken im böhmischen Einflußbereich, dargestellt als Vergewaltigung der Mutter Erde und gewaltsames Eindringen in das Reich der Götter, zum Anlaß eines Streitgesprächs wählen, in dem der verändernde Eingriff in die Schöpfung in ähnlicher Weise als verhängnisvolle Verkehrung der natürlichen und göttlichen Ordnung beschworen wird.[20]

Böhmen, in dem z. Zt. der Abfassung des Textes mehr als ein Drittel der europäischen Silberproduktion gefördert wird, in wirtschaftlicher Expansion begriffen, findet in Johannes von Tepl keinen *Agricola*, der Mitte des 16. Jahrhunderts den Bergbau und mit ihm Naturausbeutung überhaupt als göttlichen Auftrag definiert wird, sich die Erde untertan zu machen; Böhmen, seit dem 14. Jh. die ökonomische Entwicklung fortgeschrittener Gebiete in einem rasanten Tempo aufholend, findet in unserem *Ackermann*dichter keinen *Alberti*, keinen *Bacon*, keinen *Marsilio Ficino*, welch letzterer die *vita activa* proklamiert, in der die Selbsterzeugung der wahren menschlichen Natur mit der Erzeugung der Welt als zweiter Natur konvergiert.

Die eindringliche Wandelbarkeitsklage des Todes, im XXXII. Kapitel direkt vor dem Urteilspruch Gottes placiert und in ihrem ernsten Ton jede Polemik hinter sich lassend, sie wird geteilt vom Ackermann, ja sie ist überhaupt die unabdingbare Voraussetzung des gesamten Textes. Nur die Dynamisierung einer bisher festgefügten Welt wirft den Ackermann in seine trostlose Vereinzelung, in der es keinen festen Boden mehr gibt.

Insofern ist das Sujet des *Ackermann*textes sowenig willkürlich wie seine spezifische Verarbeitung. Erst die mit dem Verlust der Gattin gegebene Erfahrung der Vereinzelung, erst der Wegfall bisher selbstverständlicher Bindungen zwingt zur Selbstreflexion und zur Selbstbestimmung. Nun, da das eigene Leben nicht mehr vorgezeichnet ist und gewissermaßen zur Disposition steht, gibt es die Möglichkeit, aber auch die Notwendigkeit zur eigenen Entscheidung.

Tod und Individuation

Entgegen einer verbreiteten Tendenz in der Forschung, den Inhalt des Textes als sekundär und beliebig aufzufassen, muß darauf bestanden werden, daß erst die Gesamtheit des Textes einsichtig macht, warum dem Menschen an der Schwelle zur Neuzeit der Tod zum Problem geworden ist, warum der Mensch aber auch gerade im Spiegel des Todes seiner Individualität gewahr wird.

Es ist nicht, wie mitunter in Anbetracht der Dominanz des Todesthemas in der Literatur des Spätmittelalters, besonders in bezug auf *Totentanz* und *ars moriendi* behauptet, die Pest allein, die die Todeserfahrung des Spätmittelalters determiniert, wenngleich sie einschneidend genug war, zumal sie unter den hygienischen Bedingungen der aufgrund der umfangreichen Landflucht hoffnungslos überfüllten Städte verheerende Auswirkungen zeitigte. Nicht daß Epidemien zuvor nicht aufgetreten wären, aber die Konzentration so vieler Menschen auf kleinem Raum begünstigte die Ausbreitung der Krankheit, wenngleich manche sozial-medizinischen Analysen der großen Pestwelle 1346/47 bzw. 1348 keine herausragende Bedeutung beimessen möchten angesichts der periodisch wiederkehrenden Hungersnöte und einer Sterblichkeitsquote, die die durchschnittliche Lebenserwartung auf etwa 35 Jahre fixierte. Hohe Kindersterblichkeit und das Sterben am Kindbettfieber waren kennzeichnend für die medizinische Versorgung der Bevölkerung und insofern beschreibt der *Ackermann*text ein durchaus alltägliches Phänomen. Freilich hatten die neuen, empirisch orientierten Erklärungsversuche von Seuchen neue Bedingungen des Sterbens geschaffen. Mit der Erkenntnis der Übertragbarkeit infizierender Krankheitserreger, die die auf göttlichem Zorn bzw. widrigen Sternenkonstellationen beruhenden Begründungsmuster von Epidemien suspendierte zugunsten eines Ursache-Wirkungs-Prinzips, trat nun eine obrigkeitlich verordnete und kontrollierte Isolierung der Pestkranken ein, die das strikte Kontaktverbot auch auf die Geistlichen ausdehnte, die so den Sterbenden nicht mehr die Sterbesakramente spenden konnten und vermutlich auch keinen sonderlichen Eifer entwickeln mochten, diesen Anordnungen Widerstand entgegenzusetzen.

Diese Zwangsvereinzelung, verstärkt durch die Dezimierung der einzelnen Sozialverbände, brachte tiefgreifende Veränderungen in die geordneten Todeserfahrungen der spätmittelalterlichen Menschen, war jedoch kaum in der Lage, positive Individualisierungsprozesse in Gang zu setzen, die einer produktiven Verarbeitung bedurft hätten.

Giovanni Boccaccio hat in der Einleitung seiner Novellensammlung *Decamerone* um 1350 eine in ihrer Nüchternheit ergreifende Schilderung der verheerenden Folgen der todbringenden Pest gegeben:

Als die Seuche an Gefährlichkeit zunahm, unterblieben alle die(se) Bräuche ganz oder teilweise, und andere Gepflogenheiten nahmen ihren Platz ein. Es starben nicht nur die meisten Menschen, ohne von vielen Frauen umgeben zu sein, sondern viele schieden sogar ohne einen einzigen Zeugen aus dem Leben, und nur den allerwenigsten wurden die mitleidigen Klagen und bittren Tränen ihrer Angehörigen zuteil.

Die sich auf den erbaulichen Landsitz zurückziehende Adelsgesellschaft erzählt sich in traut-fröhlicher Geselligkeit pikante Histörchen, während die in der Stadt Zurückgebliebenen wie Hunde verenden, und das um so schlimmer, je erbärmlicher ihr Gesundheits- und Ernährungszustand ist. *Mors omnia aequat?* Daran glaubt im Mittelalter so recht keiner, und auch Boccaccio nicht:

Um die Armen und wohl auch um einen großen Teil des Mittelstandes war es noch viel schlimmer bestellt. Von Hoffnung und Not in ihren Häusern zurückgehalten, erkrankten diese inmitten ihrer Nachbarschaft täglich zu Tausenden und starben fast alle rettungslos, da ihnen weder Pflege noch irgendwelche Hilfe zuteil ward. ... Diese Toten wurden weder mit Tränen noch mit Kerzen oder anständigem Geleit geehrt; nein, es war vielmehr so weit gekommen, daß man sich um sterbende Menschen nicht mehr bekümmerte als heutigentags um eine verreckte Ziege.[21]

Individuation heißt hier leidvolle Zwangsvereinsamung, und diese setzt sich gegen den Willen der hungernden und geschwächten Massen in unheilvoll-negativer Weise durch, trotz kollektiver Massenpsychosen und Wahnhysterien, die sich dagegen aufzubäumen suchen: Judenpogrome, Flagellantentum, Tanzwut, dies alles sind Phänomene, die vom hilflosen und vergeblichen Aufstand der aus der Gemeinschaft Geschleuderten und Verbannten zeugen, die in übermenschlicher Anstrengung jene Individualisierung ins Ursprünglich-Ungeschiedene zurücknehmen wollen und dabei auf der Strecke bleiben. Es ist dies die andere Seite der Medaille, die Kehrseite der Emanzipation von naturwüchsigen Bornierungen und normierten Gesellschaftsbindungen.

Die Stilisierung privat-affektiver Bindungen

Der historisch neuartige Zusammenhang von Tod und Individuation realisiert sich im *Ackermann*text auf zwei verschiedenen Ebenen: da ist einmal der Tod des anderen, an dem sich das Selbstbewußtsein des Menschen bildet, und da ist zum zweiten das Beharren auf der

269

Besonderheit und Einzigartigkeit jener Frau, deren Verlust unersetzbar ist — beides Ausdruck der geschichtlich epochemachenden neuerworbenen *dignitas* des Menschen.

Es ist nicht die hehre Frau, die hier betrauert wird, weder Gottesmutter noch höfische Dame, es ist die Ehefrau, Maria und Eva in einem, *imago* vollkommener Reinheit und lustvoller Befriedigung sexueller Leidenschaften und alltäglich-profaner Bedürfnisse. Ausgehend von der Beschreibung der Margaretha als einer in allen Punkten idealen Frau — eine Einschätzung, die der Tod mit dem Ackermann teilt —, weitet sich die Auseinandersetzung um Gerechtigkeit oder Ungerechtigkeit ihres Todes zu einer prinzipiellen Kontroverse über Wert und Würde von Frau und Ehe überhaupt. Erstaunlich in der Argumentation des Ackermanns ist nicht seine Orientierung an diesseitigem Glück, die für die höfische Literatur vergleichsweise weit charakteristischer war als für die frühbürgerliche oder bürgerliche, erstaunlich vielmehr ist seine Betonung einer emotionalen, affektiv-persönlichen Beziehung zu seiner Ehefrau.

Die traditionale Familie war weit mehr Zweckverband als gefühlsmäßige Einheit, unmittelbar in kollektive Lebensformen integriert, die das Verhalten der einzelnen Familienmitglieder normierten und kontrollierten. Ihr organisierendes Prinzip war die hausväterliche Gewalt, die sich auf Mensch und Tier gleichermaßen erstreckte. Entgegen der von Riehl vorgetragenen und besonders von Otto Brunner weiterentwickelten These des ‚ganzen Hauses‘ waren die Großfamilien in der vorbürgerlichen Welt keineswegs in der Überzahl gewesen. Großhaushalte waren typisch nur für die Adelsspitze, für große Grundherrn wie für die adlige und bürgerliche Oberschicht der Städte, während die Haushalte, je weiter man der sozialen Hierarchie nach unten folgt, immer kleiner wurden. Als Produktions- und Reproduktionseinheit war die Groß- wie die Kleinfamilie eine soziale Institution zur Übertragung von Besitz und Stand von Generation zu Generation, die auf der Leitung des *pater familias* beruhte, der zunächst allein über politische und juristische Rechte verfügte, bei Unterordnung aller übrigen Haushaltsmitglieder. Die Beziehungen innerhalb der *familia* waren geprägt von Nüchternheit und emotionaler Distanz, die die Gefährdung des status quo durch spontane Neigungen auf das Mindestmaß reduzierte, verstärkt durch massive formelle und informelle kollektive Überwachungsmechanismen, die die Stabilität der Familienstruktur garantierten. Die Ehe, neben dem Klosterleben besonders für Frauen die einzige gesellschaftlich anerkannte Existenzform, wurde selten aufgrund gegenseitiger Zunei-

270

gung geschlossen, und wenn sich Liebe zwischen den Partnern einstellte, so war dies eher Folge denn Grund einer Heirat.[22]

Der am Prager Hof *Karls IV.* lebende *Heinrich von Mügeln* hat, der moraldidaktischen Tradition folgend, die Geschlechterrollen innerhalb der Ehe in aller Eindeutigkeit definiert. Ausgehend von Naturgleichnissen, die die Unterordnung unter den *pater familias* als natur- und gottgegebenen Zustand erweisen sollen, warnt er eindringlich vor Vertraulichkeit und duldsamer Nachsicht des Hausherrn:

> *O werder man, halt wip, knecht mit dem kinde*
> *an vorchte tzoum vnd biß yn nicht tzu linde!*
> *tzu vil geheym gesinde*
> *der herschafft schadt in aller schicht.* [23]
>
> (O guter Mann, führe Frau, Knecht und Kind am Zaum der Furcht und sei gegen sie nicht zu nachsichtig! Allzu zutraulich gemachtes Hausgesinde schadet der Herrschaft allemal.)

Wie der *Ackermann*text zeigt, scheint diese Warnung angebracht gewesen zu sein. Eine Woge des Gefühls, die zuerst die Städte und hier vor allem den Mittelstand ergriff, führte zur Umkehrung der durch Sitte und Herkommen überlieferten Prioritäten. Die Verbindungen zur Außenwelt wurden geschwächt, die Bindungen zwischen den Familienmitgliedern dagegen gestärkt. Anstelle zweckgerichteter Erwägungen, die darauf aus waren, das Verhältnis der einzelnen Familienmitglieder zueinander zu regeln, traten Zuneigung und Verständnis, Liebe und Sympathie.

Diese Entwicklung hin zur Privatisierung und Intimisierung von Familie und Haushalt vollzog sich freilich nicht im luftleeren Raum. Sie war in erster Linie der im vollen Umfang eigentlich erst seit dem 16. Jahrhundert einsetzenden Herausbildung des tertiären Sektors geschuldet, dessen Träger eine mit der Ausweitung der Dienstleistungen in Verwaltung, Handel und Verkehr neu entstandene Mittelschicht darstellten. Diese Berufsgruppen, die keine unmittelbar produktive Arbeit leisteten, waren meist abhängig von Dienstverhältnissen, jedoch nicht mehr in die *familia* des Dienstherrn integriert, sondern konnten auf Lohnbasis einen eigenen Hausstand gründen, der größtenteils Reproduktionsfunktionen erfüllte. Der Wohn- und Arbeitsbereich des Mannes war nun getrennt, die Tätigkeitsbereiche von Mann und Frau entwickelten sich im Vergleich zur vorherigen Einheit der Hauswirtschaft mehr und mehr auseinander. Die mit diesen Dienstverhältnissen verbundene Lebensform war nun weniger stark in das Kontroll-, aber auch in das Kommunikations- und Solidaritätssystem der Nachbarschafts- und Berufsgruppen integriert, zugleich jedoch ausgeschlossen von den adligen bzw. großbürgerlichen Lebensformen der jeweiligen Dienstherren. Karin Hausen knüpft daran die m. E. einleuchtende Vermutung, daß die de facto unter dem Druck der veränderten Verhältnisse relativ ausgeprägte Abgeschlossenheit der Familie ideologisch stilisiert wurde zum eigentlichen Sinnzusammenhang. „Im Unterschied zur traditionellen Ideologie im Sinne der Hausväterliteratur, die von der im Haushalt zentrierten Güterproduktion ausging, werden auf der Basis der andersartigen Haushaltsrealität jetzt Privatheit, Intimität und Emotionalität zu den Eckpfeilern der neuen Familienideologie"[24]. Auf dem Hintergrund dieser neueren Ergebnisse einer sozialwissenschaftlich orientierten Familienforschung läßt sich ein besseres Verständnis der *Ackermann*dichtung fundieren. Die Ehe wird in ihr nicht wie bei Heinrich von Mügeln als Zweck- und Gewaltverhältnis auf der Basis von Furcht und Unterwerfung dargestellt. Ihre Harmonie aber bezieht sie daraus, daß die Ehefrau ihre traditionelle Rolle nun freiwillig spielt und die ehedem vom Hausvater durchgesetzte Gewalt verinnerlicht, wie dies im Lob der idealen Geschlechterbeziehung beim Ackermann zum Ausdruck kommt: *Er bedarf ir nicht huten; wann sie ist die beste hut, die ir ein frumes weib selber tut* (XXVII, 27 f.).

Verweist das Postulat der Selbstdisziplinierung, das die traditionelle Forderung nach äußerer Disziplinierung der Ehefrau ablöst, einerseits darauf, daß die patriarchalisch-repressiven Strukturen innerhalb der Ehe mit der zunehmenden Bedeutung gefühlsmäßiger Bindungen nicht verschwinden, sondern mit der Verlagerung in die Innerlichkeit nunmehr eine psychische Verankerung erfahren, so findet diese Entwicklung ihr Pendant in einer verstärkten Abhängigkeit des Ehemanns von seiner Gattin. Für den Ackermann fungierte die Ehe als wichtigste, ja einzige Institution, aus der er die moralische Qualität und den sozialen Nutzen seiner beruflichen Tätigkeit, gesellschaftliches Ansehen wie Freude und Lust seines Daseins bezogen hatte. So kommt der Familie die Aufgabe zu, das mit der zerbrochenen Kollektivität des spätmittelalterlichen Zusammenhangs entstandene Vakuum auszugleichen, gesellschaftliche Bindungslosigkeit emotional zu kompensieren.

Es soll hier freilich keine notwendige Kausalverbindung zwischen dem Beruf des Johannes von Tepl und seiner literarischen Produktion behauptet werden. Schließlich hat es, gerade in Böhmen seit den

Kanzleireformbestrebungen unter Karl IV., zahlreiche Beamte gegeben — die *Ackermann*dichtung an der Wende zum 15. Jahrhundert jedoch ist singulär und wird es noch auf lange Zeit bleiben. Wenn sich aus den sozialgeschichtlichen Bedingungen der Epoche und insbesondere denjenigen des intellektuellen Mittelstandes keine Notwendigkeit ihres Entstehens ableiten läßt, so doch immerhin ein Verständnis für ihre Möglichkeit. und das ist nicht wenig.

Die Literaturwissenschaft hat sich schon immer schwer getan, den *Ackermann aus Böhmen* literaturgeschichtlich einzuordnen, und sie hat es immer aufs Neue versucht, indem sie auf die Traditionalität der verwendeten Stilmittel hingewiesen hat. Dies mit Recht. Die Idealisierung der Ehefrau als literarische Strategie des Autors hat nicht in der historischen Realität allein ihren angemessenen Vergleichspunkt, sondern muß sich messen lassen an der literarischen Tradition. Minnesang, Meistergesang, Mariologie, *Dante:* sie alle hatten in ähnlichen Topoi die Überhöhung und Unnahbarkeit der Herrin, nie jedoch die Idealität der Ehefrau stilisiert; Petrarca ging in seinen *canzoniere* und *trionfi* soweit, die Aufhebung der Unnahbarkeit der Angebeteten im Tod als Reflex seiner ihm ganz und gar zugehörigen Innenwelt darzustellen.

Courtoise Terminologie, traditionelle Natur- und Lichtmetaphern sind kennzeichnend für den Frauenpreis des Ackermanns: *Ere, Zucht, Keusche, Milte, Trewe, Masse, Sorge vnd Bescheidenheit wonten stete an irem hofe; Scham trug stete der Eren spiegel vor iren augen; got was ir gunstiger hanthaber. Er was auch mir gunstig vnd genedig durch iren willen* (XI, 16—21), so schwärmt er von seiner Gattin; ihr sandte, so fällt der Tod bei, *fraw Ere einen gerenmantel vnd einen erenkranz; die brachte ir fraw Selde* (IV, 14 f.).

Der Ackermann aber beschreibt seine verlorene Gattin, indem er aufführt, was sie für ihn gewesen war, was sie ihm gewesen war. Diese Beschreibung bleibt sich nicht gleich. Zunächst pointiert er ihre glücksspendenden Qualitäten und heils- und ehrerwerbenden Tugenden, um dann mehr und mehr auch ihre nutzbringenden Tätigkeiten anzuführen. Erscheint sie in traditioneller Formelhaftigkeit als seiner *freuden hort*, seiner *selden haft*, so wird sie doch nicht nur als Quelle seines Glücks, sondern auch als Quelle seines Wohlstands gepriesen: *Was ir empfolhen wart, das wart von ir ganz, reine vnd vnuerseret, oft mit merunge widerreichet* (XI, 14—16). Ihre Tugend besteht nicht zuletzt, dem etymologischen Wortsinn entsprechend, in ihrem nützlichen und rechtschaffenden Walten, in ihrer Tüchtigkeit, die im XVII. Kap. ausdrücklich als Kriterium hervorgehoben wird für ihre Einordnung in die weltgeschichtliche Exempelreihe der *frumen, achtberen, der sinnereichen, meisterlichen, gerechten, frutigen leute.* Der emotional aufgeladenen Wertschätzung der Ehefrau liegt die Beschwörung einer ‚schönseelischen Innerlichkeit' (Hegel), zu der die nüchtern-pragmatischen Zwecke des Lebens nicht mehr vordringen, fern. Im Gegenteil. Es ist offenbar gerade die Intensivierung und Neubewertung privat-affektiver Beziehungen im familiären Bereich, die die Anpassung an den historisch ansteigenden Zwang zur Rationalisierung der Lebensführung ermöglicht und vorantreibt.

Beachtung verdient der wiederholte Verweis auf seine Kinder: *wann ir mich zu witwer vnd meine kinder zu weisen so vngenediglich habet gemachet* (XIII, 17—19), wirft er dem Tod vor. *Micheler eren het ich, wann die gute, die reine tochter engelte mit iren kindern in reinem neste gefallen. Tot ist die henne, die da auszoch solche huner* (IX, 7—10). Er appelliert an die Barmherzigkeit des Todes mit seiner Forderung: *widerbringet, was ir an meiner traurenwenderin, an mir vnd an meinen kindern arges habet begangen* (XIX, 22 —24); *wann weibes vnd kinder habe ist nicht das minste teil der irdischen selden* (XXIX, 8 f.), so argumentiert er auf allgemeinerer Ebene.

Ariès hat auf die parallele Entwicklung der Intimität des Familienlebens zum Kult der Kindheit hingewiesen, er hat auch belegt, daß jenes Gehätschel, das Margaretha ihren Kindern hat offensichtlich angedeihen lassen und dessen der Ackermann so gerne Zeuge gewesen war, den Widerwillen der Moralisten des 17. Jahrhunderts erregt hätte, die freilich dem in gut situierten Zusammenhängen aufkommenden Familiensinn nicht Einhalt zu gebieten vermochten. Noch sind es beim Ackermann nicht die Kinder, die den Zusammenhalt der Familie vorrangig garantierten, wie dies dann *Erasmus* späterhin propagiert, dennoch sind sie im *Ackermann*text bereits konstitutiv einbezogen in die verlorene Idylle häuslicher Intimität.

Der Tod vermag den sentimentalen Regungen des Ackermanns wenig Verständnis entgegenzubringen. Bereits im XII. Kapitel finden sich Ansätze zur Frauenschelte: *Sol nach deiner meinung gelucke an weiben ligen, so wellen wir dir wol raten, das du bei gelucke beleibest. Warte nur, das es nicht zu vngelucke gerate!* (9—12). Diese steigern sich dann im XXVIII. Kapitel zur maßlosen Frauen-, Ehefrauen-, Eheschelte. Vermeinend, daß er um der reinen Frauen willen sich schonend verhält, legt er de facto ohne Hemmungen los:

als balde ein man ein weib nimpt, als balde ist er selbander in vnser gefeng-
nuß. Zubant hat er einen hantslag, einen anhang, einen hantsliten, ein joch,
ein kumat, ein burde, einen sweren last, einen fegeteufel, ein tegeliche rost-
feile, der er mit rechte nicht enberen mag, die weile wir mit im nicht tun
vnser genade. Ein beweibter man hat doner, schawer, fuchse, slangen alle tage
in seinem hause. Ein weib stellet alle tage darnach, das sie man werde: zeu-
chet er auf, so zeuchet sie nider; wil er so, so wil sie sust; wil er dahin, so wil
sie dorhin — solches spiles wirt er sat vnd sigelos alle tage. Triegen, listen,
smeichen, spinnen, liebkosen, widerburren, lachen, weinen kan sie wol in
einem augenblicke; angeboren ist es sie. Siech zu arbeit, gesunt zu wollust, dar-
zu zam vnd wilde ist sie, wann sie des bedarf. etc.

Auch die Scheltreden des Todes sind nicht ohne literarische Vorbilder. Der sexualfeindlichen asketisch-klerikalen Tradition verpflichtet (nochmals sei darauf hingewiesen, daß diese in der mittelalterlichen Literatur keineswegs vorherrschend war), als Reaktion auf über-
steigerte Frauen- und Marienverehrung, erlebte die misogyne und mi-
sogame Literatur gerade auch in der spätmittelalterlichen Märendichtung mit den in der Stadt eintretenden sozialen Normveränderungen
erneuten Auftrieb.

Der tiefere Grund liegt weniger in der für kurze Zeit möglich gewordenen wirtschaftlichen Konkurrenz zwischen Mann und Frau,
die alsbald obrigkeitlich abgestellt wurde, als vielmehr im Funktions-
und Entscheidungszuwachs der in der Stadt wirkenden Hausfrau, der
mit der sog. Institution der Schlüsselgewalt Rechte zugestanden wurden, die sich freilich nur auf ihre innerhäuslichen Befugnisse er-
streckten. Dennoch waren damit häusliche Rollenkonflikte und Be-
fugniskollisionen verbunden, die sich zwar nirgends in öffentlicher
Renitenz der Frau niederschlugen, jedoch dem *pater familias* die
prinzipielle häusliche Vorherrschaft streitig machten[25].

Wie anders nimmt sich da die Beschreibung des Ackermanns aus,
der die Ehe als gegenseitige Vertrauens- und Liebesbeziehung definiert:

Wunnesam, lustsam, fro vnd wolgemut ist ein man, der ein bider weib hat, er
wandere wo er wander. Einem ieden solchen man ist auch lieb nach narung
zu stellen vnd zu trachten; im ist auch lieb, ere mit eren, trewe mit trewen,
gut mit gute zu bezalen vnd zu widergelten (XXVII, 21—27).

Freilich räumt er ein, daß es auch böse enden kann: *Iedoch bei gol-*
de blei, bei weizen raten, bei allerlei munze beislege vnd bei weiben
vnweib mussen wesen (Dennoch gibt es bei Gold auch Blei, bei Weizen Kornraden [ein Unkraut], bei vielen Münzen Falschgeld und bei

Frauen ,Unfrauen'; XXIX, 30—32), so gibt er zu. Indem er jedoch *daz übele wip* kurzerhand als *unwip* aus der Gattung ausschließt, kann er sein ideales Frauenbild retten.

Zusammenfassend darf gesagt werden, daß sowohl die Argumente des Todes wie auch diejenigen des Ackermanns in traditioneller Weise vorgebracht werden, daß aber dennoch der Eindruck entsteht, als würden neue Erfahrungen, neue Problemhorizonte artikuliert.

Die rhetorische Grundstruktur

Dies führt zur Frage: Wie ist der Text gemacht? Seine genaue Betrachtung zeigt den Aufbau des Gesprächs wie denjenigen der einzelnen, sich aufeinander beziehenden Kapitel, zeigt auch die literarische Darstellungsform als durchgängig konstruiert. Bis ins Detail scheint jede Wendung überlegt zu sein. Ausgehend von den Phasen der Gesprächsentwicklung soll der Versuch unternommen werden, der Komplexität des Textes gerecht zu werden, indem aus der Perspektive des Ackermanns verschiedene Argumentations- und Wirkungsebenen analysiert werden.

Bisher hatten wir die Trauer des Ackermanns betont, seinen Verarbeitungsprozeß des Verlustes. Es war dies die Unmittelbarkeit und Spontaneität seines Erleidens und Erlebens, seine allmähliche Einsicht in die Unabänderlichkeit der veränderten Situation. Mit dem schrittweisen Ablösungsprozeß von seiner Gattin gewinnt er ein sich zunehmend bewußter artikulierendes Selbstwertgefühl, das ihn schließlich befähigt, seine Zukunft zu bedenken und zu planen.

Auf einer zweiten Ebene handelt es sich bei unserem Text um ein Streitgespräch, das den Ackermann und den Tod als Kläger und Angeklagten gegenüberstellt, die auf den Gott-Richter eine bestimmte, für die jeweilige Sache günstige Wirkung erzielen wollen. Zunächst erscheint dem Ackermann die Sympathie für sein Anliegen selbstverständlich gegeben. Die sachliche und zugleich erhabene Reaktion des Todes auf seine blinden Verwünschungen und Selbstmitleidtiraden zwingt ihm jedoch eine andere Strategie auf. Er versucht zunehmend, den Tod ins Unrecht zu setzen, sich als *vir bonus*, als guten Menschen auszuweisen, den Tod dagegen als ,böse', um dergestalt alle Antipathien auf den Tod zu konzentrieren. Die Annahme einer solchen überlegten Angriffstaktik, die der Überzeugung entspringt, daß den Gefühlen und ihrer Erweckung größere Überzeugungskraft zukomme als allen Sachbeweisen, setzt auf der Seite des

Ackermanns Souveränität voraus. Nur wer nicht völlig befangen ist in seinem Erleben, ist in der Lage, sich und seine Empfindungen geschickt als Argumentationsmaterial einzusetzen. Diese Fähigkeit ist in der zweiten Hälfte des Streitgesprächs zunehmend zu verzeichnen, und dem entspricht, daß der Ackermann nun Ironie in seine Reden einfließen läßt, was Distanz voraussetzt.

Mit dem Urteil Gottes fällt keine Entscheidung. Einsetzend mit einer Jahreszeitparabel, wirft Gott beiden Kontrahenten Anmaßung und Überschreitung ihrer Kompetenzen vor:

Der klager klaget sein verlust, als ob sie sein erbrecht were; er wenet nicht, das sie im von vns were verlihen. Der Tot rumet sich gewaltiger herschaft, die er doch allein von vns zu leben hat empfangen. Der klaget, das nicht sein ist, diser rumet sich herschaft, die er nicht von im selber hat. (XXXIII, 15 −21).

Dennoch erkennt Gott an, daß es sich bei dem Streit um unentscheidbare Interessenkollisionen handelt:

Iedoch der krieg ist nicht gar one sache: ir habet beide wol gefochten; den twinget leit zu klagen, disen die anfechtung des klagers die warheit zu sagen. Darvmb, klager, habe ere! Tot, habe sige! seit ieder mensche dem tode das leben, den leib der erden, die sele vns pflichtig ist zu geben. (XXXIII, 21−27).

Hiermit wird die Spannung des Streitgespräches nicht gelöst, sondern ausdrücklich bestätigt. Dennoch bietet dieses zweideutige Urteil die Voraussetzung für eine Lösung: nicht in der Sache, aber für das nach Klärung verlangende Subjekt. Ist der Streit unentscheidbar, so ist auch der Ackermann von der Qual entbunden, das Unlösbare zu lösen. Er hat nun die Gewißheit, daß die Spannung gelöst und aufgehoben ist in einem Dritten: in Gott.

Dies führt zum emotionalen Gleichgewichtszustand des XXXIV. Kapitels, das zwingend den Gesamttext abschließt. Das als Akrostichon aufgebaute Gebet des Ackermanns, dessen Absatzanfänge JOHANNES MA (= *magister artium* bzw. Margaretha) ergeben, zeigt den Ackermann in einem unmittelbaren Verhältnis zu Gott, dem er sich selbst und Margaretha anheim gibt. Damit findet auch der oben beschriebene Trauerprozeß seinen endgültigen Abschluß.

Noch eine dritte Ebene konstituiert den Text, aufbauend auf den beiden anderen: es ist dies produktionsästhetisch die Gesamtkonzeption des Johannes von Tepl, wirkungsästhetisch die Lektüreerfahrung der Rezipienten. Die in der Forschung exponierte Alternative Rhetorik — Emotion erweist sich für ihr Verständnis als unzu-reichend:

„nicht: *trotz* der Rhetorik liegt ein echt empfundenes Werk vor, weil es auf Erlebnis beruht, sondern: ein echtes Empfinden, das eigenem Erleben *oder* künstlerischer, an der Rhetorik geübter Phantasie entspringt, wird mit rhetorischen Mitteln sprachlich gestaltet und im Leser erweckt"[26].

Rhetorische Stilmittel gehören nicht einer Sphäre der Nüchternheit an, sondern bauen im Gegenteil auf affektiven Momenten auf, erzielen durch diese ihre Wirkung, ja, unter den literaturhistorischen Bedingungen des 14./15. Jahrhunderts scheinen sie überhaupt die Voraussetzung dafür zu bilden, die Artikulation von unmittelbaren Gefühlsregungen zu ermöglichen. Zunächst ist es also gerade der an der traditionellen Sprachkunst geschulte rhetorische Diskurs, der die Verbalisierung individualisierter Erfahrung zuläßt. Vermittelt durch konventionalisierte Sprachformen und -muster wird so historisch die Befähigung zum spontanen Diskurs erzeugt, die die traditionellen, streng geregelten und formalisierten Kommunikationsformen abzu-lösen vermag zugunsten einer neuen Sprachmächtigkeit, die der Subjektivität Ausdruck verleiht.

Eine Lektüreempfehlung zum Schluß: Der Ackermanntext sollte unbedingt laut gelesen werden. So erst wird man der Schönheit der Sprache gewahr, der Lautmalerei und der rhythmischen Bewegtheit des Stückes. Im Klangkörper, der sinnlicher Ausdruck des Geistigen und Seelischen ist, wird der Glücksanspruch des Ackermanns im Sprachlich-Lautlichen ästhetisiert und aufgehoben.

Anmerkungen

1 Diese Studie ist Ergebnis eines gemeinsamen Grundkurses mit Erika Kart-schoke im WS 78/79. Sie bezieht sich insbesondere auf die Arbeiten von Gerhard Hahn und Birgit Stolt, ohne daß dies im einzelnen ausgewiesen wird. Literaturhinweise erfolgen nur exemplarisch.
  Gerhard Hahn: Die Einheit des Ackermann aus Böhmen. Studien zur Komposition (= Münchner Texte und Untersuchungen zur deutschen Literatur des Mittelalters 5), München 1963; ders.: Johannes von Saaz: Der Ackermann aus Böhmen. (= Interpretationen zum Deutschunterricht an den höheren Schulen), München 1964; Birgit Stolt: Rhetorik und Gefühl im ‚Ackermann aus Böhmen'. In: dies.: Wortkampf. Frühneuhochdeutsche Beispiele zur rhetorischen Praxis. Frankfurt/M. 1974, S. 11–30.

2 Vgl. zur Überlieferung G. Hahn 1964, a.a.O., S. 7; im einzelnen: Johannes von Saaz: Der Ackermann aus Böhmen, hrsg. v. Günther Jungbluth, Bd. 1, Heidelberg 1969; Zu den verschiedenen kritischen Textausgaben vgl. Rosemarie Natt: Der *ackerman aus Böhmen* des Johannes von Tepl. Ein Beitrag zur Interpretation. (= Göpp. Arb. z. Germanistik 235), Göppingen 1978, S. 22 ff.; Im folgenden wird zitiert nach der Reclam-Ausgabe, die die Textherstellung von Arthur Hübner bietet: Johannes von Tepl: Der Ackermann aus Böhmen. Originaler Text und Übertragung. Übertragung, Nachwort und Anmerkungen von Felix Genzmer (= RUB Nr. 7666). Stuttgart 1951 u.ö. Römische Ziffern geben das Kapitel, arabische die Zeilen an.

3 Ernst Robert Curtius: Europäische Literatur und Lateinisches Mittelalter, 9. Auflage Bern und München 1978, S. 93 ff.

4 Vgl. Helmut Henne: Literarische Prosa im 14. Jahrhundert — Stilübung und Kunst-Stück. In: ZfdPh 97, 1978, S. 321—336.

5 Vgl. die kritische Auseinandersetzung mit diesen Thesen bei Stolt, a.a.O., S. 11 ff.

6 Vgl. den kritischen Literaturbericht bei Hahn 1963, a.a.O., S. 3 ff.; Natt, a.a.O., S. 2 ff.

7 Exemplarisch wären zu nennen: Burdach, Lenk, Rehm (Ackermann); Bäuml, Brand (Tod).

8 Mit dem sog. Zetergeschrei oder ‚gerüfte‘ eröffnete der Ankläger in mittelalterlichen Prozessen die Rechtsverfolgung des Täters. ‚morder aller menschen‘ zu sein, wird dem Tod hier zur Last gelegt; die geforderte Strafe: die sog. ‚verfestung‘, die schwerste Ächtung bzw. die Todesstrafe.

9 Vgl. zur Tradition Rainer Rudolf: Ars moriendi. Von der Kunst des heilsamen Lebens und Sterbens. (= Forschung zur Volkskunde 39), Köln/Graz 1957.

10 Vgl. Eduard Winter: Frühhumanismus. Seine Entwicklung in Böhmen und deren europäische Bedeutung für die Kirchenreformbestrebungen im 14. Jahrhundert. Berlin (DDR) 1964.

11 Vgl. beispielsweise Werner Lenk: Der Ackermann und das Menschenleben. In: Grundpositionen der deutschen Literatur im 16. Jahrhundert, hrsg. von Ingeborg Spriewald u.a., Berlin/Weimar 1972, S. 114—148, bes. S. 130 f.

12 Zit. nach Horst Bredekamp: Autonomie und Askese. In: Autonomie der Kunst. Zur Genese und Kritik einer bürgerlichen Kategorie, hrsg. von Michael Müller u.a., Frankfurt 1972, S. 147.

13 Vgl. Philippe Ariès: Reichtum und Armut angesichts des Todes im Mittelalter. In: ders.: Studien zur Geschichte des Todes im Abendland. Aus dem Französischen von Hans-Horst Henschen. München/Wien 1976, S. 73—92.

14 Text und Übersetzung zit. nach: Epochen der deutschen Lyrik 1300—1500. Nach Handschriften und Frühdrucken in zeitlicher Folge, hrsg. v. Eva und Hansjürgen Kiepe. (= Epochen der dt. Lyrik 2), München 1972, S. 120, v. 42—44.

15 Vgl. Samuel Jaffe: Des Witwers Verlangen nach Rat. Ironie und Struktureinheit im ‚Ackermann aus Böhmen‘. In: Daphnis 7, 1978, s. 1—53.

16 Giovanni Pico della Mirandola: De dignitate hominis, lat. und dt., eingel. v. Eugenio Garin, übers. v. Hans H. Reich (Pico) und Frank-Rutger Hausmann (Garin). (= Respublica Literaria 1), Bad Homburg/Berlin/Zürich 1968, S. 20 (Vgl. auch o. S. 91 ff. zu Thomasin von Zirclaere).

17 Ebda., S. 33.

18 Schriften Johanns von Neumarkt. Unter Mitwirkung Konrad Burdachs hrsg. v. Joseph Klapper. Erster Teil: Buch der Liebkosung. Übersetzung des Pseudoaugustinischen Liber Soliloquiorum animae ad Deum. (= Vom Mittelalter zur Reformation. Forschungen zur Geschichte der deutschen Bildung, hrsg. v. K. Burdach, Bd. 6.1), Berlin 1930. Vgl. dort Cap. II: Von des menschen vnseld und kranckheit (De miseria et fragilitate hominis), bes. S. 20, 4 ff. und Cap. VII: Von des menschen wirdickeit (= De dignitate hominis futura), bes. S. 42, 22 ff.

19 Vgl. August Buck: Die Rangstellung des Menschen in der Renaissance: dignitas et miseria hominis. In: Archiv f. Kulturgeschichte, Bd. 42, 1960, S. 61–75.

20 Vgl. Hans Rupprich: Die deutsche Literatur vom späten Mittelalter bis zum Barock. 1. Teil: Das ausgehende Mittelalter, Humanismus und Renaissance 1370–1520. (= De Boor/Newald IV/1), München 1970, S. 591 f.

21 Das Dekameron des Giovanni Boccaccio. Erster bis fünfter Tag, übers. v. Ruth Macchi, 6. Aufl. Berlin und Weimar MCMLXXI, S. 21; 22 f.

22 Auf die eher nüchterne und durchweg ritualisierte Eheschließungspraxis weit über das 14. Jahrhundert hinaus auch in gebildeten Schichten verweist u.a. das rasante Tempo, in der sie abgewickelt wird, z.B. diejenige des Nürnberger Patriziersohnes Hans Ölhafen von 1547: Am 21.1. gibt er seiner Familie zu erkennen, daß und wen er heiraten will. Am nächsten Tag spricht der Vetter mit dem Vater der Auserwählten. Am darauf folgenden Tag erklärt sich Hans der Jungfrau und ihrem Vater. Am 27.1. wird die offizielle Werbung vorgebracht. Am 31.1. wird der Hochzeitskontrakt auf dem Rathaus abgefaßt (Lautmärung). Am 6. und 13.2. ist der kirchliche Verkündigung, am 1.3. die Eheschließung; vgl. Hans Bösch: Verlobung und Verehelichung in Nürnberg im 16. Jh. In: Mitt. aus dem german. Nationalmuseum, Jg. 1893, S. 41–53.

23 Zit. n. Epochen, a.a.O., S. 110, v. 33–36. Bemerkenswert hier die Subsumtion der Frau unter das Gesinde.

24 Karin Hausen: Historische Familienforschung. In: Historische Sozialwissenschaft. Beiträge zur Einführung, hrsg. v. Reinhard Rürup. Göttingen 1977, S. 83 f.; vgl. zum Problembereich jetzt auch Erich Maschke: Die Familie in der deutschen Stadt des späten Mittelalters, Heidelberg 1980.

25 Vgl. Monika Londner: Eheauffassung und Darstellung der Frau in der spätmittelalterlichen Märendichtung. Eine Untersuchung auf der Grundlage rechtlich-sozialer und theologischer Voraussetzungen. Berlin 1973. Das Fastnachtspiel ist – entgegen der seit Hübner beharrlich wiederholten Behauptung – keine mögliche Quelle des Ackermanntextes, da es um 1400 als Gattung noch nicht existierte; vgl. den Beitrag von E. Kartschoke in Bd. 3 dieses Grundkurses.

26 Stolt, a.a.O., S. 17.

Literaturhinweise

Johannes von Tepl: Der Ackermann aus Böhmen. Originaler Text und Übertragung. Nachwort und Anmerkungen von Felix Genzmer (= RUB 7666), Stuttgart 1951 u.ö.

Gerhard Hahn: Die Einheit des Ackermann aus Böhmen. Studien zur Komposition (= Münchner Texte und Untersuchungen zur deutschen Literatur des Mittelalters 5). München 1963

ders.: Johannes von Saaz: Der Ackermann aus Böhmen (= Interpretationen zum Deutschunterricht an den höheren Schulen). München 1964

Birgit Stolt: Rhetorik und Gefühl im ‚Ackermann aus Böhmen‘. In: dies., Wortkampf. Frühneuhochdeutsche Beispiele zur rhetorischen Praxis. Frankfurt/M. 1974, S. 11—30

Ernst Schwarz (Hrsg.): Der Ackermann aus Böhmen des Johannes von Tepl und seine Zeit (= Wege der Forschung 143). Darmstadt 1968

Philippe Ariès: Studien zur Geschichte des Todes im Abendland. Aus dem Französischen von Hans-Horst Henschen, München/Wien 1976

Karin Hausen: Historische Familienforschung. In: Historische Sozialwissenschaft. Beiträge zur Einführung, hrsg. von Reinhard Rürup, Göttingen 1977, S. 59—95

Eduard Winter: Frühhumanismus. Seine Entwicklung in Böhmen und deren europäische Bedeutung für die Kirchenreformbestrebungen im 14. Jahrhundert. Berlin (DDR) 1964

10. Das geistliche Schauspiel

Vorbemerkung

Die Geschichte *des* Dramas, also die Unterstellung einer ungebrochenen Kontinuität von *Aristophanes* und *Euripides* bis hin zu *Bert Brecht* und *Samuel Beckett* gibt es nicht. Wohl aber ordnen sich die Unterschiede zwischen griechischer Tragödie und neuzeitlichem Drama einem gemeinsamen Begriff unter: Dramatisch sind sie darin, daß sie die Auseinandersetzung von Individuen mit ihnen äußerlichen Verhältnissen, die ihnen als Handlungszwang gegenübertreten, in unterschiedlicher Weise vorführen. Solcher dramatische Impuls fehlt dem geistlichen Schauspiel des Mittelalters, als Drama wäre es nur zu fassen, würde man sich mit einer völlig formellen Bestimmung begnügen: auch diese Texte sind zum Bühnenvortrag vorgesehener personaler Dialog.

Es fehlt auch jede entwicklungsgeschichtliche Abhängigkeit: *Shakespeare, Calderon, Racine* und *Gryphius* verdanken der Tradition der Oster- und Passionsspiele nichts. Alle Versuche, eine historische Kontinuität des europäischen Dramas durch die Einbeziehung mittelalterlicher Spiele zu gewinnen, lassen nur zu deutlich erkennen, daß dem mittelalterlichen Schauspiel eine Lückenbüßerrolle zugedacht ist, um als Beleg für eine durchgehende Theatergeschichte zu dienen.[1]

Die mittelalterliche Spieltradition knüpft ebensowenig an irgendwelche Vorstufen an. Nicht, daß die Kenntnis der antiken Tragödie und Komödie völlig verloren gewesen wäre: *Terenz* und *Plautus* gehörten, wenngleich nicht in originaler Fassung, im Mittelalter zum festen Unterrichtskanon. Über den dramatischen Charakter ihrer Werke bestanden freilich fantastische Vorstellungen. Allgemein angenommen wurde, die antike Aufführungspraxis wäre die einer monologisierenden Rezitation gewesen. So sehen wir in mittelalterlichen Miniaturen den Dichter auf erhöhtem Stuhl sitzen, während vor ihm Schauspieler stumm die Handlung agieren.

Ebensowenig boten die Jahrmarktsunterhaltungen der *mimi* und *histriones*, die in der Tradition der spätantiken Berufskomödianten standen, einen Anknüpfungspunkt für das geistliche Schauspiel des Mittelalters. Die kirchlichen Verdikte gegen herumreisende Tänzer, Akrobaten und Mimen, in denen auch das Wort Drama fällt, sind die Widerlegung der Annahme, es hätte eine aus der Antike herübergerettete Schauspieltradition gegeben. Die Gleichsetzung von Jahrmarktsunterhaltungen mit dem Theater weist nur auf das Nichtvorhandensein des letzteren im frühen Mittelalter hin. Die Entstehung des geistlichen Spiels aus der Liturgie der katholischen Kirche geht nicht von deren „dramatischem" Charakter aus, gebildet nach dem Muster antiken Schauspiels, sondern ist kultischer Nachvollzug göttlichen Handelns. Dieses Handeln offenbart sich in der liturgischen *rememoratio* (Erinnerung), wird nachvollzogen und nicht betrachtet.

Die Symbolik der liturgischen Feier hat mit dem Tragischen nichts gemeinsam. Während die antike Religion das Handeln der Menschen und ihr durch das Wirken der Götter bestimmtes Schicksal in einen unaufgelösten Gegensatz setzte, fehlt dem monotheistischen Christentum mit seiner heilsgeschichtlichen Sicht, in der alles von der Schöpfung an vorherbestimmt galt, jede Grundlage für eine tragische Weltanschauung. Die gemeinsame Entstehung des Schauspiels aus der Religion kann als Beweis für die Gemeinsamkeit antiken und mittelalterlichen Theaters nur herangezogen werden, wenn man diesen fundamentalen Unterschied zwischen antiker und christlicher Religion übersieht.

Abstrus ist auch die verschiedentlich versuchte Herleitung des mittelalterlichen Spiels aus germanischem Kult und rituellen Spielen.[2] Selbst für die Existenz solcher Spiele, die über das stereotype Brauchtum, das wie bei allen Naturvölkern auch bei den Germanen existierte, hinausgingen, fehlen uns alle Belege, und ein Einfluß auf das geistliche Schauspiel läßt sich überhaupt nicht nachweisen. Fruchtbarkeitsriten, kultisches Brauchtum und Naturimitation sind ihrem Wesen nach die Auslöschung jeder handelnden Subjektivität, also die glatte Verneinung des Ausgangspunktes dramatischer Gestaltung. Wo solches Brauchtum neben der Kirche und von ihr bekämpft im Mittelalter fortexistierte, ergab sich kein Anknüpfungspunkt an das geistliche Spiel.

Die Einbettung des geistlichen Schauspiels in eine durchgehende Theatertradition ist ebenso nach vorwärts versucht, und das unterliterarische, kirchlich beeinflußte Volkstheater der Neuzeit als direkte Fortsetzung der mittelalterlichen Oster- und Weihnachtsspiele verstanden worden.[3] Zu Unrecht: weder war das geistliche Schauspiel ein genuines Volkstheater, noch lassen sich die volkstümlichen

Spieltraditionen des 18. und 19. Jahrhunderts auf dieses zurückleiten. Das Volkstheater der Neuzeit lebt von Entlehnungen aus literarischen Traditionen und dem kirchlichen Brauchtum der eigenen Zeit.

Die Zeit der französischen *mystères*, der englischen *Fronleichnamszyklen* und der deutschsprachigen *Oster- und Passionsspiele* geht im 16., spätestens im 17. Jahrhundert zu Ende, ohne daß das literarische Drama der Neuzeit von dieser Tradition auch nur sekundär beeinflußt worden wäre. Die Entstehung des bürgerlichen Schauspiels verdankt sich eben nicht irgendwelcher stofflicher und bühnentechnischer Übernahmen aus dem geistlichen und weltlichen Spielarsenal der feudalen Zeit, sondern einer gewandelten Weltauffassung, begründet in den ökonomischen und sozialen Veränderungen im 16. und 17. Jahrhundert. „Das Drama ist das Produkt eines schon in sich ausgebildeten nationalen Lebens ... Zu dieser poetischen Verknüpfung muß das freie Selbstbewußtsein menschlicher Zwecke, Verwicklungen und Schicksale schon vollkommen erwacht und in einer Weise gebildet sein, wie es nur in den mittleren und späteren Entwicklungsepochen des nationalen Daseins möglich wird."[4]

Die feudale Gesellschaft, in welcher das Subjekt in allem, was es ist, von außen festgelegt wird, bringt es zwar zu einer Bebilderung der dieser Unterworfenheit entsprechenden kirchlichen Ideologie, in der der Schein eines Gegensatzes von persönlichem Willen und göttlicher Weltordnung aufgebaut wird, um ihn nicht gelten zu lassen — das ist der Inhalt der im geistlichen Schauspiel vorgeführten Erinnerung an die göttliche Erlösung, der sich selbst die Hölle nicht entziehen kann —, aber eines tragischen Gegensatzes zwischen dem Einzelnen und den Verhältnissen, die ihm vorausgesetzt sind, ist sie nicht fähig. „Denn zum wahrhaft *tragischen* Handeln ist es notwendig, daß bereits das Prinzip der *individuellen* Freiheit und Selbständigkeit oder wenigstens die Selbstbestimmung, für die eigene Tat und deren Folgen frei aus sich selbst einstehen zu wollen, erwacht sei."[5]

Charakter des geistlichen Schauspiels

Offensichtlich sind die Maßstäbe, mit denen versucht wurde, das geistliche Schauspiel des Mittelalters einer ahistorischen Gattungsentelechie einzuordnen, nicht geeignet, dessen Wesen zu erfassen. Weder treffen die Bestimmungen des Dramas, die aus der antiken Tragödie und dem bürgerlichen Theater gewonnen wurden, zu, noch läßt sich das geistliche Schauspiel neben die Epik und Lyrik als dritte Gattung der feudalen Literatur stellen. Sie hatte, anders als die Artusepen und der Minnesang, nur einen bedingten literarischen Anspruch.

Die Texte selbst sprechen eine andere Sprache. Nach ihnen ist der Gegenstand der Spiele die Vergewisserung eines nicht in Zweifel zu ziehenden, vom Publikum geglaubten Heilsgeschehens, aus dem heraus sich alles menschliche Handeln erklärt. Zweck und Funktion der *rememoratio* göttlicher Vorherbestimmung ist die Erbauung an und Festlegung auf die dieser Determination entsprechende Moral. Damit ist jede dramatische Entwicklung, jeder Zweifel ausgeschlossen, der auf sich ausschließenden Entscheidungszwängen beruht und zur Verschuldung des Einzelnen führt, der an den ihm gesellschaftlich vorgegebenen Anforderungen scheitert, aber darin sich seiner selbst bewußt wird.

Die Spannung, die Oster- und Passionsspiele hervorrufen, ergibt sich nicht aus der faktischen Handlung, die war schließlich jedem Zuhörer geläufig, sondern daraus, daß jedes zur Vorstellung gebrachte Ereignis über sich selbst hinausweist, deren Inhalt Symbol seiner religiösen Bedeutung ist. Kein Moment der zur Erinnerung gebrachten Leidens- und Erlösungsgeschichte Christi ist das, was es ist: der Glaube an die Funktion des Geschehens ist der Bezugspunkt, der die Wirkung auf das Publikum ausmacht. Das Geschehen auf der mittelalterlichen Simultanbühne ist nicht die realistische Wiederholung eines vergangenen Ereignisses, an das das Publikum erinnert werden soll, sondern die Einschwörung auf die gerade jetzt wirksame Bedeutsamkeit des Vorgeführten, die über das bloß sinnlich Wahrnehmbare weit hinausgeht.

So leitet der Vorredner das Tiroler Passionsspiel mit folgenden Worten ein:[6]

> *Nu merchkt, ir herren, all geleich,*
> *Payde arem und auch reych,*
> *Frawen und auch man,*
> *Bas (= was) ich ewch zw sagen han.*
> *Ich pin ain pot vor her gesant*
> *Und mach ewch allen pekant,*
> *Was wir mit disem figur wellen bedewten*
> *Und thuen kunt allen lewtten.*

Die Allgemeinverbindlichkeit der Bedeutung negiert alle Unterschiede der Person und gesellschaftlichen Stellung, jede individuelle Reaktion auf das Bühnengeschehen ist per se ausgeschlossen.

Was sich auf der Bühne als Handlung abspielen wird, ist bedeutsam darin, daß es auf sich selbst als auf etwas anderes verweist: es ist „figur", Repräsentation der Bedeutung, die es hat. Die Selbstverständlichkeit einer quasi magischen Überwältigung durch das vorgeführte Geschehen, das keinen Platz für neutrale Distanz beim Zuschauer läßt, setzt freilich auf dessen willentliche Entscheidung, die Handlung auch so auf sich wirken zu lassen und gibt mit dem Gestus der Belehrung Hinweise darauf, das Spiel so zu nehmen, wie es verstanden werden muß.

> *Hut und tret mir aus dem wege,*
> *Das ich meine zache vor lege!*
> *Wer seine sache nicht wol vor legin kan,*
> *Der nimpt uffte schadin dor an.*

So eröffnet der Vorredner das Wiener Osterspiel[7] und weist damit dem geistlichen Spiel eine didaktische Funktion zu, die in der Ausdeutung der akzeptierten Glaubensverbindlichkeit des Bühnengeschehens besteht. Allerdings ist das eine belehrende Haltung, die einen Unterschied zwischen gebotener Belehrung und der Moral und den Zwecken des Publikums nicht eigentlich annimmt, um sie durch Überzeugung und Einsicht zu überwinden, sondern diesen Unterschied fingiert, um die Zuhörer daran zu erinnern, daß ihr Wille und ihr Handeln schon immer der Heilsmoral, die ihnen deutend vorgeführt wird, unterworfen sind. Die Gleichsetzung, die in der liturgischen Handlung vorgegeben ist — der Priester *ist* Stellvertreter Gottes — soll im geistlichen Spiel betrachtend nachvollzogen werden und die Einigung als Leistung der Zuschauer zustandekommen.

Deshalb gilt für das geistliche Schauspiel die Fiktion, ein dem vorgeführten Heilsgeschehen neutral gegenüberstehendes Publikum müßte erst von der Bedeutsamkeit und zeitlosen Gültigkeit des Vorgespielten überzeugt werden, obwohl dieser Gegensatz durch Inhalt und intendierte Funktion der Oster- und Passionsspiele von vornherein widerlegt ist. Die feudale Glaubensmoral tritt in den Spielen auf, als hätte sie ihre Begründung in der freiwilligen Einsicht, in der Vernunft der Gläubigen und führt doch diese Einsicht vor als Zwang, der unabhängig vom Willen und der Absicht der Menschen die Heilsgeschichte zur Geltung kommen läßt.

Der Schein eines dramatischen Geschehens, den die mittelalterlichen Spiele zu erzeugen versuchen — es werden in ihnen eben nicht nur Ereignisse aus dem Alten und Neuen Testament *bebildert* — beruht auf der Fiktion einer möglichen Distanzierung des Publikums von der verbindlichen Bedeutung des Dargestellten. Den Anschein einer neutralen Stellung zu erwecken, ist umso wichtiger, als es auf die Versicherung des je schon Geglaubten als Folge einer Belehrung ankommen soll, in der die auch ohne Einsicht unvermeidliche Abhängigkeit des menschlichen Handelns vom göttlichen Willen als bewußte Glaubensentscheidung gefordert ist.

Das Oster- und Passionsgeschehen erweist seine zeitlose Gültigkeit darin, daß es als scheinbar vergangenes historisches Ereignis dem Heute des Publikums gegenübergestellt wird, wobei der erweckte Schein eines Auseinanderfallens von Heilsgeschehen und weltlicher Gegenwart Mittel ist, diesen aufgebauten Unterschied als fiktiven erkennen zu lassen.

Ebenso findet sich im geistlichen Schauspiel der Anschein handelnder Individualität, besonders bei Personen, die wie Judas als Gegenpole der Heilsgeschichte auftreten. Ihr postulierter freier Wille gilt freilich nur als negative Abweichung, als böse Absicht und sündiger Wille und dient zum Beweis, daß dennoch in ihnen die göttliche Vorherbestimmung gewirkt hat, als deren willenlose Werkzeuge sie handelten.

Auch der oftmals betonte Zug des geistlichen Spiels zur realistischen Darstellung der Lebensverhältnisse der eigenen Zeit ist in gleicher Weise zu verstehen. Er ist die Ausmalung einer vorgeblichen Selbständigkeit des weltlichen Treibens gegenüber dem Heilsgeschehen, um beides so in eins fallen zu lassen, daß alle Anspielungen auf weltliche Interessen und Geschäfte des Publikums dieses dazu bringen sollten, allein auf die Heilsgeschichte zu setzen. Daß im *Erlauer Osterspiel* die Apostel Petrus und Johannes als Säufer und Diebe gezeichnet werden und dennoch die Bezeugung der Auferstehung aus ihrem Mund nichts von ihrer Gültigkeit verliert, noch an ihrer heilsgeschichtlichen Funktion ein Zweifel entsteht, ist auf das intendierte scheinbare Auseinandertreten von bloßer Realität und höherer Bedeutung zurückzuführen, mit dem die Unterordnung des einen unter das andere glaubhaft und anschaulich gemacht werden sollte. Glaubenszweifel wurden hier keine ausgesprochen und das Problem der dramatischen Person als in sich stimmiger Individualität stellte sich auch keinem Betrachter. Wie Christus als Mensch für seine Eigenschaft, Gottes Sohn zu sein, einsteht, so wird hier bei den Aposteln auf den Unterschied zwischen menschlichem Handeln und heilsgeschichtlicher Funktion hingewiesen, um ihn umso überzeugender zum Schwinden zu bringen.

Der Ursprung des mittelalterlichen Dramas liegt im Ritual der feudalen Kirche. Das Verhältnis dieser Herkunft zur Entfaltung der lateinischen und volkssprachlichen Spieltradition gilt es zu klären. Es ist unbestritten, daß die Vielfalt der Oster-, Weihnachts-, Passions- und Mysterienspiele ihren Ausgang von der liturgischen *rememoratio* des Heilsgeschehens genommen hat. Innerlich notwendig oder selbstverständlich war die Entwicklung des Ostertropus: *Quem quaeritis* (Wen sucht ihr) zur Osterfeier, der frühesten Form einer die liturgische Feier überschreitenden Versinnbildlichung des Ostergeschehens, keineswegs.[8] Die liturgische Zeremonie und ihre feierliche Ausgestaltung durch den Gesang biblischer Texte ist umstandslos das, worauf sie hindeutet: Gottes Wirken ist in der Repräsentation aktuell anwesend. Der *Ostertropus* — *Tropen* sind eine musikalische Abfolge einzelner Prosatexte, meist biblischen Charakters — macht davon keine Ausnahme:

> „*Quem quaeritis in sepulchro, o christicolae?*"
> „*Jhesum Nazarenum crucifixum, o caelicolae.*"
> „*Non est hic, surrexi, sicut praedixerat.*
> *Ite, nuntiate, quia surrexit*".
> „*Surrexit enim, sicut dixit, dominus, ecce praecedet vos in*
> *Galileam ibi eum videbitis, alleluia, alleluia*".
> („Wen sucht ihr im Grab, o ihr Dienerinnen Christi?" / „Den gekreuzigten Jesus, den Nazarener, o ihr Himmlischen." / „Er ist nicht hier, er ist auferstanden, wie er vorausgesagt hat. / Geht und berichtet, daß er auferstanden ist." / „Denn er ist auferstanden, wie er sagte, der Herr, seht er ist euch vorausgegangen nach Galilea, dort werdet ihr ihn sehen ...")

Es ist lediglich die literarische Ausgestaltung der Visitatio, des Besuches des Grabes und der Verkündigung der Auferstehung an die drei Marien und damit an die gläubige Gemeinde. Entstanden ist dieser Zusatz vermutlich in Frankreich oder in Italien im 10. Jahrhundert. Aber als Ausschmückung des liturgischen Zeremoniells geht der Wechselgesang nicht nahtlos in diesem auf: er ist deshalb auch kein fester Bestandteil der Osterliturgie geworden. Die freiere Stellung zur Liturgie macht ihn zum Ausgangspunkt des Osterspiels. Gleichwohl gilt die Aussage de Boors für den Ostertropus als liturgische Feier: „Das alles liegt weit ab von dem Wunsch des Schauspiels und des Schauspielers, zu charakterisieren, es entspringt dem Wesen der Liturgie: zu symbolisieren. Die Priester stellen die heiligen Figuren nicht dar, sie „vollziehen" sie, sie sind sie."[9]

288

Hinzu kommt, daß die Kleriker, die die Engel und die Marien verkörpern, in ihrer Repräsentanz ikonographisch verdeutlicht werden. Regieangaben, wie sich die Kleriker durch unterschiedliche Bekleidung, Palmwedel (Engel) und Weihrauchfässer (Marien) als die Repräsentanten, die sie sind, auszuweisen haben, finden sich in allen Osterfeiern. Diese Verdeutlichung bildet durchaus einen Gegensatz zum Geist der Liturgie. Nicht Offenbarung, sondern Imitation ist jetzt die Absicht.

Alles zusammen: die literarische Erweiterung, die Herstellung eines historischen Zeitbezugs und die Personalisierung der symbolischen Repräsentanz ermöglichte innerhalb des festgefügten kirchlichen Zeremoniells einen freieren Umgang, der rasch zu einer literarischen Ausgestaltung der Osterfeier innerhalb des liturgischen Rahmens führte. Die Grabesszene (*Visitatio* — 1. Stufe) wird erweitert um die Begegnung der Marien mit den Aposteln (2. Stufe) — die textliche Grundlage war ein rein literarischer Text, die Sequenz: *Victimae paschali laudes ...*, verfaßt von *Wipo*, dem 1050 gestorbenen Hofkaplan der deutschen Kaiser Konrad II. und Heinrich III. — und um die Erscheinung Christi vor Maria Magdalena (*Hortulanusszene* — 3. Stufe).

Diese Entwicklung, die im 12. Jahrhundert bereits abgeschlossen war, ist nicht als stufenweise Entfaltung zu verstehen. Alle drei Stufen der Osterfeiern existieren in der liturgischen Tradition der mittelalterlichen Kirche nebeneinander bis zu ihrer Abschaffung im 16. Jahrhundert. Ob und welche Form der Osterfeier in die jahrhundertelange liturgische Tradition einging, entschied sich je nach Klostertradition und nach regionaler Verbreitung. Benediktiner und Zisterzienser haben sehr ausgeprägte Ordenstraditionen, während die später gegründeten Bettelorden die Osterfeier nicht in ihr Meßritual aufgenommen haben, ein deutlicher Hinweis darauf, daß diese Feiern ihre Existenz und ihren aristokratischen, schmückenden Charakter der noch ungebrochenen Einheit von feudalem Adel und feudaler Kirche verdanken.

Der Übergang von der Osterfeier zum lateinischen Oster- und Passionsspiel ist ein Bruch: gegen den liturgischen Vollzug wird hier die Handlung überhaupt als Handlung genommen, als eine zeitliche und logische Aufeinanderfolge von Aktion und Reaktion. Die Begründung des repräsentativen Heilsgeschehens liegt nicht im geglaubten Erlebnis der liturgisch vollzogenen *unio*, sondern in der dargestellten Entwicklung des heiligen Geschehens, an das erinnert wird. Das muß nicht bedeuten, daß die lateinischen Spiele völlig aus dem Rahmen der Liturgie herausfallen, aber sie drücken eine andere Stellung zum gleichen Gegenstand aus. Wo die Liturgie für sich und damit für die Bedeutsamkeit dessen, was sich in ihr vollzieht, spricht, wird hier das Sterben Christi und die Bedeutsamkeit dieses Ereignisses in einen Handlungszusammenhang gebracht und daraus begründet und erklärt.[10]

Diese Stellung erfordert eine bewußte Reflexion und einen handlungskausalen Nachweis der in der Liturgie unterstellten Bedeutung. Mit dem Übergang zum Osterspiel ist die Selbstverständlichkeit des Heilsgeschehens vorbei: sie muß aus der nachgespielten Wiederholung der historisch gesehenen Erlösung bewiesen werden. Während jede Osterfeier nur die Variation eines durchgehenden Grundmusters ist und die Texte sich innerhalb der jahrhundertelangen Tradierung fast völlig gleichbleiben, ist jetzt jedes lateinische Spiel eine individuelle Gestaltung und nur aus sich heraus zu verstehen und zu deuten. Die Auswahl der Szenen, an denen die Bedeutsamkeit des gespielten Inhalts zum Ausdruck kommen soll, wechselt nun von Spiel zu Spiel.

Die im Unterschied zur liturgischen Osterfeier erreichte Selbständigkeit drückt sich einmal im freien Umgang mit dem biblischen Geschehen aus, das je nach Intention und literarischem Anspruch zum Beleg für die Heilsaussage genommen werden kann. Das Auftauchen der ersten lateinischen Spiele ist gleichbedeutend damit, daß neben den Osterspielen nun Weihnachtsspiele und Passionsspiele entstehen und alttestamentarische Stoffe und Heiligenlegenden dramatisiert werden. Die Prophetenspiele gehen völlig über den biblisch-liturgischen Rahmen hinaus, da sie ihren Stoff aus einer pseudoaugustinischen Predigt beziehen. Das literarisch vollendetste lateinische Spiel, der *Tegernseer Antichrist*, schlägt den Bogen zur Eschatologie. Neben und gegen die noch liturgisch bestimmte Intention tritt ein literarischer Anspruch, der sich des Heilsgeschehens als Mittel bewußter dramatischer Gestaltung bedient.

Die bruchhafte Loslösung vom Zwang der liturgischen Repräsentation ist verbunden mit dem bewußt literarischen Charakter aller dieser Spiele, ebenso wie das Literaturbewußtsein ihrer Verfasser unverkennbar ist.

Zwischen den liturgischen Osterfeiern und den lateinischen Spielen des 11.–13. Jahrhunderts klafft ein Bruch, den es in dieser Schärfe zwischen den lateinischen und den volkssprachlichen Spielen nicht gibt. Die Differenz zwischen liturgischem Ritual und literarisch geformtem Spiel zeigt sich am deutlichsten gerade in den frühesten deutschsprachigen Spielen aus dem 13. Jahrhundert, während in der späteren Texttradition sich eher wieder eine Angleichung an die traditionelle Bibelexegese und das Fehlen eines eigenständigen literarischen Anspruchs findet. Gleich das erste uns erhaltene deutsche Osterspiel, das *Osterspiel von Muri*, ist auch das literarisch bedeutsamste aller überlieferten Texte. Den Grund für diesen entschiedenen Wandel hin zu einem literarischen Anspruch haben wir noch zu untersuchen: er liegt in der besonderen sozialen Herkunft der Verfasser geistlicher Spiele.

Volkssprachliche und lateinische Spiele

Die traditionelle Vorstellung einer stufenweisen Entfaltung des geistlichen Spiels von liturgischen Anfängen hin zu volkssprachlichen Spieltexten trifft auch für den Übergang vom Latein zum Deutschen nicht zu. Erstens weist die im 13. Jahrhundert entstehende deutsche Spieltradition — von einzelnen Momenten abgesehen — keine entscheidende Abhängigkeit von den zeitlich vorausgehenden lateinischen Texten auf, die ab dem 14. Jahrhundert nicht mehr überliefert werden. Die Gemeinsamkeit der lateinischen und der deutschen Passionsspiele beschränkt sich auf das Material der der liturgischen Tradition entlehnten gesungenen Texte. Zweitens vollzieht sich diese Entwicklung nicht als eine schrittweise Eindeutschung. Es ist eher umgekehrt: mit dem frühesten uns erhaltenen deutschsprachigen Text, dem *Osterspiel von Muri*, wird ein Spiel überliefert, das fast ohne jede Zitierung liturgischen Lateins auskommt, während in den stadtbürgerlich oder klösterlich gebundenen Spielen des 14. und 15. Jahrhunderts sich verstärkt eine Rückwendung hin zur liturgischen Grundlage feststellen läßt.

Bereits in einzelnen Osterfeiern in Deutschland finden sich volkssprachliche Texte. Die Regiehinweise: *Hier singt das Volk: Christ ist erstanden* oder: *Es giengen drei vrouwen* beziehen die Kirchengemeinde in den Vollzug der liturgischen Handlung mit ein, lassen aber gerade deswegen den Geist der Liturgie unberührt. Um das plötzliche Entstehen deutscher geistlicher Spiele verständlich zu machen, ist die gewandelte Haltung zu der lateinisch überlieferten und liturgisch gebundenen Spieltradition zu erklären. Die nächstliegende Annahme, die deutschen Textteile dienten dazu, den lateinischen Text, auf den es vor allem angekommen sei, dem Publikum verständlich zu machen und ihn für das Volk zu übersetzen, trifft nicht als Erklärung.

Im großen Benediktbeurer Passionsspiel vom Ende des 13. Jahrhunderts[11], läßt sich für die deutschsprachigen Teile keinerlei Übersetzungsinteresse entdecken. Blockartig stehen lateinische Szenen neben den deutschen, die das Liebesleben und die Bekehrung der reuigen Sünderin Maria Magdalena zum Inhalt haben. Parallelen gibt es nur da, wo bereits im Lateinischen die Lebensfreude Marias in Vagantenstrophen besungen wird, eine literarische Intention die liturgische Darstellung also längst ersetzt hat:[12]

> *Mihi confer, venditor, species emendas*
> *pro multa pecunia tibi iam reddenda,*
> *si quid habes insuper odoramentorum,*
> *nam volo perungere corpus hoc decorum ...*
> *Chramer, gip die varwe mier,*
> *div min wengel roete,*
> *da mit ich di iungen man*
> *an ir danch der minneliebe noete*
> (Lieber Kaufmann schaffe mir edle Spezereien, / will dafür an gutem Geld keinen Aufwand scheuen, / Auserlesnes laß mich schaun, komme seinethalben / denn mit Köstlichkeiten will meinen Leib ich salben. /
> Krämer, gib mir die Schminke, / die meine Wangen rot machen soll / damit ich die jungen Männer / gegen ihren Willen zur Liebe zwinge.)

Also keine Übersetzungsimitation, sondern ein Gleichklang aus einer literarisch geprägten Haltung heraus, bei der sich der Unterschied zwischen der Liebeslyrik der Vaganten und der wesentlich direkteren Aussage des sich an den Minnesang anlehnenden Liebesliedes nicht übersehen läßt.

Selbst da, wo volkssprachliche Spiele sich wieder mehr an den durch liturgischen Gesang vorgezeichneten Handlungsvollzug anlehnen und regelmäßig Latein und Deutsch miteinander abwechseln lassen, kann nicht von Übersetzung gesprochen werden. Das *Trierer Osterspiel*, für das diese Gestaltungsweise zutrifft, zitiert zwar teilweise wörtlich die lateinischen Passagen, aber nicht um sie zu wiederholen, sondern um sie zu deuten. An der Kontrafrafaktur des *Quem-Quaeritis*-Tropus soll dieses Verhältnis verdeutlicht werden:[13]

> *Tunc angeli cantant:*
> *Quem queritis, o tre-*
> *mule mulieres, in hoc*
> *tumulo plorantes?*
>
> *Marie simul cantant*
> *antiphonam ‚Ihesum':*
> *Ihesum Nazarenum cruci-*
> *fixum querimus! ...*

> „*Et primus angelus dicit rickmum:*
> „*Wenen sucht ir drij frauwen*
> *myd jamer und myt ruwen*
> *also frue inn dyessen grabe*
> *an dyssem osterlychen tage?“*
> „*Tercia Maria dicit rickmum:*
> „*Wyr suechen Jhesum unseren troest,*
> *der uns van sunden hayt erloest!“* ...

(Dann singen die Engel: Wen sucht ihr, o ihr zitternden Frauen, weinend in diesem Grab? Die Marien singen zusammen die Antiphon „Jhesum": Jesus von Nazareth, den Gekreuzigten, suchen wir ...)	(Und der erste Engel sagt den Vers auf: Wen sucht ihr drei Frauen / mit Jammer und Schmerzen / so früh in diesem Grab / an diesem österlichen Tag? Die dritte Maria sagt den Vers auf: Wir suchen Jesum unseren Trost / der uns von der Sünde erlöst hat ...)

Der deutsche Text ist die Kommentierung des Heilsvollzugs, durch die jeder Heilsakt in seiner spezifischen Bedeutsamkeit begründet und als Glaubenslehre vermittelt wird. Die geglaubte *unio* mit dem Erlösungswerk Gottes durch den liturgischen Nachvollzug wird ergänzt durch eine theoretische Begründung der Motive und Handlungen der Personen, an denen und durch die die Erlösung der Menschheit erscheint. Heilswelt und der Raum der Wiedererinnerung an dieses Geschehen im Spiel treten auseinander, deshalb wird auf den Zusammenhang beider als verbindlichen hingewiesen. Das vorgeführte Ereignis ist allgegenwärtig, indem es auf eine konkrete Zeit bezogen wird: *an dyssem osterlychen tage.*

Daß erst die theologische Begründung und Motivierung die Glaubwürdigkeit und Verbindlichkeit des vorgeführten Geschehens garantiert, bildet einen Gegensatz zu einer Heilsgewißheit, die im liturgischen Ritual per se gegeben ist. Die Intention des deutschen geistlichen Spieles geht so nicht darauf, durch die Übersetzung des lateinischen Textes die magische Anwesenheit Gottes auch für die des Lateins Unkundigen nachvollziehbar zu machen — das wäre bereits ein Widerspruch in sich —, sondern das Geglaubte durch den Hinweis auf den Glaubensinhalt und die Motivation der Agierenden überzeugend zu gestalten und es in den Dienst theologischer Belehrung zu stellen. Was dem Glauben als selbstverständlich gilt, soll sich als glaubensnotwendig erweisen: dafür wird sowohl das biblische Geschehen historisiert, wie auch auf die aktuelle Situation des Publikums Bezug genommen, um zwischen beiden eine Verbindung herzustellen, die einen Grund für die auch heute noch existente Verbindlichkeit des damals Geschehenen abgeben soll.

So wird in den deutschen Spielen versucht, den biblisch bezeugten Ablauf des Lebens und Sterbens Christi „historisch" getreu auf die Bühne zu bringen, wie den Aktualitätsbezug durch das Ansprechen dessen, was das Publikum aus seiner Sicht heraus zum Glauben daran bewegen soll, herzustellen. Diese oftmals als „Realismus"-Tendenz des geistlichen Spiels gefaßte Stellung nimmt das auf die Bühne gebrachte heilige Geschehen zum Anlaß, das Publikum auf eine diesem Geschehen adäquate Moral festzulegen. Was das Heilsgeschehen für jeden Zuschauer bedeuten soll, ergibt sich so nicht mehr als Überwältigung des Glaubens, sondern will als gläubige Stellung versinnbildlicht und nachgewiesen werden. Deshalb geht die Kennzeichnung des Passions- und Ostergeschehens der volkssprachlichen Spiele als realistische Ausmalung eines Glaubensgegenstandes an der belehrenden Intention vorbei. Es würde dies eine Distanz zum Inhalt der Spiele unterstellen, der nur noch als spannender Erzählstoff genommen wäre. Dem volkssprachlichen Schauspiel kommt es aber gerade auf die einzigartige Bedeutsamkeit des Vorgeführten an, das freilich nicht nur geglaubt, sondern dessen Ansprüche und Gebote verstanden und nachgelebt werden sollen.

In einem reinen Sinne didaktisch ist das geistliche Schauspiel jedoch auch nicht. Daß eine Begründung für den Glauben gegeben würde, ist eine gespielte Fiktion: die Hinweise auf die Bedeutsamkeit des zu Glaubenden werden nicht von außerhalb des Glaubens gegeben, sondern unterstellen diesen schon immer. Nur wer bereits auf dem Standpunkt des Glaubens und der mit ihm verbindlich gesetzten Morallehre steht, konnte die ihm vorgeführten Beweise akzeptieren, da diese tautologisch schon immer das unterstellen, was erst noch nachgewiesen und vorgespielt wurde.

Überlieferung des deutschen geistlichen Spiels

Das volkssprachliche Schauspiel des Mittelalters ist theologische Erbauungsliteratur — man muß nur den pietistischen Beigeschmack dieser Bezeichnung vergessen —, die das Dargestellte für die theologische Moral nutzbar macht. Innerhalb dieses didaktischen Interesses, das im geistlichen Spiel nicht als Moral für sich spricht — wie etwa in Ständelehren und Predigten —, sondern seine Begründung in der vorgeführten Handlung findet, gibt es vielfältige Variationen. Nicht nur, daß jedes Spiel eigenständig und unabhängig von anderen ist, mit dem Übergang zur Volkssprache kann jetzt vom Ostergeschehen bis hin zur Volkslegende alles zum Spielmaterial werden, an das sich die Versinnbildlichung der theologischen Belehrung heften kann.

Der biblische Beweis des Heilsgeschehens, die Auferstehung Christi, nimmt dabei in den Osterspielen den größten Anteil der mittelalterlichen deutschen Spieltradition ein. Texte von Osterspielen und Belege für Aufführungen sind uns aus ganz Deutschland überliefert, wobei sich aus der größeren Nähe zum liturgischen Ursprung der Spieltradition auch eine größere Traditionsverhaftetheit in der Ausgestaltung ergibt.[14] Das hat dazu verleitet, die Tradition der Osterspiele als schrittweise Entfaltung zu fassen. Das ist freilich eine Betrachtungsweise aus schiefem Blickwinkel.

Schon das erste erhaltene deutsche Osterspiel, das von Muri aus der Mitte des 13. Jahrhunderts, fällt völlig aus dem postulierten Rahmen heraus, ebenso wie das *Redentiner Osterspiel* aus dem 15. Jahrhundert, während eine mitteldeutsche Spielgruppe aus dem 14. und 15. Jahrhundert − *Innsbrucker, Wiener, Trierer* und *Rheinisches Osterspiel* − stärker einer gemeinsamen Textgrundlage verpflichtet ist, ohne daß jedoch der individuelle Charakter jedes einzelnen Spiels darunter leiden würde.

Das deutsche Osterspiel hat seine größte Verbreitung im 14. Jahrhundert und die Textaufzeichnungen reichen bis ins 16. Jahrhundert. Anscheinend genügte die Darstellung des Erlösungsaktes allein nicht mehr für die Zwecke der Belehrung, sie wurde deshalb in den größeren thematischen Zusammenhang des Passionsspiels eingeordnet. An den spätesten erhaltenen Texten läßt sich exemplarisch ablesen, wie wenig einheitlich das Osterspiel nach seiner Intention auftritt. Das *Osnabrücker Osterspiel* − um 1500 − gibt eine reine Nacherzählung des biblischen Berichts für die fromme Andacht eines Nonnenklosters, während das *Münchener Osterspiel* aus dem 16. Jahrhundert das Ostergeschehen an das Publikum des herzoglichen Hofs zu München anpaßt und sozial überhöht und noch später *Renward Cysat*, Luzerner Stadtschreiber und Literat, aus einem bereits antiquarischen Interesse an einer nicht mehr lebendigen Spieltradition das Ostergeschehen zum Vehikel der katholischen Restauration macht.

Die geschlossenste Form erhält das deutsche geistliche Drama im *Passionsspiel*. Obwohl es die liturgisch fixierten Texte in seine Darstellung einbezieht, hat es sich von allen Gattungen am weitesten vom Geist der Liturgie entfernt. Schon allein das neue Spielzentrum, die Leidens*geschichte* Christi, legt die Bedeutung in die Handlungsabfolge und auf die historische Distanz, die nicht wie im Oster- und Weihnachtsspiel mit der zeitlosen Aktualität der je anwesenden Heilsgeschichte negiert wird. Die Verbindlichkeit des Gespielten als Entwicklung einer Handlung setzt für das Passionsspiel einen neuen Anspruch, den der Vollständigkeit. Jeder Akt der Leidensgeschichte steht nicht mehr für die gesamte Bedeutsamkeit ein, sondern bekommt diese nur im Rahmen des Handlungsablaufs zugesprochen. Dieser umgreift die ganze Weltgeschichte von der Schöpfung bis zum Jüngsten Gericht. Wenn auch nur als Material, um die Existenz der Heilsgeschichte in ihr zu erweisen, bekommt die weltliche Geschichte ihr Recht als Geschichte. Wo die Bedeutung nicht mehr in den aufgeführten Szenen, sondern in ihrem Bezug zu einem Sinn, den nur die gesamte Handlung trägt, aufgefunden werden soll, geht in das Passionsspiel die kommentierende Begleitung des Geschehens als eigener Spielteil ein. Entweder sprechen die Personen die heilsgeschichtliche Funktion ihres Handelns selbst aus, stellen sich also theoretisch zu ihrem Agieren — dies hat allerdings nichts mit der psychologisierenden Reflexion des bürgerlichen Helden zu tun —, oder das geweilige Geschehen bekommt einen Sinn durch daneben tretende Praefigurationen aus dem Alten Testament. Die deutende und belehrende Kommentierung kann sich im Passionsspiel so weit verselbständigen, daß der Kommentar als handelnde Person auftritt (die Rolle des *Augustinus* in der Frankfurter Passionsspieltradition) oder daß die allegorische Deutung selbst in Handlung umgesetzt wird (der Streit der Tugenden und der Kampf der christlichen *ecclesia* mit der jüdischen *synagoga*, ebenfalls in den Frankfurter Spieltexten).

Dieser den Passionsspielen eigene, auf den Aufweis eines übergreifenden Zusammenhangs gehende Gestaltungswille, gibt dieser Spielgattung einen festen Tradierungszusammenhang. Die meisten überlieferten Texte beziehen sich auf eine feste Aufführungstradition, deren Blütezeit im 15. und 16. Jahrhundert liegt. Ihr Wirkkreis ist die mittelalterliche Stadt. Fast ausnahmslos lassen sich die erhaltenen Passionsspiele einer solchen städtischen Aufführungspraxis zuordnen. Das *Maastricher Passionsspiel* und die sog. *Kreuzensteiner Bruchstücke*, beide im 14. Jahrhundert aufgezeichnet, belegen eine frühe Aufführungstradition in Aachen, der hessische Spielkreis gibt von der Spielpraxis in Frankfurt und den umliegenden Städten und deren über zwei Jahrhunderte reichenden Dauer Zeugnis (*Frankfurter Dirigierrolle, Frankfurter, Alsfelder, Friedberger* und *Heidelberger Passionsspiel*). Bis ins 17. Jahrhundert finden in *Villingen, Donaueschingen, Freiburg* und *Luzern* Passionsspiele statt, deren gemeinsames Textcorpus für jede neue Aufführung überarbeitet und erweitert wird. Der umfangreichste Spielkreis stammt aus Tirol: in den im 16. Jahrhundert durch Bergbau bedeutend gewordenen Städten *Bozen, Sterzing, Brixen* und *Hall* fanden fast jährlich Aufführungen statt. Der großartig gewachsene Umfang (das Bozener Spiel von 1516 umfaßte sieben Spieltage) und die Einbeziehung der gesamten städtischen Bevölkerung in die Aufführung, sowie die prachtvolle Ausgestaltung als Mittel städtischer Selbstdarstellung machte die Verselbständigung der Spielregie in einer Person erforderlich, deren Stellung und Ansehen auf die Bedeutung der Spiele für das städtische Regiment und den städtischen Klerus verweist. In Luzern wurde diese Aufgabe dem Stadtschreiber *Renward Cysat* übertragen, in Bozen und Sterzing lag die Spielleitung in den Händen des Lateinlehrers *Benedikt Debs* und des Malers *Vigil Raber*.

Der didaktisch belehrende und ermahnende Charakter der Passionsspiele gab der dramatischen Gestaltung einen stark epischen Charakter.

Noch konsequenter theoretisch-belehrend ist die Grundhaltung der *Fronleichnamsspiele*. Im *Innsbrucker* und *Künzelsauer Fronleichnamsspiel* ist das gesamte Bühnengeschehen der Beweis für ein theologisches Dogma, dem der Eucharistie. Die immer wieder auf die besondere Aufführungsform, das Prozessionsspiel, zurückgeführte Kürze der aneinandergereihten Spielszenen, die ebenso wie beim Passionsspiel den gesamten Ablauf der Menschheitsgeschichte als Heilsgeschichte fassen, erklärt sich eher aus der theologischen Intention dieser Spiele. Das Inventar der Heilsgeschichte wird herbeizitiert, um die Bedeutung der Meßfeier und des kirchlichen Dogmas der Eucharistie zu feiern, dessen Glaubensverbindlichkeit seit dem 13. Jahrhundert durch päpstliches Dekret feststand. Das theologische Verständnis wird damit selbst als Heilsgeschehen gesetzt, das dargestellte Wirken Gottes wird zum Beleg für die kirchlich dogmatisierte Form seiner Interpretation.

Neben den bisher erwähnten Spielgattungen treten andere volkssprachliche Spiele in Deutschland sehr zurück. Innerhalb der auf Heilstotalität gerichteten Oster- und Passionsspiele verselbständigen sich die *Marienklagen*. Die besondere Frömmigkeitshaltung der *compassio* mit dem vermenschlichten Gottessohn entspricht der allgemeinen Sentimentalisierung und Psychologisierung der spätmittelalterlichen Theologie und des Glaubens. Selbständige Existenz findet diese Glaubenshaltung deshalb nicht nur in den aus dem Passionsspiel herausgelösten Marienklagen, sondern ebenso in den Pietà- und Grablegungsdarstellungen des 15. Jahrhunderts. Ebenso wurden einzelne Szenen, die nur auf das Passionsgeschehen verweisen, aus dem Spielzusammenhang gelöst und als Einzelspiele aufgeführt. Die Dramatisierung allegorischer Streitgespräche und alttestamentarischer

Szenen bezeugen die wachsende Geltung des Dramas als eigenständiger moraltheologischer und literarischer Gattung: jeder geistliche Erzählstoff wird für die Umsetzung ins Spiel verfügbar.

Während die Oster- und Passionsspiele sich auf eine stadtbürgerliche Religiosität beziehen, greifen die *Legenden-, Teufels-* und *Weltgerichtsspiele* eine sozial unbestimmtere, aber natürlich immer kirchlich sanktionierte Volksfrömmigkeit auf. Die in den sozialen und politischen Wirren des 15. Jahrhunderts begründete Furcht vor dem Ende aller Zeiten thematisieren die *Weltgerichts-* und *Antichristspiele*, um mit der Ausmalung kommenden Schreckens moralische Agitation zu betreiben. Die Ausmalung des moralischen Verfalls und das Beispiel der noch möglichen Besserung wird zum eigenständigen Inhalt in den Spielen von den klugen und törichten Jungfrauen. Ebenso hat das *Faust*thema, das Bündnis mit dem Teufel, im *Jutta-* und *Theophilusspiel*, im Unterschied zum späteren Faustbuch, nur den Hinweis auf die Versündigung und die dennoch mögliche Erlösung zum Inhalt. Jedes weltliche Selbstbewußtsein im Gegensatz zum moralischen Anspruch der Religion und jede Berufung auf die Unabhängigkeit der Wissenschaft vom Glauben, das den Fauststoff im 16. Jahrhundert prägt, fehlt hier noch völlig.

Die Akzeptierung der unmittelbaren Gewalt als Grundlage der feudalen Gesellschaft und ihre ideologische Überhöhung als Prüfstein des Glaubens macht sich neben der immer realistischer werdenden Passionsdarstellung vor allem in den Legendenspielen, der Darstellung des Martyriums einzelner Heiliger (*Katharina, Dorothea, Nikolaus*) geltend. Es ist nicht einfach das Interesse an der Zurschaustellung von Folter und Gewalt, das hier zum Ausdruck kommt, sondern die Rechtfertigung der gewaltsamen Grundlage der feudalen Gesellschaft, die als Anlaß und Prüfstein für die Glaubensgröße einen moralischen Wert erhält.

Historische Entwicklung

Die Darstellungen des mittelalterlichen deutschen Schauspiels haben sich lange Zeit darauf beschränkt, eine außerhalb des literarischen Kanons der mittelalterlichen Literatur stehende Texttradition in ihrer Überlieferung zu dokumentieren, die Textbreite dieser Gattung zu belegen und die Zeugnisse ihrer Wirkung aufzuzählen. Wo die Gattung als ganze in den Blick geriet, geschah dies unter dem Aspekt einer genetischen Entfaltung von fiktiver Urform hin zu einem ausgefächerten Stemma, in das die überlieferten Spiele eingeordnet wurden. Erst in jüngerer Zeit gilt die Aufmerksamkeit der individuellen Gestaltung einzelner Texte.

Das mittelhochdeutsche geistliche Schauspiel ist von Anfang an städtisch gebundene Literatur und reflektiert die Entwicklung der mittelalterlichen Stadt von ihrem feudal-adligen Anfang über das kommerzielle Patriziat bis hin zur Ausbildung einer in sich geschlossenen ökonomischen und sozialen Einheit innerhalb und gegen die feudale Landesherrschaft. Der Bezug auf die Entwicklung des feudal-städtischen Bewußtseins tritt jedoch immer nur gebrochen, als Reaktion und Agitationsbezug der Kirche auf die soziale Stellung des von ihr angesprochenen städtischen Publikums auf, dem die moralische Verbindlichkeit des Vorgeführten nahegebracht werden sollte. Unabhängig davon, ob die Verfasser und Regisseure des geistlichen Spiels Kleriker oder städtische Laien waren und unabhängig davon, ob die Aufführungen in der Kirche (wie noch 1516 in Bozen) oder bereits auf dem Marktplatz (wie schon im 14. Jahrhundert in Frankfurt) stattfanden, setzt die kirchliche Lehre den Rahmen, innerhalb dessen das geistliche Spiel bis zu seinem Ende wirkt. Aber mit dem Übergang in die Volkssprache macht sich das Spiel und dessen kirchliche Botschaft abhängig von den durch die sozialen Verhältnisse geprägten Vorstellungen des städtischen Publikums, auf das es einwirken wollte.

Die frühesten deutschsprachigen Spiele und hier vor allem das *Osterspiel von Muri* hat man häufig mit der höfischen Literatur, die das Selbstverständnis des feudalen Adels thematisierte, in Verbindung gebracht. Im Vergleich zu späteren Spielen fällt auch der Unterschied krass ins Auge. Entlehnungen aus der höfischen Literatur, sowohl formaler wie inhaltlicher Art, und ein ausgesprochen literarischer Anspruch, der der Tradition des deutschen geistlichen Spiels sonst völlig fehlt, kennzeichnen die frühesten Texte dieses Genres, des *Benediktbeurer* und *Wiener Passionsspiels* und des zwischen 1240 und 1260 niedergeschriebenen *Osterspiels von Muri*. Ebensowenig wie die Entwicklung der lateinischen Spiele sich aus einem kirchlichen Bedürfnis ergab, ist auch der erste Übergang zur Volkssprache im geistlichen Spiel aus einer Absicht der kirchlichen Institution, ihren Gläubigen das liturgische Geschehen zu verdeutlichen, zu erklären. Beide Male geht die Literarisierung eines geistlichen Themas ein Stück weit gegen die Liturgie und das Selbstverständnis der Kirche. Beide Male treten als Initiatoren dieser Literarisierung *Vaganten* auf, jene Schicht von gebildeten outcasts, die nicht in die Institution der Kirche eingebunden waren, aber ihre Bildung durch sie vermittelt bekommen hatten.

Bei aller Affinität hält das *Osterspiel von Muri* zur Ideologie des feudalen Adels, in deren Rahmen sie das Ostergeschehen interpretiert, eine ironische Distanz. Die soziale Herkunft der Vaganten aus der städtischen Bevölkerung wie ihre Bildungsüberlegenheit über die literarischen Vertreter des feudalen Adels, die sie ihrer theologischen und universitären Ausbildung verdanken, macht sie eben zu Außenseitern gegenüber den kirchlichen Institutionen, den städtischen Klassen und dem feudalen Adel.

Der beabsichtigte Bezug auf die höfische Minnelyrik, der in der Ausmalung des Liebeslebens der noch unbekehrten Maria Magdalena wie in der Krämerszene zum Ausdruck kommt, ist eine distanziert-pronocierte Absetzung von höfischer Minneideologie. Wo diese den Liebesverzicht und das Leid über eine unaufhebbare Nichterfüllung als den eigentlichen Wert der Minnebeziehung preist, ist im *Osterspiel von Muri* wie im Benediktbeurer und Wiener Passionsspiel Minne profan als käufliche Liebe gefaßt. Der Salbenkrämer von Muri animiert sein Publikum:[15]

> *wa nu, die chofen wellent?*
> *mih wundert daz si twellent:*
> *die minnere geile*
> *die vintent hie veile*
> *bibergeil, alrune.*
> *si mun wol wesen slune,*
> *die daz niht went gewinnen,*
> *dauon si vrowen minnen.*
> (Wo bleiben nun die Käufer? Mich wundert, was sie zögern. Die liebeslustigen Herren, die finden hier Bibergeil und Alraune feil. Was sind das für Schlafmützen, die nicht erwerben mögen, womit sie die Liebe der Damen gewinnen können).

Das Spielgeschehen von Muri selbst verläuft ganz nach höfischem Zeremoniell. Die Grabwächter und selbst der Händler sind als adlige Standespersonen gedacht, von Pilatus ganz zu schweigen. Aber was in den höfischen Formen verhandelt wird, ist das nackte Geldgeschäft, das glatte Gegenteil zum höfischen Ideal, nach dem sich der feudale Adel z.B. in den Artusepen selbst stilisierte. Auf die Bitte des Krämers um herrschaftlichen Schutz für sein Geschäft antwortet Pilatus (Ranke, S. 38):

vil lieber paltenere,
du wer mir ie mit truwen holt:
swenne ich uon dir han daz golt,
so habe min geleite.
Paltenere:
vil wol ih dih bereite.
daz spriche ih uf min truwe.
Pilatus:
ih vurhte es dih geruwe,
davon so hete ih gerner phant.
Paltenere:
ih bereite dih cehant,
des bitte ih dih niht sorgen.
doh solt du mir borgen,
vnz ih den chran bewende
ender an ein ende:
so bereite ih, here, dih ...
(Mein lieber Krämer, du hast mir immer treu gedient: sobald ich das
Gold von dir habe, nehme ich dich in meinen Schutz. — Krämer:
Ich zahle es dir genau, darauf gebe ich dir mein Wort! — Pilatus:
Ich fürchte, es könnte dich reuen. Darum hätte ich lieber ein Pfand
von dir. — Krämer: Ich zahle dich sofort: darum mach dir bitte
keine Sorgen. Nur laß es anstehn, bis ich meine Sachen verkauft habe; dann zahle ich dich aus, Herr ...).

In vollendeter höfischer Form, in ausgewählter Sprache und mit literarischen Finessen (Reimbrechung) wird hier ein plattes Geschäft
verhandelt und gleichzeitig tritt der Protagonist der mittelalterlichen
Stadt, der Händler, auf die Bühne und in die heilige Handlung.

Die *Krämerszene* ist eine genuine Neuschöpfung der Vaganten
und tritt zuerst in den ebenfalls vagantisch geprägten lateinischen
Spielen aus Frankreich auf. Mit ihr verschafft sich die mittelalterliche Stadt einen Platz im Heilsgeschehen, der in der biblischen und
liturgischen Allgemeinverbindlichkeit nicht für sie vorgesehen war.
Da das volkssprachliche geistliche Spiel eine städtische Literaturgat-
tung blieb, fehlt fast keinem der überlieferten Oster- und Passionsspiele späterer Zeit diese Szene. Entsprechend den sozialen Veränderungen in den mittelalterlichen Städten geht die geschäftliche Würde
des Mercators, der sich gleichrangig Pilatus gegenüberstellt, über in
den Jahrmarktsschreier, der als Geizhals, Betrüger und Hahnrei zum
negativen moralischen Exempel wird. Die Radikalität, mit der hier
das Heilsgeschehen für den Selbstwert eines städtischen Bewußtseins, das sich selbst „adelt", in Anspruch genommen wird, zeigt
sich auch daran, daß in Muri die heilige Handlung zum Anlaß genommen wird, einzelne, namentlich genannte Bürger dem öffentlichen
Spott auszusetzen (Ranke, S. 42):

wa ist Johannes Chrumbe?
er dunchet mih vil tumbe,
daz er niht chofet etteswaz,
want in die vrowen minnent baz
danne andere genůge.
oh phliget gůter vůge
Růlin Stacin, weiz ih wol,
da von er gerne chofen sol
von mir dien hubshen vrowelin
en wil rotes varwelin.

(Wo steckt Johannes Krumm? Er dünkt mich ein rechter Narr, daß er gar nichts kauft; denn ihn lieben die Damen mehr als manchen andern. Auch Rueli Statzen hat Lebensart, das weiß ich; drum sollte er den feinen Jüngferlein bei mir ein Büchslein roter Schminke kaufen.)

Hier liegt keine Profanierung des sakralen Inhalts vor, sondern die Lebenswelt des Publikums tritt anspruchsvoll als Subjekt in die heilige Handlung ein. Die theologische Ausdeutung des Todes und der Auferstehung Christi ist dem Verfasser des *Osterspiels von Muri* von größter Bedeutung und atmet den Geist scholastischer quaestiones. Hier macht sich die theologische Bildung der Vaganten bemerkbar: der Anspruch theologischer Interpretation unterscheidet dieses Spiel deutlich von der Moraldidaxe der späteren Spieltradition. Die Anbetung des auferstandenen Christus möge dafür als Beispiel stehen (Ranke, S. 60):

(Maria Magdalena):
... die gottheit
vns lo(set) von dem tode,
von der h(elle) sode.
din tot (was) uns en leptac,
vnser s(unde) ist dir en slac,
da von d(u has)t den tot erlitten.
din tot (wer) niht gůt vermitten,
want vn(s din) tot hat gegeben
e(i)n vil s(ele)chlihes leben
i(e)mer (mere) an ende,
doh du v(il) behende
bist vo(n) dem tode erstanden.

(... damit du durch deine göttliche Natur uns von dem Tode, aus dem Höllenpfuhl erlöstest. Dein Tod war uns ein Tag des Lebens; unsere Sünde ist für dich ein Schlag, von dem du den Tod erlitten hast. Nicht gut wäre es, wenn dein Tod unterblieben wäre; denn dein Tod hat uns ein seliges Leben erworben, das immerdar ohne Ende währt – und bist doch gar schnell vom Tode auferstanden!)

Die weitere Entwicklung des geistlichen Spiels in Deutschland vollzog sich ausschließlich innerhalb der mittelalterlichen Städte. Dies darf jedoch nicht dazu verleiten, in ihnen ein ungebrochenes städtisches Bewußtsein zu erwarten.

Der stadtbürgerliche Bezug der geistlichen Spieltradition ist darin zu differenzieren, daß er den freieren Umgang mit dem sakralen Thema wieder zurücknimmt, also keine weitergehende Verweltlichung demonstriert, sondern die moraltheologischen Ansprüche und Lehren der spätmittelalterlichen Kirche zum Mittelpunkt hat. Außerdem haben nicht alle Städte, so zum Beispiel gerade die ökonomisch bedeutendsten wie *Augsburg, Nürnberg* und der *Hanse-Verband*,[16] die Tradition des geistlichen Spiels übernommen. Der entwickelten Selbständigkeit der Reichsstädte entsprachen sakrale Aufführungen offensichtlich nicht unbedingt. Gespielt wurde vor allem in Orten, in denen die städtische Obrigkeit und die örtliche Geistlichkeit als Träger der Aufführungspraxis noch ein besonders enges Verhältnis zueinander hatten. Das verband ökonomisch bedeutsame Handelsstädte wie Frankfurt oder die Zentren des Tiroler Bergbaus mit eher zurückgebliebenen Orten wie Zurzach, Donaueschingen und Villingen, um nur einige zu nennen.

Daß die Selbstdarstellung der städtischen Herrschaft sich des geistlichen Spiels bediente, ist eben nur eine Form, das gewachsene städtische Selbstbewußtsein auszudrücken und ohne die Dominanz der Kirche in der sozialen Hierarchie dieser Orte nicht zu erklären. Das bedeutet: nicht die städtische Bevölkerung kommt hier zum Zug, sondern die Spiele sind eine vom Klerus, Patriziat und den Zünften, wie der gebildeten „Oberschicht" organisierte Veranstaltung zur moralischen Indoktrination der Bewohner der Stadt und ihrer Umgebung und darin der Nachweis städtischer Macht.

Der Übergang zum moralischen Lehrstück religiöser Erbauung, in dem der geglaubte Inhalt nicht mehr für sich steht, sondern das Publikum vor einen moralischen Anspruch stellt, den es zu erfüllen gilt, greift die Handlung an, die bisher geprägt war von der Identität des vorgestellten Geschehens mit der in ihm sich vollziehenden Heilsgewißheit. Die einzelnen Personen sind nicht mehr die Akteure des Sakralen, das sich durch sie hindurch vollzieht, sondern ihre Person und ihr Handeln will gedeutet sein als moralische Nutzanwendung, die man aus ihrem Agieren zu ziehen hat. Sie erklären sich selbst, weil nicht mehr die Selbstverständlichkeit der Unterordnung alles weltlichen Geschehens unter den göttlichen Heilsplan gilt, sondern der Bezug erst noch durch die Beachtung moraltheologisch gebotenen Verhaltens hergestellt sein muß. Der Teufel ist nicht mehr der schon immer besiegte Widerpart Gottes, sondern der größte Sünder, der in eigener Person vor den Sünden, die er verkörpert, warnt:[17]

> *Awe, awe, boffart,*
> *daz din y* (jemals) *erdacht wart!*
> *ich waz* (war) *eyn engel klar*
> *vnd luchte* (leuchtete) *vbir* (über) *aller engel schar.*
> *ich hatte mich daz vormeßen,*
> *daz ich welde hochir* (höher) *han geseßen*
> *wen* (als) *der ware got ...*
> *we dem der da tribit hoffart!*
> *iz wert em alles czu der sele gespart,*
> *ouch mußen sy liden gruße not,*
> *we dem der da hoffart tut.*

Eine in Handlung gesetzte Beispielsammlung vorbildhafter oder verdammenswerter Entscheidungen rollt auf der Bühne ab. Tod und Erlösung Christi sind der Maßstab, an dem die Zuhörer auf die geforderte Aufteilung menschlichen Handelns in Tugenden und Laster festgelegt werden. Die Ständekritik wird tragendes Element des geistlichen Spiels. Da im Spiel nichts mehr ein für allemal vorentschieden ist, findet der Teufel in jedem Stand seinesgleichen: neben dem dargestellten Erlösungswerk geht die Vorführung seiner Macht einher, die allerdings nicht so, sondern als Aufruf zur Bekehrung verstanden werden sollte (Meier, S. 34):

> *Sathan, Sathan, min vil liber kumpan,*
> *lauf hen keyn Avian* (Avignon)
> *brenge* (bringe) *mir (alczu mal)*
> *den babest vnd den kardenal,*
> *patriarchen vnd legat,*
> *dy den luten* (Leuten) *geben bosen rat,*
> *konig vnd keyser*
> *dy brenge mir alczu male her ...*

Diese Kritik an der feudalen Gesellschaft, deren Ausmalung die Verbindlichkeit des Heilsgeschehens für diese Gesellschaft geradezu leugnet, ist Ausdruck städtischen Bewußtseins. Erst die partielle Verselbständigung des auf nichtfeudaler ökonomischer Grundlage beruhenden städtischen Reichtums gibt die Grundlage für diese scheinneutrale, weil jede Schicht umfassende Kritik der feudalen Gesellschaft in ihrer Gesamtheit ab, wobei wie bei der Ideologie des feudalen Adels die Existenz der Bauern ausgespart bleibt. Dieser Standpunkt macht sich auch darin geltend, daß der größte Teil der ins Spiel integrierten Ständesatire den gesellschaftlichen Verhältnissen in der Stadt gewidmet ist (Meier, S. 34):

> *brenge* (bringe) *mir den voyt* (Vogt) *vnd den raczman* (Ratsherrn),
> *dy den luten vil vnrechtes haben getan,*
> *brenge mir ouch dy wucherere*
> *dy sint gote gar vnmere* (unlieb)...
> *brenge mir den byrschencken* (Bierschenken),
> *den wil ich in dy helle vorsencken,*
> *brenge mir den becken* (Bäcker) *mit dem wecke...*

Da die geforderte moralische Stellung zum vorgeführten Passions- und Ostergeschehen zum eigentlichen Inhalt der Spiele wird, ist die Einbeziehung des gesellschaftlichen Lebens, auf das das geistliche Spiel einwirken will, eine Spielnotwendigkeit. Die unbiblische Ergänzung des Ostergeschehens um die Mercatorszene schwillt in den späteren Spielen unverhältnismäßig an oder verselbständigt sich zum eigenen Spiel. Dennoch ist dies ein fingierter Realismus, eine Überzeichnung der realen Verhältnisse, auf die angespielt sein will, um den Kontrast zur Heilsbotschaft zu betonen und darüber das Publikum zur Überwindung dieses aufgebauten Gegensatzes zu ermahnen. Der Klage der drei Marien beim Gang zum Grabe antwortet Rubin, ein Diener des Kaufmanns, mit höhnischem Unverständnis (Meier, S. 80):

> *Personae cantant:*
> *Heu quantus est noster dolor!*
> *Rubin dicit:*
> *Waz heu, waz heu, waz heu?*
> *waz sagit ir vns von häu?*
> *saget vns von czygern vnd von keßen!*
> *daz moge wir wol genesen!*
> (Die Darsteller singen: / Weh, wie groß ist unser Schmerz! / Rubin sagt: / Was Heu ...? Was sagt ihr uns von Heu? / sprecht uns von Ziegen- und anderen Käsen! / Davon können wir uns ernähren!)

Die Parodie auf das Latein der Liturgie steht für die Verworfenheit menschlichen Handelns und seiner weltlichen Zwecke und relativiert diese Botschaft zu einem unterhaltsamen Spaß, ohne sie aufzugeben. Dementsprechend tritt der Mercator nicht mehr als würdiger Akteur im heiligen Geschehen auf, den das Selbstbewußtsein seines Geschäfts zum Mitwirker bestimmt, sondern als Verkörperung der Laster, vor denen das Spiel warnen will, ohne daß die beim Spiel anwesenden Kaufleute sich angegriffen zu fühlen brauchten (Meier, S. 52—54):

> *Hy komt meister Ypocras*
> *de gratia divina* (von der Gnade Gottes),
> *sin muter eym meister eyn sclegel vras*
> *in arte medicina* (in der Kunst der Medizin).
> *her sprach, er welde eyn meister sin*
> *vnd waz von kunsten riche* (und wäre reich an Wissen):
> *waz man em der gesunden brenge,*
> *dy macht er alle siche* (krank) ...
> *dy blinden macht er sprechen,*
> *dy stummen macht er eßen.*
> *her kan czu erstige* (Medizin) *alzo vil*
> *alzo eyn esel czu seytenspil!*

Dieser Eisenbart, der die Marien betrügt und seine Frau schlägt, ist kein Beispiel dafür, daß das städtische Spiel seinen ursprünglichen Gegenstand nur noch als Anlaß für die realistische Abmalung des täglichen Lebens in den Stadtmauern hergenommen hätte. Jedermann erkenntlich, wird hier eine parodistische Übersteigerung vorgeführt als Mittel, das moralische Prinzip möglichst grell zur Anschauung zu bringen.

So direkt die Kritik an den feudalen Verhältnissen und an allen Zwecken, die nicht unmittelbar die der Kirche sind, auch geführt wird, so unbestimmt ist sie dennoch. Die Ständesatire, der Spott über den Adel, dessen ritterliche Vertreter als Grabwächter am heiligen Grab jämmerlich versagen, und über den Geiz und Betrug des zum Quacksalber gewordenen Händlers, verurteilt nicht die existente Gewalt und Übervorteilung in der feudal bestimmten Stadt, sondern trennt die Laster von ihrer wirklichen Existenz und schafft eine allgemeine Betroffenheit vor von der Kirche gesetzten moralischen Normen, ohne daß das Publikum sich von den übersteigert und damit irreal gezeichneten Beispielen persönlich getroffen zu fühlen brauchte. Moralische Kritik kommt eben ohne eine gewisse Heuchelei nicht aus: der biblische Satz vom Reichen, der so wenig wie das Kamel durchs Nadelöhr ins Himmelreich eingeht, war schon richtig verstanden, wenn sich das städtische Patriziat der kirchlichen Armen- und Siechenhäuser annahm und in dieser Mildtätigkeit eine moralische Rechtfertigung ihrer weiter betriebenen Handelsgeschäfte sehen durfte.

Die späten Spielzyklen von Frankfurt, Tirol und Luzern, auf jährliche Wiederholung angelegt, gehen nicht mehr von der Differenz von Sakralem und des daran zu messenden weltlichen Handelns aus, sondern die Passion Christi ist nun der unmittelbare moralische Lehrgegenstand und wird deshalb in allen Stadien als moralisch verbindliches Handeln predigthaft ausgedeutet. Es ist die dramatische Didaxe eines Geschehens, dessen Lehre es erforderlich macht, daß an ihm kein noch so nebensächliches Moment übergangen werden kann. Die Spiele von Frankfurt, Alsfeld, Bozen, Sterzing und Luzern verfolgen das Prinzip der vollständigen Nacherzählung, was ihren Umfang bis auf die Länge des auf sieben Tage verteilten *Passionsspiels von Bozen* aus dem Jahre 1516 anschwellen läßt. Die Darstellung der Passion wird ersetzt durch eine historisierende Abfolge des in Jerusalem Geschehenen. Diese Wiederholung wird in seiner Exemplarität für den Ort und die Zeit der jetzigen Aufführung gezeigt, indem das Damals nach dem Muster der aktuellen Ideologien und Glaubensvorschriften ausgestaltet wird. Nicht die Pharisäer haben Christus ans Kreuz geliefert, sondern die jüdischen Stadtbewohner Frankfurts. Für die Kennzeichnung eines *Rabbi Jacob* steht das Haßbild des jüdischen Wucherers Pate, so daß der hier „historisch" legitimierte Antisemitismus nach solchen Aufführungen in Frankfurt und an anderen Orten die vorhandene Progromstimmung anheizte oder auch militant werden ließ.

Die Motive und Reaktionen der am Passionsspiel beteiligten Personen sind ganz den Vorstellungen einer kirchlichen Belehrung entnommen, die Moral auf den einfachsten Schwarz-Weiß-Nenner bringt. Für die Einprägung einer solchen Stellung zum Passionsgeschehen ist die Ausmalung nicht mehr der Bedeutsamkeit, sondern der Grausamkeit das angewandte Mittel. Maria drückt die Klage über ihren toten Sohn in der möglichst übersteigerten Abmalung des am Kreuz hängenden Leichnams aus (Froning, S. 527):

> *wie sin* (sind) *dir wurden din glid so lang!*
> *dyn heupt* (Haupt) *ist mit scharpen thorn gekront!*
> *din angesicht ist dir gar verkert!*
> *des hat sich myns großen leit gemert!*
> *din nasen ist gespicet gar*
> *und din roder munt ist nu worden blafar!* (von blauer Farbe)
> *din augenlicht gebruchen*
> *und din sijten* (Seiten) *jemerlich durchstochen ...*

Die Betonung der Grausamkeit steht freilich auch hier nicht für sich, ist kein lebensechter Realismus, sondern funktionell für eine mitgeteilte Moral, die bloßes Vorurteil ist und deshalb auf jeden theologischen Begründungsversuch verzichten kann. Die Erklärung will gar nichts mehr erklären: sie setzt einfach das zu Glaubende als faktischen Zwang voraus und wiederholt es wortreich:[18]

> *Adam dicit ad latronem* (Adam spricht zum Räuber)*:*
> *Wer dw seyst, das frag ich dich;*
> *Wan dw post einem schacher geleich.*
> *Was petewt* (bedeutet) *das, das dw hast getragen*
> *Das krewtz? das soltu mier sagen.*
> *Latro dicit* (Der Räuber spricht)*:*
> *Dw sagst mier ware mär* (die Wahrheit)*:*
> *Ich was auf erden ein schacher* (Räuber)*:*
> *Übels das hab ich vil pegangen;*
> *Mit Jhesu wart ich erhangen.*
> *Ich gelaubet, das er wär*
> *Aller welt ein schepfer ...*

Die Bebilderung eines kirchlichen Diktums in seiner primitivsten Form vereint sich hier mit der Banalität des Inhalts und dem „Reim-dich-oder-ich-fress-dich"-Prinzip. Mit der Auslöschung jeder Differenz von spielender Wiederholung des Sakralen und einer Bedeutung, die sich an ihm zeigen soll und gezeigt wird, geht sowohl der Anspruch einer über die Grundlagen der Volksfrömmigkeit hinausgehenden theologischen Exegese wie der nach einer der Exemplarität des Dargestellten entsprechenden literarischen Formung verloren.

Die volle Entwicklung des geistlichen Spiels in den umfangreichen Passionszyklen zu Ende des 15. und im 16. Jahrhundert, in deren Aufführungen die ganze Stadtbevölkerung einbezogen wurde, ist entgegen dem äußeren Anschein kein Beispiel mehr für die Lebendigkeit des mittelalterlichen Schauspiels. Statt die überlieferte Texttradition auf den jeweiligen neuen Anspruch hin zu aktualisieren, geht es den jetzt berufsmäßig auftretenden Spielregisseuren vor allem der Tiroler Passionsspiele mehr um die Bewahrung, das Sammeln und Zusammenklittern des Überlieferten. Die fast sklavische Treue zum überlieferten Spieltext und der Ersatz jeder eigenen Gestaltung durch einen geradezu manischen Sammeleifer, den etwa Benedikt Debs und Vigil Raber an den Tag legen, kennzeichnet deren Bemühungen um das geistliche Spiel als ein philologisches, gelehrtes Verhältnis zu einer literarischen Gattung, die sich schon selbst überlebt hat. So ist es kein Wunder, daß diese Spiele, die gewöhnlich als die exemplarische Form des geistlichen Spiels in Deutschland betrachtet werden, allein vom Interesse und dem Eifer ihrer Regisseure abhängen. Mit dem Tode Vigil Rabers bricht die scheinbar so leben-

dige Spieltradition in Bozen, Sterzing und anderen Südtirolern Städten fast schlagartig ab.[19]

Die Aufführungspraxis

Die Existenz der geistlichen Spiele war an die Aufführung in Kirchen
oder auf dem Marktplatz gebunden, wenngleich vereinzelt auch reine
Lesetexte überliefert sind. Die vom normalen Handschriftenformat
abweichenden Pergamentrollen des *Osterspiels von Muri, der Frankfurter* und *der Friedberger Dirigierrolle*, ebenso wie Einzelrollen
sind der deutlichste Beweis, daß die niedergeschriebenen Texte die
Funktion von Regiebüchern erfüllten.

Die Spiele selbst haben eine besondere Aufführungsform: die *Simultanbühne*, deren Aufbau von Anfang an feststand, wenn auch ihr
Umfang im Verlauf der jahrhundertelangen Spieltradition bis zu riesigen Dimensionen anwuchs und aus Raumgründen aus dem Kirchen-
inneren herausdrängte. Nach Personengruppen und Szenenzusam-
menhängen zusammengefaßt, waren verschiedene Spielstände nebeneinander aufgebaut und nach dem Gang der Handlung spielte das
Geschehen mal an dem einen, mal an dem anderen Ort, die Handlung
wanderte so über die ganze Bühne.

Diese Darstellungsform ist nicht als unentwickelte Gestalt der
Illusionsbühne zu nehmen, sondern stellt eine genuine Umsetzung
der dem geistlichen Spiel eigentümlichen Handlung dar. Das im gesamten Spiel existente Nebeneinander aller Handlungsorte und
-räume führt die Anwesenheit des übergreifenden Zusammenhangs,
von dem aus jedes einzelne Geschehen seine Bedeutung erhält, sinn-
bildlich vor Augen. Der statuarische Charakter jedes einzelnen Aktes
der Heilsgeschichte hat keine zeitliche Handlungsentwicklung, vielmehr wird der geistige Zusammenhang in der Abfolge der einzelnen
Stände symbolisiert, die sich nach ihrer inneren Bedeutung zwischen
den diametral gegenüberliegenden Spielorten: Himmel und Hölle
einander zuordnen und so die vom göttlichen Willen gelenkte Weltordnung repräsentieren. Jenseits dieser Vorbestimmtheit spricht jedes Handlungsmoment nur für sich und die Isolierung der einzelnen
Szenen wird durch den Wechsel des Geschehens von einem Spielort
zum anderen deutlich gemacht.

Der symbolisch-statuarische Charakter der Spielhandlung der
Simultanbühne unterscheidet sich wie vom bürgerlichen Schauspiel
so auch vom allegorischen Welttheater der barocken Bühne. Wird

dort die Handlung als ganze zusammenfassend allegorisch gedeutet und bleibt so als Handlung erhalten, so fehlt dem geistlichen Schauspiel jede Selbständigkeit des Geschehens gegenüber der ihr zugeschriebenen Deutung. Die fast oratorienhafte Ausgestaltung des *Frankfurter Passionsspiels*, in der das liturgisch-musikalische Grundgerüst nur noch als feierlicher Charakter seine Bedeutsamkeit erhält, hat ebenfalls mit Allegorese, in der Geschehen und Deutung getrennt voneinander existieren, um aufeinander bezogen werden zu können, nichts zu tun.

Die in der Simultanbühne verwirklichte Haltung prägt ebenso die Figuren des geistlichen Spiels. Wie sie handeln, hat seine Begründung außerhalb ihrer Person und daran scheitert jeder Versuch, die Personengestaltung im geistlichen Schauspiel psychologisierend zu verstehen. Zwar verlagert sich in der Entwicklung des mittelalterlichen Theaters die den Personen anhaftende Bedeutsamkeit von der statuarischen Repräsentation hin zur Belehrung, dennoch kommt hier nicht die Illusion individueller Charaktere auf, da die überspitzte und darin unterhaltsame Lehrfunktion das Wesen der Spielfiguren bestimmt. Die Figuren bleiben Personifikationen einer nicht mehr heilsgeschichtlich, sondern lehrhaft bestimmten Handlung, die nicht sie bewirken, sondern der sie unterworfen sind und ändern damit ihren ‚Charakter' von Auftritt zu Auftritt, je nach der didaktischen Funktion, die sie bebildern. Wo die Belehrung mit dem Gegensatz weltlichen Treibens, bei dem auf die Erfahrung des Publikums angespielt wird, und der dem Spiel immanenten sakralen Bedeutung arbeitet, kann dieser Gegensatz in einer Person verkörpert sein, ohne daß auch nur der Anschein einer Unglaubwürdigkeit auftauchen würde. Petrus und Johannes werden im *Sterzinger Osterspiel*[20] als Lästerer Gottes:

Waffen herr nun waffen!
Wie hastu mich beschaffen,
Ein bein ist mir kurz, das ander lank,
Herr Meister, ich sag dir kleinen dank
als Diebe:
Mein gesell stilt als ein rab,
Was er mir ankommen mag
und als Säufer:
Also ist meinem gesellen Peter,
Der nem ein fleschlein mit wein
Für den lieben gesellen sein

auf die Bühne gestellt, ohne daß die Verkündung der Auferstehung durch die Apostel dadurch negiert würde.

Obwohl das geistliche Spiel niemals den geistigen Raum der Kirche verließ und der städtische Klerus bis zum Ende der Spieltradition die Aufsicht über die Spiele für sich beanspruchte, sind die städtischen Spiele nicht deren genuinen Interessen entsprungen. Waren es zu Anfang Vaganten, deren theologisches und literarisches Interesse das geistliche Spiel in deutscher Sprache überhaupt erst ins Leben gerufen haben, so sind es im Spätmittelalter einzelne Vertreter der städtischen Bildungsschicht und das städtische Patriziat, das mit den Aufführungen auch die Demonstration städtischer Macht und Reichtums intendierte. Die Nachrichten über die Aufführungen in den spätmittelalterlichen Städten machen die von der Kirche emanzipierten Interessen der am Spiel Beteiligten, die freilich in keinen Gegensatz zur kirchlichen Lehre traten, deutlich.[21]

Wirkung

Die umfangreiche und vielfältige Überlieferung deutschsprachiger geistlicher Spiele darf nicht darüber hinwegtäuschen, daß die Umsetzung des Glaubens in Bühnenhandlung keinen unbestrittenen Beifall von seiten der Kirche fand. Wenngleich ohne ihre praktische Mitwirkung und Aufsicht keine Aufführung zu denken ist, fanden sich immer wieder kritische Stimmen, die auf ein Verbot der Spiele drängten. Gegenüber den in den liturgischen Kanon aufgenommenen Osterfeiern — dies war eine liturgische Sonderentwicklung, die bestimmte Orden nicht mitmachten und die im Zuge der Bereinigung des Meßrituals im 16. Jahrhundert getilgt wurde — bleibt das geistliche Spiel eine Form der kirchlichen Erbauungsliteratur, die anders als die epische Darstellung oder Predigten und Traktate, keine selbstverständliche Anerkennung genoß.

Der Gegensatz zwischen zeremoniellem Vollzug des Sakralen und Aufführung hat bereits im 12. Jahrhundert *Gerhoh von Reichersberg* gegen das *Tegernseer Antichristspiel* als einem heidnischen Unterfangen polemisieren lassen, das die Darsteller zwinge, sich mit ihrer Rolle zu identifizieren. Ähnliches berichtet eine Legende des *Caesarius von Heisterbach*: der Landgraf von Thüringen habe sich mit einer Aufführung des Spiels von den klugen und den törichten Jungfrauen so weit identifiziert, daß er wegen der Verdammung der Törichten seinen Glauben verloren und kurz nach der Aufführung gestorben sei.

Wo der Glaube an einen geradezu magischen Wiederholungszwang im Spiel in der späteren Entwicklung ersetzt wurde durch eine theoretisch-kommentierende und belehrend-deutende Stellung zum vorgeführten Geschehen, gibt gerade die Hereinnahme weltlicher Interessen, um sie am Maß des Glaubens zu messen, einen Zweifel an der theologischen Orthodoxie des geistlichen Spiels.

Die Darstellung des aktuellen Lebens, in dem und für das das Glaubensgeschehen stehen sollte, wird als eine Ablenkung von der willentlichen Identifizierung mit der Botschaft des Spiels genommen. Unabhängig von dieser eingeschränkten Einschätzung des geistlichen Spiels erfreuten sich Osterfeiern und -spiele allgemeiner Beliebtheit. Noch in der kleinsten Dorfkirche konnten zumindest Osterfeiern aufgeführt werden, – wie die Geschichte vom Eulenspiegel: *wie Ulenspegel in der Ostermettin ein Spil macht, daz sich der Pfarrer und sein Kellerin mit den Buren raufften und schlugen*[22] belegt.

Innerhalb der spätmittelalterlichen deutschen Literatur steht das geistliche Spiel allerdings völlig isoliert. Literarische Abhängigkeit gab es nur auf Seiten der Spiele selbst und das auch nur so lange, wie im 13. und 14. Jahrhundert die Bedeutsamkeit des Themas von den Verfasserns der Spiele mit literarischem Ehrgeiz beantwortet wurde. Das weltliche Schauspiel – die *Neidhart*- und *Fastnachtspiele* – zeigt keine Beeinflussung durch geistliche Spieltradition. Einen Berührungspunkt bildet lediglich die verselbständigte Mercatorszene in ihrer späten Jahrmarktausgestaltung. Sie ist Grundlage des Nürnberger und Tiroler Fastnachtspiels von *Ypocras*.

Ebensowenig ist von der oftmals betonten Abhängigkeit der bildenden Kunst, besonders der realistischen Ausgestaltung des Passionsgeschehens auf den Tafelbildern des 15. Jahrhunderts zu halten. Sie sind keine Abmalung einer Passionsspielaufführung, sondern schöpfen aus dem gleichen Passionsverständnis der spätmittelalterlichen Bibelexegese. Wo sich vereinzelt direkter Einfluß nachweisen läßt, bleibt dies eher ein Kuriosum, so wenn die drei Marien als männliche Individuen mit Bärten dargestellt werden.[23]

Die in sich geschlossene Tradition des geistlichen Spiels hat zwar durchaus das religiöse Brauchtum der nachmittelalterlichen Zeit und das spätere Volksspiel angeregt, aber deren Brauchtumscharakter unterscheidet sich fundamental von der Intention und Gestaltung der geistlichen Spiele. Daß das *Oberammergauer Passionsspiel* in letzter Konsequenz auf mittelalterliche Spieltradition zurückgeht, läßt sich zwar textphilologisch nachweisen, kann aber nur dann als fortdauernde Wirkung genommen werden, wenn man geflissentlich die inhaltlichen Unterschiede übersieht. Die meistersingerische Umarbeitung der hessischen Passionsspieltradition des *Augsburger Passionsspiels* von 1510, darauf folgend die barockisierende, auf pathetische Indoktrination angelegte Urform von Oberammergau und deren bigotte Reformierung im 19. Jahrhundert haben ein Spektakel hervorgebracht, das in keiner Weise mehr für den Geist des mittelalterlichen geistlichen Spiels stehen kann.

Nur aus historischem Abstand und aus dem Verständnis feudaler, kirchlich geprägter Ideologie läßt sich dieser Geist erfassen. So betrachtet bleiben einige wenige deutschsprachige Texte übrig, die sich auch heute noch lesen und an den literarischen Ansprüchen der feudalen Literatur messen lassen.

Anmerkungen

1 Vgl. etwa: Heinz Kindermann: Theatergeschichte Europas. Bd. I, Salzburg 1975.

2 Eine berüchtigte Apologie des Germanenkults ist: Robert Stumpfl: Kultspiele der Germanen als Ursprung des mittelalterlichen Dramas. Berlin 1936. Kulturanthropologisch begründet findet sich die These vom Einfluß heidnischen Rituals heute immer noch, etwa bei: William Tydeman: The Theatre in the Middle Ages. Cambridge u.a. 1978.

3 Leopold Schmidt: Das deutsche Volksschauspiel. Ein Handbuch, Berlin 1962.

4 Georg Wilhelm Friedrich Hegel: Vorlesungen über die Ästhetik. In: Hegel: Werke. Bd. 15, Frankfurt 1970, S. 476.

5 Hegel: a.a.O., S. 534.

6 J. E. Wackernell: Altdeutsche Passionsspiele aus Tirol, Graz 1897, S. 3.

7 Das Wiener Osterspiel. Hg. v. Hans Blosen. Berlin 1979, S. 27.

8 Zur Geschichte des Ostertropus und seiner Umgestaltung zur Osterfeier vgl. Karl Young: The Drama of the Medieval Church, 2 Bde., Oxford 1933; Helmut de Boor: Die Textgeschichte der lateinischen Osterfeiern. Tübingen 1967; O. B. Hardison, Jr.: Christian Rite and Christian Drama in the Middle Ages, Baltimore 1965.

9 de Boor: a.a.O., S. 9.

10 Zu den lateinischen Spielen vgl. Young: a.a.O.; Sandro Sticca: The Latin Passion Play: Its Origins and Development. Albany 1970.

11 Das Benediktbeurer Passionsspiel. Das St. Galler Passionsspiel. Hg. v. Eduard Hartl. Halle 1952 (= Altdeutsche Textbibliothek 41); besser ediert in: Carmina Burana. Bd. 1: Text. 3. Die Trink- und Spielerlieder — Die geistlichen Dramen — Nachträge. Hg. v. Otto Schumann und Bernhard Bischoff, 1970.

12 Das Benediktbeurer Passionsspiel. Hg. v. E. Hartl, S. 17; Übersetzung nach: Carmina Burana. Übersetzt v. Carl Fischer, Darmstadt 1975, S. 392.

13 Richard Froning: Das Drama des Mittelalters, Stuttgart 1891/92. Unveränderter Nachdruck, Darmstadt 1964, S. 51.

14 Ein Überblick über die erhaltenen Texte bei: Wolfgang F. Michael: Das deutsche Drama des Mittelalters. Berlin/New York 1971 und in der Bibliographie in: Rolf Steinbach: Die deutschen Oster- und Passionsspiele des Mittelalters. Köln/Wien 1970.

15 Das Osterspiel von Muri. Hg. v. Friedrich Ranke, Aarau 1944, S. 40; Übersetzung nach Ranke.

16 Aus Augsburg stammt nur das Augsburger Passionsspiel aus dem 16. Jahrhundert, aus Lübeck wahrscheinlich das Redentiner Osterspiel. Besonders auffällig ist die Zurückhaltung in Nürnberg, der Stadt der Fastnachtsspiele, gegenüber dem geistlichen Spiel.

17 Das Innsbrucker Osterspiel. Hg. v. Rudolf Meier. Stuttgart 1962, S. 30—32.

18 J. E. Wackernell: Altdeutsche Passionsspiele aus Tirol. Graz 1897, S. 216.

19 Über den Sammeleifer von Debs und Raber, sowie die aufwendige Spielpraxis der Tiroler Aufführungen vgl. J. E. Wackernell: a.a.O., S. IX—CCCXIV.

20 Adolph Pichler: Über das Drama des Mittelalters in Tirol. Innsbruck 1850, S. 165—167.

21 Auf die große Bedeutung der Musik im geistlichen Spiel kann nur hingewiesen werden. Vgl. Jan Smits van Waesberghe: Muziek en Drama in de Middeleeuwen, Amsterdam 1942; [2]1954. Ernst August Schuler: Die Musik der Osterfeiern, Osterspiele und Passionen des Mittelalters, Basel 1951.

22 *Ein kurtzweilig Lesen von Dil Ulenspiegel.* Hg. v. Wolfgang Lindow, Stuttgart 1966, S. 39.

23 Frederick P. Pickering: Literatur und darstellende Kunst im Mittelalter. Berlin 1966 (= Grundlagen der Germanistik 4); Elisabeth Roth: Der volkreiche Kalvarienberg in Literatur und Kunst des Spätmittelalters. Berlin 1958; [2]1967. Anthonius Hendrikus Touber: Das Donaueschinger Passionsspiel und die bildende Kunst. In: DVjS 52, 1978, S. 26—42.

Literaturhinweise

Karl Young: The Drama of the Medieval Church. 2 Bde., Oxford 1933

Lateinische Osterfeiern und Osterspiele. Bd. I—V. Hg. v. Walther Lipphardt, Berlin/New York 1975/76

Das Drama des Mittelalters. Hg. v. Richard Froning, Stuttgart 1891/92. (Nachdruck Darmstadt 1964)

Deutsche Literatur in Entwicklungsreihen. Reihe 5: Das Drama des Mittelalters. Hg. v. Eduard Hartl. Bd. 1, 2 und 4, Leipzig 1937 und 1942

Helmut de Boor: Die Textgeschichte der lateinischen Osterfeiern, Tübingen 1967

Wolfgang F. Michael: Das deutsche Drama des Mittelalters. Berlin/New York 1971

David Brett-Evans: Von Hrotsvit bis Folz und Gengenbach. Eine Geschichte des mittelalterlichen deutschen Dramas. Bd. I. Von der liturgischen Feier zum volkssprachlichen Spiel. (Grundlagen der Germanistik 15), Berlin 1975

Rolf Bergmann: Studien zur Entstehung und Geschichte der deutschen Passionsspiele des 13. und 14. Jahrhunderts. (Münsterische Mittelalter-Schriften 14), München 1972

Rolf Steinbach: Die deutschen Oster- und Passionsspiele des Mittelalters. Köln/Wien 1970. (S. 231–313 ausführliche Bibliographie)

Wolfgang F. Michael: Das deutsche Drama und Theater vor der Reformation. Ein Forschungsbericht. In: DVjS 31, 1957, S. 106–153

Keinz Kindermann: Das Theaterpublikum des Mittelalters. Salzburg 1980

Die Verfasser

Wolfgang Dittmann (Märendichtung)

Winfried Frey (Ständelehre und Ständekritik)

Hartmut Kokott (Oswald von Wolkenstein)

Hartmut Kugler (Jans Enikel und die Weltchronistik im späten Mittelalter)

Maria E. Müller (Johannes von Tepl: Der Ackermann aus Böhmen)

Hans Herbert Räkel (Rudolf von Ems)

Walter Raitz (Minnesang im späteren 13. Jahrhundert)

Dieter Seitz (Politische Spruchdichtung, Konrad von Würzburg)

Paul Gerhard Völker (Das geistliche Schauspiel)

Register

318

Grundkurs Literaturgeschichte

Winfried Frey/Walter Raitz/Dieter Seitz u.a.
**Einführung in die deutsche Literatur
des 12. bis 16. Jahrhunderts**

Band 1
Adel und Hof — 12./13. Jahrhundert

1979. 295 Seiten. 12 X 19 cm. Folieneinband

Mit diesem Band werden die wichtigsten Werke und Autoren des bedeutenden literaturgeschichtlichen Zeitraums um 1200 vorgestellt. Die zugrundeliegenden didaktischen Überlegungen gehen davon aus, daß weder spezielle historische Kenntnisse noch die Lektüre der besprochenen literarischen Werke vorausgesetzt werden, vielmehr soll eine sinnvolle Lektüre erst angeregt werden. Deshalb werden die Texte in der Regel nacherzählt, die zitierten Stellen übersetzt und aus der Paraphrase eine Interpretation der Erzählweisen, Strukturen, Inhalte und Formen entwickelt, die die Bedeutungsdimensionen der Texte zeigt.

Band 2
Patriziat und Landesherrschaft — 13./15. Jahrhundert

1982. 319 Seiten. 12 X 19 cm. Folieneinband

Band 3
Bürgertum und Fürstenstaat — 15./16. Jahrhundert

1981. 294 Seiten. 12 X 19 cm. Folieneinband

Der dritte Band erarbeitet die Grundzüge der Literaturentwicklung im 15. und 16. Jahrhundert im Kontext der Entstehung der frühbürgerlichen Gesellschaftsordnung. In vorwiegend sozialgeschichtlich orientierten Beiträgen werden charakteristische Werke, Autoren und Entwicklungslinien aus den literarischen Bereichen Narrenliteratur, Fastnachtsspiel, Gesellschaftsutopie, Flugschriften, Prosaromane, Tierdichtung, Reiseliteratur, historisches Volkslied etc. vorgestellt, analysiert und interpretiert, so daß der Leser einen informativen Gesamtüberblick erhält.

Westdeutscher Verlag